Tous Continents

Collection dirigée par
Isabelle Longpré

De la même auteure

Adulte

SÉRIE DOCTEURE IRMA

Docteure Irma, Tome 3 – La Soliste, Éditions Québec Amérique, 2009.

Docteure Irma, Tome 2 – L'Indomptable, Éditions Québec Amérique, 2008.

Docteure Irma, Tome 1 – La Louve blanche, Éditions Québec Amérique, 2006.

SÉRIE LA CORDONNIÈRE

Les Fils de la cordonnière, tome IV, VLB éditeur, 2003.

Le Testament de la cordonnière, tome III, VLB éditeur, 2000.

La Cordonnière, tome II, VLB éditeur, 1998.

La Jeunesse de la cordonnière, tome I, VLB éditeur, 1999.

Évangéline et Gabriel, Montréal, Lanctôt éditeur, 2007.

Marie-Antoinette, la dame de la rivière Rouge, Éditions Québec Amérique, 2005.

Et pourtant, elle chantait, VLB éditeur, 2002.

Guide pour les aidants naturels, CLSC Longueuil, 1999.

Le Château retrouvé, Libre Expression, 1995.

Les Enfants de Duplessis, Libre Expression, 1991.

> **Cet ouvrage a dépassé les frontières québécoises et canadiennes et circule en Europe, en Australie et aux États-Unis.**

La Porte ouverte, Éditions du Méridien, 1990.

Jeunesse

Samuel chez les Abénakis, Éditions Cornac, 2011.

Le Miracle de Juliette, Éditions Phoenix, 2007.

Dans les yeux de Nathan, Éditions Bouton d'or d'Acadie, 2006.

GABY BERNIER

TOME 1

ROMAN HISTORIQUE

Catalogage avant publication de Bibliothèque et Archives nationales
du Québec et Bibliothèque et Archives Canada

Gill, Pauline
Gaby Bernier
(Tous continents)
Sommaire : t. 1. 1901-1927.
ISBN 978-2-7644-1309-8 (v. 1) (Version imprimée)
ISBN 978-2-7644-2190-1 (PDF)
ISBN 978-2-7644-2187-1 (EPUB)
1. Bernier, Gabrielle, 1901-1976 - Romans, nouvelles, etc. I. Titre.
II. Collection : Tous continents.
PS8563.I479G32 2012   C843'.54   C2011-942609-9
PS9563.I479G32 2012

 Conseil des Arts **Canada Council**
du Canada **for the Arts**

SODEC
Québec ✛ ✛

Nous reconnaissons l'aide financière du gouvernement du Canada par
l'entremise du Fonds du livre du Canada pour nos activités d'édition.

Gouvernement du Québec – Programme de crédit d'impôt pour
l'édition de livres – Gestion SODEC.

Les Éditions Québec Amérique bénéficient du programme de subvention
globale du Conseil des Arts du Canada. Elles tiennent également à
remercier la SODEC pour son appui financier.

Québec Amérique
329, rue de la Commune Ouest, 3ᵉ étage
Montréal (Québec) H2Y 2E1
Téléphone : 514 499-3000, télécopieur : 514 499-3010

Dépôt légal : 1ᵉʳ trimestre 2012
Bibliothèque nationale du Québec
Bibliothèque nationale du Canada

Projet dirigé par Isabelle Longpré
    avec la collaboration de Anne-Marie Fortin
Révision linguistique : Claude Frappier et Chantale Landry
Mise en pages : Andréa Joseph [pagexpress@videotron.ca]
Conception graphique : Nathalie Caron
Photographie en couverture : Getty Images
Illustrations intérieures : Anouk Noël

Imprimé au Canada

PAULINE GILL

TOME 1

ROMAN HISTORIQUE

Québec Amérique

*Je dédie cette trilogie aux femmes de tout âge
qui s'appliquent à cultiver en elles cette aptitude au bonheur
et qui en portent le flambeau dans leur quotidien.*

NOTE DE L'AUTEURE

Chères lectrices, chers lecteurs,

L'écriture demeure encore pour moi une passion qui se joue sur deux tableaux: la magie des images et des mots sur une toile de fond où les pionnières de chez nous sortent de l'anonymat. Après Victoire Du Sault alias La Cordonnière, Marie-Antoinette Grégoire-Coupal et Dr Irma LeVasseur, voici Gabrielle Bernier, qu'on appelait simplement Gaby. D'une originalité remarquable, douée pour la couture et les affaires, elle possédait, de plus, beaucoup de talents pour le bonheur. Un véritable antidote à la grisaille de notre monde.

À l'aube du vingtième siècle, Paris faisait rêver les créateurs et créatrices de Montréal. Entre ces deux villes, des racines vieilles de plus de trois cents ans traversaient l'océan et s'enfonçaient dans le terreau du Québec, indestructibles. On eût cru que Gabrielle Bernier, jeune artisane de la haute couture, les ressentait. Pourtant, de sa terre natale de Chambly, on avait peu d'échos de la turbulence des grandes villes européennes. On était loin du Louvre et des salons précieux des marquises de Rambouillet et Sévigné.

Trop de similitudes existaient entre Coco Chanel et Gaby Bernier pour que le destin ne les réunisse pas un jour. Toutes deux étaient passées par l'orphelinat, avaient appris la musique pour bifurquer ensuite vers la mode. Coïncidence peu banale, au moment où Gabrielle (Coco) Chanel, de dix-huit ans l'aînée de Gabrielle Bernier, accéda à la notoriété, cette dernière lançait son propre salon de couture. Installée dans la rue Sherbrooke à Montréal, celle qui adoptera le prénom de Gaby, manifestera un talent peu commun pour la couture et elle attirera rapidement l'élite de Westmount et du *Golden Square Mile*.

Ce n'était que le début, mais combien annonciateur, d'une carrière qui se mesurerait avec avantage aux grands couturiers issus d'autres continents. Serait-ce pour avoir préféré la création au glamour que son nom fut éclipsé de la liste des «Reconnus»? Ce choix et la personnalité de Gaby répondraient-ils de toutes ces décennies de silence jetées sur cinquante ans de travail et de réussite? Je vous laisse en juger.

Ce roman historique, construit en trois dimensions, emprunte un peu à l'originalité de l'héroïne. Chacun des dix chapitres commence d'abord par un court extrait de son journal intime, lequel est suivi du récit de la narratrice. Vient ensuite en conclusion une indiscrétion de sa sœur Éva, témoin privilégiée des coulisses de la vie de cette grande créatrice de mode.

Je souhaite partager avec vous le plaisir que j'ai éprouvé, au fil de mes recherches, à découvrir cette pionnière exceptionnelle.

Pauline Gill

PREMIÈRE PARTIE

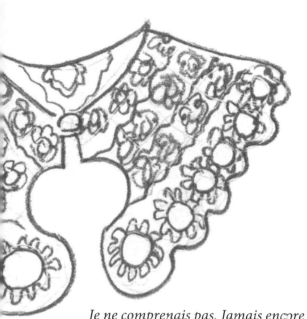

CHAPITRE I

Je ne comprenais pas. Jamais encore je n'avais vu les religieuses
qui m'enseignent changer d'idée aussi brusquement. Toutes les
élèves avaient déjà pris leur rang pour se rendre à l'église quand
ma petite sœur Éva et moi apprenions que nous deux en étions
dispensées. Après quelques minutes, une personne importante
devait venir nous rencontrer au couvent. Je fus d'abord portée à
m'en réjouir, je détestais assister à la Commémoration des
morts, mais l'attention particulière que la mère supérieure nous
porta m'inquiéta. Comme d'habitude, Éva se laissait câliner
avec bonheur. À mes nombreuses questions, la religieuse sou-
riait et promettait de répondre un peu plus tard… Maintenant,
je me méfie des grandes personnes qui nous manifestent une
gentillesse exceptionnelle.

Gabrielle Bernier, fille d'Elzéar et de Séneville, était entrée dans la vie
comme une princesse dans son carrosse doré. Une enfant des plus
désirées. Avant sa naissance, le couple Bernier avait enterré sept bébés,
tous prénommés Gabriel, symbole de force et de puissance, croyait-il.
Bien que le huitième enfant se fût présenté plus costaud, sa mère avait
décidé de rompre avec cette tradition et de le nommer Donat Antonio.
Quatre ans plus tard, sous la clémence d'un matin de juin, mais en
pleine épidémie de petite variole à Chambly, naissait cette petite fille
prénommée Fabiola Gabrielle. Séneville vouait une grande ferveur à
sainte Fabiola, première femme chirurgienne, une Romaine qui, pour

expier ses péchés, aurait investi sa fortune dans un refuge pour pèlerins et dans la fondation du premier hôpital en Occident. Une image de cette sainte avait été suspendue à un mur de la chambre de Gabrielle et, chaque soir, Séneville implorait ses faveurs. Faute d'avoir obtenu la permission de lui substituer le dessin qu'elle avait fait de son cheval préféré, Gabrielle s'amusait parfois à tourner le visage de la sainte contre le mur.

Pour la première fois, le mardi 2 novembre 1909, déchirée par les sanglots de sa sœur Éva, de deux ans sa cadette, Gabrielle pria sainte Fabiola. Un drame venait de se produire dans la vie des Bernier de la rue Bourgogne.

Bien avant neuf heures, ce Jour des défunts, tout Chambly fourmillait déjà d'activités. Une première neige, si éphémère fût-elle, avait blanchi le sol et ravi les enfants. Endimanchés, ils avaient tous quitté la maison vers huit heures. Les catholiques se devaient d'assister à la messe de commémoration des morts. En cette occasion, les enseignants suspendaient leurs cours et emmenaient les enfants à l'église.

Elzéar était au travail depuis sept heures. Séneville avait rangé la cuisine et fait les lits avant de revêtir un manteau chaud pour se rendre à pied à la cérémonie religieuse. Devant la maison du Dr Taupier, des empreintes de pas s'entrecroisaient de la rue à l'entrée. « Je ne sais pas s'il prend le temps de dormir, cet homme », s'inquiéta Séneville, touchée par l'extrême dévouement de ce médecin de campagne. Une centaine de pas plus loin, un sourire se dessina sur les lèvres de l'épouse Bernier au moment où elle passait devant l'ancienne résidence de Joseph Lajeunesse, le père de la grande cantatrice Albani. « Quand on pense qu'Emma, cette petite fille de chez nous, chante maintenant pour la reine Victoria », se rappela-t-elle, fière de cette grande dame de vingt ans son aînée. Albani avait passé son enfance à deux portes de leur domicile. Séneville avait déploré qu'après la mort de son père, l'héritière eut vendu la maison familiale à un parfait inconnu. C'était en 1905. Dès lors, tous les Chamblyens avaient cru ne jamais revoir leur idole. Or, l'année suivante, quelle n'avait pas été la surprise des Bernier d'accueillir Emma Lajeunesse, venue les saluer et porter deux magnifiques poupées pour Gabrielle et Éva. Au grand dam de ses filles, Séneville n'avait pas tardé à les reprendre, alléguant qu'elles étaient encore trop jeunes pour en prendre bien soin.

Le crissement de roues de charrette, le claquement de sabots sur la chaussée légèrement enneigée tirèrent Mme Elzéar Bernier de ses jongleries. Le laitier s'amenait enfin. Il était si en retard ce matin-là que Séneville avait dû quitter la maison avant qu'il ne lui livre ses deux pintes de lait. « Vous seriez gentil de me les laisser sur le perron d'en arrière », allait-elle lui suggérer quand elle le vit ralentir la cadence de son cheval pour enfin immobiliser sa charrette.

— Où allez-vous, Mme Bernier ?

— À l'église, mais avant, je dois arrêter chez Mme Lareau…

— Je peux vous y emmener, si vous voulez.

— La messe ne commence que dans quinze minutes, j'ai bien le temps de m'y rendre, répondit-elle pour ne pas le retarder davantage.

Le laitier lui sembla fort soucieux.

— Je ne comprends pas que vous vous inquiétiez. C'est un devoir pour les chrétiens d'assister à la célébration du Jour des morts.

L'homme hocha la tête et descendit de sa charrette d'un pas lourd. Une main posée sur l'épaule de Mme Bernier, il la prévint d'un malheur survenu à Chambly, tôt le matin.

— Quelque chose de grave ?

Le laitier opina du bonnet.

— Où ça ?

— À la centrale électrique…

— Un accident ?

— Ouais !

— Un gros ?

— Très gros.

— Mon mari a perdu des hommes ?

— C'est ça.

— On y va. Je ne le laisserai pas vivre ça tout seul, s'écria Séneville, s'apprêtant à monter dans la charrette du laitier.

— Ça ne serait pas une bonne chose pour vous, Mme Bernier. Votre mari ne pourrait pas vous entendre…

— Il est blessé ?

— Oui.

— Sérieusement ?

— Très sérieusement…

— Pas électrocuté, toujours ?

Le silence de l'homme et son regard atterré, un glaive dans le cœur de Séneville. Son Elzéar les aurait quittés… elle, son fils et ses deux filles ?

Au cœur de sa détresse, Séneville réclama d'aller immédiatement chercher ses enfants.

— Ils sont peut-être déjà à l'église, murmura-t-elle.

— Les religieuses sont informées de l'accident et elles s'occupent de vos filles, Mme Bernier.

— Et mon fils, lui ? Il devait servir la messe…

— M. le curé a été appelé sur les lieux très tôt ce matin ; il a fait attendre votre Donio au presbytère le temps de l'office. La servante lui a servi son déjeuner.

Séneville était sans voix. Son univers venait de basculer. Plus aucun repère.

Avant de poursuivre sa tournée, le laitier immobilisa sa charrette devant le 1626 de la rue Bourgogne. Dévastée, Mme Bernier le salua d'un geste de la main et rentra chez elle. Un vide frigorifiant dans la maison. Une absence… sans fin. La veste d'Elzéar suspendue à la chaise qu'il occupait autour de la table, ramena à la mémoire de Séneville la surprise qui l'attendait à son lever. Son mari avait l'habitude de préparer le petit déjeuner pour eux deux. Parfois, Séneville tardait tant à sortir du lit qu'Elzéar devait partir pour le travail, laissant les deux tranches de pain grillées refroidir sur la table. Fait exceptionnel, ce matin-là, il avait placé dans une assiette une note destinée à son épouse :

À ma belle Séneville,
la femme la plus adorable de Chambly,
je redis mon amour.
Ton Elzéar pour toujours.

Des trémolos dans la voix, elle en avait fait la lecture à ses filles.

— C'est vrai ce que papa vous a écrit. Vous êtes la plus belle du monde, de tout Chambly, avait clamé Gabrielle.

Des pas sur le perron la firent sursauter. Un espoir, puis une chute dans le réel. C'était Donat Antonio, alias Donio, qui devançait le pasteur venant offrir son aide à la famille éprouvée. Séneville ouvrit les bras à son aîné. Après un moment d'hésitation, il vint s'y blottir. Une peine innommable les souda l'un à l'autre dans un silence que le curé de la paroisse eut du mal à observer.

Le prêtre n'avait pas encore quitté la maison des Bernier que le Dr Taupier vint reconduire les orphelines. Gabrielle n'avait pas assez de souffle pour aller au bout de sa peine. Ses gémissements tiraient les larmes. La petite Éva tentait de la consoler de mots doux et de caresses dans le dos. Comme si le chagrin de sa grande sœur lui faisait oublier sa propre souffrance.

Quelques voisines s'ajoutèrent, venues porter de la nourriture et offrir leur aide. Le devoir de bien les accueillir ramena Séneville aux exigences du moment. Elle attisa le feu dans l'âtre et prépara du thé.

— Vous vous servirez dès qu'il sera assez chaud, leur dit-elle, déposant des tasses et une assiettée de biscuits à la mélasse sur la table. Puis elle pria le Dr Taupier de la suivre dans le boudoir.

— Vous avez vu mon mari avant qu'il…?

— Oui. J'ai été appelé le premier par un des employés. Malheureusement, il n'y avait plus rien de possible. Ni pour votre mari, ni pour M. Cadieux. M. Robert, lui, devrait s'en sortir.

Le Dr Taupier s'attendait à des questions sur les causes et les détails de l'accident, mais elles ne vinrent pas. Le verdict avait assommé Séneville. Elle revint dans la cuisine la démarche vacillante. Son regard effaré se mouvait de son fils à ses filles blotties l'une contre l'autre, mesurant la vacuité qui allait désormais les habiter, refroidir leur maison, jalonner leur chemin.

Éva vint s'asseoir sur les genoux de sa mère. Gabrielle les rejoignit tandis que Donio, bouche cousue, demeurait assis près de la fenêtre donnant sur la rue, comme s'il eut attendu le retour de son père.

Le docteur n'ignorait pas que des patients s'entassaient dans la salle d'attente de son cabinet. Pour les servir, il allait devoir abandonner à leur chagrin ces deux fillettes qu'il avait mises au monde avec tellement d'appréhension, compte tenu de l'âge avancé de leur mère.

— Où est-ce qu'il s'est fait mal, papa? demanda Éva.

Le Dr Taupier s'empressa de répondre:

— Il n'a pas eu le temps d'avoir mal nulle part, ma petite. Le courant était si fort qu'il l'a emmené direct au ciel.

— Avec nos grands frères, conclut Gabrielle, au fait de leur mort prématurée.

— J'en suis certain, affirma le curé. Votre papa était si bon qu'il n'aurait pas fait de mal à une mouche. C'était un saint homme, votre mari, Mme Bernier.

La veuve l'approuva d'un signe de tête, enlaçant sa benjamine toujours blottie dans ses bras.

— J'aimerais bien demeurer plus longtemps auprès de vous, mais vous comprenez que je dois aller réconforter Mme Cadieux, expliqua le curé.

La main tendue vers la veuve il promit de revenir la voir le lendemain.

— Pour les arrangements… les funérailles, balbutia-t-il.

— Ça pourrait attendre, M. le curé, dit le Dr Taupier, déplorant l'empressement inapproprié du prêtre.

Ce dernier se dirigea vers la sortie, manifestement vexé. Une dizaine de minutes plus tard, d'autres hommes et des femmes frappèrent à la porte ; les uns pour proposer leurs services, d'autres pour prodiguer leurs conseils, tous pour offrir leurs sympathies. Du nombre, M. Darche. Son apparition transit la veuve. Après lui avoir présenté ses condoléances, il demanda à lui parler dans le particulier. Éva refusant de quitter sa mère, le Dr Taupier parvint à la distraire pendant que, retirée dans le boudoir avec l'entrepreneur de pompes funèbres, Séneville subissait les propos de M. Darche qui l'entretenait des choix relatifs à l'exposition du corps de son mari. Des paroles qui filaient au-dessus de sa tête. Des mots montèrent dans sa gorge brûlante :

— Je veux le voir.

Devant l'hésitation de M. Darche, le vœu de Séneville se mua en ultimatum.

— Je veux voir mon mari.

— En fin d'après-midi, peut-être, concéda le croque-mort. Je vous enverrai chercher.

— Je suis capable de m'y rendre par moi-même, rétorqua-t-elle avant de diriger M. Darche vers le vestibule.

Jamais cet entrepreneur de pompes funèbres n'avait vu pareille réaction de la part d'une veuve. Toutes s'étaient montrées assoiffées de consolations et d'assistance.

Dans le cerveau de Séneville, les griefs de son mari, exprimés la semaine précédente, tambourinaient sans répit. «Je viens encore de perdre des employés; ils trouvent leur travail trop dangereux. Je peux les comprendre… Ce qui est encore plus grave, c'est que la compagnie ne les a pas remplacés. Plus on manque de main-d'œuvre, plus les risques d'accident sont grands.»

— Je veux savoir comment c'est arrivé, pria-t-elle le Dr Taupier.

Sitôt la question posée, Aimé Bérard, qui travaillait avec Elzéar au moment de l'accident, s'empressa de lui relater l'événement.

— J'étais avec votre mari, dit-il, le souffle court. Il se tenait tout près du dévidoir de fils. Le choc lui est venu de celui que tenait M. Cadieux. Un fil de vingt-cinq mille volts. Y a pas un humain qui résisterait à un choc pareil.

Atteinte d'une douleur atroce, Séneville porta ses mains sur sa poitrine en gémissant. M. Bérard la crut atteinte d'une syncope. Il s'approcha mais, d'un geste de la main, le Dr Taupier le dissuada d'intervenir.

— Il vaut mieux que ça sorte maintenant, lui souffla-t-il à l'oreille.

Et s'adressant aux dames présentes, il les pria d'éloigner les filles de leur mère.

Peine perdue. Éva s'y refusait obstinément et Gabrielle se mit à crier:

— Allez-vous-en tous. On veut rester tranquilles avec maman.

Mme Lareau les emmena dans leur chambre et leur expliqua avec compassion :

— Tous les gens qui sont ici sont venus pour vous consoler… pour vous aider.

— Ils sont menteurs, rétorqua Gabrielle. Ce n'est pas vrai que papa est mort. Il est juste blessé. Je veux aller le voir avec maman.

— Moi aussi, supplia Éva.

— Plus tard, peut-être, mais pas aujourd'hui. Ce ne serait pas bon pour des fillettes de votre âge.

Puis Mme Lareau leur proposa de feuilleter un livre de leur choix. Gabrielle choisit le catalogue de Dupuis Frères.

Donio, le regard toujours rivé à la fenêtre, muet et impassible, n'avait pas bougé de sa chaise. M. Bérard s'en approcha.

— T'as eu tes douze ans, toi, si je me rappelle bien.

Un geste d'approbation.

— T'as une idée de ce que t'aimerais faire quand tu seras grand ?

— Tueur.

— Pardon ?

— Tu-eur.

Saisi, Aimé Bérard recula d'un pas. Le temps de reprendre son calme, il risqua des mots sympathiques :

— T'es fâché contre les boss de la centrale, hein ?

Donio lui tourna le dos, réclamant la paix.

Impuissant à consoler le jeune homme, M. Bérard quitta le domicile des Bernier pour se rendre chez les Cadieux pendant que le Dr Taupier retournait auprès de ses patients.

L'Angélus du midi sonna ; un glas à l'oreille de Séneville. Deux visiteuses s'étaient affairées à préparer un repas qu'elle n'accepta de goûter que pour inciter ses enfants à le partager. Sa benjamine vida son bol de soupe et en redemanda. Gabrielle ne porta qu'une seule cuillérée à sa bouche. Quant à Donio, il refusa même de venir s'asseoir à la table. Le cliquetis des ustensiles dans les plats lézardait de temps en temps le lourd silence qui avait envahi la maison.

Sitôt la vaisselle lavée et rangée, la veuve d'Elzéar demanda qu'on la laisse seule avec ses enfants. Privilège que personne ne contesta.

Séneville verrouilla la porte, tira les draperies sur les fenêtres donnant dans la rue Bourgogne et fila dans sa chambre, le temps de trouver un moyen de réconforter ses enfants. Elle serra dans ses bras l'oreiller de son mari. Son Elzéar était encore là. Juste pour elle. Juste pour ses enfants.

— Venez, mes chéris, dit-elle à travers ses larmes.

Gabrielle hésita. Donio ne broncha pas. Séneville s'avança vers lui, chercha son regard fuyant et comprit qu'une timidité empreinte d'une peine incommensurable le clouait sur sa chaise et le rivait au silence. Pour sa mère, le temps était venu de lui faire entendre les mots coincés dans sa gorge depuis le matin. Elle devait en trouver la force.

— Je sais qu'il va te manquer… terriblement. Il t'aimait tant. Toute l'affection qu'il aurait donnée aux sept autres petits garçons qui sont nés avant toi, c'est sur toi qu'il l'a reportée. Et il va continuer de te combler de cet amour-là. Peut-être que tu ne pourras pas le sentir comme avant, mais il ne sera pas moins fort, ça je te le jure, mon grand.

Donio laissa enfin couler sa peine. Séneville l'emmena près de ses sœurs assises sur le bord du lit et, à genoux devant ses enfants, elle leur ouvrit grand son cœur.

— Cette place, dit-elle en désignant l'espace que leur père n'occuperait plus, personne d'autre que vous ne la prendra de mon vivant, promit-elle. Vous êtes ce qui me reste de plus précieux au monde, mes petits. Il ne faut pas que la vie nous sépare. Ensemble, on va se montrer dignes de votre père.

Une longue étreinte les réunit.

— Toi, ma chère Briel – c'est ainsi qu'Elzéar prénommait Gabrielle –, tu as toujours été un rayon de soleil dans notre maison. Ton papa va t'aider à rester joyeuse et fière. Il le faut. On s'épaulera, ma chérie.

Puis s'adressant à Éva dont elle nicha le visage rondelet entre ses mains, Séneville s'engagea à la chouchouter comme le faisait Elzéar. Elle espérait que ces instants de tendresse allaient préparer les orphelins aux événements des deux prochains jours : la vue de leur père dans un cercueil, les visites des parents et amis venant offrir leurs condoléances, les funérailles religieuses… « Tant de moments éprouvants pour des enfants. Ce que je donnerais pour les en soustraire. Je vais au moins les exempter de mettre les pieds au cimetière. Je ne veux pas qu'ils voient le cercueil descendre dans la fosse. Je demanderai aux religieuses de les emmener au couvent en attendant que je retourne les prendre », pensa-t-elle.

— Maintenant, on devrait essayer de dormir un peu, leur suggéra Séneville.

Une idée lui traversa l'esprit. Elle quitta la chambre et revint, quelques instants plus tard, avec les poupées qu'Emma Lajeunesse avait offertes à ses filles.

— Vous méritez bien une petite consolation… leur dit-elle, en les leur rendant.

L'accueil fut émouvant.

Serrés les uns contre les autres, les enfants rabattirent sur eux les couvertures de laine et exaucèrent, du moins en apparence, le vœu de leur mère.

Noël ne serait plus jamais comparable à ceux que la famille Bernier avait connus. Séneville le redoutait à en faire des cauchemars. Les sept semaines écoulées depuis le décès de son Elzéar n'avaient en rien apaisé son chagrin. Il valait mieux quitter ce village. La veuve avait attendu la fin des classes pour l'annoncer à ses enfants. Le souper presque terminé, elle crut le moment propice pour les y préparer.

— Maman a eu une idée pour qu'on ne vive pas tout le temps dans la peine…

Tous trois prêtèrent une oreille attentive à cette annonce.

— On va changer de maison… du moins pour le temps des Fêtes.

— Pour aller où ? demanda l'aîné, inquiet.

— À Saint-Henri.

Donio poussa son assiette et quitta la table pour aller s'enfermer dans sa chambre dont il claqua la porte sans ménagement. À douze ans, on ne renonce pas facilement à ses amis. Il en fut autrement pour Gabrielle.

— On va déménager à Montréal ? Tout près de chez grand-maman ? s'écria-t-elle avec la spontanéité qu'on lui connaissait.

À Éva qui ne faisait pas ses six ans et demi, Séneville ouvrit les bras, pressée de la rassurer.

— J'aime pas ça quand mon frère se fâche, pleurnicha-t-elle.

— Il finira par se calmer…

Calque de son père, pas très grand et rondelet, Donio s'était fabriqué une armure de bagarreur pour affronter les moqueries de certains compagnons de classe. D'ailleurs, son côté rebelle s'était manifesté dès la naissance de sa sœur Gabrielle, de quatre ans sa cadette. Ses parents l'avaient attribué à la différence d'âge qui les séparait, mais tel n'était pas l'avis de la grand-mère maternelle :

— Je pense que votre Donio ne voulait ni frère ni sœur. C'est un enfant égoïste, avait toujours clamé Louise-Zoé.

De toute évidence, la perspective d'aller vivre non loin de cette femme pourtant très dévouée déplaisait à ce garçon. Séneville n'avait toutefois pas l'intention d'y renoncer. Elzéar lui avait laissé un bon héritage, mais les frais juridiques rattachés à une poursuite contre la *Montreal Light, Heat and Power Company*, qu'elle tenait responsable de la mort de son mari, risquaient de gruger et même d'engloutir tout l'argent qu'elle avait.

Ce soir-là, la tarte aux raisins, dessert préféré de Donio, n'intéressa qu'Éva. Gabrielle avait le cœur gros, sa mère aussi. Le besoin de passer en revue chacun de ses enfants la rendit sourde aux échanges de ses filles. Devant ce garçon qu'elle avait l'habitude de confier à son mari chaque fois qu'il se montrait récalcitrant, elle se sentait démunie. Gabrielle, si douée pour le bonheur n'avait jamais causé de réels soucis à ses parents, mis à part ses quelques petits entêtements. Sa jeune sœur, timide et docile, ne demandait qu'à être cajolée et protégée, aussi s'était-elle mérité le surnom de « petit ange ».

Comme Donio refusait de sortir de sa chambre, Séneville n'insista pas. « J'irai lui parler quand les filles seront endormies », choisit-elle pour ne pas trop perturber cette soirée qu'elle voulait apaisante.

Le moment venu de se mettre au lit, Éva réclama que sa mère vînt lui raconter une histoire. Elle adorait les légendes et les contes. Malgré la tristesse qui imprégnait les murs du 1626 de la rue Bourgogne depuis le 2 novembre dernier, Séneville trouva le courage de leur en raconter plus d'une.

Ses filles endormies, la veuve dut affronter le silence et la froidure de la maison. De sa chaise berçante, un châle sur les épaules, elle fixait les bûches qui agonisaient, éventrées par les flammes. La tentation de suivre leur déclin pour fuir la douleur lui traversa l'esprit et la plongea dans une insidieuse torpeur.

De la fenêtre qui donnait sur le bassin de Chambly, un tableau fouetta le courage de Séneville. Cette coulée d'argent sur l'eau frémissante, ce firmament émaillé d'étoiles, cette sérénité trop souvent attribuée à la mort, un décor qui lui sembla monté juste pour la ramener à ses souvenirs. « Dire que pour mon homme et moi, tant d'événements, presque miraculeux, nous avaient prédit un avenir enviable », pensa-t-elle.

Toute jeune, Séneville s'était juré de ne pas épouser un marin. Pour cause, son père, le capitaine François Bernier, était décédé à trente-huit ans lors du naufrage de son bateau au large des côtes de Québec. Comme lui, dans la région de L'Islet, des centaines de chefs de famille exerçant un métier maritime y avaient trouvé la mort.

François n'étant pas rentré après quatre jours d'absence, Louise-Zoé avait pressenti la fatalité : son mari ne reviendrait plus. La petite Séneville, alors âgée de dix-huit mois, grandirait sans la présence de son père. La liste des orphelins de la mer venait de s'allonger. Sort redoutable que Séneville croyait avoir conjuré en ne fréquentant que des prétendants qui avaient renoncé à ce funeste métier. À L'Islet et dans les environs, ils étaient si rares qu'elle n'avait trouvé à se marier qu'à l'âge de vingt-quatre ans et ce, avec un cousin de huit ans son aîné, natif de Cap-Saint-Ignace.

Les quinze milles qui séparaient les deux villages n'avaient pas rebuté Séneville et Elzéar, tombés follement amoureux dès leur première rencontre. D'apprendre qu'ils avaient un ancêtre commun, Jacques Bernier, aurait pu les dissuader de poursuivre leurs fréquentations si sept générations ne les avaient précédés. Elzéar était très attaché à ses ancêtres ; l'admiration qu'il leur vouait se traduisait dans la ferveur avec laquelle il en parlait à sa dulcinée. Empruntant l'accent français, joignant le geste à la parole, il lui avait appris :

— Jacques Bernier, dit Jean de Paris, a quitté la France pour venir s'établir en Nouvelle-France vers les années 1650. Comme il était instruit, il a pu épouser la perle des Filles du roi : Antoinette Grenier, une jeune et riche parisienne qui lui a offert en dot la généreuse somme de vingt-cinq écus. Le couple s'était d'abord installé à l'île d'Orléans où il a fait de l'argent, ensuite à Cap-Saint-Ignace. Propriétaire de grandes terres, l'ancêtre Bernier a continué de s'enrichir tant et si bien qu'il a pu acheter la seigneurie de Saint-Joseph qu'on appelait Pointe-aux-Foins.

— Comment gagnait-il sa vie, le beau Jacques?

— En plus de posséder un magasin général, il transportait le bois de ses terres sur son propre bateau pour aller le vendre à Québec.

— Puis sa famille?

— Une belle famille! Mes parents m'ont dit qu'ils avaient eu quatre garçons et au moins huit filles.

— Les chanceux!

— Dis-moi pas que tu voudrais une dizaine d'enfants? avait demandé Elzéar, oubliant, du coup, son accent français.

Le souvenir de cette soirée délectable de juillet 1885 apaisa la douleur de Séneville. Elle sentit qu'après sept générations, un peu de cette fougue qui avait porté Jacques et Antoinette vers de constants défis coulait encore dans ses veines, et ce, depuis sa jeunesse. À preuve, dans le quartier Saint-Henri où sa mère avait déménagé après la mort tragique de son mari, Séneville s'était battue pour obtenir une formation de garde-malade alors que la plupart des autres jeunes femmes s'astreignaient sans trop de récrimination aux travaux ménagers. Ses efforts, couronnés de succès, avaient nourri sa ténacité et sa confiance en elle. Mais le décès d'Elzéar était venu ébranler cette forteresse intérieure qu'elle avait crue à l'abri de toute épreuve. Au souvenir d'Antoinette, cette aïeule qui avait survécu à quatre maris, une prière monta à ses lèvres: «Que mon amour pour mes enfants soit plus fort que ma peine. Toi, mon Elzéar, le grand amour de ma vie, prends ma main pour traverser les semaines... les mois et les années qui viennent. Aussi, comment devrais-je agir avec Gabrielle quand elle se rebiffe? Et avec Donio? Tu avais le tour de lui parler, toi.»

Un peu plus ragaillardie, Séneville quitta la fenêtre et se dirigea vers la chambre de son fils... endormi tout habillé. Assise sur le bord de son lit, elle s'interrogeait sur le devenir de ce garçon qu'elle ne voulait pas accabler de charges démesurées. En faire le substitut du père, voilà un piège qu'elle se jurait d'éviter. « Je ne dois pas m'interposer sur son chemin, même s'il décidait de devenir marin… ou ingénieur en électricité », se dit-elle, consciente du détachement dont elle devait s'habiller le cœur.

Séneville déposa un baiser sur le front de son aîné puis fila dans sa chambre. Du tiroir où elle rangeait ses plus chers souvenirs, elle sortit le télégramme que son mari lui avait envoyé par la *Western Union* trois jours avant que, lasse de l'attendre, elle n'épouse un certain M. Guimond. Informé par un ami de cette éventualité, Elzéar lui avait écrit : *Attends-moi, mon amour. Je m'en viens te chercher.* Ces mots, elle les avait relus cent fois depuis son mariage sans jamais s'en rassasier. Depuis le 2 novembre, ils prenaient une dimension d'éternité, lui apportant la certitude que son mari n'était absent qu'en apparence.

La veuve se dirigea ensuite vers la chambre des souvenirs et glissa la clé dans la serrure. La lumière du corridor laissait passer suffisamment de clarté pour que se dessine, au fond de la pièce, le berceau qui avait reçu les sept premiers bébés qu'elle avait portés et enterrés moins d'une semaine après leur naissance. Séneville ouvrit toute grande la porte, avança vers le berceau dans lequel, au fil des deuils, elle avait déposé le bonnet de chacun de ses « petits anges ». Un billet indiquant leur date de naissance avait été épinglé sur chacun d'eux. Entre le quatrième et le cinquième, elle déposa le précieux télégramme d'Elzéar. Une autre station de son chemin de croix. « Vous êtes huit maintenant… nous ne sommes plus que quatre sur cette terre. Elzéar, mon très cher Elzéar, tu devines comme notre vie sera difficile sans toi ? Nous devions vieillir ensemble… mourir ensemble. Tu te souviens comme j'étais folle de joie le soir où tu es revenu du Michigan ? C'était deux jours avant mon mariage prévu avec ton cousin Guimond, ce pauvre homme dont on a perdu la trace depuis. Après le coup de foudre que nous avions eu lors de notre première veillée chez les Thibault, tu m'avais dit que j'étais la fille que tu voulais marier. On s'était juré fidélité en attendant que tu reviennes des États, le temps que tu complètes ta formation d'ingénieur en électricité. Tu avais promis de m'écrire. Je n'ai jamais su pourquoi tu avais cessé de le faire après deux ans d'une correspondance assidue. Pourtant, tes lettres étaient si remplies d'amour! Puis les années de silence se sont additionnées. Parce que tu détestais écrire, m'as-tu avoué, et que, dans ta dernière lettre, tu m'avais prédit un amour éternel. Mais loin de toi pendant si longtemps, j'avais perdu espoir... Ma mère était certaine que tu étais tombé amoureux d'une Américaine et que tu avais décidé de t'installer aux États pour de bon. J'ai mis du temps à me faire à cette idée. Je t'aimais tant! J'étais fière d'avoir séduit un homme plus vieux que moi... Et puis ma vie sans mari et sans enfants m'apparaissait totalement dépourvue de sens. Le soin des malades me plaisait beaucoup, mais jamais autant que l'idée de fonder une famille. Tu le sais, mon Elzéar. Malgré mon âge, malgré la perte de sept petits, je n'ai jamais renoncé à une autre chance. Nous avons été récompensés, enfin. Tu as eu ton garçon, j'ai eu mes filles. Même si je donnerais cher pour me retrouver dans tes bras... comme avant, je demande au bon Dieu de me laisser vivre tant que nos enfants auront besoin de moi. Ils sont déjà assez éprouvés comme ça. J'aimerais tellement savoir comment les soulager de leur peine. Si tu en as le pouvoir, viens me le souffler à l'oreille. Donne-moi des signes. Je me sens tellement seule! »

Dans la chambre voisine, deux fillettes de huit et six ans dormaient recroquevillées sous les couvertures de laine. Gabrielle avait enlacé sa petite sœur comme l'aurait fait leur maman. Sans égard pour ses larmes qui débordaient, elle dégagea la main chaude de sa petite Gabrielle, la couvrit de baisers, priant sainte Fabiola de garder à cette fillette sa joie de vivre et sa spontanéité. «De ton paradis, tu dois t'occuper aussi de moi maintenant, lui dit Séneville. Ma fortune à moi, ce sont nos trois enfants. Promets-moi que nos filles ne connaîtront pas le même deuil que ma mère et moi. Guide mes gestes et mes paroles pour que je les prépare à vivre heureuses et sans soucis d'argent. » La main de Gabrielle replacée délicatement sous les couvertures, la veuve s'intéressa à sa petite Éva, ce beau cadeau de la vie.

— Ton destin était tracé et c'est vers nous qu'il t'a amenée, ma princesse, chuchota Séneville, caressant la chevelure bouclée et châtaine de sa benjamine.

Un baume sur le cœur, elle regagna sa chambre, croyant y trouver le sommeil. Or l'agitation s'était de nouveau logée dans son cerveau. Pour l'en chasser, elle ne trouva d'autre choix que celui de passer à l'action. Elle revint dans la cuisine, déterminée à écrire à sa mère alors âgée de soixante-seize ans.

19 décembre 1909

Bien chère Maman,

Un peu plus d'un mois s'est passé sans notre cher Elzéar. Pour moi, c'est comme une éternité de vide et de froid. Les enfants s'en sortent un peu mieux, heureusement.

Je vous avoue que la venue des Fêtes me pèse tant sur le dos que je voudrais m'endormir et ne me réveiller qu'au printemps. Mais, hélas! je ne suis pas magicienne. Par contre, j'ai eu une idée : passer cette période avec vous. Soit que nous allions tous les quatre vous rejoindre, soit que vous veniez chez nous pour quelques jours. Par le train, ce ne serait pas trop fatigant. Ensuite, on retournerait à Saint-Henri pour le Jour de l'An. En ville, il y aura plus de distractions pour moi et les enfants.

Je me rends compte qu'il faudra peut-être que je sorte de Chambly et de ma maison pour oublier le 2 novembre. On aura l'occasion d'en discuter. Tant de choses sont à considérer…

L'encre séchait dans la plume de Séneville. Le drame de ce funeste Jour des morts était revenu l'envahir. Il lui pressait de mettre fin à cette lettre pour qu'elle soit à la poste le lendemain.

En espérant vous revoir sous peu.

Votre fille qui vous aime tendrement,

Séneville

Après deux semaines passées à Saint-Henri, monter à bord du *Montreal and Southern Railway* en direction de Chambly s'avéra éprouvant pour la veuve Bernier.

Ces petits trains verts, mus à l'électricité, s'arrêtaient à une dizaine de gares avant de faire une pause à Canton et au bassin de Chambly. Chaque arrêt qui la rapprochait de son village lui inspirait l'envie de rebrousser chemin. Les filles qui, deux jours avant leur retour à la maison, s'étaient mises à bouder, auraient sauté de joie si elles avaient découvert les tentations de leur mère. Mais il y avait Donio, le seul à se réjouir de retourner chez lui. Les commentaires parfois désobligeants de Louise-Zoé et ses perpétuelles remontrances l'avaient horripilé. La pensée de retrouver ses copains l'en réconfortait.

— On aurait pu rester jusqu'à dimanche, au moins, rechigna Gabrielle prête à poursuivre sa troisième année d'études à Saint-Henri, chez sa grand-mère, en attendant que le reste de la famille déménage.

— Ce n'est pas sage, ma grande. Rien ne nous dit que si je voulais vendre la maison, elle le serait au cours de l'année. Puis j'ai assez d'avoir perdu mon mari sans perdre une de mes filles, ajouta-t-elle, regrettant aussitôt cette réaction qu'elle jugea égoïste.

Elle tenta de se rattraper en promettant à Gabrielle de revenir à Montréal pour le congé de Pâques.

À quelques minutes de la gare de Chambly, apparut le cimetière de Fort-Chambly. Triste évocation, alourdie par l'apparition, non loin de là, de l'orphelinat des sœurs Grises.

— Elles ont de l'école aujourd'hui? s'étonna Gabrielle en voyant les jeunes pensionnaires jouer dans la neige.

— Non. C'est qu'elles vivent dans ce couvent-là pendant toute l'année, expliqua sa mère.

— Pourquoi? s'inquiéta Éva.

— Parce que leur mère est malade ou qu'elles n'ont plus de parents.

— Par chance que vous n'êtes pas morte comme papa, dit Éva.

— On n'ira jamais là, Éva, ne t'inquiète pas, lui prédit Gabrielle.

Séneville serra les lèvres. Sa mère, informée de son intention d'intenter un procès contre la *Montreal Light, Heat and Power Company*, lui avait conseillé de placer ses filles à l'orphelinat :

— Ce ne serait pas bon pour elles de baigner dans une atmosphère aussi tendue. Et tu pourrais reprendre ton travail de garde-malade.

— Mais Donio, lui ?

— Je pourrais toujours le garder à son retour de l'école, avait proposé Louise-Zoé, en dépit du peu d'affinité qu'elle ressentait pour ce garçon.

Visiblement tourmentée, Séneville était retournée dans ses pensées.

— Je t'ai choquée ? avait conclu Louise-Zoé.

« Me séparer de mes enfants pour venger la perte de mon mari, jamais ! », s'était juré Séneville.

Ce dilemme la tenaillait encore à l'approche de Chambly. En passant devant le collège des frères de l'Instruction chrétienne, Donio entrevit des copains qui se disputaient la rondelle sur la patinoire.

— Je vais aller jouer avec eux ! s'écria-t-il.

— Seulement après avoir rangé ton bagage, lui ordonna sa mère.

Donio lui fit la moue.

— Je pourrais aller les regarder jouer, maman ? demanda Gabrielle, friande de hockey.

— Aux mêmes conditions que pour ton frère…

— Toujours des conditions, marmonna Gabrielle dont l'insubordination se manifestait plus souvent depuis la perte de son père.

Derrière la porte que Séneville déverrouilla avec appréhension, un froid glacial la fit reculer d'un pas. «Le Dr Taupier n'est pas venu aujourd'hui… J'espère qu'il ne lui est rien arrivé de grave», souhaita-t-elle.

— Gardez vos manteaux, les enfants. Vous risquez de prendre du mal. Je vais faire une bonne attisée.

— Est-ce que je peux aller à la patinoire en attendant que la maison se réchauffe? demanda Donio.

— Moi aussi… décida Gabrielle.

Tous deux sortirent sans attendre la permission de leur mère; dans son hésitation, Séneville avait cherché une raison acceptable de le leur interdire. En vérité, elle éprouvait le besoin de s'entourer de ses enfants pour chasser de son cœur la froidure qui l'avait assaillie en rentrant chez elle. Éva l'avait-elle ressentie qu'elle s'offrit à l'aider.

— Tu peux mettre la table.

— Après?

— Venir ranger les bagages avec moi.

Sitôt la fournaise remplie, les flammes se frayèrent un chemin entre les bûches bien sèches. Un grondement monta dans la cheminée, fougueux et efficace. L'humidité réduite, la chaleur allait gagner le rez-de-chaussée quand le Dr Taupier se présenta:

— Vous auriez dû me faire savoir que vous reveniez aujourd'hui, Mme Bernier. Je serais venu bourrer la fournaise ce matin.

— C'est difficile de prévoir, avec les filles… Si je les avais écoutées, on serait encore chez ma mère.

Des vœux de bonne année suivirent. Des échanges amicaux s'ajoutèrent. Un malaise soudain assombrit le regard du voisin.

De la poche de son paletot de chat sauvage, le médecin sortit, le geste lent, une enveloppe provenant du notaire Emery Bertrand.

— Comme j'avais à passer à son bureau, il me l'a confiée. Il tenait à ce que je vous la remette en mains propres. C'est un document important.

Les mots restèrent coincés dans la gorge de la veuve. Une appréhension forte comme l'imminence d'une quelconque menace paralysa ses mains. Le Dr Taupier souleva le rabat de l'enveloppe, en tira le contenu et le présenta à Séneville. Elle n'en parcourut que la première page, tant elle fut estomaquée.

— Depuis quand une mère doit-elle obtenir une permission pour s'occuper de ses enfants?

— C'est une formalité plus qu'autre chose, dans votre cas, Mme Bernier.

Séneville reprit sa lecture, fronça les sourcils, et hocha la tête, exaspérée. Il lui paraissait odieux qu'on mette en doute son titre de tutrice de ses propres enfants.

— Chaque veuve avec enfants mineurs fait l'objet de cette mesure, expliqua le Dr Taupier.

— Comme si ce n'était pas naturel pour une mère qui a du cœur au ventre! lança-t-elle, sur le point de jeter ces feuilles au feu.

— Ne faites pas ça, Madame. Vous en aurez besoin.

— En quel honneur?

— Pour la cour. C'est la loi…

— J'aurai tout entendu!

— Il faut s'assurer que la mère pourra subvenir aux besoins de ses enfants, expliqua le médecin devant le désarroi de sa voisine.

Prise d'une angoisse soudaine, Séneville se fit muette. À l'invitation du Dᵣ Taupier de traverser chez lui avec Éva, elle opposa un refus.

— Si vous avez besoin de quoi que ce soit, ne vous gênez pas, dit-il, en refermant la porte derrière lui.

— Merci pour tout, balbutia-t-elle.

Pendant qu'Éva, emmaillotée dans une couverture de laine, berçait sa poupée, Séneville rissolait des lardons pour accompagner l'omelette qu'elle allait servir pour le souper. Le document reçu de la main du docteur l'avait placée dans un dilemme déchirant. Persister dans son dessein d'intenter un procès contre la *Montreal Light, Heat and Power Company* risquait de gober l'héritage de son mari, de la plonger dans la mendicité et, du même coup, de lui faire perdre son rôle de tutrice de ses enfants. Or renoncer à l'un comme à l'autre demeurait inconcevable. «Il doit bien y avoir un moyen de me défendre en cour sans me séparer de mes enfants», se dit-elle. Bien que la suggestion de sa mère l'ait indignée, elle la reconsidéra. «Il me faudrait reprendre mon travail auprès des malades à Montréal. Placer mes filles au pensionnat. Et Donio qui s'en va sur ses treize ans. Qu'est-ce que je vais en faire? Même s'il semble doué en mécanique, pas un garagiste ne l'engagerait. Comme apprenti, peut-être?»

L'entrée fracassante de ses deux aînés la tira abruptement de ses inquiétudes. Donio et Gabrielle ne revenaient que pour apaiser leur estomac, déterminés à repartir sans tarder. Leur mère s'y opposa.

— Ce sera l'heure de vous débarbouiller et d'aller vous coucher.

— Je ne mange pas d'abord, contesta Donio.

— Moi non plus, annonça Gabrielle.

«Je ne suis pas au bout de mes peines avec ces deux-là. S'il fallait que leur jeune sœur les imite», pensa Séneville, plus accablée qu'elle ne le fit voir. Se montrer ferme ou leur donner un choix? «Qu'aurait fait leur père, à ma place?»

— Donio, si tu me promets de revenir à huit heures, je te permettrai d'y retourner. Mais pas toi, Gabrielle.

— Pourquoi ? Ce n'est pas juste…

— Tu es trop petite, Gabrielle, pour sortir le soir sans ta maman. Tu n'as que huit ans alors que ton frère en a presque treize, lui.

Triomphant, Donio avala son assiettée en un temps record pendant que Gabrielle maugréait devant l'omelette qui refroidissait.

— Grand-maman Louise-Zoé a donné pour vous des livres d'histoires tout neufs, lui apprit Séneville.

Éva fut seule à s'en réjouir.

Une fois de plus, la veuve Bernier prit conscience du double rôle qu'elle devrait dorénavant exercer auprès de ses enfants. « Dis-moi que j'ai raison de compter sur ton aide, mon Elzéar. Donne-m'en un signe, je t'en prie. »

Gabrielle reprit sa bonne humeur lorsque Éva, occupée à découper des poupées dans un catalogue rapporté de Saint-Henri, l'invita à se prêter à ce jeu. Les fillettes s'y adonnèrent pendant près d'une heure, après quoi elles acceptèrent d'aller au lit sans rouspéter. S'apprêtant à leur raconter une histoire tirée d'un des livres reçus de Louise-Zoé, Séneville entendit des pas sur le perron.

— Attendez-moi une minute, les filles.

Sept heures quarante-cinq. C'était Donio. En avance, cette fois.

— Tu ne peux pas savoir comme tu me fais plaisir, mon grand garçon, s'écria-t-elle, convaincue de recevoir, à cet instant même, l'intervention tant espérée de son défunt mari.

Cette certitude avait insufflé à la veuve Bernier le courage de poursuivre son recours contre l'entreprise responsable de la mort de son époux. Sur les conseils de sa mère, elle avait engagé Me Pierre-Évariste Leblanc, « l'avocat à la parole d'or », disait-on de lui. Outre la belle amitié qui liait Mme Leblanc à Louise-Zoé, la réputation que cet homme s'était acquise comme avocat et député conservateur à l'Assemblée nationale avait rassuré Séneville dans son choix. D'ailleurs, Me Leblanc n'avait pas caché son enthousiasme à sa cliente. « Du jamais vu dans nos annales ! », avait-il reconnu lors de leur première rencontre. L'allure fière, le regard flamboyant, original avec ses favoris taillés en biseau pour rejoindre une moustache tout aussi soignée, Pierre-Évariste avait exhibé sur le mur deux insignes honorifiques : le prix Prince-de-Galles, décerné à deux reprises.

Sans le moindre doute, à l'instar du notaire Emery Bertrand et du Dr Taupier, Me Leblanc avait conseillé à la veuve de nommer un tuteur et des « amis des enfants », advenant qu'elle décède avant leur majorité. Le Dr Jean-Salomon Taupier fut choisi comme abrogé et, comme « amis des enfants », des hommes exerçant des métiers différents et habitant au village du Chambly-Bassin : Pierre Chartrand, cordonnier, Aimé Petit, marchand, Noël Lareau, cultivateur, Pierre Lachapelle, éclusier, Oscar Perron, commis, Elzéar Bigonesse, contremaître. Cette requête fut présentée le 18 février et l'acte de tutelle fut homologué en toute conformité.

Le deuxième mois de ce nouvel an avait fui sans que la veuve Bernier le vît passer. À ses obligations quotidiennes s'était ajoutée la tâche de rétablir les faits et lieux de l'accident mortel du 2 novembre précédent. La *Montreal Light, Heat and Power Company* ayant dénié toute responsabilité dans la mort d'Elzéar Bernier et de Louis Cadieux, Séneville devait la poursuivre en justice afin d'obtenir un dédommagement équitable pour la perte de son époux. Elle aurait souhaité que la veuve Cadieux fasse de même, convaincue de l'impact positif d'une double poursuite.

— Vous n'y pensez pas, Mme Bernier ! Une femme poursuivre une grosse compagnie comme celle-là. Vous allez y laisser votre chemise !

— J'ai beaucoup prié pour ne pas en arriver là. Pour que la compagnie reconnaisse sa responsabilité et me verse une compensation raisonnable. Mais puisqu'elle le refuse, j'accepte de revivre ces moments difficiles par amour pour mon mari et pour mes enfants.

— J'admire votre courage, Mme Bernier. En même temps, j'ai de la peine pour vous. C'est un enfer que vous allez vivre… avec peu de chances d'en tirer une seule piastre.

— Vous avez peut-être raison, Mme Cadieux, mais je regretterais toute ma vie de ne pas avoir exigé ce qui m'est dû. Cette compagnie nous a enlevé nos maris. Elle a privé nos enfants de leur père. À mes yeux, il n'y a pas d'amende trop grande pour un crime pareil.

Mme Cadieux était demeurée sans mots.

Les recherches de Me Leblanc retraçaient l'historique de la *Montreal Light, Heat and Power Company* à Chambly et les détails de ses installations, ce que Séneville n'aurait pu faire. Cette compagnie construisait, depuis plus de dix ans, des lignes de transmission composées de fils métalliques attachés à des séries de poteaux en bois, approximativement placés à égale distance les uns des autres. Ces fils transmettaient un courant de plus de vingt-cinq mille volts. Ils avaient été fixés au sommet de ces poteaux et, environ quinze pieds plus bas, une ligne téléphonique avait été ajoutée pour relier l'usine de Chambly à l'établissement de la compagnie, à Montréal. Afin que ces diverses lignes ne nuisent pas à la navigation sur le canal de Chambly, quatre tours en fer hautes d'environ cent quarante-cinq pieds y avaient été montées, deux de chaque côté. Les deux poteaux avoisinant ces tours en fer mesuraient soixante-quinze pieds de hauteur ; les autres, une quarantaine.

Un dessin à l'appui, Me Leblanc demanda à sa cliente de lui rappeler les circonstances et la scène du drame telle que décrite par les témoins.

— Ça faisait douze ans que mon mari travaillait à cette centrale, soit pour construire, soit pour réparer les lignes. Le 2 novembre, il devait continuer l'installation d'une ligne téléphonique qui reliait l'usine de Chambly à la centrale de Montréal. D'autres employés m'ont raconté qu'ils avaient réussi à faire passer un des deux fils au-dessus du canal de Chambly et qu'ils travaillaient à faire passer l'autre. Mon mari se tenait du côté nord, à quelque distance du canal, près du dévidoir chargé de fils. Du côté sud du canal, il y avait Louis Cadieux, puis Louis LaRocque qui tenait l'extrémité du deuxième fil que l'on venait de passer au-dessus du canal. Les deux hommes marchaient en s'éloignant de la tour en fer…

Séneville n'avait plus de voix.

Venu au secours de sa cliente, Me Leblanc enchaîna :

— … rapprochant ainsi graduellement le fil qu'il tenait des fils à haut voltage. Le contact s'est fait… et le courant a foudroyé votre mari et M. Cadieux.

Le silence.

La veuve reprit dans un susurrement :

— Si la compagnie avait remplacé les deux hommes qui avaient démissionné quelques jours avant, à cause du danger, ça ne serait pas arrivé.

— Le devoir de le prouver me revient, Mme Bernier. Je dois aller réinterroger les compagnons de travail de votre mari puis ses employeurs.

Des heures éprouvantes pour Séneville. Me Leblanc, bien conscient des efforts imposés à sa cliente, lui répétait :

— Un dossier bien étoffé et sans erreur mène à la victoire.

Le moment venu de décider de la somme exigée en dédommagement, il modifia celle qu'avait proposée la veuve lors de sa tentative de règlement hors cour.

— Je connais plusieurs administrateurs de la compagnie. Aussi, je siège au même conseil d'administration que l'un d'eux, le notaire Narcisse Pérodeau qui n'a pas hésité à reconnaître qu'une compensation de dix-neuf mille dollars était justifiée pour les dommages causés à vos enfants.

— C'est beaucoup, dix-neuf mille dollars !

— C'est sans compter les intérêts et les frais judiciaires, précisat-il.

Le 10 juillet, la déclaration fut déposée à la Cour supérieure de la province de Québec, district de Montréal et, le 26 de ce mois, la *Montreal Light, Heat and Power Company* recevait un bref de sommation à comparaître le 15 novembre 1910, à dix heures trente.

— Six mois à remuer le passé… à négliger mes enfants…

— … pour vous assurer un avenir décent, rétorqua l'avocat avant de quitter la veuve, en lutte contre l'épuisement.

L'année scolaire terminée et les vacances à moitié écoulées, Séneville déplora avoir consacré trop peu de temps à sa famille. Donio avait réussi de justesse sa septième année et, en entrant dans la maison, le dernier jour de classe, il avait lancé son sac d'école au bout de ses bras.

— Fini les devoirs puis les leçons, je m'en vais travailler ! s'était-il écrié avec euphorie.

— Pas si sûr que ça, mon garçon. Tu as des années de collège à faire si tu veux gagner ta vie aisément, lui avait signifié sa mère dans l'espoir qu'il y réfléchisse un peu.

Donio s'était tiré une chaise avec fracas, s'y était campé, les bras croisés sur son obstination.

— Tu détestes vraiment l'école ? lui avait demandé Séneville pour le sortir de son mutisme.

— Maintenant que papa n'est plus là, j'ai mieux à faire que d'aller à l'école.

— Mais comment vas-tu occuper tes journées ?

Donio avait relevé la tête et, le regard fier, il avait lancé :

— J'ai dit oui à M. Lareau. Pour tout l'été et peut-être même plus.

— Sur sa ferme ?

— M. Lareau est prêt à me prendre dès demain, lui.

— Tu es allé offrir tes services au garage ?

— Oui, mais j'ai fait rire de moi, avait avoué Donio, la mine déconfite.

— Pas de salaire sur la ferme, j'imagine ?

— Pas pour commencer, en tout cas, mais vous n'aurez plus à me nourrir… ni à laver mon linge. Je vais rester chez les Lareau, sauf le dimanche après la traite du matin, jusqu'à la fin de l'après-midi.

La veuve avait exigé une journée de réflexion avant d'exprimer son avis.

— Je risque de perdre ma place, maman !

— Laisse-moi au moins le temps de parler à M. Lareau…

— Allez-y ce soir. Je vais m'occuper de mes sœurs. Je vais jouer avec elles, annonça-t-il, lui qui n'avait pas cette habitude.

La rencontre fut si concluante que le lendemain matin, Donio, heureux de troquer son sac d'école pour une salopette de paysan, s'était levé au chant du coq et avait filé à la ferme. « Je vais tout faire pour qu'il se sente obligé de me payer des gages », s'était-il juré, résolu à aider sa famille.

Ce changement de statut social avait rallumé dans son regard cette flamme éteinte depuis le décès d'Elzéar. Sa nouvelle vie lui plaisait au point de ne pas trouver le temps de venir voir sa famille.

— Il y a trop de travail sur la ferme pour laisser mon patron tout seul, avait-il expliqué à sa mère qui l'invitait à partager le dîner du dimanche.

La rumeur d'un tel dévouement avait fait le tour du village de Chambly. D'autres fermiers avaient tenté de le recruter, lui offrant un salaire… que M. Lareau dut lui verser pour ne pas le perdre.

Quant à Gabrielle, elle trouvait son plaisir dans le jeu et les études. Le jour de son anniversaire, elle avait jubilé à la pensée que dans un an elle attraperait enfin deux chiffres. Aussi se préparait-elle à cette nouvelle étape en prenant de plus en plus de responsabilités, dont celle d'associer sa jeune sœur à ses jeux. Éva pouvait passer des heures à découper des personnages du catalogue Eaton pour qui Gabrielle taillait différents costumes dans des restes de tissus, don de leur grand-mère maternelle. Séneville déplorait n'avoir pas hérité de ce talent pour la couture. D'une habileté remarquable, sa mère, devenue veuve quand ses enfants étaient encore en bas âge, avait assuré leur subsistance en confectionnant des vêtements pour les familles nanties. De toute évidence, le métier de garde-malade qu'avait choisi Séneville s'avérait plus lucratif, mais il ne permettait pas à la maman de l'exercer sans se séparer de ses enfants. «Il faudrait qu'une personne fiable s'occupe de mes filles en dehors des heures de classe pour que je consente à y retourner, une fois installée à Montréal», s'était dit Séneville. Les vacances scolaires lui donnaient un aperçu de son besoin de les avoir près d'elle. Pour cause, Gabrielle et sa sœur réclamaient chaque jour d'aller jouer avec leurs petites voisines: chez les Lareau où travaillait Donio, mais plus souvent chez M. et Mme Bartolomew, les nouveaux propriétaires de la maison Lajeunesse. Elles aimaient la compagnie des deux fillettes de leur âge auprès de qui elles apprenaient l'anglais et l'équitation. Séneville s'en inquiétait, les considérant trop jeunes pour monter à cheval. À ce danger s'ajoutait celui de la construction des trottoirs dans plusieurs rues de Chambly dont la rue

Bourgogne. Il lui tardait que ces familles possèdent le téléphone, privilège qu'Elzéar Bernier avait été un des premiers à obtenir. Ses responsabilités à la centrale d'électricité l'exigeaient. « Quand les soucis me rongent, je n'aurais qu'à téléphoner, comme je le fais avec ma mère », se disait Séneville. La communication avec Saint-Henri-des-Tanneries n'était pas parfaite, mais elle comblait les attentes des deux veuves. Louise-Zoé ne terminait jamais un appel sans s'informer des démarches juridiques entreprises contre la *Montreal Light, Heat and Power Company*, poursuite qui, si incontournable fût-elle, la tourmentait.

— Rien de nouveau, répétait Séneville jusqu'au jour où, tôt dans l'après-midi, son avocat vint lui faire part des réactions de la compagnie à sa déposition.

Angoissée, elle pria Me Leblanc d'aller droit au but.

— J'ai croisé Me Montgomery, un des avocats adverses, au palais de justice… Il m'a conseillé, avec un sourire malicieux, de retravailler notre déposition.

— Mais pourquoi ?

— À l'en croire, nos arguments ne pèseraient pas lourd dans la balance. Toutes les chances seraient du côté de son client.

— Mais un avocat n'a pas le droit d'appuyer un client qui se parjure.

— Ce ne serait pas la première fois…

— C'est scandaleux ! s'écria Séneville. On va faire venir tous nos témoins. S'il y a une justice sur terre, ils verront bien de quel côté doit pencher la balance !

— Ce qui importe surtout, c'est que nous présentions une plaidoirie irréfutable. Il serait bon de réexaminer notre déclaration, Mme Bernier.

Séneville obtempéra au désir de son avocat. La copie de la déclaration étalée sur la table, ils passèrent tout l'après-midi à en revoir chaque article. Me Leblanc s'attarda surtout à ceux qui décrivaient les installations et les circonstances de l'accident. La lecture de ces quinze paragraphes était ponctuée d'une même interrogation :

— Vous êtes bien sûre de ça, Mme Bernier ?

Parfois, un doute s'installait là même où la veuve s'était prononcée avec conviction. Un véritable supplice que cette remise en question ! Aussi, avant son départ, Me Leblanc promit de tout revoir avec les témoins. Que sa cliente réclame d'en connaître les résultats sembla le contrarier.

Fait exceptionnel, ce soir-là, Séneville souhaitait que ses filles s'attardent chez les Lareau. Une détresse profonde l'avait envahie, plus forte que le besoin de leur présence. Tant de fois, pourtant, elle était parvenue à leur cacher ses angoisses et son chagrin en aménageant son parterre, en soignant son potager ou en participant aux festivités de son village. Les bras croisés sur la table, la tête en chute sur sa poitrine, Séneville s'était endormie.

De peur d'être réprimandées pour leur retard, Gabrielle et sa sœur étaient entrées sur la pointe des pieds. Ravies de trouver leur mère en plein sommeil, elles lui concoctèrent une surprise. Attentives à éviter tout bruit, elles couvrirent de porc frais d'épaisses tranches de pain, coupèrent des pointes de tarte aux pommes, versèrent trois tasses de lait et placèrent le tout sur la table avec d'infinies précautions. Elles pouvaient dès lors occuper leurs places habituelles. Ce qu'elles firent, résignées à attendre en silence le réveil de leur mère. Mais, prise d'un fou rire, Gabrielle perturba la mise en scène. Tirée abruptement de son sommeil, Séneville promena un regard perdu autour d'elle.

Sur le point de céder à la honte, elle se ressaisit et se prêta au jeu de ses filles, on ne peut plus fières de leur exploit. Même si l'appétit manquait, Séneville grignota tant qu'elle le put… Le repas terminé, Gabrielle suggéra de préparer des déguisements pour la fête au Fort-Chambly. Non remise de son après-midi, Séneville crut éviter cette corvée en prétextant que pour une telle occasion il fallait porter des costumes d'époque.

— Je le sais, maman. J'ai aidé Mme Lareau à en coudre aujourd'hui.

— Je n'ai presque pas de tissus…

— On en a rapporté beaucoup de chez grand-maman, la dernière fois qu'on y est allées.

L'adhésion de Séneville lui fut acquise. Sitôt la table débarrassée, le sac de tissus fut vidé avec une excitation belle à voir. Gabrielle mit quelques pièces de côté, les examina, visiblement déçue.

— Ce n'est pas assez grand, maman. Nos robes de nuit… les plus usées, ça ferait tellement mieux.

Réticente, Séneville fit remarquer qu'elles n'en n'avaient que deux chacune et qu'elles risquaient de ne pas en recevoir d'autres avant Noël.

— Je ne les couperai pas, maman. J'ajouterai seulement un volant aux manches et au bas de la jupe, comme le fait Mme Lareau.

Gabrielle feignit ne pas voir le hochement de tête de sa mère.

— Ensuite, on ajoutera un ceinturon de couleur, dit-elle.

— De couleur agencée, précisa Séneville, au grand ravissement de sa fille.

— Oui, c'est ce que je voulais dire.

Une lisière de soie rouge hissée au bout de ses bras, Gabrielle réclama qu'on se mette à l'ouvrage.

— Il ne va manquer que le bonnet, dit Éva qui, avec son amie Berthe, avait paradé avec ceux que Mme Lareau avait confectionnés dans la matinée.

Sa mère n'en voyait pas l'importance, mais Gabrielle insista :

— C'est facile à faire, maman. On taille un rond, puis on coud un élastique à quelques pouces du bord. Comme ça ! dit-elle.

Les ciseaux couraient sur une retaille de coton blanc. La coupe étant plutôt réussie, Séneville promit d'acheter fil, aiguilles et élastiques dès le lendemain.

Pour la première fois depuis le décès de son Elzéar, la veuve Bernier avait joint sa voix à celles de ses filles qui, heureuses de jouer dans les tissus, avaient turluté toute la soirée.

« C'est elles qui me gardent la tête hors de l'eau. Comment pourrais-je me priver de leur présence ? »

Octobre tirait à sa fin et aucune offre d'achat n'avait été présentée pour la maison située au 1626 de la rue Bourgogne. Pour maintes raisons, Séneville le déplorait. De ce fait, le retour en classe de ses enfants ne s'était pas déroulé à Saint-Henri. Non pas que l'enseignement laissât à désirer à Chambly, mais la vente de la maison aurait permis à sa propriétaire d'éponger quelques comptes et de s'installer à Montréal, évitant ainsi les nombreux déplacements en train pour les audiences au palais de justice.

— Tu es chez toi dans ma maison, lui avait dit Louise-Zoé, à l'aube de ses soixante-dix-sept ans. De toute manière, je n'en ai plus pour très longtemps, et c'est bien ainsi. Je n'ai jamais souhaité vivre jusqu'à quatre-vingts ans et risquer de tomber à ta charge. Tu en as déjà plein les bras avec tes trois jeunes et le procès qui s'en vient.

Ces propos avaient d'autant plus étonné Séneville que sa mère semblait en grande forme, tant physiquement que mentalement.

— Vous n'auriez vraiment pas d'objection à ce qu'on habite ensemble ?

— Au contraire ! J'ai tellement de plaisir avec tes filles.

De toute évidence, Louise-Zoé ne souhaitait pas la présence de Donio sous son toit. Pourtant, celui qu'elle s'entêtait à étiqueter d'égoïste montrait du cœur à l'ouvrage, allant jusqu'à prendre un deuxième emploi pour toucher un meilleur salaire et en rapporter plus de la moitié à sa mère. Louise-Zoé le savait bien. « Tête de pioche comme une vraie Méthot », s'était dit Séneville, renonçant à revenir sur le sujet.

À trois jours des audiences, Me Leblanc frappa à la porte de la veuve Bernier.

— Je vous conseille de ne pas venir à la cour, lui apprit-il, tout de go.

— Mais pourquoi ?

— Je crains que ce soit trop éprouvant pour vous. Je préfère vous y représenter.

— Vous pensez qu'on va perdre, c'est ça ?

— J'ai toujours confiance d'obtenir un règlement en votre faveur, mais je crains que les débats soient très houleux.

Séneville réfléchissait.

— Vous venez tout juste de passer à travers l'anniversaire de cet accident... plaida l'avocat.

Un acquiescement de la tête, un regard qui fuyait celui de son visiteur, Séneville tut son inquiétude.

— Je reviendrai vous en faire rapport, lui promit-il, sans attendre sa réaction.

Ce 15 novembre 1910 ne fut pas moins affligeant que la cérémonie religieuse commémorant le décès d'Elzéar Bernier. Pas une minute ne s'écoula sans que la plaignante se pose des questions sur le déroulement du procès.

— Être loin, sans savoir comment l'avocat me défend, jamais plus je ne m'y résignerai, confia-t-elle à sa mère au cours d'une conversation téléphonique le lendemain de l'audience.

Louise-Zoé l'approuva :

— J'ai toujours maintenu que personne ne peut mieux voir à ses intérêts que soi-même.

— Je ne pouvais quand même pas me dispenser d'un avocat…

— Non, mais tu dois garder l'œil ouvert sur lui. Puis n'hésite pas à lui demander des comptes… si tu ne veux pas t'évanouir quand la facture de ses honoraires arrivera.

— Mais c'est vous, maman, qui m'avez recommandé Me Leblanc !

— De fait, oui. Mais tu sais comme moi que là où il y a de l'homme il y a de l'hommerie.

Cette réflexion ébranla la confiance que Séneville avait vouée à son avocat… et à elle-même. « Je ne me suis pas comportée comme une femme avisée. Me Leblanc a offert de plaider ma cause à des tarifs raisonnables par considération pour l'amitié qui liait son épouse à ma mère, mais lui ai-je seulement demandé de les préciser ? Je ne le crois pas. J'ai simplement supposé que ce devait être inférieur à cinq dollars de l'heure. » Sur ce, Séneville mit brusquement fin à la conversation. La solitude et la réflexion s'imposaient.

Le téléphona sonna. La veuve refusa de décrocher le combiné. Après le cinquième coup, le silence. Mais pour peu de temps. La seconde fois, elle céda à la curiosité. Au bout du fil, Me Leblanc.

— Tel que promis, Mme Bernier, je dois vous faire le rapport de l'audience tenue hier. Quand seriez-vous prête à me recevoir ?

— Est-ce que je dois payer pour votre déplacement ?

— Ça va de soi, Mme Bernier.

— Combien ?

— À peine plus cher qu'un billet de train.

— Sans compter le temps que vous prendrez pour la rencontre?

— Oui, bien sûr. Mais ne vous faites pas de soucis avec ces frais-là, je ne vous les chargerai qu'une fois le procès terminé, crut-il judicieux de mentionner.

— Et si on est déboutés, avec quel argent je vous paierai?

— D'où vient ce pessimisme? Je vous assure que nous allons gagner cette cause, réitéra-t-il, se voulant plus convaincant.

Un long silence ponctua leur échange.

Cet entretien laissa Séneville si perplexe qu'elle décida de se confier au Dr Taupier.

— Normalement, dans mon cas ce n'est pas un médecin qu'on vient voir. Mais, depuis le décès de mon Elzéar, j'ai découvert que vous étiez capable de soigner toutes sortes de bobos…

— La sympathie fait du bien, n'est-ce pas?

— Cette fois, je vous demanderais plus que ça.

— Si je le peux, ça me fera plaisir, ma bonne dame.

— J'ai besoin d'être conseillée par quelqu'un d'instruit.

Le Dr Taupier sourit.

Séneville lui fit part de ses doutes quant à Me Leblanc. Non seulement l'écouta-t-il avec sollicitude, mais il l'invita à lui montrer le rapport si redouté dès qu'elle en recevrait la copie.

La veuve cherchait les mots pour traduire sa reconnaissance quand, dans le vestibule, elle croisa Annette, l'épouse de Noël Lareau:

— C'est le bon Dieu en personne qui vous met sur mon chemin, Mme Bernier. Ça fait un bout de temps que je voulais vous parler de quelque chose, mais je tenais à le faire de vive voix…

— J'espère que ce n'est pas un de mes enfants qui vous aurait fait une bêtise…

— Oh! Mon Dieu, non! Pour ne parler que de votre Donio, si vaillant, puis bien élevé, à part ça. Vos filles, des soies! Au fait, je ne voudrais pas vous blesser, mais j'avais pensé que tant qu'à coudre pour ma petite Berthe, je pourrais le faire pour Gabrielle et sa petite sœur; le temps des Fêtes s'en vient.

— Ce n'est pas de refus, Mme Lareau. Je n'ai aucun talent pour la couture.

— Une dernière chose, dit Annette. J'ai entendu dire, entre les branches, que vous auriez peut-être à vous rendre à Montréal, en pas pour rire…

Séneville se limita à hocher la tête. L'entente vint aisément: désormais, Gabrielle et sa sœur seraient hébergées chez les Lareau en l'absence de leur mère.

«Dix jours d'attente, c'est trop long», marmonna Séneville en revenant du bureau de poste, une lettre de son avocat à la main. Chemin faisant, la curiosité l'emporta. Malgré les flocons de neige qui agonisaient sur le papier, elle souleva un coin du rabat. Ce qu'elle y aperçut la poussa à éventrer l'enveloppe pour s'assurer d'avoir bien vu. «Tout en anglais! Mais il fait exprès pour me compliquer la vie! Pourquoi n'est-il pas venu aussi, comme il me l'avait promis?»

Son manteau lancé sur une chaise, elle s'empressa d'étaler les trois grandes feuilles sur la table. La plaignante y retrouva son nom à la suite de l'en-tête, ainsi que la mention des défendeurs. Quinze paragraphes pour répondre à la vingtaine que comptait sa propre déposition. Dans plusieurs d'entre eux, les plus courts, elle retrouva le mot *denies*. Les trois derniers alinéas la firent trembler d'appréhension. Dans chacun d'eux, elle repéra le nom de son mari. Lui vint l'envie de téléphoner à son avocat mais, par souci d'économie, elle y renonça.

Dans l'espoir de décoder quelques phrases qui l'éclaireraient sur le sens du texte, elle mit en parallèle sa déposition et la réponse de la compagnie. Des mots comme *fault, precautions, superintendent, desobedience* l'angoissaient. « Comment peuvent-ils prétendre que mon mari ait été en faute ? Qu'il n'a pas pris les précautions nécessaires ? Qu'il a désobéi aux ordres du surintendant ? S'il fallait qu'un des témoins s'avise de leur donner raison... » Des larmes se frayèrent un chemin sous ses paupières, marquant la feuille de cercles délavés. Ses filles entrèrent avant qu'elle n'ait eu le temps de ranger le tout.

— Maman ! Maman ! cria Gabrielle qui, pressée de montrer la récompense qu'elle venait de recevoir de son institutrice, laissa tomber ses bottes et son manteau sur le plancher du vestibule.

Contrairement à Éva demeurée transie sur la carpette de l'entrée, elle n'avait pas remarqué les yeux rougis de sa mère.

— Vous êtes malade, maman ? crut la petite.

— Non, non. C'est qu'il m'arrive encore de m'ennuyer de votre père, répondit-elle en épongeant ses joues.

— Moi, je m'ennuie toujours de lui, balbutia sa benjamine, un sanglot dans la gorge.

Séneville l'aida à se déchausser et la prit dans ses bras pour lui apporter chaleur et tendresse. Gabrielle, penaude, déposa son sac d'écolière sur une chaise et ne dit mot. Nulle manifestation d'empathie. Un inconfort, un agacement, l'ombre d'une révolte. Une révolte contre le malheur qui avait frappé sa famille, contre les crises de larmes de sa mère, contre les trop rares moments de plaisir qu'il leur était permis de vivre. À peine Séneville l'eut-elle deviné qu'elle accrocha un sourire à ses lèvres et fit part à ses filles des services que Mme Lareau lui avait offerts. Éva se mit à sautiller et à frapper des mains. Gabrielle, pressée de libérer la table des papiers qui avaient fait pleurer sa mère, se le fit interdire.

— Tu pourrais les mêler…

— Si je ne me retenais pas, je les brûlerais, répliqua Gabrielle.

Dans ses grands yeux, Séneville perçut autant de reproche que de chagrin. « Elle a raison, ma Gabrielle. Mes enfants ont bien assez d'avoir perdu leur père sans que je les prive de leur enfance. C'est moi, l'adulte. Je dois me montrer forte et confiante en l'avenir », résolut-elle.

— Si on se faisait des crêpes pour le souper ! suggéra-t-elle.

— Avec du sirop d'érable, enchaîna Éva.

Et se tournant vers sa sœur, elle quêta une approbation qui ne vint pas.

— Gabrielle, si tu nous montrais la récompense reçue de ton institutrice, proposa Séneville.

La fillette se fit attendre quelques instants puis tira un cahier de son sac. L'esquisse d'un sourire sur les lèvres, elle s'approcha de sa mère. Ses doigts couraient vers la page où, pour la première fois, un ange aux ailes bleues avait été collé dans la marge.

— Pas une seule faute dans ma dictée, dit-elle, ragaillardie.

— Bravo, ma grande ! Tu sais une chose ? Avec le talent que tu as, tu n'en ferais jamais de fautes si tu étais aussi attentive que ta petite sœur quand la religieuse explique… lui fit remarquer sa mère, informée plus d'une fois de son indiscipline.

— Maman ! Je ne dérange pas, je fais juste dessiner pendant qu'elle explique des choses que je sais déjà.

Moins douée et très timide, Éva souffrait parfois de la supériorité et de la popularité de sa sœur qui, pourtant, l'aurait défendue à n'importe quel prix tant elle l'aimait. Gabrielle, vive, enjouée et chef de file, n'avait que des amies. Elle avait hérité des yeux verts de sa mère et de sa chevelure d'ébène, mais aussi de son ingéniosité à se tirer d'affaires. Depuis le décès de son père, sensibilisée à l'économie, elle vendait ses compositions françaises à quiconque pouvait les lui payer de dix à vingt-cinq sous. On les lui achetait généreusement. Ce succès lui insuffla l'initiative de faire de même avec la transcription de pièces musicales créées pendant ses vacances scolaires. De quoi conforter sa mère et nourrir chez elle la perspective d'une vie réussie pour sa fille aînée. Quant à Donio, il ne retournait au collège Saint-Joseph de Chambly que pour faire du sport avec ses anciens camarades. Devenu apprenti mécanicien, il se montrait fier de pouvoir gagner de l'argent et d'aider sa famille, et ce, bien avant d'avoir atteint la majorité. Les taches d'huile sur ses salopettes et sur ses mains magnifiaient son nouveau statut de travailleur. Toutefois, Séneville avait espéré qu'après s'être frotté un an aux rigueurs du travail, son fils reprenne le chemin de l'école. « Les gens instruits travaillent avec beaucoup plus d'aisance, de profits et de considération », se disait-elle. D'ailleurs, son Elzéar ne devait-il pas à sa formation d'ingénieur électrique, acquise aux États-Unis, la chance d'avoir exercé un métier lucratif ? Et que dire des Taupier et des Bartolomew ?

Sans aller jusqu'à l'acharnement, la veuve Bernier incitait Donio à suivre l'exemple de son père, et ses filles, à ne pas se restreindre aux sentiers battus. « À la condition qu'ils en soient plus heureux », nuançait-elle, consciente de la précarité du bonheur en cette vie.

Ces dispositions ne l'avaient pas quittée quand, le lendemain matin, elle frappa à la porte de son voisin immédiat, serrant contre elle une enveloppe contenant sa déclaration rédigée en français et la réponse des présumés coupables, en anglais.

— C'est pour votre mari, Mme Taupier. S'il veut bien y jeter un coup d'œil quand il aura le temps, dit-elle en lui confiant ses documents.

Non moins courtoise que réservée, Mme Taupier invita Séneville à s'asseoir, mais cette dernière refusa gentiment.

— Attendez au moins que je voie si mon mari pourrait venir vous saluer entre deux patients, dit-elle, aussitôt dirigée vers le cabinet du médecin.

Elle n'eut pas à frapper.

— J'ai cru reconnaître votre voix, Mme Bernier. Venez, dit le docteur.

— Je voulais seulement vous les porter, expliqua Séneville, intimidée.

— Je les regarderai ce soir, dit le Dr Taupier en prenant l'enveloppe qu'il rangea aussitôt dans un tiroir de son bureau. Mais, dites-moi comment vous allez, vous et vos enfants.

Séneville ne s'habituait pas à de si délicates attentions. Fort brièvement, elle souligna la débrouillardise de son fils et la compagnie réconfortante de ses filles.

— Et vous? insista-t-il.

— Je suis inquiète, Dr Taupier. J'ai besoin de votre avis avant de parler à mon avocat… au sujet des trois derniers paragraphes surtout. Si je les traduis bien, c'est terrible…

Malgré les réticences de la veuve, le médecin tira l'enveloppe de sa cachette, jeta un coup d'œil à la dernière page et expliqua:

— Ce genre de plaidoirie fait partie des procédures. Rares sont les présumés coupables qui ne nient pas tout, dans un premier temps. Je suis certain que votre avocat n'en est pas surpris. Mais laissez-moi quelque temps pour examiner ça en toute tranquillité, je vous dirai ce que j'en pense et…

— … ce que vous me conseillez de faire, enchaîna Séneville.

Tôt le lendemain, Gabrielle et Éva venaient de partir pour l'école quand le Dr Jean-Salomon Taupier téléphona à leur mère pour la prévenir de sa visite. Après une nuit meublée de cauchemars, Séneville n'aurait pu souhaiter mieux. Elle s'empressa de nettoyer la table, de remonter sa tignasse en chignon et de retirer son tablier. Dehors, tout était couleur chagrin. « Une température pareille ferait perdre l'espoir aux plus hardis », susurra-t-elle en relevant un coin du rideau de mousseline blanche qui parait la porte d'entrée. « Mais moi, Séneville Bernier, je suis plus coriace qu'on le pense », se dit-elle. Une autre occasion d'en faire la preuve se présentait :

— Ce n'est pas agréable à entendre ce que je vais vous dire, mais je sais que vous n'en êtes pas à votre premier défi. Vous en avez relevé de bien plus gros… ajouta le docteur.

Il accrocha son paletot dans le vestibule et, d'entrée de jeu, s'excusa de devoir faire vite.

— Vous avez bien saisi, Mme Bernier. La compagnie affirme que votre mari était *foreman* et que de ce fait, il avait le devoir de veiller à ce que le travail ne représente aucun danger pour lui et les employés. Aussi, elle prétend qu'il ne manquait pas d'hommes sur le chantier…

Une vive indignation enfiévra le visage de Séneville.

— Sitôt ma dernière consultation terminée, hier soir, j'ai communiqué avec un de mes bons amis avocat. Je ne voulais surtout pas vous induire en erreur. Ce qu'il m'a dit va vous rassurer. À peu d'exceptions près, les présumés coupables tentent toujours d'accuser leurs adversaires. C'est une tactique bien connue, semble-t-il. Autre point réconfortant, mon ami dit n'avoir jamais été informé de plaintes au sujet de Me Leblanc.

— C'est suffisant pour lui faire confiance ?

Un long silence…

— Je vous conseille de lui téléphoner, Mme Bernier.

Un acquiescement muet vint de la plaignante. Toutefois, le Dr Taupier ne la quitta pas sans s'assurer de son mieux-être et sans lui réitérer son soutien.

Séneville s'accorda le reste de la matinée pour ressasser les propos et conseils de son voisin. Ses filles dînant au couvent, elle pouvait attendre au début de l'après-midi pour téléphoner à son avocat.

— J'allais vous appeler, s'écria-t-il, avec l'enthousiasme d'un gagnant. J'ai préparé une motion en votre nom, Mme Bernier.

Préférant taire son étonnement, elle le laissa poursuivre.

— Souhaitez-vous que je vous en lise le mot à mot au téléphone ou que je vous en fasse seulement le résumé?

— À votre convenance, Me Leblanc.

— Voici: la *Montreal Light, Heat and Power Company* soutient que votre mari étant contremaître, les employés travaillaient sous ses ordres. De plus, elle avance qu'il aurait reçu l'ordre de ne pas continuer les travaux avant d'avoir réparé certains appareils. Or la compagnie ne dit pas quand votre mari aurait été promu contremaître, ni quand et comment le surintendant lui aurait ordonné de cesser les travaux tant que certaines réparations ne seraient pas effectuées. Nous allons la sommer de répondre à ces questions et d'en fournir une preuve écrite qu'elle devra déposer à la cour pour le 21 novembre.

Ébahie par la pertinence de cette motion et par l'efficacité de son avocat, Séneville cherchait ses mots.

— Ça vous convient, Mme Bernier?

— Oui, oui. Parfaitement, Me Leblanc. Combien vous dois-je pour ce téléphone-ci?

— Presque rien, ma chère dame. C'est la préparation des dossiers qui coûte des sous…

— Combien?

— Ne vous tracassez pas avec ça pour l'instant. Comme je vous l'ai déjà dit, Mme Bernier, j'irai vous chercher un dédommagement bien supérieur à mes honoraires.

Par souci d'économie, Séneville s'empressa de raccrocher. « N'empêche que cette nouvelle donne raison au Dr Taupier », reconnut-elle.

La fin de novembre se vécut dans une sérénité relative. Séneville Bernier partageait mieux son quotidien entre ses joies familiales, ses devoirs parentaux, ses préoccupations relatives au procès et ses démarches pour activer la vente de sa maison. Gabrielle, ayant épuisé ses réserves de compositions françaises et de créations musicales, avait obtenu de Mme Bartolomew la permission d'utiliser son piano ; le temps des Fêtes approchait et elle espérait vendre ses nouvelles mélodies pour venir en aide à sa mère.

— J'aurais aimé vous acheter de nouvelles robes pour Noël, mais si votre grand-mère ne vous en offre pas, vous devrez porter celles de l'année dernière, confia-t-elle à sa fille aînée qu'elle avait priée de l'aider à nouer les boutons de son corsage.

— La mienne sera bien trop petite, protesta Gabrielle.

— Elle fera à ta sœur…

— Mais moi, qu'est-ce que je vais porter ?

— Je trouverai une solution, avait l'habitude de répliquer Séneville.

— Et vous, maman, vous êtes toujours habillée pareil…

— Ce n'est pas important pour moi. De toute manière, les veuves doivent porter le deuil pendant au moins trois ans.

— Qui a décidé ça ?

— Hum… Les traditions.

Gabrielle arrêta de boutonner et alla se planter droit devant sa mère.

— Vous avez le droit de vous habiller comme vous voulez, maman… puis nous autres aussi. Y a bien assez que les religieuses nous imposent le costume, à l'école, dit-elle, indignée.

— As-tu fini d'attacher mes boutons? demanda sa mère pour faire diversion.

— Presque.

Sa tâche accomplie, Gabrielle ouvrit le placard de Séneville.

— Cette robe-là est belle mais trop triste. Si vous y ajoutiez un petit col de dentelle, ce serait joli, conseilla-t-elle.

— Ma pauvre petite fille, je ne sais même pas comment tenir un crochet.

La déception se lisait sur le visage de Gabrielle. Sa mère déplora son aveu. Le silence les couvrit. Gabrielle réfléchissait.

— Il reste encore trois semaines avant Noël, murmura-t-elle, gardant secrète l'inspiration qu'elle venait de recevoir.

— Un peu moins de jours de classe, nuança Séneville.

La jeune fille grimaça.

— À te voir l'air, on dirait que tu aimes mieux l'école que les congés…

— On apprend plein de choses au couvent. C'est pour ça que j'aimerais y rester plus longtemps après les cours.

— Puis Éva? Tu vas l'obliger à t'attendre?

— Elle serait contente, elle aussi. Elle aime beaucoup faire des mathématiques sur le grand tableau de sa classe quand les élèves sont partis. Tout en corrigeant les devoirs, sa maîtresse lui donne des problèmes à résoudre.

— Comment le sais-tu?

— À chaque fois que je la cherche après l'école, c'est là que je la trouve.

Séneville avait noté avec quelle aisance Éva exécutait ses devoirs de mathématiques; rares étaient les erreurs commises. «Je suis fière de lui avoir légué ce talent. J'espère qu'elle réussira mieux que moi à le faire fructifier», pensa-t-elle, résolue d'accorder à ses filles une demi-heure de plus à leur journée scolaire.

Gabrielle n'avait pas tardé à réclamer des leçons de crochetage de sœur Sainte-Madeleine, la spécialiste du tricot et de la broderie.

— Vous êtes un peu trop jeune, Mlle Bernier. Dans deux ans, vous aurez droit à ce cours.

— C'est pour faire un cadeau à maman. Je suis prête à rester ici après quatre heures.

Le motif fit céder la religieuse qui, dès la première leçon, fut impressionnée par la dextérité de sa jeune élève. Réussir un ouvrage aussi délicat en peu de temps, c'était tout un exploit. Enseignante et élève partageaient un plaisir commun à le réaliser.

— Maman ne croira pas que c'est moi qui ai crocheté son col, lança la jeune apprentie.

— Elle aura une raison de plus d'être fière de sa grande fille, d'ajouter sœur Sainte-Madeleine, au fait du courage avec lequel la veuve Bernier avait traversé cette année éprouvante.

Pendant que Gabrielle crochetait, Éva aidait une pensionnaire à faire ses calculs mathématiques. Une tâche qu'elle assumait avec doigté et succès. Les deux écolières ne rentraient au domicile familial qu'à l'heure du souper. Euphoriques et non moins affamées, elles faisaient l'envie de leur mère. À l'approche des Fêtes, la veuve luttait contre la nostalgie et contre des appréhensions indéracinables: les incertitudes générées par les poursuites judiciaires et la crainte de s'endetter démesurément lui grugeaient beaucoup d'énergie. Sitôt retrouvée, sa confiance en son avocat était ébranlée par des actes qui la déconcertaient. En réponse à la sommation de fournir des preuves de ses allégations quant aux responsabilités d'Elzéar Bernier, soi-disant contremaître, la *Montreal Light, Heat and Power Company* s'était limitée à reproduire la déposition contestée. En réaction, Me Leblanc avait rédigé trois courts paragraphes : le premier demandant l'admission des faits établis par sa cliente dans la poursuite ; le deuxième niant les allégations de la compagnie sur sa prétendue innocence et le dernier exigeant le maintien de son action, avec dépens. « Une souris face à un éléphant », considéra la plaignante.

Cette enveloppe rangée dans un tiroir secret de sa chambre, la veuve Bernier revint aux deux autres lettres cueillies au bureau de poste. L'une d'elles venait de Louise-Zoé et l'autre de Rose Bernier, l'épouse de son cousin, le capitaine Bernier. Ses doigts coururent sur le rabat et le déchirèrent avec une frénésie rare depuis le décès d'Elzéar. Séneville n'avait pas reçu de nouvelles de sa lointaine cousine depuis les Fêtes du tricentenaire de Québec. Ces festivités avaient coïncidé avec une victoire sans précédent du capitaine Bernier : enfin, les autorités fédérales lui accordaient la permission qu'il réclamait et l'appui financier pour aller explorer le Grand-Nord canadien. Joseph-Elzéar et son épouse avaient en effet donné rendez-vous, quelques années plus tôt, à Séneville, son mari et leurs enfants au Vieux-Port tout près du quai d'accostage de l'*Arctic*, navire sur lequel le capitaine et son équipe allaient s'embarquer pour un long périple.

Il avait été facile pour les Bernier de Chambly de retrouver Rose et Elmina, sa fille adoptive. L'épouse du capitaine, bien campée dans la cinquantaine, était de stature imposante et arborait toujours un large chapeau qui faisait l'envie des dames de la haute société. L'accompagnait Elmina, déjà veuve à trente-trois ans, d'une beauté rare avec son teint de nacre et ses grands yeux azurés. Depuis près de quatre ans, cette jeune femme se consolait de la mort subite du Dr J.O. Bourget, son mari, en veillant à ce que ses quatre enfants ne manquent de rien.

En apercevant Gabrielle, Marie-Reine, la benjamine d'Elmina, s'était précipitée à sa rencontre. Même si elles ne se voyaient pas très souvent, les fillettes, âgées toutes deux de sept ans à cette époque, réclamaient toujours de passer plus ce temps ensemble.

Le capitaine s'était fait attendre, occupé aux préparatifs du voyage avec un équipage composé d'une trentaine d'hommes. Joseph-Elzéar Bernier rêvait de franchir le passage du Nord-Ouest. Réussir là où tant d'autres avaient échoué l'éperonnait. Or chaque exploration n'était possible qu'avec le soutien financier des autorités gouvernementales et de différents organismes. La Société de géographie de Québec était de ceux qui faisaient pression auprès de Clifford Sifton, ministre de l'Intérieur, pour obtenir des commandites. Nazaire LeVasseur, membre influent de cette société, lui-même passionné de géographie et d'explorations, prêtait généreusement sa plume pour exposer et défendre les projets du capitaine Bernier. Comment ne pas en faire l'éloge auprès de son cousin de Chambly !

Au cours de cette visite à Québec, des confidences avaient été échangées sur les enchantements et les déceptions de leur vie matrimoniale. Séneville et Rose éprouvaient un réel bonheur à échanger. « Comment expliquer qu'après la mort de mon mari, Rose a cessé de répondre à mes lettres ? », se demanda Séneville alors que la jeune Marie-Reine, qui écrivait régulièrement à Gabrielle, mentionnait toujours :

Ma grand-maman Rose me prie de saluer toute ta famille.

La lettre d'invitation qu'elle venait maintenant de recevoir se résumait en quelques lignes :

Viens avec tes enfants pour tout le temps des Fêtes si tu le peux.
Il y a beaucoup de place pour vous quatre dans cette maison, et
plus encore dans mon cœur, pour toi, chère Séneville.

À elle seule, cette phrase l'incitait à se rendre à Lauzon, près de Québec, pour y passer quelques jours.

Mon mari est en terre de Baffin depuis l'automne et je ne sais quand il en reviendra.

Elmina et ses enfants joignent leur invitation à la mienne.

Ta cousine et amie,

Rose

Séneville remit la lettre dans son enveloppe et pensa : « Tu devrais te consoler, ma belle Rose, de savoir qu'un jour, ton mari reviendra. À moins qu'après de longues années d'absence, tu ne le souhaites plus. Serait-ce qu'à force d'attendre, l'amour s'érode comme les rivages sous l'acharnement des vagues ? Pourtant, celui que j'éprouve pour mon homme n'a pas perdu de sa flamme. Comment pourrai-je écouter les doléances de cette chère cousine sans lui exprimer ma façon de penser ? Mon opinion risque de la blesser. Peut-être ferais-je mieux de décliner son invitation. D'autre part, mes filles seraient tellement heureuses de visiter leurs cousines. Ça me permettrait aussi d'oublier un peu ce maudit procès », admit-elle.

UNE INDISCRÉTION D'ÉVA...

Je n'avais que sept ans, mais je revois encore Gaby, de deux ans mon aînée, plongée dans la confection de costumes pour nos poupées. Elle régnait comme une duchesse sur la table de la cuisine bondée de retailles de tissus, de petites boîtes d'agrafes, de boutons, d'épingles ou de paillettes. Rien ne l'arrêtait. Ni les coups de ciseaux ratés, ni la goutte de sang sur son doigt, ni le temps pris pour passer son fil dans le chas d'une aiguille un peu trop fine. «J'y arriverai!», disait-elle après un échec... et elle y arrivait. Sa satisfaction était alors si grande que nos compliments lui semblaient superflus.

CHAPITRE II

Si on me donnait la chance de refaire le monde, je commence-
rais par changer les grandes personnes. Elles sont trop sérieuses,
trop attachées à l'argent, trop portées à faire comme tout le
monde. Longtemps, j'ai pensé que maman était différente. Elle
l'est un peu, mais elle est encore trop soumise aux convenances.
J'ai peur que ça empire si on continue d'habiter Chambly. Ici,
tout le monde se connaît, tout le monde se surveille. Moi, je
veux me sentir libre de faire ce qui me tente et je ne veux pas
savoir ce que les gens en pensent.

Un linceul noir comme la mort couvrait tout le bassin de Chambly.
Il était presque dix heures. Sous un froid à faire craquer les clous,
Séneville se questionnait: comment Gabrielle et Éva trouvaient-elles
encore assez d'énergie pour continuer de jacasser? Ses réprimandes
répétées semblaient futiles. Piquée par la curiosité, elle colla son oreille
à la porte de la chambre à peine entrebâillée.

— Penses-tu te marier, toi, un jour? demanda Gabrielle qui avait
ramené les couvertures par-dessus leur tête... pour ne pas être
entendues.

— Si je rencontre un homme comme papa, peut-être bien,
répondit Éva. Et toi?

— Jamais!

— Pourquoi?

— Penses-y deux minutes, Éva. Tu as entendu comme moi ce que maman et sa cousine Rose se racontaient. Si elles ont tant de peine toutes les deux, c'est parce qu'elles se sont amourachées d'un homme qu'elles ont perdu par la suite.

— Mais sa cousine Rose l'a encore, elle, riposta sa sœur.

— C'est vrai, mais en apparence seulement.

— Qu'est-ce que tu veux dire?

— Tu es trop jeune pour comprendre, je pense. Son mari est vivant, mais c'est pire que s'il était mort.

— Hein?

— Bien oui. Il n'est jamais avec sa femme et, en plus, il l'empêche de se trouver un autre amoureux. Un homme qui prendrait bien soin d'elle.

— Elle n'a pas le droit de faire ça.

— Justement! Même si elle s'ennuie à mourir. C'est ça qui est terrible.

— Ce n'est pas drôle, hein, Gabrielle?

— Gaby. Je veux qu'on m'appelle Gaby; comme Marie-Reine le fait.

— C'est ce que je te disais, Gaby. Ça ne doit pas être drôle de s'ennuyer tout le temps.

— J'espère que maman va rester veuve quand même.

— Pas moi. Je ne peux plus supporter de la voir pleurer, dit Éva.

— Ça lui arrive moins souvent ces derniers temps, il me semble.

— Tu penses, toi? C'est parce que tu ne remarques pas assez. Elle a souvent les yeux rouges.

— Quand elle pleure, c'est à cause de son avocat. Je le déteste, cet homme-là. C'est lui qui aurait dû mourir, pas papa, dit Gabrielle, manifestement outrée.

— Ne parle pas de même, Gaby, tu pourrais aller en enfer!

— Mais qui t'a mis une idée pareille dans la tête?

— Les religieuses ont dit que c'est un péché de détester son prochain.

— Faut pas croire tout ce qu'elles disent, Éva.

— Si maman t'entendait…

— À les écouter, elles puis M. le curé, on ferait des péchés à cœur de jour… puis même la nuit. Hi! Hi! Hi!

— La nuit? s'étonna la petite à trois mois de ses six ans.

— Oui, oui. Marie-Reine pense comme moi, à part ça. Si tu veux savoir, ça ne me surprendrait pas que maman… Bon! On ferait mieux de dormir, dit Gabrielle, sentant qu'elle devait taire ses soupçons.

Séneville retourna à sa chambre, si préoccupée qu'elle en perdit le sommeil. « Ou je n'ai pas vu vieillir ma fille, ou Marie-Reine et ses grandes sœurs ne sont pas de bonne compagnie pour elle. » Sa réflexion cheminant, elle se rappela que parenté, voisines et enseignantes s'entendaient pour dire: « Elle fait bien plus vieille que son âge, votre Gabrielle. » Un pareil sentiment lui était venu quand, le lendemain de leur arrivée chez les cousines de Lauzon, les trois filles s'amusant à se déguiser, Gabrielle avait paradé avec des seins imposants sous son corsage. Visiblement embarrassées, les adultes s'étaient abstenues de commentaires par égard pour Séneville.

La présence d'Elzéar, ses sages conseils, son optimisme naturel lui faisaient cruellement défaut. Celle qui avait craint de ne pas être à la hauteur pour éduquer son fils découvrit qu'il en allait autrement.

Donio se conduisait déjà comme un jeune adulte, heureux au travail, dévoué envers sa mère et aimable avec ses deux sœurs. «Par contre, toujours sur une patte et exubérante, ma Gabrielle commence à m'inquiéter avec ses idées farfelues et ses questions de plus en plus embêtantes. Ça ne fait pas deux ans que son père est parti et on dirait qu'elle a déjà appris à vivre sans lui. À être heureuse, sans lui. » Louise-Zoé avait fait semblable constat. Aussi, l'insolence avec laquelle Gabrielle parlait du clergé et des religieuses la bouleversa. «Elle n'a pas pu apprendre ça ni de mon mari, ni de moi. Les enfants de notre nouveau voisin, peut-être; ce sont des protestants. À moins qu'elle ait du sang de rebelle dans le corps. Je devrai être plus vigilante à l'avenir», se promit Séneville.

Par ailleurs, l'aveu que fit Gabrielle de l'aversion qu'elle nourrissait envers Me Leblanc la troubla profondément. Pour cause, en maintes occasions, Gabrielle avait manifesté un flair remarquable. Encore tout récemment, elle s'était levée en pleine nuit et, paniquée, elle avait supplié sa mère de téléphoner à Louise-Zoé:

— Elle est mal prise, grand-maman, je le sens juste là, s'était-elle écriée, la main au creux de sa poitrine.

— Tu as dû faire un mauvais rêve. Viens dormir avec moi.

— Non, maman! Il faut téléphoner à grand-maman.

Ébranlée, Séneville avait finalement cédé. La sonnerie se fit entendre une dizaine de fois. Aucune réponse. «On s'est parlé avant-hier… elle avait l'air bien, ma mère, et elle ne m'a pas dit qu'elle devait s'absenter.» Séneville avait finalement rejoint l'amie de Louise-Zoé, l'épouse de Me Leblanc, et demandé que quelqu'un aille frapper à la porte de Mme Bernier. À quatre heures du matin, Mme Leblanc et son fils aîné s'étaient rendus à la résidence de la dame et, du perron, ils avaient entendu ses appels au secours. Réduits à forcer la porte, ils avaient découvert la vieille dame au pied de l'escalier de l'étage, étendue sur le sol et gémissant de douleur.

De fait, Louise-Zoé avait trébuché en voulant descendre mettre du bois dans le poêle et sa chute lui avait causé une double fracture du côté droit : une à la jambe et l'autre à l'épaule. Transportée à l'hôpital, elle dut y séjourner pendant plusieurs semaines. Dès sa sortie, Séneville comptait aller en prendre soin et emmener ses filles avec elle. Pour ce faire, un arrangement devait être pris avec leurs enseignantes pour qu'elles n'accusent pas de retard dans leurs études. La veuve choisit une matinée clémente de la fin de février, pour aller rencontrer la directrice.

— Aucun problème, Mme Bernier. À quelques jours de votre départ, nous vous enverrons le programme de la quinzaine. Je doute un peu que vous puissiez astreindre votre Gabrielle à ses devoirs, mais il le faudra.

— Je croyais qu'elle avait fait des progrès ces derniers mois.

— Sœur Sainte-Madeleine serait la mieux placée pour vous en parler. Elle a passé beaucoup de temps avec votre Gabrielle depuis le début de décembre, surtout. Elle pourrait vous conseiller sur certains points. Je vais l'envoyer chercher.

Séneville resta abasourdie. De la bouche de son aînée, elle n'avait entendu que des éloges au sujet de cette religieuse qui lui enseignait les travaux manuels et le piano après la classe.

Sœur Sainte-Madeleine, d'une stature assez semblable à la sienne, l'invita à la suivre au parloir.

— Elle est née pour le bonheur, votre Gabrielle, dit la sœur en guise de préambule. À la condition qu'elle soit mieux encadrée et plus disciplinée.

Séneville reçut la remarque comme un reproche. Son interlocutrice le perçut et s'empressa de s'expliquer :

— L'idéal pour une jeune fille bourrée de talents comme votre Gabrielle serait qu'elle soit pensionnaire. Qu'elle s'habitue à la rigueur et à la constance. Sinon, elle risque de voltiger d'un métier à l'autre et de ne rien mener à terme. Il est temps qu'elle apprenne à approfondir ses connaissances au lieu de prétendre si spontanément qu'elle pourrait se passer de nos explications.

— Autre chose, ma Sœur ?

— Hum… Son espièglerie, si on peut parler ainsi, n'est pas toujours de bon goût. Elle n'est pas toujours respectueuse, non plus.

Séneville fronça les sourcils.

— À la chapelle, par exemple, tout lui sert de prétexte pour faire rire ses compagnes, pour les distraire de la cérémonie religieuse. Rares sont les fois où, à la sortie de l'office religieux, elle ne doive pas s'excuser…

— Vous n'avez pas pensé à la placer seule dans son banc ? riposta Séneville, froissée dans sa fierté de mère.

— Oui, oui ! Même là, elle a réussi à déclencher des fous rires.

— Qu'est-ce qu'elle fait ?

— Par exemple, un bâillement… qu'elle fait exprès d'allonger sur… sur des notes de la gamme, pensez donc !

Séneville retint un éclat de rire. Elle n'eut aucune peine à imaginer cette bouffonnerie que Gabrielle s'était déjà payée devant ses cousines de Lauzon.

— Vous avez raison de la réprimander, dit-elle. Je vais voir à ce que ça ne se reproduise plus.

— J'ai une question un peu délicate à vous poser… le changement de prénom de votre fille. À mes consœurs, elle a dit que vous l'autorisiez à le modifier et elle l'a fait adopter par ses compagnes de classe.

— Je ne savais pas… Je croyais que ce n'était qu'une fantaisie temporaire qu'elle se permettait à la maison et dans la parenté. Je n'y vois rien de très grave, mais si vous ne l'acceptez pas, je vais lui en parler.

— Ce serait dommage de sacrifier ce si beau prénom qui honore l'archange Gabriel pour en adopter un qui sonne un peu anglais et qui fait… vedette.

Ne partageant pas son avis, Séneville se limita à un hochement de la tête.

— Elle aime bien attirer l'attention, votre fille.

— Elle est surtout très indépendante et elle tient à faire les choses à sa manière.

Sœur Sainte-Madeleine choisit de faire diversion.

— Vous avez aimé les cols de dentelle que votre fille vous a crochetés ?

— Et comment ! Les femmes qui les voient en sont jalouses.

— Gabrielle me disait que sa grand-maman aimerait recevoir un beau châle de sa petite-fille. Je peux l'aider à le démarrer et elle le travaillerait pendant votre séjour chez elle.

Séneville l'approuva.

« Encore des problèmes à résoudre », songea-t-elle en quittant le couvent. Sa poitrine se serra à l'idée de semoncer sa fille pour les petites libertés qu'elle s'accordait. Un peu plus et elle serait retournée sur ses pas pour aller l'étreindre devant toutes ses compagnes de classe. Non pas qu'elle désavouât toutes les observations de sœur Sainte-Madeleine, mais elle aurait aimé qu'elle fît l'éloge de la jovialité de Gabrielle, de son entregent, de son humour et de sa capacité à se différencier des autres, sans complexe. C'étaient des aspects de sa personnalité qu'elle percevait comme des outils délicats qu'il fallait manipuler avec soin et voir à ne pas les éteindre par un excès de sévérité ou de trop grandes exigences disciplinaires. Il lui tardait d'en discuter avec Louise-Zoé.

Pour la veuve Bernier, lourds et angoissants avaient été les deux premiers mois de l'an 1911, et ce, en dépit du fait que Mᵉ Leblanc avait travaillé à obtenir un jugement hors cour pour sa cliente. Pour ce faire, il l'avait contrainte à réexaminer avec lui le mémoire des faits déposés précédemment à la cour. Cet exercice avait exigé de Séneville le courage de retourner à ce matin du 2 novembre 1909. À ce document, son avocat avait joint une motion pour qu'un jugement soit prononcé à partir de l'interrogatoire des témoins. Le succès de ces démarches permettrait d'espérer une fin imminente des procédures et de clore la liste des frais reliés à cette poursuite. Mais combien de mois encore à lutter contre le cauchemar d'une défaite? N'en rien laisser paraître à ses filles, quel pari! Éva captait les émotions de sa mère comme une éponge et Gabrielle devenait agressive à la moindre allusion à ce procès.

Annoncée pour la mi-mars, la fin de l'hospitalisation de Louise-Zoé ne pouvait mieux tomber pour Séneville. Elle avait besoin de changer d'air. Prendre soin de sa mère, assurer le suivi scolaire de ses filles, profiter un peu de la vie trépidante de Montréal avec ses nombreux magasins et ses activités culturelles, lui semblaient tout désignés. Pendant son absence, Donio assumerait les responsabilités de la maison. Il le promit avec un tel enthousiasme que sa mère jugea opportun de demander au couple Taupier de jeter un coup d'œil de temps en temps sur le 1626 de la rue Bourgogne.

— Serez-vous de retour pour Pâques? lui demanda Mᵐᵉ Taupier.

— Je n'en suis pas très sûre.

— Dans ce cas, attendez-moi. J'ai quelque chose pour vous.

L'épouse Taupier quitta le petit salon et en revint accompagnée de son fils Henri, âgé d'une trentaine d'années, récemment rentré de Paris où il avait fait des stages de formation en médecine. Il se présenta, portant à son épaule une jolie boîte similicuir blanc au couvercle bleu-gris.

— J'avais acheté un chapeau pour maman, mais il est un peu trop grand, expliqua le jeune homme, le teint blafard mais le regard scintillant. Venez!

Il conduisit Séneville dans le boudoir, la fit asseoir, déposa la boîte sur ses genoux et l'invita à l'ouvrir. Le couvercle résistait sous les doigts de la veuve peu habituée à ce genre d'emballage. Dans son empressement à l'aider, Henri frôla sa main. La veuve mata en toute hâte le frisson de sensualité qui l'envahit.

— Mille excuses, Mme Bernier! Je suis si gauche parfois.

Au premier coup d'œil, Séneville trouva ce petit chapeau noir fort mignon. Son donateur s'empressa de préciser:

— Il a été confectionné à Paris, dans une boutique de la rue Cambon. Les dames élégantes à qui j'ai demandé conseil m'ont dit: «Allez chez notre jeune modiste Chanel. Elle est très douée en plus d'être marrante.»

— Pourquoi *marrante*? demanda Séneville dont la curiosité fascina le jeune médecin.

— J'ai moi-même posé la question. «Elle ne ressemble à personne et elle fait rire tout le monde», m'a-t-on répondu.

— Vous l'avez vue?

— Hélas, non. J'aurais bien aimé, mais elle était trop occupée avec des clientes. Par contre, j'ai vu sa photo sur un mur. Une jolie demoiselle svelte, au long cou et aux yeux d'un noir perçant.

Séneville tourna son regard vers le chapeau orné d'un ruban de satin noir, souhaitant qu'il convienne à sa tête. Mme Taupier l'invita à la suivre dans le salon où un grand miroir dominait le piano. Henri les suivit, transportant la boîte avec délicatesse. La veuve posa le chapeau sur sa tête.

— On jurerait qu'il a été fait pour vous, s'exclama le jeune homme, lui conseillant toutefois de le porter davantage sur le front, un peu sur la gauche.

— Et puis? demanda Mme Taupier.

— Il me plaît beaucoup. Noir et discret comme je les aime, mais sûrement de grande qualité, balbutia-t-elle, le retirant pour en examiner tous les contours et valider ses présomptions.

— Il peut sembler ordinaire à première vue, mais regardez ici, dit le jeune médecin, l'index placé sur l'étiquette CHANEL MODES.

Séneville fronça les sourcils, avouant son ignorance.

— Il faut être allé à Paris pour voir avec quelle fierté les dames de la bourgeoisie parisienne portent les chapeaux créés par la modiste Gabrielle Chanel.

— Gabrielle! Le même prénom que ma grande fille!

— Ça me semble un nom prédestiné, d'ajouter le jeune homme, amusé. La vendeuse m'a dit que Gabrielle Chanel avait d'abord ouvert son commerce dans la maison d'une couturière, dans l'avenue… devinez le reste.

Séneville haussa les épaules.

— Dans l'avenue Gabriel.

— Ma foi! Mais c'est aussi le prénom qu'ont porté les sept bébés que j'ai perdus, révéla Séneville, dont l'émotion gagna Henri et sa mère.

— Ce chapeau est à vous, Mme Bernier. Il vous portera chance, dit le fils du Dr Taupier.

La veuve ne trouva pas les mots pour traduire sa gratitude. Henri l'accompagna jusqu'à la sortie et, manifestement heureux de son geste, il lui tendit la main. « Ça paraît qu'il séjourne souvent en Europe.

Il n'a pas adopté que l'accent des Français mais leurs bonnes manières aussi », constata Séneville.

De retour à la maison, au cœur de cet après-midi chargé des parfums du printemps, debout devant le miroir de sa commode, la veuve se recoiffa du chapeau Chanel, le portant tantôt comme ceci, tantôt comme cela, s'imaginant avec bonheur avoir encore trente ans. « Un chapeau acheté en France… sorti des mains d'une Gabrielle… » Ses tracas estompés, pour le moment du moins, Séneville eut le sentiment de vivre des instants uniques. Il y avait longtemps qu'elle ne s'était sentie aussi choyée. « Mon Elzéar y serait allé à Paris pour me faire plaisir », se dit-elle, se souvenant des cadeaux qu'il lui avait offerts à chacun de ses anniversaires, à chacune de ses grossesses et lors de ses deuils… « Tout était prétexte pour lui », se rappela-t-elle, en ouvrant ses tiroirs de bureau, sa garde-robe, son coffre de cèdre où étaient rangés foulards, blouses, jupes et châles. Les enfants n'avaient pas été moins comblés. Du cheval de bois aux robes de velours à volants de satin, dans toutes les chambres, Séneville trouvait des rappels de la générosité de son défunt mari. Un jour de grâce pour elle que ce 8 mars 1911 où, à l'abri de tout regard, la veuve s'accordait une telle fantaisie. Coiffée à la Chanel, elle simula un défilé de mode, jeu préféré de Gabrielle. À tour de rôle, ses cinq plus belles robes furent mises en vedette. Chacune d'elles avait été enjolivée d'un col ou d'un jabot crocheté par son aînée. Séneville se réserva la plus belle pour la fin. Une robe de velours noir, cintrée et dont la jupe se déployait jusqu'au bas de sa cheville. « Il y a longtemps que je ne me suis pas sentie belle comme maintenant, constata-t-elle. Je me croirais à dix-sept ans. » Le goût du bonheur se logea dans sa poitrine, se fraya un chemin jusqu'à ses yeux qu'il illumina d'une fièvre de rattraper le temps perdu. Que de mois de chagrin et de tourments à récupérer. « Je dois m'y mettre dès maintenant », résolut-elle.

Le carillon la prévint de l'arrivée imminente de ses filles. Elle allait se hâter de ranger son chapeau et de revêtir une robe de tous les jours quand elle se ravisa. « C'est comme ça que je vais les accueillir, ce soir. »

— Maman! Mais vous êtes donc bien belle! s'écria Éva, courant vers l'étreinte qu'elle réclamait de sa mère à chacun de ses retours de l'école.

Fascinée, Gabrielle demeura sur le paillasson, son sac dans les mains, cherchant à comprendre ce qui était arrivé à sa mère pendant leur absence. Une crainte survint.

— Vous attendez un… monsieur, maman?

Séneville pouffa de rire, ce qui rassura sa fille, pour un moment.

— Vous vous préparez à partir… sans nous?

— Rien de tout ça, ma belle Gaby! Déchausse-toi et viens voir le beau cadeau que j'ai reçu aujourd'hui.

Gabrielle voulait voir de près ce chapeau. Séneville s'en départit le temps que sa fille l'examine sous toutes ses coutures.

— Je peux l'essayer?

Déçue de devoir attendre quelques années avant de pouvoir le porter, Gabrielle résolut de s'en fabriquer un avec l'aide de sa grand-mère Louise-Zoé.

Ce soir-là, Éva et sa grande sœur allèrent au lit, de la joie plein le cœur.

Une semaine après cette mémorable soirée, Séneville et ses filles avaient quitté Chambly pour Saint-Henri-des-Tanneries, dans le sud-ouest de Montréal. Bien qu'affaiblie et limitée dans ses mouvements, Louise-Zoé les avait accueillies avec enthousiasme. Celle qui allait célébrer ses soixante-dix-huit ans le 13 juin n'avait rien perdu de son ardeur et de sa perspicacité. Informée de l'obligation pour les filles de poursuivre leurs études pendant leur séjour, elle en avait fait une priorité quotidienne. Gabrielle avait réclamé que sa grand-mère, à l'instar de son entourage, la prénomme Gaby si elle voulait obtenir sa soumission. Cette exigence était devenue une monnaie d'échange entre Louise-Zoé et la jeune demoiselle. Leur affinité de caractère était-elle attribuable à leur jour de naissance, l'une le 12 et l'autre le 13 juin ? Les deux se plaisaient à le croire. Et lorsque vint le moment si attendu de passer à ses loisirs préférés, Gaby refusa le tricot.

— J'aimerais mieux coudre aujourd'hui.

— Coudre quoi ? demanda Louise-Zoé, tout étonnée.

— Un chapeau. Comme celui que maman a reçu en cadeau.

Séneville fut invitée à reprendre le récit de cet heureux événement, preuve en main.

— Comme c'est curieux ! L'été dernier, mon amie Hermine s'en est acheté un elle aussi à Paris. Il me semble qu'il était griffé comme le tien, Séneville. C'est un modèle assez comparable. Je ne crois pas faire erreur, dit l'aïeule, pressée de téléphoner à Hermine Leblanc.

Gaby, impatiente de se mettre à l'œuvre, trépignait. L'appel téléphonique fut concluant. Non seulement l'épouse de Me Leblanc était revenue de voyage avec un chapeau *CHANEL MODES*, mais elle avait aussi rapporté un article de la revue *Le Moniteur de la mode* qui faisait l'éloge de la talentueuse Gabrielle Chanel. Cette coïncidence déplut à Séneville qui ne souhaitait pas établir de liens avec la famille de son avocat. Gaby ne tenait plus en place devant les deux adultes qui péroraient.

— Je peux aller fouiller dans votre coffre à tissus, grand-maman ?

— Je ne pense pas que tu y trouves du feutre, ma belle.

— Ce n'est pas nécessaire !

— Oh, que oui, ma fille !

Gaby fit la sourde oreille et revint avec une retaille de couverture tissée serré. Louise-Zoé, quelque peu impressionnée, jongla avec le morceau de lainage ocre.

— C'est trop mou, ma Gaby. Ça prend une étoffe qui se tient.

Devant la déception de sa fille, Séneville proposa de faire fouler la pièce dans l'eau bouillante.

— C'est une bonne idée, mais ça ne nous donne pas de moule, rétorqua Louise-Zoé.

— C'est vrai! Ça nous prend un moule plein.

Gaby voulait comprendre. Les explications de sa grand-mère lui inspirèrent une solution :

— On pourrait en fabriquer un en papier mâché. Sœur Sainte-Madeleine m'a montré comment faire.

Le scepticisme des deux adultes l'insulta.

— Ce n'est pas difficile! Ça prend seulement du papier, de la farine et de l'eau.

Des hochements de tête, sans plus, de la part des dames Bernier.

Gaby sollicita l'aide d'Éva pour froisser le papier journal que leur grand-mère conservait pour allumer son feu. Avec son bras en écharpe, Louise-Zoé était forcée de se limiter à donner des conseils.

— Même si on y arrivait, ça va prendre bien trop de temps à sécher, considéra Séneville qui s'était mise de la partie pour faire plaisir à ses filles.

— Laissez-moi faire, d'abord, lança Gaby, vexée. Je vais m'en occuper toute seule.

Sur la table, elle rassembla les ingrédients nécessaires, chercha et trouva un bol correspondant à la grosseur de sa tête. Ce qui provoqua les fous rires des trois observatrices et ramena la bonne humeur dans la maison.

Hélas, d'étape en étape, les difficultés se multipliaient. Après une demi-journée d'acharnement, Gaby dut abandonner son projet.

Sa frustration ne pouvait trouver meilleur apaisement que le retour au crochet et aux aiguilles.

— Rien ne dit que tu ne pourras y arriver quand tu seras plus grande et mieux outillée, fit remarquer Louise-Zoé.

Ces mots rallumèrent l'espoir dans le cœur de l'apprentie modiste. Elle sortit de ses bagages le châle qu'elle avait commencé à tricoter avec sœur Sainte-Madeleine, s'enfonça dans le fauteuil, déterminée à réussir cette pièce. Les questions incessantes de sa grand-mère l'obligèrent à dévoiler qu'il lui était destiné.

— Je voulais vous le montrer seulement lorsqu'il serait terminé.

— Tu peux être sûre que je vais l'aimer. La laine est si belle, si douce. Comme toi, ma Gaby.

— C'est maman qui l'a choisie. Elle sait à quel point vous adorez le bleu ciel, vous aussi.

Séneville la gratifia de son plus beau sourire.

Chassé par un printemps fringant, l'hiver avait disparu quand la veuve Bernier et ses filles revinrent chez elles. Le canal de Chambly regorgeait, sur le point de quitter son lit. Une odeur de terre embaumait le bassin et ses alentours. Quelques lames de neige noircie s'agrippaient désespérément aux murs qui les avaient protégées du soleil.

Donio avait si bien entretenu la maison familiale que sa mère aurait douté qu'il soit venu l'habiter, n'eût été de la razzia dans le garde-manger et dans la glacière. Les sœurs Bernier se réjouissaient à l'idée de retrouver leurs compagnes de classe. Séneville avait trié le courrier reçu en son absence et dissimulé certaines lettres dans son sac à main. La nuit tombée, les enfants endormis, elle trouva le courage de regarder ses factures et d'ouvrir les deux enveloppes provenant de son avocat. Les premières étaient prévisibles : des comptes d'électricité, des factures relatives au bois de chauffage, des relevés de crédit accordé par l'épicier. Des deux enveloppes qui venaient de Montréal, elle ouvrit la plus mince.

2 avril 1911

Chère Dame Bernier,

Certains de vos arguments de la Mémoire des faits ont été contestés par les avocats de la Défenderesse. N'ayant pu en causer avec vous au téléphone, j'ai préparé pour vous une motion que nous déposerons à la Cour supérieure à l'intention de la MLHPC. À la lecture, vous en saisirez les motifs.

Si vous voulez bien en prendre connaissance le plus tôt possible et me donner votre avis, nous pourrons poursuivre dans les plus brefs délais. Si le tout vous semble favorable, cette motion sera présentée à la Cour dès que le Conseil pourra être entendu.

Dans votre plus grand intérêt,

PE Leblanc, avocat

Un cruel retour à la réalité pour Séneville. De toute évidence, le temps n'était pas encore venu de tourner la page sur ce procès. Bien que fort pénible, la lecture de ces documents s'imposait. Elle ignora l'en-tête, trop connue, et fila vers le premier paragraphe :

1. ATTENDU QUE LA DEMANDERESSE N'A PU SE PROCURER LES INFORMATIONS COMPLÈTES ET RENSEIGNEMENTS NÉCESSAIRES POUR BIEN ÉTABLIR LA RESPONSABILITÉ DE LA DÉFENDERESSE EN CETTE CAUSE, AVANT CE JOUR ;

2. ATTENDU QU'IL RÉSULTE DES RENSEIGNEMENTS PAR ELLE OBTENUS, QUE LA DÉFENDERESSE EST EN FAUTE POUR PLUSIEURS AUTRES RAISONS QUE CELLES MENTIONNÉES EN SA DÉCLARATION ;

QU'IL SOIT PERMIS À LA DEMANDERESSE D'AMENDER SA DÉCLARATION, EN AJOUTANT À LA SUITE DU PARAGRAPHE 15, LES PARAGRAPHES SUIVANTS :

15-A QUE D'AILLEURS, LE POUVOIR AURAIT DÛ ÊTRE ENLEVÉ DES FILS ET DE LA LIGNE QUI SE TROUVAIT IMMÉDIATEMENT AU-DESSUS DE CELLE OÙ LE MARI DE LA DEMANDERESSE, AVEC SES HOMMES, ÉTAIT OCCUPÉ À TRAVAILLER, CHOSE QU'IL ÉTAIT FACILE DE FAIRE POUR LA COMPAGNIE, AFIN D'ÉVITER TOUT DANGER;

15-B QUE L'ÉQUIPE COMPOSÉE DE QUATRE HOMMES ÉTAIT INSUFFISANTE POUR LE TRAVAIL QU'IL Y AVAIT À FAIRE, ET QUE LA DÉFENDERESSE AURAIT DÛ LEUR DONNER PLUS D'ASSISTANCE, COMME D'AILLEURS, LE MARI DE LA DEMANDERESSE AVAIT LUI-MÊME EXIGÉ;

15-C QUE CES HOMMES N'ÉTAIENT PAS MUNIS DE GANTS EN CAOUTCHOUC ET D'AUTRES APPAREILS PRÉSERVATEURS QUE LA COMPAGNIE DÉFENDERESSE ÉTAIT TENUE, EN VERTU DE LA LOI ET DE LA PLUS ORDINAIRE PRUDENCE, DE LEUR FOURNIR;

15-D QUE CES TRAVAUX ÉTAIENT FAITS SOUS LA DIRECTION DU SURINTENDANT DE LA MONTREAL LIGHT, HEAT AND POWER COMPANY, À L'ENDROIT DE L'ACCIDENT, LEQUEL AVAIT LE CONTRÔLE DU TRAVAIL QUI SE FAISAIT ALORS, ET QU'IL DEVAIT VOIR À CE QUE LES PRÉCAUTIONS SOIENT PRISES POUR ÉVITER TOUT ACCIDENT; LE TOUT, À DES CONDITIONS JUGÉES CONVENABLES PAR CETTE COUR.

« J'ai eu tort de douter de lui. C'est un bon avocat. Il a trouvé des arguments auxquels je n'aurais jamais pensé », reconnut Séneville, apaisée.

À son réveil le lendemain matin, elle jeta un autre regard, plus lucide cette fois, sur les textes rédigés par Me Leblanc. De toute évidence, cette nouvelle démarche signifiait que la possibilité d'un règlement hors cour avait été rejetée par les avocats de la compagnie. Que d'autres interventions étaient à envisager et ce, pendant combien de mois encore? Que les vacances scolaires des filles risquaient d'être assombries par les préoccupations de leur mère et ses soucis financiers. Que les frais juridiques allaient continuer de s'additionner sans qu'elle puisse en connaître la somme précise. « Ne vous tracassez pas avec ça,

Mme Bernier. Je vous garantis que la compagnie va devoir cracher un bon magot et vous en aurez amplement pour me payer », lui répétait-il chaque fois qu'elle en demandait le total.

Après quelques jours de réflexion et de tergiversations, Séneville en causa avec sa mère au téléphone.

— C'est ton droit et exige-le, lui conseilla-t-elle.

— Je l'ai fait tant de fois et ça n'a rien donné !

Un silence, puis Louise-Zoé tenta une autre recommandation :

— Dans des cas comme celui-là, il faut prendre le taureau par les cornes, ma fille.

— Ce qui veut dire…

— J'ai pensé à une phrase qui va le secouer, ton avocat : « Va-t-il falloir que j'engage un autre avocat pour savoir combien je vous dois depuis le début de la poursuite ? »

Cette approche plut à la veuve.

— Je l'appelle demain, promit-elle à sa mère.

L'assurance d'être enfin outillée incita Séneville à placer cet appel le jour même. Manifestement déstabilisé, Me Leblanc atermoyait :

— J'espère que vous n'attendez pas ces chiffres dans les dix jours qui viennent, Mme Bernier. Ça demande des heures de travail pour rassembler les factures de tout le personnel, celles des témoins, les comptes inhérents, et j'en passe.

Sur le point de baisser les bras, sa cliente se ravisa :

— Aussitôt que cela vous sera possible, maintint-elle.

« Je gage qu'il va additionner ces minutes-là aussi », pensa Séneville, après cet échange de fort courte durée.

— Je me sens comme sur un terrain argileux : pendant que je sors un pied, l'autre s'enfonce, confia-t-elle à sa voisine, Mme Taupier, en revenant de la messe dominicale.

— Vous avez toute ma sympathie, Mme Bernier. Personne ne peut imaginer l'épreuve que vous traversez, s'il n'y est pas passé. Mon mari et mon fils aussi admirent votre courage.

Le témoignage de Corinne Taupier, cette dame tout en délicatesse et magnanimité, alla droit au cœur de la veuve. Pour échapper à l'apitoiement, elle confia :

— Heureusement que j'ai de bons voisins comme vous puis des enfants en or.

Sur le fait, ses filles les rejoignirent, invitées à aller jouer avec leur amie Berthe. Séneville le leur permit mais seulement après le dîner.

Se retournant vers Mme Taupier :

— Je n'ai pas vu votre fils Henri, ces jours-ci. J'aurais aimé lui faire part des compliments que j'ai reçus pour le chapeau qu'il a acheté à Paris.

— Il vous va si bien, Mme Bernier !

— Dommage que vous ne puissiez le porter…

— J'en aurai un qui conviendra à ma tête dans quelques mois. Henri est retourné en Europe et il va repasser chez la modiste Chanel avant de rentrer.

— Vous l'attendez…

— Pour la fin juillet, souhaitait Mme Taupier, une joie anticipée dans le regard.

Le silence couvrit leurs pas.

— J'ai tellement hâte qu'il ait fini ses études, mon beau Henri.

— Il vous inquiète ?

— Un peu, oui. Il n'a pas une grosse santé. Ses poumons… Il est toujours fatigué.

Séneville qui, de par sa formation de garde-malade, possédait les rudiments de la médecine, soupçonna Henri d'être atteint de tuberculose. «Le sauraient-ils que jamais ses parents n'oseraient prononcer ce mot… horrifiant», comprit-elle.

Jour de liesse que ce 22 juin pour les élèves du couvent des sœurs de la Congrégation Notre-Dame de Chambly. Les religieuses voulurent souligner les efforts et le talent de leurs élèves par un spectacle de chants, de rondes et de théâtre présenté aux parents ainsi qu'aux autorités religieuses et municipales de la paroisse.

Les préparatifs avaient donné lieu à des disputes entre Gaby et sa mère. Les Bartolomew en étaient indirectement responsables. Leur retour d'un voyage en Angleterre coïncidant avec le dixième anniversaire de naissance de la jeune Bernier, ils lui avaient rapporté trois cadeaux reliés à l'équitation: des bottes brunes en cuir repoussé, montant en demi-cercle au-dessus du mollet pour redescendre sur l'avant de la jambe; un jodhpur de même teinte; et, en complément, une petite casquette avec visière, nommée «bombe», que portent les jeunes filles anglaises pour ce sport. Jamais Gaby ne s'était sentie aussi privilégiée. Au retour de l'école, elle troquait chaque jour son costume de couventine pour sa tenue d'équitation. Loin de Séneville l'idée qu'elle voulût le porter pour le spectacle de fin d'année.

— Les religieuses n'accepteront jamais ça!

— J'en ai parlé à sœur Sainte-Madeleine…

— N'essaie pas de me faire croire qu'elle est d'accord.

— Elle ne me l'a pas défendu.

— Qu'est-ce qu'elle t'a dit, Gaby?

— Tu demanderas à ta mère…

— C'est qu'elle prévoyait que je te l'interdise.

Arguments, larmes et menace de ne pas participer au spectacle avaient plaidé en faveur de Gaby. « Après tout, c'est leur jour de fête », s'était dit sa mère qui, par contre, avait insisté pour apporter des vêtements de rechange, au cas où…

L'apparition des trois Bernier dans la salle de spectacle fit tourner toutes les têtes. Séneville intimidée, tenant la main d'Éva, se pressa jusqu'à la troisième rangée de sièges. Elle était précédée de sa Gabrielle qui avançait, tête haute et démarche assurée. Derrière elles, on chuchotait. « Ça paraît qu'il manque une autorité paternelle dans cette famille-là. » « Je la mettrais à ma main si elle m'appartenait, sa plus vieille. » « Elle n'a pas fini de faire baver sa mère, celle-là. » « Avec une mère qui vient de la ville et un père qui a traîné sa bosse jusqu'aux États, ce n'est pas étonnant qu'elle se croie plus fine que les autres. » Gaby se retourna vers les commères, les dévisageant, l'air altier et arrogant. Une jeune religieuse, déléguée par la mère supérieure, vint toucher son épaule.

— M^{le} Bernier, suivez-moi, l'enjoignit-elle.

— J'y vais avec elle, décida Séneville qui leur emboîta le pas, suivie de sa benjamine.

Dans les coulisses, sœur Sainte-Madeleine et sa supérieure, surprises par l'arrivée de la veuve, n'en manifestèrent pas moins leur désapprobation :

— M^{le} Bernier, vous savez très bien que vous ne pouvez pas vous présenter sur la scène dans un tel accoutrement.

Et s'adressant à sa mère :

— Votre fille doit interpréter une mélodie au piano dans quinze minutes. Elle a un rôle à jouer aussi dans la pièce de théâtre… Vous n'imaginiez pas qu'elle le ferait dans un tel déguisement ?

— J'en doutais. C'est pour ça que j'ai apporté des chaussures et des vêtements de rechange, répondit Séneville en exposant son sac.

— Bien. Alors, Mlle Bernier, hâtez-vous d'aller retirer cet attirail.

Hostile, Gaby lui tourna le dos.

— Je veux retourner à la maison, maman.

— Tu ne peux pas leur faire ça, Gaby. Raisonne-toi un peu.

Les adultes échangèrent des regards nerveux pendant que la jeune amazone boudait. Éva l'entraîna à l'écart et lui glissa quelques mots dans le creux de l'oreille. Gaby hocha la tête. Sa jeune sœur revint à la charge. Toutes deux se retournèrent vers leur mère.

— Je vais rester si je peux garder mon costume d'équitation pour mon morceau de piano, annonça Gabrielle.

Les religieuses qui l'entendirent tempêtaient.

— Faites quelque chose, Mme Bernier, s'écria la supérieure.

Séneville lui servit l'argument qui l'avait fait acquiescer au souhait de sa fille.

— Je veux bien croire que c'est leur jour de fête, mais il faut respecter un minimum de convenances, fit valoir la mère supérieure.

— On y va, maman? reprit Gabrielle, impatiente de quitter le couvent.

— Donnez-moi quelques minutes, réclama la révérende, partie en discuter avec sœur Sainte-Madeleine.

Cette dernière revint seule pour annoncer à l'élève récalcitrante qu'on ferait exception pour aujourd'hui, mais qu'elle serait privée du buffet de fin d'année. La punition ne chagrina aucunement Gabrielle qui se garda bien de le manifester.

À sœur Sainte-Madeleine incomba la tâche de présenter la jeune pianiste. Elle le fit avec un brin d'humour et un appel à la tolérance de la part des spectateurs. Plusieurs s'esclafferent en la voyant entrer sur scène avec la dignité d'une prima donna et prendre place au piano sans le moindre inconfort. Les applaudissements étaient-ils redevables à sa prestation ou à son audace?

Juillet n'avait pas complètement effeuillé ses trente et un jours lorsque Henri Taupier rentra à Chambly. À Séneville, Corinne Taupier dit que le plaisir de revoir son fils avait été terni par la raison de ce retour hâtif: des problèmes de santé aussi tenaces qu'indéfinissables. Le jeune médecin masquait ses ennuis d'un enthousiasme qui sonnait faux aux oreilles de plusieurs. Les langues se déliaient d'autant plus que la famille maintenait une discrétion absolue sur le sujet. Si une âme bien intentionnée osait s'informer d'Henri, ses parents évoquaient le surmenage ou une difficulté respiratoire. «Il a beau être instruit, quelle jeune femme marierait un homme maladif? Ce n'est pas pour rien qu'à trente ans, il soit encore célibataire», véhiculaient les commères de Chambly. En parlait-on à Séneville qui fréquentait régulièrement les Taupier que, bouche cousue, elle se limitait à hausser les épaules.

Lorsque le jeune médecin se présenta inopinément ce dimanche 6 août, en fin d'après-midi, elle en fut quelque peu contrariée; cette visite perturbait ses plans.

— J'attendais qu'il pleuve pour venir vous voir, dit-il, énigmatique à souhait.

Séneville fronça les sourcils.

— Je souhaitais vous voir, mais vos filles aussi.

Flattée de cette délicate attention, Gabrielle, occupée avec sa sœur à préparer des déguisements, se rapprocha. Qu'Éva la suivît de près n'étonna pas leur mère.

Henri avait avec lui un sac au dos rond.

— Tu n'arrêtes pas de grandir, dit-il à Gabrielle. Si tu continues comme ça, tu vas être aussi grande et belle que la dame qui a fait le chapeau de ta maman…

— Gabrielle Chanel ?

— Tu as de la mémoire, jeune fille !

— Elle a examiné ce chapeau sous toutes ses coutures, et elle a même essayé d'en fabriquer un semblable avec l'aide de sa grand-mère, lui apprit Séneville.

Gabrielle s'enorgueillit de l'admiration qui illuminait le regard du jeune médecin.

— Si tu aimes déjà la couture, tu devrais peut-être commencer par des choses plus faciles, lui suggéra-t-il.

— Comme des tabliers et des jupes, enchaîna Gabrielle ? Ma grand-maman m'a aidée à tailler celle que je porte, mais c'est moi qui l'ai cousue.

— Tu aimes les jupes longues ?

— Pas tout le temps, mais pour jouer à Mère Bourgeois, il faut porter une robe longue.

— C'est une religieuse que tu apprécies, Mère Bourgeois ?

Gabrielle s'esclaffa, reprit son sérieux et expliqua qu'au spectacle de fin d'année, elle avait interprété le rôle de la fondatrice des sœurs de la Congrégation Notre-Dame.

— Puis notre mignonne Éva, elle ?

Gabrielle ne laissa pas à sa sœur le temps de répondre.

— Elle jouait la petite fille orpheline recueillie par Mère Bourgeois. Elle voudrait toujours qu'on répète cette pièce, mais pas moi.

— Qu'est-ce que tu préfères, toi ?

— Celle que j'ai inventée sur la grande chanteuse qui habitait tout près d'ici.

— Ah, oui! Emma Lajeunesse. Tu aimes chanter?

— Éva aussi. Toutes les deux on apprend le piano et le chant.

— Vous avez des filles douées, Mme Bernier.

Flattées, Éva et sa sœur ne trépignaient pas moins d'impatience devant le sac que leur visiteur gardait fermé.

Henri le savait bien. Il tira enfin le boîtier de sa cachette et le présenta gracieusement à Séneville se réservant une enveloppe...

— Je m'excuse! Je ne vous ai même pas invité à vous asseoir. Venez! dit-elle.

Pressées de découvrir le cadeau, Éva et sa sœur collaient à leur mère. Gabrielle voulut retirer le couvercle qu'un papier gommé retenait, mais elle se le vit interdire par sa mère.

Les gestes alanguis, Séneville prit le temps d'admirer la qualité du carton, sa décoration et ses courroies avant d'ouvrir le contenant. Elle souleva le papier de soie et aperçut une forme blanche et ronde. Le chapeau, au contour enjolivé d'un ruban de couleur marine, avait une texture douce comme la soie.

— En attendant que vos filles puissent vous confectionner un chapeau, j'ai pensé vous en rapporter un pour l'été. Soyez bien à l'aise, si vous ne l'aimez pas, je...

— ... je le garderai pour moi... quand je serai grande, proposa Gabrielle.

— Il n'en est pas question! s'exclama sa mère, pivotant devant le miroir pour revenir vers son généreux donateur et lui exprimer sa gratitude.

— Avant le décès de votre mari, vous portiez souvent du bleu, c'est pour ça que j'ai demandé qu'on décore votre chapeau d'un ruban de cette couleur.

— Quelle délicatesse! répondit Séneville, étonnée, toutefois, qu'un homme de son âge ait porté attention à sa tenue vestimentaire.

— L'élégance, chez une femme, m'a toujours fasciné, déclara-t-il.

Éva frétillait.

— Je peux voir ce qu'il y a dans votre enveloppe, Monsieur? demanda-t-elle, croisant et décroisant ses doigts, par timidité.

— Approche-toi, lui dit-il.

— Oh! Elle est donc bien belle cette maison. C'est la vôtre, là-bas?

Henri s'amusait à lui faire deviner de quelle propriété il s'agissait.

— Tu sais lire, toi. Regarde comme il faut. Tu ne vois pas de nom écrit quelque part?

— Ah, oui! Là, en haut de la porte. Au-dessus de la vitrine aussi.

— Tu nous le lis?

— Chanel.

Gabrielle se précipita pour vérifier l'exactitude du mot.

— C'est la maison de l'autre Gabrielle?

— C'est son magasin, en tout cas.

— Et la petite photo, au fond de l'enveloppe? demanda l'aînée. C'est Gabrielle Chanel?

— Tout à fait!

Ses doigts délicatement posés sur les angles opposés de la photographie, la jeune fille la fixait, semblant avoir oublié son entourage. Puis, se déplaçant à pas de tortue vers sa mère, elle murmura:

— Elle est belle l'autre Gabrielle, hein maman ?

— Toi aussi tu es belle, ma Gaby.

Ce changement de prénom surprit d'autant plus Henri qu'en allant à la boutique Chanel il avait appris que cette autre Gabrielle avait fait de même.

— Elle préférait Gaby, elle aussi ?

— Hum ! Non. Coco. J'ai eu la chance d'être servi par la sœur de Mlle Chanel. Cette dame m'a expliqué que les employées devaient l'appeler Mlle Chanel, mais que son prénom était devenu Coco.

— Coco ! s'exclama Gaby, désenchantée.

— C'est son père qui lui aurait donné ce surnom. Il semble qu'il l'ait d'abord appelée *Petit Coco*, ensuite le *Petit* est disparu. J'ai voulu savoir ce que sa mère en avait pensé, c'est alors que j'ai appris qu'elle est morte très jeune. Mlle Chanel aurait bien essayé de se débarrasser de ce sobriquet, mais ce fut peine perdue.

La mine déconfite, Gabrielle vivait un déplaisir évident.

— Qu'est-ce que tu as ? lui demanda sa mère.

— Je croyais que Gaby c'était plus joli que Gabrielle…

— Les deux sont très beaux, affirma Henri.

Puis se tournant vers Séneville, il ajouta :

— Mais, personnellement, je trouve que Gaby convient mieux à la personnalité de votre fille que Gabrielle.

— Que voulez-vous dire ?

— Son originalité, sa jovialité… un petit côté américain, je dirais.

Cette justification plut à la jeune fille.

Éva se mit à renifler. Questionnée par sa mère, la fillette répondit :

— J'ai de la peine pour la petite Coco ; elle n'avait pas de maman.

— Nous, ce n'est pas mieux, rétorqua Gabrielle. On n'a plus de papa.

— Par contre, vous avez une maman en or, déclara Henri avant de tirer sa révérence.

Cette visite fut une semence de joies pour Gaby et Éva. La courtoisie de cet homme et son attitude chaleureuse envers ses filles suscitèrent chez leur mère une admiration profonde. « Je comprends l'attachement et les inquiétudes de sa mère », se dit-elle, tournant sa pensée vers Donio qui, par bonheur, jouissait d'une très bonne santé. « Il n'est pas très instruit, mais au moins je n'ai pas trop de souci pour son avenir. »

Les fillettes se disputaient les photos. Gabrielle avait décidé de garder celle de Coco Chanel et tel était aussi le désir d'Éva. Pour se faire pardonner, sa grande sœur lui promit de faire encadrer le portrait de Mlle Chanel et de l'accrocher à la tête de leur lit, à la place de l'image de sainte Fabiola. Séneville suggéra et obtint que ce cadre soit placé sur le mur opposé, alléguant qu'il serait davantage à la vue.

La fin des vacances scolaires 1911 réservait une surprise à la famille Bernier. Rose, l'épouse du capitaine Bernier, annonçait sa visite pour les 2 et 3 septembre, spécifiant qu'elle emmenait avec elle deux de ses petites-filles : Marie-Marthe, âgée de quatorze ans et Marie-Reine, du même âge que Gabrielle. Que leur aînée Marie-Jeanne ne fût pas du voyage soulagea Séneville ; elle la soupçonnait de dévergonder ses filles. Éva et sa sœur accueillirent la nouvelle en frappant des mains alors que leur mère prétexta de l'obligation d'astiquer toute la maison pour justifier son apathie.

— On va vous aider, maman, offrit Gaby, si enthousiaste qu'Éva la seconda.

Plus d'une raison jetaient de l'ombre sur ces retrouvailles. L'émancipation des demoiselles Bourget, les tristes confidences de Rose et l'écart marqué entre le luxueux domaine de Lauzon et la modestie du 1626 de la rue Bourgogne. Séneville faisait confiance au tact de sa cousine Rose, mais elle redoutait les remarques des deux jeunes visiteuses. Informée de son état d'âme, Louise-Zoé lui fit une proposition qu'elle ne pouvait refuser : elle irait chez sa fille cette même fin de semaine.

— J'aurai l'œil sur les enfants pendant que tu t'occuperas de Rose.

Descendue à la gare de Chambly le 31 août, Louise-Zoé se donnait ainsi le temps de mettre tout en place pour que rien de fâcheux ne survienne.

— Ce n'est pas un défaut d'être jeune, mais il faut que les parents exercent leur autorité, dit-elle, en riposte à sa fille qui craignait un excès de sévérité de sa part.

Le 1er septembre au soir, la demeure des Bernier vibrait au rythme endiablé des retrouvailles des quatre jeunes filles. Les éclats de rire fusaient autour de la table sur laquelle des plateaux regorgeant d'épis de maïs avaient été placés. Un festin pour les sept convives qui dégustèrent ce mets saupoudré de sel et badigeonné de beurre fondant. Les enfants parièrent sur le nombre d'épis égrainés et empilés dans chaque assiette : celle qui en aurait le moins serait chargée de trouver les trois autres au jeu de cache-cache qu'elles allaient entreprendre après le souper. Prévoyant sur qui tomberait le triste sort, Louise-Zoé intervint :

— Ce n'est pas très gentil, les filles. Vous savez bien que c'est Éva qui n'aura jamais le plaisir de se cacher. Changez les règles, sinon c'est moi qui les fixerai.

— Celle qui aura été trouvée la première cherchera à son tour, proposa Marie-Reine.

L'approbation fut unanime.

Leur appétit satisfait, les jeunes filles sortirent jouer dans la cour, permettant aux trois femmes d'échanger des propos d'adultes à leur aise. Louise-Zoé et Séneville furent agréablement surprises de la jovialité de Rose. Elles l'attribuèrent aux succès de son époux et à son retour annoncé pour la fin de septembre.

Trois années de victoires successives pour le capitaine Bernier : l'expédition de 1908-1909 s'était soldée par l'ajout, à la frontière arctique du Canada, d'un territoire de cinq cent mille milles carrés. L'année suivante, d'autres responsabilités s'étaient greffées à l'ambition du capitaine de tailler une brèche dans l'épaisse banquise de la baie Arctic ; il reçut le mandat de patrouiller les eaux de l'archipel et d'assumer le rôle de garde-chasse et de juge de paix. De plus, Joseph-Elzéar Bernier s'était juré de n'accoster au port de Québec que lorsqu'il serait parvenu à gagner le détroit d'Hudson par les détroits de Fury et d'Heda au lieu de contourner la terre de Baffin.

Premier propriétaire canadien dans l'Arctique, Joseph-Elzéar avait baptisé *Berniera* ces neuf cent soixante acres de terrain concédés par le ministre de l'Intérieur. Il avait dépensé plus de trois mille dollars pour y réaménager les installations de l'armateur R. Kinnes ainsi qu'un vaste entrepôt.

— Sa dernière lettre ne m'apportait que de bonnes nouvelles, dit Rose, désireuse de les partager.

De son sac à main, elle tira une enveloppe froissée par l'usage. Sa chevelure grisonnante remontée en chignon, une broche de perles serties dans une monture d'argent épinglée sur sa blouse de soie noire, la cousine de Lauzon marmonna les premières lignes du texte avant d'en venir à l'essentiel qu'elle s'efforça de lire sans défaillance :

À notre retour, tout comme moi, mes marins saisiront qu'ils sont supérieurs à tous ceux qui sont restés bien au chaud dans leur petit coin de pays. Et moi, ma chère Rose, je serai fier d'avoir atteint mes objectifs et rempli mon rôle d'officier des pêcheries. Je n'aurai malheureusement pas encore réussi le passage du Nord-Ouest mais je reviendrai avec une cueillette

*d'échantillons qui feront le bonheur des analystes du ministère
des Mines.*

*Je compte sur tes prières pour que nous rentrions tous sains et
saufs vers la fin de septembre.*

La voix de Rose se cassa avant qu'elle n'ait pu lire tout haut :

Ton amour

J. Elzéar

— Tu seras enfin récompensée pour tant de sacrifices, lui dit
Séneville en la choyant d'une accolade.

— Vous faites honneur aux Bernier, des gens de talents et de
courage comme le furent les Méthot, mes ascendants, ajouta l'aïeule.

— Séneville m'a dit que vous aviez soixante-dix-huit ans, on ne
vous les donnerait jamais, lui retourna Rose.

— Si tu m'avais vue avant ma chute ! J'en ratissais pas mal plus
large que maintenant.

— J'arrivais à peine à la suivre, confirma Séneville.

L'atmosphère à son meilleur, les trois adultes se montrèrent indul-
gentes envers les enfants qui réclamaient de ne pas aller au lit avant
l'obscurité.

Pour l'occasion, Séneville avait ainsi distribué les chambres : celle
des parents, pour Rose, celle de Donio pour ses petites-filles alors
qu'Éva et sa sœur conservaient la leur. Il restait la chambre-souvenir
et elle fut attribuée à Louise-Zoé et à sa fille. Elles avaient espéré
dormir comme des bûches en plaçant la tête sur leur oreiller, mais tel
ne fut pas le cas.

— C'est la première fois que tu viens dormir ici ? demanda Louise-
Zoé.

— Oui. Je n'ai jamais trouvé le courage de le faire seule ; encore moins avec les enfants.

— Encore trop de peine ?

— Une impression de vide qui me brûle le ventre, confia Séneville

— C'est pour ça que tu as jeté un drap sur le berceau des souvenirs ?

Dans le silence de sa fille, l'aïeule crut deviner la réponse.

— Si c'est pour me ménager, ce n'est pas nécessaire, tu sais. Il faut que je commence à m'habituer à la compagnie de nos petits anges. Je ne devrais pas tarder à les rejoindre.

— Pas maintenant, maman. J'ai encore trop besoin de vous.

— Bah !

— Cette fin de semaine-ci en est une autre preuve.

— Honnêtement, ma présence ne change rien. Tu devrais te faire plus confiance… pas seulement avec ton avocat. Tu vois comme ça se passe bien avec tes visiteuses ?

Séneville lui donna raison. Tout en remontant la courtepointe qu'elle avait elle-même confectionnée, Louise-Zoé relança :

— Ça lui arrive souvent à ton Donio de ne pas venir coucher à la maison ?

— Presque tout l'été, maman. Beaucoup de travail à la ferme des Lareau, en plus du garage.

— On va le voir demain, au moins ? C'est dimanche…

— Probablement. Bonne nuit, maman ! Il est tard.

Il était tout près de minuit quand le silence et la paix gagnèrent la maisonnée, à l'exception de Séneville à qui ils firent défaut. « Maman me cacherait-elle un mal sévère ? Ses papiers sont-ils en ordre ? Elle m'a dit que sa maison me reviendrait, mais l'a-t-elle écrit quelque part ? Comment aborder une question aussi délicate ? » Séneville s'inquiétait d'autant plus qu'après la mort de son père, son frère unique, outré de n'avoir pas touché d'héritage, n'était pas revenu dans la famille. Ce qui, aux yeux de Louise-Zoé et de sa fille, ne signifiait pas qu'il se ferait oublier à la mort de sa mère.

Séneville se surprit à souhaiter que Donio ne se présente pas à la maison avant que sa grand-mère n'ait repris le train pour Montréal. Elle ne tenait pas à ce que Rose et ses petites-filles soient témoin des différends entre Louise-Zoé et son petit-fils. « Il faut que je parle à mon grand garçon avant qu'il ne mette les pieds ici », se proposa-t-elle.

L'aube allait se pointer quand elle trouva enfin le sommeil. Une nuit déjà courte que les rires des fillettes toutes quatre rassemblées dans le lit de Gaby vinrent abréger juste avant l'Angélus du matin. Pour comble, Louise-Zoé avait quitté le lit sans qu'elle n'en ait eu connaissance. Une odeur de crêpes passait déjà sous la porte de la chambre. Séneville attrapa vite son peignoir, brossa sa chevelure qu'elle lissa sur sa tête et tressa à la hâte avant de la fixer au-dessus de sa nuque. Sitôt la porte de la chambre entrouverte, elle croisa le regard de sa mère, debout devant la cuisinière, une spatule à la main. D'un clin d'œil, l'aïeule dirigea son attention vers le sofa. Recroquevillé sur lui-même, tout habillé, Donio ronflait. « Sainte bénite ! Si ça a du bon sens ! Même plus de place à dormir chez lui. » À sa mère, Séneville chuchota :

— Il n'a pas l'habitude de venir le samedi soir… quand les récoltes ne sont pas finies.

Louise-Zoé hocha la tête, un rictus de déplaisir sur le visage. Séneville s'approcha doucement de son fils, posa une main sur son épaule, l'invitant à regagner sa chambre. Pour toute réponse, un grognement.

— Ton lit est libre, Donio.

Le jeune se tourna vers le dossier du sofa, indélogeable.

— Tant pis pour lui, dit sa grand-mère. On ne s'empêchera pas de respirer pour qu'il continue de dormir.

Attirées par l'arôme des crêpes, les fillettes ne tardèrent pas à se précipiter dans la cuisine. Levée la dernière, Rose en fut quelque peu gênée. La nuit n'avait pas effacé sa fatigue, ses yeux étant cernés de bistre. À Séneville qui s'en inquiéta, elle dit :

— C'est toujours comme ça la première nuit que je dors ailleurs…

La découverte de Donio sur le sofa émoustilla les cousines de Lauzon, particulièrement Marie-Marthe, de trois jours son aînée. Ce que Séneville aurait donné pour qu'il gagne sa chambre ! Rose aussi, sans doute. Vint-il à sortir du sommeil qu'il décida de s'attabler aussitôt, affamé comme un loup.

— On te laisse l'estomac vide chez les Lareau ? lança Louise-Zoé qui ne fournissait plus à la demande.

— Au contraire ! Ils m'ont habitué à prendre de gros déjeuners, rétorqua le jeune homme.

— Je peux comprendre quand tu as une journée de travail devant toi, mais ce n'est pas le cas aujourd'hui. C'est dimanche, au cas où tu l'aurais oublié, bougonna la cuisinière du jour.

Séneville intervint, s'excusant auprès de son fils de l'avoir privé de sa chambre :

— Avoir su que tu viendrais dormir, on aurait pu s'organiser autrement.

— Ce n'est rien, maman. Je voulais venir vous porter…

Donio se leva de table et s'approcha de sa mère à qui il remit, le plus discrètement possible, une liasse de billets de banque.

Rose ne put taire son admiration.

— Tu as vécu de grosses épreuves, Séneville, mais le bon Dieu t'a donné un beau garçon, poli et généreux comme j'en ai rarement vu.

Je te félicite, jeune homme. Quand je pense que notre Elmina a perdu son petit Antoine, son seul fils ; il aurait quinze ans maintenant. Vous imaginez le coup de main qu'il pourrait donner à sa mère ?

L'émotion des adultes calma les cousines... pour un instant. L'aïeule en profita pour donner ses directives :

— Finissez de manger, allez vous débarbouiller et endimanchez-vous. Tout le monde vient à la messe de neuf heures et demie.

— Comme on ne peut asseoir que quatre personnes dans le banc des Bernier, j'irai prendre celui des Lareau ; ils sont partis à Montréal, offrit Donio.

— J'irai avec toi ! s'écria Marie-Marthe.

Marie-Reine et Gaby réclamèrent la même faveur. Éva allait donc se tailler une mince place avec les trois adultes, plutôt corpulentes.

L'office religieux tout juste terminé, Séneville étira le cou jusqu'au banc des Lareau. « Déjà vide ! » constata-t-elle, souhaitant que ni sa mère, ni Rose ne l'eussent remarqué. « Il ne faudrait pas que les choses se gâtent quelques heures avant leur départ pour Lauzon », soupira-t-elle, connaissant la rigueur de sa mère pour le respect des rites religieux.

À la sortie de l'église, aucun des quatre jeunes ne les précéda vers la rue Bourgogne. « Je ne serais pas surprise qu'ils aient quitté tout de suite après la communion », crut-elle, disposée à semoncer vertement Donio et Gaby, après le départ des visiteuses. Louise-Zoé et Rose commentaient l'homélie quand une voix, derrière elles, réclama qu'on les attende.

— Où étiez-vous passés, mes petits comiques ? demanda Séneville sur un ton qui se voulait conciliant.

— On a emmené nos cousines sur la tombe de notre papa, expliqua Gaby, apparemment franche.

Sa mère se reprocha ses doutes et renonça à leur chauffer les oreilles au moment opportun. Rose, de nouveau admirative, les félicita alors que Louise-Zoé n'ouvrit pas la bouche. L'occasion étant toute désignée, Séneville aurait apprécié un commentaire positif de sa part.

Après avoir savouré un fumant pot-au-feu avec tous les convives, l'aïeule, assise au bout de la table, prit enfin la parole pour inciter les jeunes à sortir jouer dehors. Tout de go, les filles décidèrent de préparer un spectacle pour le milieu de l'après-midi. Surprise générale : Donio les rejoignit dans la remise où elles s'étaient retirées pour déterminer le thème de leur scénario. Elles convinrent d'une pièce de théâtre qui mettrait en scène un couple et ses enfants. Gaby, tentée d'éconduire son frère, fut vivement rabrouée par Marie-Marthe :

— C'est bien mieux qu'il soit avec nous. Il va jouer le père et moi la mère, hein Donio ? Comme ça, personne ne sera forcé de se déguiser en garçon.

Gaby n'en croyait pas ses yeux. Donio qui se prêtait à ce jeu ! Marie-Marthe, ravie, s'était spontanément octroyé la mise en scène. Les pseudo-parents devaient demeurer dans la remise pour préparer leur scénario pendant que leurs enfants iraient derrière le bâtiment pour monter le leur.

— On vous appellera quand ce sera le temps de revenir dans la remise, décréta Marie-Marthe.

Lasse d'attendre le cri de ralliement et peu entichée du rôle qui lui était destiné, Éva menaça de se retirer du projet.

— Va t'amuser ailleurs et on te le fera savoir quand on aura besoin de toi, lui suggéra Gaby, demeurée seule avec son amie Marie-Reine.

Mine basse, Éva finit par retourner à la maison en se traînant les pieds.

— Est-ce que les grandes veulent encore te mettre de côté ? lui demanda sa grand-mère. Si c'est ça, je vais aller leur parler, moi.

— Non, mais…

— Mais quoi? questionna Séneville.

— Je n'aime pas jouer à la petite fille pas fine et pas belle.

Louise-Zoé prit la main de la fillette, prête à bondir dans la remise.

— Non, grand-maman. Donio puis Marie-Marthe ne veulent pas qu'on entre.

— Pourquoi?

Éva baissa la tête, manifestement à la gêne.

— Tu me dis pourquoi ou j'y vais, la prévint sa grand-mère.

— Bien… bien… j'ai regardé un petit peu à travers les planches et j'ai vu que… que… ils s'embrassaient, dit-elle, pressée de faire demi-tour.

Perplexes, les adultes cherchèrent comment intervenir et à qui en confier la mission. Pour n'humilier personne, elles convinrent de prétexter une cueillette de légumes dans le jardin pour se diriger vers la remise en parlant assez fort pour prévenir les deux jeunes «vicieux», au dire de Louise-Zoé. Rose la reprit.

— Mon mari et moi, c'est à dix ans qu'on a commencé à s'aimer…

Séneville et sa mère se montrèrent assoiffées de précisions.

— Nos maisons étaient éloignées l'une de l'autre, mais à l'église, nos bancs étaient vis-à-vis. Joseph-Elzéar et moi, on s'arrangeait toujours pour aller communier en même temps.

— Des amourettes d'enfants, rétorqua Louise-Zoé pressée d'agir avant que les deux jeunes cousins ne commettent un péché.

— Ça ne s'appelle plus des amourettes quand ça fait plus de quarante-cinq ans que ça dure, riposta Rose, vexée. Même éloigné, mon Joseph-Elzéar ne m'oublie jamais. Tout ce qu'il voit de beau lui fait penser à moi. Il me l'a écrit…

Séneville n'allait pas permettre que de si belles relations s'entachent d'enfantillages.

— Bon! Allons voir à nos jeunes garnements!

Gaby et Marie-Reine avaient déjà entendu le cri de ralliement de Donio quand Éva et les adultes sortirent de la maison. Un soupir de soulagement chez ces dames. Rose prévint ses petites-filles de leur départ imminent. Elles avaient moins de deux heures pour fignoler le spectacle et le produire. Éva fit l'objet de promesses alléchantes de la part de son grand frère:

— Si tu viens jouer ton rôle, je t'achèterai des souliers neufs pour ton retour à l'école.

Le public fut invité à prendre place sur les trois chaises alignées le long d'un mur de la cuisine. La table avait été poussée contre une fenêtre afin de dégager un espace pour les acteurs. Marie-Reine et les deux filles de Séneville réussirent leur interprétation, contrairement à son fils et à Marie-Marthe qui cherchaient à dissimuler leur inconfort derrière un jeu trop dépouillé et trop placide pour être crédible.

Sur le quai de la gare, les remerciements croisaient les invitations et les promesses de se revoir plus souvent. Marie-Reine et Gaby étirèrent leur accolade jusqu'au dernier appel du préposé à l'embarquement.

Le soir venu, Louise-Zoé avait attendu que Gaby et sa sœur dorment pour exprimer ses doutes quant à la visite du cimetière par les quatre jeunes après la grand-messe.

— J'aime mieux croire qu'ils ont dit la vérité, rétorqua Séneville.

Louise-Zoé venait de repartir pour Montréal quand Donio quitta la rue Bourgogne pour se rendre chez ses deux employeurs. Grâce à la discrète complicité de Gaby, il emportait dans son fourre-tout l'adresse postale de Marie-Marthe. Le lendemain, les filles Bernier reprirent le chemin de l'école avec entrain.

Comment expliquer que, moins de trois semaines après le début de l'année scolaire, Séneville fût déjà convoquée au bureau de la directrice ? « Ma grande aurait-elle encore commis une effronterie ? », se demanda-t-elle. À ce souci s'ajoutait celui des derniers développements judiciaires. Pour effacer l'inquiétude de son regard, le temps requis pour se rendre au couvent ne fut pas suffisant. Qui plus est, se voulant courtoise, la religieuse vint à sa rencontre. Il sembla à Séneville que les planches de ce corridor craquaient exagérément sous chacun de ses pas. Sous la cornette de la directrice, un sourire bienveillant. Prémonitoire ou simplement vertueux ? La veuve n'aurait su dire.

— C'est au sujet de votre Gabrielle... Vous vous souvenez, Mme Bernier, que votre fille a terminé sa cinquième année sur une note plutôt déplaisante.

Séneville en convint d'un signe de tête.

— À notre grande surprise, elle a une conduite irréprochable depuis la rentrée. Elle a même demandé le privilège de faire ses deux années en une, comme notre première de classe.

— Vous l'en jugez capable ?

— L'expérience nous a appris que les élèves intelligentes et plus précoces que les autres ont une meilleure conduite quand on exige d'elles le maximum. C'est le cas de Gabrielle. Le groupe de septième année lui conviendrait mieux.

Séneville baissa les paupières, cherchant une formulation qui reflète sa pensée sans causer préjudice à Gaby.

— Vous avez toute autorité pour le lui refuser, Madame, précisa la directrice.

— Je sais mais...

— Quoi donc, Mme Bernier ?

— Les enfants n'ont qu'une jeunesse. Il ne faudrait pas la leur enlever en les assommant de travail. D'autant plus que ma Gaby n'est jamais en peine de ses temps libres… le tricot, l'équitation, la musique. J'aimerais bien y réfléchir un peu avant de lui en parler.

— Vous n'êtes pas forcée de prendre votre décision aujourd'hui, concéda la directrice visiblement déçue. On est toujours libre de refuser un privilège, ajouta-t-elle, l'air hautain.

Séneville y perçut de l'indignation.

Les deux femmes se saluèrent avec une froideur égale à leur courtoisie.

«Elles veulent coincer ma Gaby bien serrée pour qu'elle ne dérange plus», craignait sa mère, misant sur la réaction de sa fille pour bâtir sa réflexion et péparer la réponse à donner.

Son arrêt au bureau de poste la tira de cette préoccupation. «C'est de mauvais augure quand il m'écrit souvent, lui. L'enveloppe est épaisse en plus.» Tentée de l'ouvrir sur place, elle s'en abstint de peur d'y découvrir un contenu bouleversant et de croiser sur son chemin des gens qui remarqueraient son désarroi.

Des crépitements sur les cailloux lui firent relever la tête. «Les deux Drs Taupier! Tout endimanchés! Dans leur boghei des grandes occasions!» Séneville lissa sa robe, soucieuse de faire bonne figure.

— La divine Providence vous place sur ma route, Mme Bernier, s'écria Henri. Je suis allé frapper à votre porte tantôt…

— Je peux faire quelque chose pour vous?

— Prier, peut-être.

— Vous allez si mal, Henri?

Jean-Salomon fit ses politesses à sa voisine et commenta sur un ton moqueur:

— Il a toujours aimé parler en parabole, mon fils.

Séneville fut rassurée.

— Je tenais à vous dire personnellement que je partais pour un très long voyage, annonça Henri.

— Un autre?

— Très différent celui-là. J'entre chez les Trappistes.

Séneville ne put cacher sa consternation et Jean-Salomon, sa peine.

— Un homme si instruit, avec un si bel avenir, balbutia la veuve.

Henri leva son regard vers le ciel et, avec une fierté teintée de magnificence, il souligna la noblesse de cette vocation.

— Et vos études en chirurgie?

— Je les mets au service de Dieu et de mes frères, Madame.

Abasourdie, Séneville ne trouva à exprimer que des vœux de courage. Elle fut tentée, avant de rentrer à la maison, de passer chez Mme Taupier dont elle imaginait le déchirement, mais elle craignit de l'importuner. « Je lui téléphonerai demain. Il sera encore temps de lui offrir mon réconfort si elle en a besoin », se proposa-t-elle.

Sous le choc, la veuve avait perdu toute envie de prendre connaissance du courrier provenant de Me Leblanc. Affalée dans la chaise berçante collée à la fenêtre qui donnait sur le bassin de Chambly, elle donna libre cours à son questionnement au sujet du jeune Taupier. À peine entré dans la trentaine, Henri optait pour un renoncement qui échappait à la compréhension de son entourage. « Quitter sa famille, son pays et un avenir brillant ressemble à une désertion. Une fuite. Mais qu'est-ce qu'une personne favorisée comme lui pourrait bien fuir? Des attentes étouffantes de la part de ses parents? Impossible! Ces gens sont trop humains et compréhensifs pour avoir une attitude pareille. La peur des responsabilités? Peut-être. Je ne serais pas surprise que Corinne, avec son intuition maternelle, soupçonne une motivation de ce genre derrière ce soi-disant appel à une noble vocation. Mais, à chacun ses deuils. Faire ses adieux à un fils majeur qui poursuit son idéal religieux me semble toutefois moins cruel que de se faire arracher un homme qui était au cœur de sa vie. »

Fatiguée par ces ruminations, Séneville glissa dans une langueur qui la porta jusqu'au sommeil. Réveillée en sursaut par l'arrivée de ses filles, elle n'avait pas eu le temps de réfléchir à sa Gaby. Prise d'assaut par ses questions, elle justifia son indécision par le désir d'en causer avec Louise-Zoé.

— Pas besoin, maman. C'est rien qu'une bonne chose. Je vais finir mes études plus jeune et je vais pouvoir gagner de l'argent plus vite.

— Il serait étonnant qu'à dix ans tu puisses être certaine du métier que tu exerceras.

— Je le suis, maman. Je vais travailler dans la couture. Grand-maman ne doute pas que j'aie du talent pour ça. Puis je vais donner des cours d'équitation. M. Bartolomew n'arrête pas de dire que je serais bonne là-dedans.

Que Gabrielle vise à gagner de l'argent le plus vite possible déplut à sa mère. « J'aurais dû prévoir qu'il n'était pas bon pour mes enfants de les mettre au courant de mes problèmes financiers », se reprocha-t-elle.

— Tu es trop jeune, Gaby, pour te préoccuper des problèmes de grandes personnes. Et puis, Me Leblanc m'a juré que la compagnie sera forcée de me verser une grosse somme d'argent.

— Quand ?

— Dans quelque temps.

— C'est pour vous dire ça qu'il vous a écrit cette fois ?

— Je ne sais pas, mais il me l'a dit très souvent.

— On va être riches ? demanda la benjamine, des étoiles dans les yeux.

— Avec un peu de chance, oui.

Séneville laissa ses filles fabuler sur leur devenir pendant qu'elle préparait le repas.

Avant d'aller dormir, elle feuilleta les documents reçus de son avocat, soulagée de découvrir qu'il ne s'agissait que d'une motion exigeant que tous les membres du jury sachent s'exprimer en français. Droit qu'elle n'aurait pas eu l'idée de revendiquer. Cette vigilance de Me Leblanc la prédisposa à un sommeil réparateur.

La permission que Gabrielle réclamait avant de partir pour l'école, le lendemain matin, fut nuancée de conditions :

— On tente l'expérience jusqu'à Noël. Si c'est trop fatigant pour toi et que tu te montres de mauvaise humeur, tu retourneras en sixième année. C'est ce que je propose dans cette lettre que tu remettras à la sœur directrice ce matin.

— Vous allez voir que je suis capable, maman.

Un dimanche tout en lumière que ce 1er octobre 1911. La grand-messe terminée, Éva et sa sœur avaient vite rejoint leur amie Berthe avec qui elles avaient demandé et obtenu la permission de jouer jusqu'à l'heure du dîner. L'occasion ne pouvait être mieux choisie pour Séneville d'effectuer ce retour à la maison en compagnie de Corinne Taupier à qui, ce jour-là, on eût donné beaucoup plus que cinquante-six ans. La tristesse avait tracé des sillons sur son front et des parenthèses autour de sa bouche. Le regard éteint et la voix languissante, elle apprécia que sa voisine l'interroge sur ses états d'âme depuis le départ de son fils.

— Pauvre Henri! Je n'aurais jamais imaginé qu'un garçon si intelligent puisse autant s'aveugler ...

La remarque confirma les doutes de Séneville quant aux motifs cachés de l'entrée en religion du jeune médecin.

— Vous ne croyez pas en sa vocation ?

— Pas un instant.

— Et votre mari, qu'en pense-t-il ?

— Il est de mon avis.

— Vous n'avez pas tenté de…

— L'en empêcher ? Si vous saviez ! Nous avons réussi à lui faire renoncer à un amour… déraisonnable, impossible même. Nous ne croyions pas le pousser ainsi dans un gouffre encore plus profond.

Un sanglot étouffa sa voix.

Sur les lèvres de Séneville, les questions se bousculaient. Le respect exigeait qu'elle use de discernement.

— C'est bien connu que les séjours à l'étranger provoquent des rencontres amoureuses qui peuvent devenir déchirantes, avança-t-elle sur un ton feutré.

— Ma pauvre dame, ce n'est pas parce que ces rencontres se font dans son propre village qu'elles sont moins compliquées.

Séneville resta bouche bée.

— Je crois comprendre, Mme Bernier, que vous ignorez de qui il est question.

— Sincèrement, aucune rumeur n'est venue jusqu'à moi. Et comme j'en ai plein les bras avec mes enfants et le procès, je ne suis pas très attentive à ce qui se passe autour.

— C'est ce qu'on s'est dit, mon mari et moi.

Séneville s'arrêta, dévisagea sa voisine, souhaitant avoir mal entendu… avoir mal interprété.

— Est-ce qu'on pourrait poursuivre cette conversation chez vous, Mme Bernier ?

Pour toute réponse, un acquiescement de la tête. C'est tout ce que la veuve pouvait exprimer tant elle était sous le choc. Les quelque dix minutes qui suivirent se passèrent dans un silence absolu. Dans la tête de Séneville, des pans d'un passé encore récent s'enchaînaient, prenant un sens qui lui avait complètement échappé.

Ses doigts tremblaient sur la clé qu'elle parvint à enfoncer dans la serrure. Le grincement de la porte, une plainte à ses oreilles. De la main, elle invita Corinne à s'asseoir, versa de l'eau dans la théière, sortit les feuilles de thé, ralluma le feu dans l'âtre et alla s'accouder à la table, les mains jointes sous son menton, les yeux hagards.

— Ce n'est pas votre faute, Mme Bernier. Mon mari et moi savons bien que vous n'avez rien fait pour séduire notre fils. Il nous a confié qu'il était attiré par les femmes plus âgées que lui et qui dégagent une assurance... comme vous.

D'une inertie inquiétante, Séneville. Comme la veuve ne réagissait pas, Corinne poursuivit:

— On a tout tenté pour lui faire entendre raison. Pour nous, c'était bien évident qu'il ne vous intéressait pas, notre Henri. Dieu qu'il a mis du temps à l'admettre! Ça l'a rendu malade. Il s'était amouraché de vous bien avant que votre mari ne décède. Au début de la vingtaine... Puis, quand vous êtes tombée veuve, il a cru que son tour était venu d'entrer dans votre vie. Il avait fait exprès pour acheter un chapeau trop grand pour moi, croyant que vous devineriez ses sentiments. Il faut dire qu'il est très timide; encore plus quand il s'agit d'exprimer son affection. Avec vos filles, il était plus à l'aise. Il croyait que sa gentillesse envers elles lui gagnerait vos faveurs. Mais vous êtes toujours restée égale à vous-même: polie, respectueuse, reconnaissante mais jamais le moindre signe d'attirance dans vos yeux. Je dois vous révéler qu'il m'avait demandé de vous remettre une lettre avant son dernier séjour à Paris. Mon mari et moi avons cru que c'était mieux de ne pas le faire. On l'a déposée dans sa chambre tout simplement. À son retour, il nous a fait une de ces colères! Puis, un bon matin, il nous a annoncé qu'il était guéri de sa peine d'amour et qu'il avait décidé de se faire moine. Son père a tout de suite soupçonné un genre de trouble mental. Moi, je maintiens qu'il n'a pas trouvé mieux pour s'éloigner de vous et tenter de vous oublier définitivement. Il a son orgueil, notre Henri.

— J'admire votre courage et votre honnêteté, Mme Taupier, dit Séneville, muette sur ce qu'elle ressentait devant de telles révélations.

UNE INDISCRÉTION D'ÉVA...

Alors que je me complaisais dans mon enfance, Gaby rêvait de devenir adulte. Que de fois, en cachette, elle écoutait aux portes pour capter les conversations des grandes personnes et s'exerçait ensuite à répéter leurs propos devant le miroir de notre chambre, gestes à l'appui. J'étais son public choisi. Je crus qu'elle se corrigerait de ce vilain défaut après avoir été surprise et punie pour avoir collé son oreille à la porte du bureau de la directrice. Indomptable, elle s'est même permis de suivre, sur le bout des pieds, la sœur-police jusqu'aux toilettes pour se vanter ensuite de connaître ce qu'était un « pet de sœur ». Tout devenait occasion de le répéter à ses compagnes de classe pour déclencher des rires interdits.

CHAPITRE III

« Tu es trop jeune pour comprendre ça », me disent les grandes personnes quand je les questionne. Pourtant, même si elles sont plus vieilles que moi, que de choses elles ne semblent pas saisir! Par exemple on m'a traitée de girouette parce que je rêve d'exercer plus d'un métier dans ma vie. Pourquoi ce ne serait pas possible puisque je peux apprendre en même temps la couture, l'équitation et la musique? Qu'est-ce qu'elles ont à me reprocher d'être trop ambitieuse? De rêver en couleurs? Heureusement que ma grand-maman Louise-Zoé n'est pas comme ça. Elle m'encourage toujours à essayer avant de baisser les bras.

Gabrielle, essoufflée, demanda :

— Est-ce que c'est assez propre maman ?

Séneville abandonna son torchon sur sa tête de lit pour aller faire l'inspection de la chambre de ses filles.

— Impeccable, ma grande! Maintenant, irais-tu aider ta sœur dans le boudoir ?

— J'aimerais mieux faire la chambre de Donio.

— Tu es bien sûre de ça? C'est toute une corvée que de mettre de l'ordre dans ce fouillis!

— Je le sais. C'est pour ça que je veux m'en charger. Ça va paraître bien plus que je suis passée par là.

Les trois Bernier s'affairaient depuis le matin à astiquer la maison dans tous ses recoins. Vers la fin de l'après-midi, M. Olivier Deschamps devait la visiter dans l'intention de l'acheter. Plus d'un mois s'était écoulé depuis qu'il avait fait une offre à Séneville après avoir aperçu le carton épinglé sur un babillard du bureau de poste. Le montant proposé se chiffrait trop bas, au jugement de la propriétaire. Une nouvelle affiche avait supplanté celle du mois de septembre, spécifiant que la vendeuse était ouverte à toute offre au-dessus de deux mille dollars, la moitié de la valeur de la maison. «Elle est bien pressée», chuchotait-on dans les chaumières. «Ce doit être à cause de son procès. J'ai appris d'un des témoins qu'il devrait se tenir au début de novembre.» Les hommes y allaient de leurs opinions : «Elle fait bien de la vendre maintenant, de toute façon elle va la perdre.» «C'est fou de s'être lancé dans une poursuite contre une grosse compagnie comme celle-là. C'est perdu d'avance.» Par contre, les femmes qui la côtoyaient plus régulièrement clamaient : «Elle est trempée pas ordinaire, la veuve Bernier.»

Apprenant que sa voisine songeait à vendre sa maison, le Dr Taupier avait tenté de l'en dissuader.

— Si c'est une question d'argent, il me semble que vous devriez attendre…

— Attendre quoi ?

— Qui sait si un gentil monsieur ne serait pas heureux de vous épouser.

— Pardon !

— Vous avez bien entendu, Séneville. Je connais un médecin de Beloeil, veuf et père de deux jeunes enfants, qui souhaite rencontrer une femme comme vous : distinguée, affectueuse et solide…

La veuve l'interrompit sans détour :

— Vous n'y pensez pas, Docteur, mon mari est encore chaud dans sa tombe.

— Dans un an ou deux…

— Vous perdez votre temps, Dr Taupier. Je ne me remarierai jamais.

Corinne et son époux se doutaient bien de la raison première de cet empressement à vendre. De fait, ne croyant nullement en la vocation d'Henri et redoutant son retour au domicile familial au moment le plus inattendu, Séneville tenait à s'en éloigner le plus tôt possible. Contrariée de devoir attendre avril pour signer l'acte de vente notarié, elle avait planifié son départ de Chambly pour le 21 décembre. Ainsi, les filles pourraient entamer le deuxième semestre à Saint-Henri, au couvent des Dames de la Congrégation. Des regrets s'exprimèrent: Éva déplorait de tant s'éloigner des Taupier et de la religieuse qui lui enseignait la musique. Quant à Gabrielle, ses amies avaient pris une grande place dans sa vie de jeune fille de dix ans et demi. Devoir leur dire adieu ainsi qu'à la famille Bartolomew et renoncer à l'équitation, son sport préféré, la chagrinaient. Éva le constatait quand, en revenant de l'école, elle la voyait s'étirer le cou longtemps après être passée devant l'écurie des Bartholomew.

— Au moins, tu vas pouvoir faire plein de travaux manuels avec grand-maman, lui disait-elle pour la consoler.

— Je sais, mais mon équitation? Je n'ai jamais vu de ranch à Saint-Henri. Toi?

— Moi non plus, mais peut-être que grand-maman saurait où il y en a.

Cette probabilité avait plu à Gabrielle.

— Puis, avec la vente de la maison, maman aura les moyens de te payer des cours, avait ajouté la benjamine.

Cet espoir ragaillardit les filles Bernier. L'arrivée inattendue de leur frère les combla. Ils allaient tous se retrouver autour de la table pour le souper. Gaby se précipita vers lui, heureuse d'être la première à l'informer des événements de l'après-midi. De quatre ans son aîné, il était devenu son confident, surtout depuis la visite de Rose et de ses petites-filles. Mis au parfum de ses inquiétudes, il lui fit une promesse :

— Si maman ne peut pas te payer tes cours d'équitation, je le ferai, moi.

— Mais où vas-tu prendre l'argent ? Tu donnes presque toutes tes paies à maman.

— Je ne serai plus obligé de le faire. Le procès s'en vient… vers le début de novembre, qu'elle m'a dit. Son avocat lui a promis qu'elle recevrait beaucoup d'argent de la compagnie.

— Tu ne viens pas avec nous à Montréal ?

— Pas cette année, en tout cas.

— Pourquoi ?

— Mon travail est ici. À part ça, je suis trop bien à Chambly. Mes amis, mon travail, mes patrons, puis…

— Puis quoi, Donio ?

— J'ai l'œil sur une fille de la place.

— Tu ne veux plus de Marie-Marthe ?

— Oui, mais elle habite trop loin d'ici. Puis elle ne reviendra plus à Chambly quand la maison sera vendue. À part ça…

— Tu aimes autant la fille de Chambly ?

Une flamme dans le regard et une montée de fièvre au visage le lui confirma.

— Son nom ?

— Pas maintenant, Gaby. Je veux d'autres preuves que je lui plais avant de t'en parler.

Cet entretien avec son frère avait rassuré Gabrielle sauf au sujet du procès imminent. Criblée de questions avant d'aller au lit, Séneville avait dû informer sa fille non seulement de la date prévue mais aussi du déroulement de cet événement qui suscitait en elle une angoisse impossible à masquer. La possibilité d'être déboutée n'avait pas été exclue.

— Qu'est-ce qui va arriver si vous perdez, maman?

— Je ne recevrai pas un sou de la compagnie. En vendant la maison, je m'assure qu'il nous restera assez d'argent pour nos besoins, avait répondu Séneville, bouche cousue sur les frais d'avocat qui, de toute manière, lui seront réclamés.

— Ce sera de sa faute, si ça tourne mal.

— La faute de qui?

— De l'avocat! Je le déteste.

— Écoute-moi bien, Gaby. Je ne sais pas qui t'a mis dans la tête que Me Leblanc n'était pas fiable, mais il m'a donné bien des preuves du contraire.

— Personne ne m'a rien mis dans la tête, maman. Rien qu'à penser à toutes les fois qu'il vous a fait pleurer…

— Ce n'est pas lui qui me faisait pleurer, c'est tout ce qui nous arrive depuis ce terrible 2 novembre.

— Voulez-vous dire que quand le procès sera terminé, vous ne pleurerez plus?

— Je le souhaite bien gros, ma belle Gaby! Je vais essayer d'être aussi courageuse que tu es aimable et adorable, lui promit Séneville en l'embrassant.

Le jour J vint. Au 1626 de la rue Bourgogne, les émanations de lavande et de cire à plancher accueillirent M. Deschamps. Séneville lui offrit de s'asseoir, invitation qu'il refusa.

— Je n'ai pas beaucoup de temps… si ça ne vous dérange pas, Mme Bernier, je ferais le tour de votre maison tout de suite. Rien qu'à respirer l'odeur qu'elle dégage, je ne doute pas de son entretien, mais en affaires, vous savez…

— Allez, Monsieur. Ne vous gênez pas.

Assises à la table, apparemment occupées à faire leurs devoirs, Gabrielle et sa sœur, tout endimanchées, zieutaient le visiteur. Le moindre de ses rictus leur inspirait tantôt la crainte, tantôt l'assurance. L'inspection leur parut longue. Une fois celle-ci terminée, l'acheteur demanda à parler à la veuve en toute discrétion. Séneville l'entraîna dans le boudoir et en ferma la porte, au grand déplaisir de ses filles. Gabrielle succomba une fois de plus à l'envie de se coller l'oreille au chambranle.

— … autour de Noël, entendit-elle de sa mère.

— … le reste en février, dit M. Deschamps.

— J'aimerais mieux…

Plus un mot audible. Gabrielle se sentit frustrée mais ne décolla pas de son poste d'écoute. À sa jeune sœur qui demandait sans cesse : « Qu'est-ce qu'ils disent ? » elle faisait signe de se taire. Rien à faire, Éva voulait la rejoindre pour entendre, elle aussi. Leur petite dispute leur fit perdre le bruit des pas derrière la porte du boudoir et les deux gamines se firent surprendre.

— Vous avez des filles curieuses, dit l'acheteur.

Séneville hocha la tête et leur lança, à la dérobée, un regard réprobateur.

— C'est un signe d'intelligence, ajouta-t-il.

Il ne fut pas moins interdit aux demoiselles Bernier de suivre leur mère et M. Deschamps sur la galerie. Elles durent se contenter de les observer derrière le rideau de la fenêtre. Le visiteur tendit la main à

Séneville et tous deux affichèrent un air satisfait. Toutefois, la semonce ne tarda pas à être adressée à Gabrielle et à sa sœur.

— On dirait que vous n'avez pas été éduquées, tonna Séneville. Voir si on écoute aux portes !

Éva se renfrogna.

— On voulait seulement savoir s'il la trouvait belle et propre, notre maison, riposta Gabrielle, un sourire narquois sur les lèvres.

Troublée par le silence de sa mère et dans l'espoir de la voir retrouver sa bonne humeur, elle lui offrit son aide.

Sans ouvrir la bouche, Séneville lui présenta l'économe et un plat de pommes de terre.

— On a bien fait de tout faire briller dans la maison, hein maman ?

Un signe de la tête approbatif vint, mais pas un mot.

— Vous êtes fâchée ?

— J'ai besoin de réfléchir, Gaby. Si tu arrêtais de jacasser, ça serait plus facile…

— Une dernière question, maman, s'il vous plaît. Quand est-ce qu'on déménage ?

— Fin décembre, probablement.

Gabrielle se tourna vers Éva et lui tapa un clin d'œil ; elles avaient bien saisi tout à l'heure quand elles espionnaient près du boudoir.

Plutôt satisfaite des ententes prises avec son acheteur, Séneville avait eu du mal à lui permettre de payer la maison en deux versements.

— Je vous donnerai cent dollars de plus si vous acceptez mes conditions, avait offert M. Deschamps.

Tous deux étaient parvenus à une entente pour la somme de deux mille cent dollars dont la moitié serait versée le 20 décembre et le reste le 12 avril 1912.

Avide de connaître le dénouement de cette visite, Gabrielle talonnait sa mère, tentant de lire par-dessus son épaule le texte de la promesse d'achat fraîchement signée.

— C'est beaucoup d'argent, Maman! Je vais pouvoir continuer mes cours d'équitation?

Séneville se mordit la lèvre inférieure, cherchant la réplique la plus adéquate. S'étant juré de ne pas évoquer l'éventualité des frais d'avocat à couvrir, elle dit:

— La maison de votre grand-mère, il faudra la payer.

— Même si vous prenez bien soin d'elle?

— Même si on lui prépare ses repas et qu'on fait le ménage de toute la maison régulièrement. Votre grand-mère n'est pas obligée de nous la donner. Ce serait normal qu'elle exige une certaine compensation pour le dérangement qu'on va lui causer. Elle a perdu l'habitude d'avoir toujours des enfants avec elle.

Affligée d'apprendre qu'elle pourrait être un poids pour Louise-Zoé, Gabrielle abandonna sur la table le couteau et les trois pommes de terre pelées et sortit sur la galerie en claquant la porte. « Je n'aurais jamais cru ça de ma grand-maman. Elle paraissait si contente de m'apprendre plein de choses et de jouer avec moi. Serait-ce le cas de toutes les grands-mères de se fatiguer de leurs petites-filles, un jour? Pourtant, cousine Rose habite avec ses petits-enfants et mieux encore, elle les emmène partout où elle va. Je vais écrire à Marie-Reine. » Assise sur la première marche du perron, elle se balançait pour apaiser sa déception en attendant de trouver le bon moment et l'endroit où s'isoler pour écrire. La tête nichée entre ses mains, elle ne vit pas venir Donio. Il s'approcha sur le bout des pieds et vint s'asseoir tout près d'elle. L'odeur de l'étable qui imprégnait ses vêtements l'alerta.

— Eurk! Va enlever ça, puis lave-toi, lança-t-elle, boudeuse.

— Oui, oui, mais avant, dis-moi ce qui te rend de si mauvaise humeur.

Gabrielle lui confia les propos de sa mère quant aux dispositions de Louise-Zoé à leur égard. Donio n'en fut pas surpris.

— Les grands-mères trouvent toujours les enfants fatigants, surtout les garçons. Je m'en suis vite aperçu, moi.

— Je pensais qu'elle m'aimait…

— Elle t'aime, mais comme une grand-maman. Un peu plus Éva et toi parce que vous êtes des filles. Puis, un peu plus toi parce que tu as ses talents. Mais je te préviens : elle ne sera pas toujours fine avec vous autres.

Gabrielle protesta :

— Ça n'arrivera pas avec moi, Donio. Je vais lui rendre tellement de services qu'elle ne voudra plus que je la quitte.

Pour ne pas affliger sa sœur, le jeune homme sourcilla, sans plus. Gabrielle ne le suivit dans la maison que le temps de prendre dans sa chambre du papier, un crayon et une enveloppe qu'elle glissa dans la poche de sa jupe.

— On mange dans dix minutes. Où vas-tu ? lui demanda sa mère.

— Dans la remise, marmonna-t-elle, agacée.

Éva voulut la suivre, mais elle s'y opposa. Séneville comprit que Gabrielle avait besoin de solitude pour retrouver sa bonne humeur. Quand elle revint, un quart d'heure plus tard, elle semblait mieux disposée. Sur le bureau de la chambre de sa mère, elle déposa une enveloppe cachetée, adressée à Marie-Reine.

C'était dimanche.

Depuis deux jours, Séneville se montrait irritable devant ses filles. Pour cause, son avocat venait de lui annoncer que le procès, déposé à la Cour supérieure, se tiendrait le 6 novembre 1911. Que de tergiversations chez la veuve avant d'annoncer à Gabrielle et à sa sœur qu'elle prendrait le train pour Montréal… sans elles. Le stress occasionné par la convocation en cour risquait de les perturber avant comme après la comparution. Aussi, Séneville avait besoin de quiétude pour s'y préparer. Elle partirait donc pour Montréal quelques jours et elle confierait Éva et sa sœur à une famille de son entourage. Mises au fait de cette probabilité, l'aînée exprima une préférence marquée pour séjourner chez les Bartolomew, Éva chez les Lareau. De caractère habituellement souple, la petite de huit ans montra tant de résistance à suivre Gabrielle chez les Bartolomew que sa mère s'en inquiéta : « Se passerait-il là des choses que je condamnerais ? » Plus elle questionnait sa benjamine, plus l'enfant persistait à se taire.

— Je vais y aller d'abord chez Mme Lareau, concéda Gabrielle.

Et se tournant vers sa mère, elle quêta la faveur d'aller jouer de temps en temps chez les Bartolomew.

— Je pourrais faire un peu d'équitation… Je risque d'en être privée si longtemps.

— Et s'il t'arrivait un accident ? relança Séneville.

— Les Taupier sont juste à côté.

— Le Dr Taupier est seul maintenant et toujours débordé de travail.

Les fillettes avaient cru que l'absence d'Henri Taupier, ce voisin qu'elles aimaient bien, était temporaire. Les questions surgirent :

— Où est-il allé ? s'informa Gabrielle.

— Pourquoi ? demanda Éva.

— Quand va-t-il revenir ?

À cette question de son aînée, Séneville marmonna :

— Jamais !

— Qu'est-ce que vous avez dit, maman ?

— Personne ne sait s'il reviendra au Canada, ni quand.

Pour clore le sujet, Séneville leur proposa une visite chez Mme Lareau. L'intention de questionner cette honnête dame au sujet des Bartolomew s'ajoutait à celle de la prévenir du moment où Gabrielle et sa sœur lui seraient confiées. Ce qu'elle apprit ne l'éclaira guère.

— Ce monsieur est en adoration devant ta Gabrielle... plus que devant ses propres enfants, on dirait. Il la trouve drôle, fonceuse et pleine de talents. Il nous en parle souvent.

Le regard inquiet de Séneville la ramena à d'autres considérations :

— Mais, personnellement, je suis plus à l'aise avec ta petite Éva. Je sais plus à quoi m'attendre avec elle. Douce, serviable, affectueuse, une petite perle.

Séneville admit que chaque famille avait droit à ses préférences. Toutefois, les commentaires de Mme Lareau ne la rassurèrent pas. Sans plus de tergiversations, elle lui confia ses filles pour quelques minutes et se rendit chez M. Bartolomew. Elle trouva le solide gaillard à l'écurie, en pleine confidence avec un de ses chevaux.

— T'es ma championne, Elsy, disait-il à sa jument, à trois pouces de son chanfrein. Tu seras récompensée pour m'avoir obéi. Toutes celles que j'ai dressées me remercient, tôt ou tard.

« On jurerait qu'il parle à un humain », se dit Séneville, tentée de faire demi-tour. Elle avança de quelques pas, toussota et le salua.

— Excuse-moi, ma belle Elsy, on a de la grande visite.

Le noble écuyer retira son gant pour tendre la main à sa visiteuse.

— Mme Bernier, bonjour! Vous ne venez quand même pas me faire vos adieux aujourd'hui?

— Je vois que les nouvelles courent vite à Chambly.

— Et celle-là n'est pas la plus réjouissante que j'aie entendue.

— Il faut faire des choix dans la vie, M. Bartolomew.

— Je ne le sais que trop! C'est dommage pour votre belle Gaby. Elle a tellement de talents. J'ai rarement vu une enfant de son âge aussi pétillante et hardie.

Séneville l'écoutait, médusée.

— Je trouve les mêmes qualités dans votre regard, Mme Bernier.

La veuve se renfrogna. Sa réaction suscitait des excuses.

— Pardonnez-moi, Madame, je n'ai pas voulu vous offenser. Dans mon pays, les hommes ne prennent pas trente-six détours comme ici avec les dames, déclara l'écuyer.

— Avec les demoiselles non plus?

M. Bartolomew écarquilla les yeux, déstabilisé par la méfiance qu'il découvrait dans les propos de Séneville.

— Votre belle Gaby se serait plainte de quelque chose…?

— Au grand jamais! Par contre, ma p'tite Éva semble vous craindre.

Un grand éclat de rire retentit dans l'écurie.

— Je crois savoir pourquoi, Mme Bernier. La semaine dernière, vos deux filles sont venues dans l'écurie. Croyant votre Éva de la même trempe que sa sœur, je l'ai assise sur la plus petite de mes juments. Je n'aurais jamais imaginé lui faire aussi peur.

Séneville se limita à un sourcillement. M. Bartolomew en fut visiblement indisposé. Des instants de silence se glissèrent dans leur échange.

— J'espère que votre grande fille pourra continuer ses cours… reprit l'écuyer.

— Je ne suis pas sûre de trouver un entraîneur aussi généreux que vous à Montréal, dit-elle pour se rattraper.

— C'est du bonbon que d'avoir une élève comme Gaby, Madame ! Elle va nous manquer.

Le silence de sa visiteuse l'incita à clore l'entretien.

— Je vous souhaite bonne chance en tout, Mme Bernier, dit-il, filant vers une autre de ses bêtes.

Que de brouillard dans l'esprit de Séneville !

— Votre dame est à la maison ?

— Non. Elle est partie au village avec les enfants. Je peux lui faire un message ?

Quelque peu embarrassée, Séneville bafouilla :

— J'aurais aimé savoir si… si je pouvais vous confier Gaby pour trois ou quatre jours au retour de l'école. Elle irait toutefois dormir avec sa sœur chez Mme Lareau. Au début de novembre, je dois aller à Montréal pour des affaires… et je ne voudrais pas lui faire manquer l'école.

— Vous pouvez compter sur nous, Mme Bernier. Mes filles seront très contentes d'apprendre ça, lui cria-t-il, tout en brossant un superbe percheron qui n'avait cessé de piaffer pendant leur conversation.

— Un gros merci, M. Bartolomew. Et bonne chance avec vos chevaux, dit Séneville.

La rapidité de ses pas vers la maison et l'agitation de son cerveau s'apparentaient. La vie lui sembla compliquée et les humains, plus encore. La présence à ses côtés d'un homme de bon jugement comme son Elzéar lui manquait horriblement, surtout depuis qu'elle avait cessé de se confier au Dr Taupier. L'histoire entourant son fils Henri avait creusé un fossé entre eux et ce, au grand désarroi de la veuve qui se sentait quelque peu responsable de son choix de vie.

À son domicile, le téléphone sonna juste au moment où les filles entraient de l'école. Leur excitation la déconcentra au point de demander à son interlocuteur de rappeler le lendemain en avant-midi.

— Demain, je ne serai pas au bureau et c'est trop important pour différer ça de deux jours, annonça Me Leblanc.

Une main sur le combiné, Séneville suggéra aux deux gamines d'aller dehors ou dans leur chambre en attendant la fin de sa conversation.

Avant de sortir, Gaby lança d'une voix suffisamment forte pour que l'avocat l'entende :

— C'est encore lui, je suppose.

— On ne semble pas m'apprécier dans votre famille, dit Me Leblanc, offusqué.

— Les enfants s'imaginent n'importe quoi ; il ne faut pas en tenir compte, rétorqua-t-elle. Maintenant, je vais bien vous entendre.

— Je dois vous faire signer trois documents importants…

— Vous pouvez me les faire parvenir… allait lui proposer Séneville quand il lui coupa la parole.

— C'est urgent, Mme Bernier. Vous venez les signer à Montréal ou je passe à Chambly ?

— Vous savez bien que je ne peux pas aller à Montréal aussi facilement que vous venez à Chambly, riposta-t-elle, indignée. Mais de quoi s'agit-il ?

Me Leblanc devait s'assurer que toutes les personnes choisies par la cour pour faire partie du jury comprendraient le français ; il tenait aussi à ce que sa cliente connaisse ces personnes. Enfin, il l'informait que chacune d'elles recevrait sous peu un *subpoena*.

— Vous pouvez me les nommer, ces personnes-là ? demanda Séneville.

— Les frais de l'interurbain vont être plus élevés, mais si c'est votre souhait.

— Je présume que nous en sommes à nos dernières conversations, Me Leblanc, donc aux dernières dépenses de ce genre.

— Je nous le souhaite, Madame. Comme prévu, il y aura Mlle Azilda Audette, l'agente du Téléphone de Chambly Bassin ; Henri Panet, contremaître général ; les commis Mrs Ashbury et Beddoe ; Louis LaRoque, journalier ; Aimé Bérard, électricien.

— M. Charrette a-t-il accepté de siéger ?

— Oui. De même qu'un électricien de la ville de Verdun. Un *subpoena* sera aussi envoyé à la *Montreal Light, Heat and Power Company* pour sommer son gérant général, son surintendant et deux autres hommes de se présenter à la cour comme témoins. Ils auront l'obligation d'apporter avec eux tous les papiers et livres relatifs au travail de feu votre mari au cours des mois d'octobre et novembre 1909.

Cette liste avait défilé à l'oreille de la demanderesse comme si elle était déjà présente devant le juge. Son appréhension n'avait d'égale que les doutes qui l'envahissaient. Tous les commentaires des gens de son village, leurs mises en garde plus ou moins voilées et leurs regards sceptiques bourdonnaient dans sa tête. « Téméraire, naïve, irresponsable », ces mots qu'elle avait entendus depuis janvier 1910 sans leur accorder d'importance, elle en pesait aujourd'hui tout le poids. Faire marche arrière, en était-il encore temps ? Croisant le regard de son mari sur la photo affichée sur un mur de la cuisine, elle eut l'impression qu'il lui recommandait d'aller jusqu'au bout de cette démarche.

« Si tu n'en sors pas plus riche, tu auras au moins sauvé ton honneur et celui de tous les Bernier. » Séneville décrocha le cadre, déposa un baiser sur la bouche de son mari et lui jura :

— J'irai jusqu'au bout, mon Elzéar. Tu le mérites et nos enfants aussi.

Le rappel des événements survenus le 2 novembre 1909, le plaidoyer des représentants de la *Montreal Light, Heat and Power Company*, la conscience qu'un jury aurait à se prononcer pour éclairer le juge avaient sérieusement ébranlé l'endurance et l'optimisme de la veuve Bernier. Somme toute, ce séjour à Montréal avait été un enfer pour elle. Sans cesse avait-elle dû se ramener à sa détermination de vivre ce procès jusqu'au bout avec courage et honneur.

L'attente du jugement s'annonçait tout aussi éprouvante. Fallait-il compter des mois ou des années ? La perte de cette cause risquait de mettre toute sa famille en péril. Son choix de ne pas épouser un homme de la mer ne la protégeait pas pour autant de tout naufrage. Toutefois, elle se félicita d'avoir pris la décision de s'installer avec sa mère pour Noël. Fût-il question d'en acheter la maison que Louise-Zoé suggéra d'attendre le règlement de la cour pour en rediscuter. Entente qui fut facile à conclure.

Autour de la table, lors de ce déjeuner du 13 novembre, les trois enfants Bernier n'avaient d'oreilles que pour leur mère. Les questions pleuvaient. Donio, qui avait quatorze ans, voulait tout savoir :

— Quelqu'un a-t-il dit que papa était responsable de sa mort ?

— La compagnie et ses représentants, oui. C'est normal. Elle se protège. Mais ça reste très difficile à entendre.

— Y en a d'autres qui ont juré le contraire ?

— Bien sûr ! Nos témoins puis notre avocat, répondit Séneville.

— J'espère ! Vous le payez pour ça ! rétorqua Gabrielle.

— Je vous avoue, les enfants, que je lui ai trouvé beaucoup d'aplomb. Plus d'une fois, il a mis les témoins de la compagnie dans l'embarras

Donio s'empressa d'avaler sa bouchée de pain et riposta :

— C'est sa spécialité, mettre les gens dans l'embarras.

— Vous êtes-vous déjà arrêtés à penser à quel point le travail d'un avocat est exigeant ?

Donio l'approuva :

— Au garage, des gens ont dit que ça prendrait le meilleur des avocats pour défendre une femme contre une grosse compagnie qui fournit l'électricité à des milliers de personnes.

— Ça veut dire qu'elle est très riche, cette compagnie, conclut Gabrielle.

— C'est ce que Me Leblanc m'a dit, confirma Séneville.

— Pourquoi les grands boss s'entêtent-ils à ne pas vous donner l'argent que vous réclamez, d'abord ? lança Donio.

Plus un mot autour de la table.

— Je vais vous le dire, moi, reprit Gaby. C'est parce que ces gens-là n'ont pas de cœur. Ils mériteraient tous de crever, cria-t-elle en quittant la table pour se réfugier dans sa chambre.

Il était à prévoir que la petite Éva l'y rejoindrait.

Donio et sa mère échangèrent des regards lourds de tristesse et d'impuissance.

— Il ne faudrait plus que mes sœurs en entendent parler, murmura le jeune homme.

— C'est une des raisons qui me pousse à déménager à Montréal, Donio. D'ici la fin de cette histoire, je pourrai aller à la cour ou rencontrer mon avocat sans qu'elles le sachent.

Pour la première fois, le jeune homme, qui déplorait que sa famille quitte Chambly en décembre, jugea cette raison valable.

— Ça veut dire que ce n'est pas fini… le procès.

— Le jugement n'a pas été rendu, lui apprit Séneville, la tête entre ses mains.

Donio se leva de table et promena une main chaleureuse sur le dos de sa mère.

— Je vais aller rejoindre mes sœurs, maintenant. Elles ont besoin de moi.

— Merci, mon grand! Tu me fais de plus en plus penser à ton père, lui révéla-t-elle.

— Il n'y a rien que j'aime autant que de me faire comparer à papa, confia-t-il, redressant les épaules de fierté.

Les filles, qui se plaignaient souvent de l'absence de leur frère, se jetèrent dans ses bras. Leur consolateur, leur protecteur, le substitut de leur père venait vers elles. Avec lui, elles laissèrent libre cours à leur indignation comme à leur peine. Donio avait le mot juste pour les apaiser et les rassurer.

— Il faut que tu viennes habiter à Montréal avec nous, le supplia Gabrielle.

— Un jour, mais pas tout de suite.

— Pourquoi?

— D'abord, je dois m'occuper de la maison jusqu'à ce que l'acheteur vienne l'habiter, en avril, puis j'ai deux employeurs qui comptent sur moi et qui me traitent si bien que je ne peux les décevoir.

— Tu les fais passer avant nous? rétorqua Gabrielle, dépitée.

— Tu sais bien que maman et vous deux êtes les plus importantes au monde pour moi. Un jour tu comprendras qu'il faut parfois s'éloigner de ceux qui nous sont chers. Ça ne veut pas dire qu'on les aime moins.

— Je comprends qu'on ne passe pas toute sa vie avec ses parents, mais toi, Donic, tu es trop jeune pour te séparer de nous.

Le grand frère éclata de rire.

— J'ai hâte de te voir à quatorze ou quinze ans, Gaby Bernier! Je suis certain que tu ne seras plus sous les jupes de maman.

Un sourire désinvolte sur les lèvres, des étoiles dans les yeux, la jeune fille avait retrouvé ses rêves d'hier.

— Penses-tu, Donio, qu'on puisse faire deux ou trois métiers en même temps?

— Tu es ambitieuse pour dix, Gaby!

— Est-ce qu'on peut? insista-t-elle.

— Ça dépend des métiers…

— Moi, j'aimerais être couturière, amazone et pianiste.

— Amazone? Qu'est-ce que c'est ça?

— C'est M. Bartolomew qui m'a appris ce mot, répondit Gabrielle, un brin altière.

— Moi aussi je le connais, ce mot-là, mais j'aime mieux dire cavalière. C'est plus facile, avoua Éva qui n'avait pas encore trouvé le moyen de se mêler à la conversation.

Donio l'approuva, déclarant du même coup préférer s'en tenir au vocabulaire connu.

— Mais Gaby, elle a du plaisir à découvrir des termes rares, lui fit-il remarquer.

— Elle en dit encore plus à l'école, déclara la benjamine. L'autre jour, j'attendais qu'elle me laisse la place pour mon cours de piano et elle a dit à la religieuse : « J'aime ça égrener mes accords en arpèges. »

— Tu t'en souviens encore ? nota Gabrielle, ébahie.

— Après que la religieuse m'eut expliqué le sens de chaque mot, je les ai répétés plusieurs fois dans ma tête pour ne pas les oublier tellement je la trouvais belle cette phrase.

— Vous êtes faites pour vous entendre, vous deux ! s'exclama Donio, ravi.

— Comme des jumelles, dit Éva.

— Ou des siamoises, renchérit sa sœur.

— Avant que tu te prennes pour un dictionnaire, on va retourner voir maman dans la cuisine, les pria leur frère.

Séneville avait distribué sur la table les biscuits à la mélasse qu'elle avait rapportés de chez Louise-Zoé. Les trois jeunes s'empiffrèrent.

— Je n'en ai jamais mangé d'aussi bons, s'exclama Donio après avoir avalé sa part.

Puis il se hasarda à confisquer celle de ses sœurs. Les jeux s'enchaînèrent ainsi jusqu'au moment d'aller au lit. Séneville mesura le vide qu'allait créer l'absence de ce grand frère auprès des fillettes. « Si je pouvais le convaincre de venir nous retrouver à Saint-Henri en avril prochain… Mais comment ? » se demanda-t-elle, plus retardée dans son sommeil par cette question que par celle du jugement attendu.

Bien que présent dans toute sa splendeur, le soleil n'était pas encore parvenu à vaincre le froid hâtif de ce matin du 8 décembre 1911.

Tous les enfants s'étaient emmitouflés avant de prendre le chemin de l'école. Ce jour-là, les filles portaient sous leur manteau leurs habits du dimanche. Une recommandation de la mère supérieure du couvent. La leçon de catéchisme devait faire place à une messe célébrée par un père Oblat pour souligner la fête de l'Immaculée Conception. Les religieuses enseignantes disposaient de dix minutes pour y préparer leurs élèves.

Dans la classe de Gabrielle Bernier, sœur Saint-Pierre commença l'entretien par une question :

— Levez la main celles qui savent qui l'on fête le 3 décembre ?

Un peu étonnée de voir avec quel empressement et quelle insistance Mlle Bernier manifestait son désir de donner la réponse, elle lui fit signe de se lever et d'en informer ses compagnes.

— Mme Séneville Bernier, ma maman, clama-t-elle avec fierté.

Du groupe, s'élevèrent des fous rires, mais aussi des murmures de contestation. Sœur Saint-Pierre, rouge de colère, somma vertement l'élève arrogante de se rendre au bureau de la préfete de discipline pour y recevoir sa punition.

— C'est que…

— N'ajoutez pas à votre insolence, Mlle Bernier. Allez vite rendre compte de votre infamie à mère Saint-Sauveur.

Tête basse, le pas vacillant, Gabrielle se dirigea vers la sortie.

— J'espère que vous savez toutes que c'est grave très grave de se moquer des mystères de notre religion catholique romaine. Mlle Bernier devra s'en confesser.

La porte refermée derrière elle, Gabrielle s'adossa un instant au mur du couloir, cherchant à comprendre ce qui venait de lui arriver. Révoltée de n'avoir pas eu le droit de s'expliquer, pouvait-elle espérer se reprendre avec la responsable de la discipline ? La porte de son bureau étant entrouverte, Gabrielle recula d'un pas avant de se présenter.

— Entrez, Mlle Bernier.

— C'est sœur Saint-Pierre qui m'envoie…

— Pas de détour, la messe commence dans huit minutes. Quelle sottise avez-vous donc commise ?

— Ma maman a quarante-quatre ans aujourd'hui. Ça fait trois jours que nous préparons sa fête.

— Il n'y a rien de mal là-dedans.

— Je le sais, mais quand sœur Saint-Pierre m'a demandé qui nous fêtions le 8 décembre, j'ai répondu que c'était la fête de ma maman…

Le regard indulgent, la préfète l'interrompit.

— Je comprends, Mlle Bernier. Sœur Saint-Pierre a probablement cru que vous vous moquiez d'elle. C'est ce qui arrive quand on a déjà commis quelques effronteries ; elles nous suivent, expliqua-t-elle, faisant allusion à la remise des prix de l'année précédente. Venez avec moi. Je vais en glisser un mot à votre professeur mais vous allez devoir vous excuser devant la classe.

— Pourquoi m'excuser ? Je n'ai rien fait de mal, vous l'avez dit vous-même.

— Si vous aviez réfléchi avant de parler, vous vous seriez souvenue des paroles prononcées par mère supérieure devant toutes les élèves hier.

Gabrielle, le regard fixé au plancher, ne disposait que de quelques secondes pour choisir : obéir, avec le sentiment d'être victime d'injustice et d'incompréhension, ou refuser de s'excuser et en subir les conséquences, soit un renvoi à la maison avec une punition et une lettre adressée à Mme Bernier. « Je ne peux pas faire ça à maman le jour de sa fête », se dit-elle.

Les dents serrées sur son indignation, elle emboîta le pas de la préfète. Sœur Saint-Pierre fut invitée à les rejoindre dans le couloir pour entendre le résumé de sœur Saint-Sauveur après quoi les deux religieuses entrèrent dans la classe pour entendre les excuses de Gabrielle Bernier. Elles se postèrent au fond du local et firent signe à leur pénitente de se placer devant ses compagnes et de procéder sans tarder.

— Elles veulent que je m'excuse d'avoir pensé à maman avant de penser à la Sainte Vierge, dit Gabrielle au bord des larmes.

— Mlle Bernier, ce n'est pas ce qu'on vous a reproché, rétorqua la préfète. Quand allez-vous comprendre qu'il est important de tourner sa langue sept fois dans sa bouche avant de parler?

Et sœur Saint-Pierre d'ajouter:

— Gabrielle, vous comprenez très bien pourquoi vous méritez une punition. Cessez de jouer la comédie et d'essayer de vous montrer plus fine que les autres.

— Prenez vos cahiers et suivez-moi dans mon bureau, lui ordonna la préfète.

Lorsque Gabrielle en sortit, le monde venait de basculer autour d'elle. Chargée de reproches, elle devait retourner à la maison et remettre à sa mère une enveloppe dont elle redoutait hautement le contenu. Chacun de ses pas imprimait son dépit sur la neige. «Non, non, non! Je ne retourne pas à la maison», grognait-elle quand une idée lui traversa l'esprit. «Donio! Au garage. Ce n'est pas loin d'ici.» Vivement, elle s'y dirigea. Il lui sembla que les sons d'enclume lui donnaient raison.

— Regardez-moi donc ça, la belle fille qui s'en vient! s'exclama le propriétaire dont la voix tonitruante fit sursauter Gabrielle.

— Je pourrais parler à mon frère deux petites minutes? le pria-t-elle.

— T'as un frère, toi?

— Oui. Donio Bernier.

Jouant le sceptique, le patron promit de jeter un coup d'œil dans les alentours. Avant qu'il ne revienne, le grand frère était sorti de sous le capot d'une auto à réparer et il avançait avec empressement vers Gabrielle.

— Une mauvaise nouvelle? demanda-t-il, redoutant un autre drame.

— Ça dépend… Comme tu le sais, c'est la fête à maman aujourd'hui…

— Tu n'as pas quitté l'école en plein avant-midi pour me dire ça, Gaby?

— C'est que les sœurs me renvoient à la maison avec une punition. Tu imagines la peine que ça va faire à maman?

Donio déposa son outil, emmena sa sœur dans un petit bureau au fond du garage et lui demanda de s'expliquer. Il savait que sa sœur lui dirait la vérité.

— Maudit qu'elles sont bêtes! cria-t-il, assénant un solide coup de poing à la table.

N'eût été ses mains souillées d'huile à moteur, il aurait croisé ses grands bras dans le dos de sa sœur et l'aurait pressée sur son cœur.

— J'ai une idée, lui dit-il. Je vais téléphoner à maman. Je vais lui dire que par exception pour ses quarante-quatre ans, je viens dîner avec elle. Elle va être très contente.

— Mais, moi? gémit Gabrielle.

— Tu attends une dizaine de minutes avant de venir à la maison; le temps que je lui explique ce qui t'est arrivé.

— Il y aura de quoi manger pour moi aussi?

— Tu sais bien que maman prépare toujours des portions de glouton pour son fils.

La complicité des aînés Bernier ne faisait plus de doute.

— Installe-toi ici et débarrasse-toi de ta copie le temps que je termine mon travail.

Réconfortée, Gabrielle se mit au travail malgré le froid et l'humidité qui engourdissaient ses doigts. Les lettres maladroitement tracées en témoignaient. « Pourvu qu'elles ne me fassent pas tout reprendre pour ça. Écrire cent fois : *Je tournerai toujours ma langue sept fois dans ma bouche avant de parler,* puis autant de *Je ne profanerai plus les mystères de notre foi catholique romaine.* J'en ai bien pour toute la journée ! »

Une inspiration la ramena vers Donio qu'elle trouva penché sous le capot d'une vieille Ford.

— Éva ! On allait l'oublier !

— Tu n'auras qu'à te rendre au couvent à la fin des classes.

— Il ne faudrait pas que les deux cornettes me voient…

— Tu leur diras que tu viens seulement chercher ta petite sœur, suggéra Donio. Il n'y a rien de mal à ça.

— Avec elles, on ne sait jamais, murmura Gabrielle en retournant à ses pensums.

Pendant que l'apprenti-mécanicien ne ménageait rien pour faire montre de ses talents, Gabrielle s'adonnait à une besogne qui l'ennuyait éperdument. Elle rageait de se voir assujettie à une tâche qui ne sollicitait son intelligence que pour compter le nombre de fois qu'elle avait reproduit la même phrase. Sa seule vengeance : agresser sa page avec son crayon. Mais celui-ci perça la feuille et sa mine se cassa. Il était à prévoir qu'elle devrait tout recommencer. Gabrielle craqua. Les morsures du froid et l'absurdité de ce travail avaient eu raison de son endurance. Donio crut l'entendre pleurer.

— Gaby ? Ça va ?

Le silence.

Donio déposa son torchon et sa clé anglaise sur la tête du moteur qu'il s'affairait à réparer et s'approcha du petit local d'où venaient les pleurs.

Il lui suffit d'entrebâiller la porte pour constater qu'il avait bien entendu.

— Tu n'en peux plus, hein ? Range-moi tout ça, je te ramène à la maison.

— Mais maman ?

— Elle va comprendre. Elle m'attend pour onze heures et demie. Viens vite !

Le sac d'école de Gabrielle sur l'épaule, le jeune homme pressa le pas, contraignant sa sœur à trottiner pour le suivre.

— Pourquoi tu marches si vite, Donio ?

— C'est la colère qui me pousse.

— Contre moi ?

— Tu sais bien que non, ma p'tite Gaby.

À deux enjambées du perron, Gabrielle s'arrêta.

— Monte, lui ordonna Donio.

— Tu es sûr que je ne devrais pas attendre que tu lui aies tout raconté ?

— Trop tard, elle nous a vus.

— Pour une surprise, c'en est toute une, s'exclama Séneville, ravie. Mais regarde-moi donc, toi, ma belle fille. À te voir la mine, on croirait que c'est plus une punition qu'une permission spéciale que tu as reçue…

— Si on mangeait d'abord? suggéra Donio. Après le dessert, je vous expliquerai pourquoi elle est avec moi. Ce n'est rien de grave, après tout, hein Gaby?

— Si tu le dis…

Devant une assiettée comble de pommes de terre, de lard et de betteraves marinées, le jeune homme encensait sa mère pour ses talents culinaires et s'engageait, pour célébrer son anniversaire, à laver la vaisselle avant de retourner au garage.

— Je vais l'essuyer, moi, pendant que vous allez faire un petit somme, maman, offrit Gabrielle.

— Vous êtes les meilleurs enfants du monde! J'accepte vos gâteries. Mais j'insiste pour qu'après le dîner, tu me racontes ce qui est arrivé à ta sœur.

— C'est promis!

Les assiettes vidées, Gabrielle s'empressa d'apporter sur la table le gâteau d'anniversaire qu'elle avait nappé la veille après que sa mère était allée au lit. Sur le glaçage au chocolat, elle avait tracé le nombre 44 avec des bonbons à la gelée de couleurs variées et recouvert le tout d'un plat renversé. *Défense de regarder,* avait-elle inscrit sur un papier déposé contre le plat. Vu l'absence d'Éva, Séneville n'en servit qu'une fine pointe à chacun, louangeant l'habileté de Gabrielle et sa créativité. Le moment s'avérait trop propice à la divulgation pour que Donio le laisse passer. Son dessert à peine entamé, Séneville l'écouta avec un flegme trop marqué pour être rassurant.

— Gaby, avale ta dernière bouchée, on s'en va au bureau de la préfète, lui annonça-t-elle avec une détermination qui la fit frémir.

— Maman! Les sœurs vont être encore plus sur mon dos si vous venez me défendre.

— J'ai des choses à dire à ces femmes et je le ferai pour toutes les élèves qui passeront à leur école. Ne crains rien, je resterai calme et polie. Apporte ton sac d'école, tes copies aussi.

Une économie de paroles entre le domicile familial et le couvent des sœurs de la Congrégation Notre-Dame. L'attente sur le banc placé tout près du bureau de la préfète fut brève.

— Entrez donc, Mme Bernier, dit sœur Saint-Sauveur, courtoise.

Gabrielle les suivit.

— Mlle Bernier, je vous prierais d'attendre sur le banc, lui ordonna la préfète.

— Pardon, ma Sœur, je tiens à ce que ma fille soit présente, réclama Séneville.

Les gestes de la religieuse dirigèrent ses visiteuses vers le porte-manteau puis vers les deux chaises disposées devant son élégante table de travail recouverte de cuir. « On ne se prive pas, ici », se dit Séneville déterminée à ne pas amorcer le dialogue. La sœur semblait pareillement disposée. On l'eût cru prise de l'urgence de ranger des papiers. « Manque de respect ou nervosité », jugea Séneville.

— Je m'excuse, Sœur Saint-Sauveur, mais je ne voudrais pas que ma fille soit privée de ses cours de l'après-midi.

— Vous ne saviez pas qu'elle était renvoyée pour la journée ?

— Ce qu'elle a fait ne mérite pas ça. Ne mérite aucune punition, même, riposta Séneville.

Le ton montait.

— La frivolité n'est pas à encourager dans l'éducation d'un enfant, Madame.

Séneville s'adossa à sa chaise, fixa le regard de son interlocutrice et, d'une voix à peine audible, lui demanda :

— Vous avez encore vos parents, ma Sœur ?

— Grâce à Dieu, oui.

— Vous êtes-vous déjà arrêtée à imaginer ce qu'une fillette qui perd son papa à l'âge de huit ans peut éprouver quand vient l'anniversaire de sa mère?

Sœur Saint-Sauveur se fit muette. Une grande tristesse balaya son regard.

— Vous êtes-vous déjà arrêtée à imaginer ce qu'une fillette de dix ans peut ressentir quand elle entend des femmes d'autorité comme vous l'accuser de profanation?

— Je ne crois pas que ce fut le cas.

Séneville tira la feuille de pensums du sac de sa fille et l'exposa sur sa table, droit devant elle.

— Regardez! Lis-la, Gaby.

Gabrielle s'avança sur le bout de sa chaise et, d'une voix éteinte, elle en fit la lecture:

— *Je ne profanerai plus les mystères de notre foi catholique romaine.*

Sœur Saint-Sauveur ne cacha pas son émoi, avouant ne pas avoir vu les deux phrases à copier.

— Ce qui m'affecte le plus dans tout ça, c'est la culpabilité indue que vous faites porter à nos enfants. C'est comme un boulet à leur cheville. Un poison qui mine leur confiance, envers eux et envers l'autorité. Et ça, c'est long à chasser de son cœur, je peux en témoigner.

Le rouge monta au visage de la préfète.

— Mme Bernier, votre fille n'aurait pas dû assister à notre rencontre. Ceci est une discussion d'adultes. Je lui demanderais maintenant de vous attendre dans le couloir.

— Avec tout mon respect, ma Sœur, je vais vous dire une dernière chose: si ma fille est en âge de subir de telles accusations, elle est en âge d'apprendre la vérité. Je veux que mes enfants grandissent dans la dignité, pas dans la honte.

La religieuse écarquilla les yeux, médusée.

— Maintenant, est-ce que ma fille peut retourner dans sa classe ?

— Non, pas aujourd'hui. Je dois rencontrer son institutrice et ses compagnes de classe d'abord.

Et s'adressant à Gabrielle :

— Tu es dispensée de tes copies. Prends le reste de ta journée avec ta maman.

— Je vais quand même m'efforcer de réfléchir plus avant de parler, concéda Gabrielle.

— Je te conseillerais plutôt de te montrer toujours respectueuse envers tout le monde. Ne perds pas ta belle spontanéité ; c'est si rare et si difficile à retrouver.

Séneville n'en croyait pas ses oreilles. « Mon intervention en valait la peine », se dit-elle.

— Est-ce qu'on pourrait ramener ma p'tite sœur avec nous ? demanda Gabrielle.

La préfète hésita à lui accorder cette permission.

— Il faut une raison valable pour quitter avant la fin des cours, dit-elle.

Gabrielle se tourna vers sa mère ; son regard la suppliait d'intercéder pour elle.

— J'avoue que c'est un caprice, mais…

— On peut ? s'écria Gabrielle aussitôt sortie du bureau.

Avant que la religieuse n'ait le temps de se rendre à la classe d'Éva, sa sœur frappait à la porte.

— Excusez-nous de vous déranger. C'est la fête de maman aujour-d'hui et sœur Saint-Sauveur accepte que ma petite sœur…

— Mlle Bernier, s'il vous plaît, allez attendre avec votre mère dans le couloir, la somma la préfète qui n'appréciait plus la spontanéité dont elle avait fait l'éloge quelques minutes plus tôt.

— C'est toujours comme ça avec elle, maugréa la jeune fille.

— Sœur Saint-Sauveur a raison cette fois, répliqua Séneville.

De l'autre côté de la porte, n'existaient pour Gabrielle et sa mère que le silence des élèves et des mots inaudibles de la part des autorités en place. Soudain, les deux religieuses apparurent et toutes les fillettes se levèrent pour clamer en chœur :

— Bonne fête, Mme Bernier !

Suivie de sa mère et de sa sœur toutes deux victorieuses, Éva rentra chez elle en gambadant dans la rue Bourgogne enneigée.

La maison des Bernier n'avait jamais été aussi encombrée qu'en ce 15 décembre, six jours avant que la veuve et ses filles ne la quittent pour Montréal. Séneville devait apporter avec elle ses vêtements, ses objets personnels et tout ce qui était à l'usage des fillettes. S'y ajoutaient les quelques souvenirs qu'elle avait conservés de son mari dont ses lettres, ses petits billets attentionnés, son épingle à cravate et le télégramme qu'il lui avait adressé en toute hâte pour lui annoncer qu'il venait l'épouser. « Partout où j'irai, ce qu'il me reste de toi me suivra. Ne m'abandonne pas, j'ai encore tellement besoin de toi. »

Des coffres de bois longeaient les murs ; des cartons bondés y avaient été empilés. La boîte de livres était prête à être scellée quand on frappa à la porte. Bien que ses enfants n'eussent pas l'habitude de cogner avant d'entrer, Séneville pensa que Gabrielle pourrait le faire pour plaisanter. Mais, à deux heures de l'après-midi, ce ne pouvait être elle. La veuve s'empressa de rattacher quelques mèches rebelles à son chignon, s'essuya les mains sur son tablier et se dirigea vers l'entrée. « Mais je rêve ! Pas lui ! Je ne lui ouvre pas », décida-t-elle, filant vers sa chambre dont elle referma la porte, ne laissant que l'ouverture nécessaire pour surveiller le visiteur. Il s'approcha de la fenêtre et colla sa figure sur la vitre, cherchant à mieux voir à l'intérieur de la maison. Puis il sonda la poignée de la porte… qui céda. Une fois de plus, Séneville avait négligé de la verrouiller.

— Mme Bernier ! C'est moi, Henri Taupier. Puis-je entrer ? demanda-t-il, la tête dans l'entrebâillement.

Inutile pour Séneville de continuer à jouer à se cacher. Elle devait affronter l'homme qu'elle avait voulu fuir en quittant Chambly. Jamais elle n'aurait soupçonné son retour après moins de six mois à l'abbaye d'Acey, en France. Trop de questions surgissaient dans sa tête pour qu'elle résiste à l'envie de savoir.

— Un instant, j'arrive ! répondit-elle, sur un ton faussement résolu.

Elle n'avait fait que deux pas hors de sa chambre que Henri, le teint blafard mais le regard scintillant, avait déjà déposé ses bagages sur le tapis de l'entrée et s'apprêtait à accrocher son manteau et son chapeau.

Séneville figea sur place. « Comment peut-il être aussi à l'aise dans ma maison ? À moins qu'il imagine que j'ignore tout de son attirance pour moi. »

Il s'avança, lui tendit la main et expliqua :

— Mes parents ne sont pas là. Mon père doit être chez un patient et je suppose que ma mère a voulu profiter de ce beau soleil pour visiter une amie. Mais vous, Mme Bernier, que vous arrive-t-il ? chercha-t-il à savoir en balayant d'un regard sombre les piles de boîtes entassées le long des murs.

— Nous déménageons. Ma mère habite Montréal et sa santé ne lui permet plus de rester seule dans sa maison.

— C'est généreux de votre part d'aller l'aider.

— C'est un devoir et un plaisir pour moi, corrigea-t-elle sans complaisance.

— Vous partez bientôt, on dirait bien.

— Dans quelques jours.

— Je peux m'asseoir ?

— Prenez la chaise tout près de la fenêtre. Vous pourrez mieux surveiller le retour d'un de vos parents.

— Si vous aviez quelques minutes à me donner, je vous montrerais ce que j'ai rapporté de Paris pour vous et vos filles.

— On ne peut pas dire que le moment est bien choisi…

— Je peux attendre Gabrielle et Éva. Si je ne me trompe pas, elles devraient être là dans une demi-heure.

— Pas si sûr que ça. Elles s'amusent souvent avec leurs amies après l'école, riposta Séneville.

— Elles sont si charmantes. Je vous avoue qu'elles m'ont manqué, elles aussi… Vous ont-elles demandé de mes nouvelles ?

« Un piège que cette question », se dit Séneville, fort contrariée. Elle tenta de dissimuler son embarras sous l'urgence de préparer la collation des filles. Henri observait ses moindres gestes, visiblement déterminé à attendre sa réponse.

— Qu'est-ce que vous auriez souhaité qu'on leur dise ? rétorqua-t-elle.

Au tour du jeune homme de se montrer troublé.

— Vous m'embêtez, Séneville.

La veuve, insultée par une telle familiarité, lui servit un regard éloquent de reproche.

— Pardon, Mme Bernier !

Un froid silence persista jusqu'au retour d'Éva et de sa sœur. Leur entrée fracassante venait sortir leur mère de l'embarras. Henri leur donnerait leurs cadeaux et il quitterait la maison, croyait-elle.

— M. Henri ! Vous êtes revenu du monastère ? s'exclama Gabrielle, ravie.

— Ce n'était pas mon choix, mais il semble que je n'ai ni la santé, ni la vocation…

— C'est vous qui allez demeurer dans notre maison après notre déménagement… crut Éva en désignant ses bagages toujours posés dans l'entrée.

Cette présomption dérida les deux adultes. Henri saisit l'occasion pour expliquer la raison de sa présence à leur domicile.

— Mais il est arrivé, votre père. Il nous a ramenées de l'école, lui apprit Gabrielle.

Henri promenait son index sur son long menton, manifestement contrarié.

— Tant qu'à être ici, je vais vous donner tout de suite les cadeaux que je vous ai rapportés de Paris, suggéra-t-il, sans attendre l'autorisation de Séneville.

Sous les regards enflammés des filles Bernier, il plaça une de ses valises sur la table, la déverrouilla lentement, prenant un réel plaisir à piquer la curiosité de ses observatrices.

— Celui-là, c'est le plus fragile… Il est pour toi, Gaby.

Des mains d'Henri, la jeune fille prit le paquet avec délicatesse. Une boîte bourrée de papier de soie cachait une forme à chapeau.

— Je l'ai achetée aux Galeries Lafayette. C'est là que Coco Chanel se les procure, précisa-t-il avec fierté.

La forme passa dans les mains de chacune pour revenir dans celles de Gaby qui imaginait déjà les chapeaux qu'elle brûlait de fabriquer.

— C'est ma grand-maman qui va être surprise de voir ça! dit la jeune fille. Elle ne se moquera plus de mes formes en papier mâché!

— Avec tous les accessoires de couture qu'elle a amassés depuis cinquante ans, nous allons pouvoir varier nos modèles, ajouta Séneville, au grand ravissement d'Henri.

Touchée par la pertinence de ce cadeau, la veuve s'était laissée aller et elle le regretta. Elle se reprocha d'avoir dérogé à l'attitude austère qu'elle avait adoptée envers son visiteur depuis son arrivée. « Le moindre manque de vigilance pourrait lui redonner un espoir de conquête », craignait-elle.

Henri se pencha vers Éva et avec tendresse, il lui présenta son cadeau.

— Pour toi, ma petite Éva, j'ai pensé à un … Tiens, développe-le.

La fillette palpa le colis et s'inquiéta de sa légèreté.

Elle était déjà disposée à vivre une déception lorsqu'elle découvrit, charmée, un nécessaire à broderie. Plusieurs canevas étaient offerts avec une bonne douzaine de couettes de fils aux multiples couleurs, des pièces de toile fine en surplus et trois cerceaux de dimensions différentes. Les lèvres pincées pour ne pas pleurer de joie, Éva se lança au cou du généreux donateur qui l'accueillit d'une accolade. Séneville resta bouche bée. Gaby demanda à examiner le précieux cadeau fait à sa sœur puis amorça des négociations :

— Tu vas m'en donner un ou deux.

— À la condition que ce soit moi qui les choisisse.

Gabrielle fit la moue.

— D'accord, mais tu me laisseras les trois plus beaux, décréta la benjamine.

Pendant que les fillettes examinaient les différents modèles de broderie, Henri fouillait dans sa valise, à la recherche d'un objet manifestement précieux. Séneville priait sainte Fabiola pour que ce ne fût pas un présent pour elle.

— Je crois que j'ai le bon, maintenant, se dit-il à voix haute. Oui, c'est ça. Quatre morceaux pour ma mère et deux pour vous, Madame.

Séneville prit une grande respiration. Elle ne disposait que de quelques secondes pour prendre la bonne décision : accepter le cadeau et, de ce fait, encourager leur relation, si confuse fût-elle, ou le refuser avec une excuse admissible.

Était-ce pour la faire languir ou parce qu'il redoutait sa réaction qu'Henri modulait ses gestes avec une telle lenteur ? « À moins qu'il le fasse pour avoir l'attention des filles », pensa-t-elle, un tantinet soulagée. Elle commençait à en douter lorsqu'elle vit avec quelle jubilation il dévoila un petit morceau de fourrure tiré du sac qu'il s'apprêtait à lui présenter.

— Vous reconnaissez ce pelage, Mme Bernier ?

Séneville haussa les épaules. Henri crut-il en un aveu d'ignorance ou de désintéressement qu'il s'adressa à Gabrielle :

— Toi qui t'intéresses tant à la couture, dis-moi de quel animal provient cette fourrure.

Gabrielle n'attendit pas sa permission pour palper ce poil si soyeux et en caresser sa joue.

— Touchez, maman. C'est tellement doux !

La jeune Bernier ignorait dans quel embarras elle plaçait sa mère qui s'empressa de donner la réponse attendue :

— Je pense deviner que c'est du lapin.

Enchanté, Henri exhiba un veston bleu marine en forme de cardigan garni d'un col de lapin noir.

— De toute beauté, murmura Séneville.

— Essayez-le, maman, la pria Éva.

— Il le faut, Mme Bernier, insista Henri. Ce n'est pas tous les jours qu'on a la chance de porter du Coco Chanel.

— Elle fait autre chose que des chapeaux, maintenant? demanda Séneville pour reprendre le contrôle d'elle-même.

— Vous devriez voir ses collections!

— Vous êtes chanceux d'être entré dans sa boutique. J'aimerais qu'on y aille nous aussi, maman, reprit Gabrielle.

— Ça coûterait bien trop cher, ma pauvre petite fille! Sans compter que c'est un voyage qui durerait un gros mois.

— Pourriez-vous m'y emmener, vous, M. Henri, la prochaine fois que vous irez?

Séneville aurait grondé sa fille si elle n'avait croisé le regard amusé du visiteur.

— Un jour, tu pourras faire ce voyage par toi-même, dit-il comme on annonce une prophétie.

Se retournant vers la veuve, il fit l'éloge de son élégance sur un ton qui empruntait autant à la séduction qu'à la fierté d'avoir choisi un vêtement de taille parfaite.

— J'espère que c'est la dernière fois que vous dépensez votre argent pour moi, lui dit-elle après l'avoir remercié sobrement.

— Le temps des Fêtes est à nos portes. Vous aurez bien des occasions de porter ce veston qui vous va à ravir, répliqua Henri, faisant fi de sa remontrance.

Avant de rentrer chez lui, le jeune Taupier prit le temps de partager le plaisir qu'éprouvaient Gabrielle et sa sœur à s'exercer à la broderie. Des souhaits pour un Noël joyeux furent échangés avec elles. Leur mère ayant déposé son veston sur une chaise et s'étant remise à ses préparatifs de déménagement, il renonça à faire de même avec elle. Il allait fermer la porte derrière lui quand il s'arrêta pour la remercier de son hospitalité.

— À la prochaine, Mme Bernier! souhaita-t-il.

— Bonne chance, répliqua-t-elle, visiblement agacée.

Gabrielle le remarqua et chercha à en connaître la cause.

— Il m'a fait perdre beaucoup de temps, trouva-t-elle à répondre.

Si heureuse du retour de M. Henri parmi les siens, Gabrielle ne comprenait pas que sa mère ne partageât pas sa joie. Son peu de reconnaissance pour les généreux présents apportés par leur voisin l'intrigua plus encore. «Comme elles sont compliquées les grandes personnes», déplora-t-elle. Ni la proposition de l'aider à remplir les cartons, ni celle de préparer le souper ne dessina un sourire sur les lèvres de sa mère. Gabrielle décida donc de chercher des modèles de chapeaux.

— Avez-vous rangé les revues de mode françaises, maman?

— Oui, mais pas les catalogues Eaton. Tu les trouveras sur le chiffonnier dans ma chambre.

Déçue, Gabrielle se résigna à les feuilleter, se demandant quel modèle Coco Chanel choisirait bien. Sa mère, à qui elle demanda son avis, lui fit remarquer que l'hiver français était beaucoup plus clément que celui du Canada et que, par conséquent, les chapeaux des Françaises devaient être différents de ceux que portaient les femmes du Québec.

— Tu aurais davantage de choix dans les catalogues d'été.

— M. Henri en a peut-être rapporté, comme l'autre fois. Je pourrais aller le lui demander?

— Non, Gaby. Contente-toi des catalogues que nous avons ou laisse aller ton imagination.

Les mains dans la pâte à tarte mais l'esprit chez son voisin Taupier, Séneville rageait. Elle rageait contre l'emprise qu'exerçait sur elle cet homme aux amours secrètes. Elle rageait contre le mystère dont il s'entourait. Elle rageait contre son excessive générosité. Son indignation n'allait pas jusqu'à déplorer l'affection que lui portaient ses filles, mais elle ne désapprouvait pas moins cet attachement qu'il avait nourri chez elles. Ses gestes plus brusques, ses phrases laconiques et son impatience témoignaient de son irritation. Devrait-elle en causer avec Corinne Taupier? La question posée, la réponse ne vint pas.

«Décidément, maman est fâchée contre M. Henri. Ce n'est pas normal. Je trouverai bien le moyen de savoir pourquoi», se promit Gaby en refermant les catalogues.

Vivement le 22 décembre, souhaitaient les trois Bernier, chacune pour des raisons différentes. Séneville allait s'éloigner d'Henri Taupier et parfaire son métier d'infirmière; ses filles allaient vivre une aventure qui les exaltait. Changer de maison et d'école, s'établir en ville où les activités foisonnent, profiter des gâteries de Louise-Zoé, quoi de plus affriolant pour des fillettes de dix et huit ans! Au moment de quitter Chambly, une ombre planait toutefois sur cet avenir dont elles espéraient plus d'un gain. L'abandon de leurs amies et de leurs voisins, la coupure avec l'écurie de M. Bartolomew, mais plus encore, la séparation d'avec leur frère les chagrinaient.

— À moins que vous me trouviez un travail aussi intéressant que celui que j'ai à Chambly, avait-il lancé pour consoler ses sœurs.

— Il faut quelqu'un aussi pour prendre soin de notre maison, leur avait rappelé Séneville.

L'évocation de cette maison choisie par Elzéar lors de son embauche par la *Montreal Light, Heat and Power Company,* les onze années de bonheur qu'ils avaient partagées entre ses murs, la naissance des deux filles, la qualité du voisinage, tout pour la plonger dans une nostalgie qu'elle n'avait pas prévue. À trois jours du départ, elle en était à se demander si le drame du 2 novembre 1909, les méandres juridiques subséquents et sa mésaventure avec Henri Taupier n'avaient pas trop pesé dans sa décision de quitter Chambly. Elle se souvint d'une phrase de son défunt mari : « Ce que l'on fuit nous poursuit. » Une crainte irraisonnable l'envahit : « De l'au-delà, mon Elzéar serait-il témoin de ma décision ? Me le reprocherait-il, lui qui a toujours affronté les obstacles au lieu de les contourner ? »

Accoudée sur une pile de boîtes, peu avant l'aurore, Séneville broyait du noir. Se confier à sa mère lui aurait fait grand bien mais il lui semblait inconcevable de lui révéler la cause de ses tourments. « Laquelle de sainte Fabiola, de Corinne Taupier ou de Mme Lareau m'apporterait le meilleur réconfort ? », se demandait-elle en plaçant d'autres rondins d'érable dans le poêle. Pour chasser le froid qui avait gagné ses mains et ses pieds, elle resta un moment devant le feu. La porte de la chambre des filles gémit. Gabrielle, la démarche chancelante, venait vers sa mère en se frottant les yeux.

— As-tu mal quelque part, ma chouette ?

— Non. J'ai fait un mauvais rêve…

— Viens me raconter ça, dit Séneville en l'invitant à prendre place sur ses genoux.

Gabrielle grelottait.

— Tu as donc bien froid ! s'écria sa mère, une main posée sur son front, craignant une forte fièvre.

— J'ai eu tellement peur qu'il tue papa, dit la fillette en sanglotant.

— Mais de qui parles-tu, ma petite Gaby ? s'inquiéta sa mère, la serrant tout contre elle.

— Je ne sais pas qui était ce monsieur qui battait papa. Je n'ai pas pu voir son visage. Ils étaient ici dans la cuisine et vous, maman, vous pleuriez et vous leur criiez très fort d'arrêter ça.

Séneville supplia sa fille d'oublier tout ça.

— Ce n'est qu'un rêve. Tu as dû mal digérer ton souper, tenta-t-elle de lui faire croire.

En son for intérieur, la veuve y voyait une prémonition du genre de celle que sa Gaby avait eue lors de l'accident de Louise-Zoé.

Les craquements du plancher sous le poids de la chaise berçante, les crépitements du feu dans l'âtre meublaient le silence de la maison mais demeuraient impuissants à chasser les pensées de la veuve. « C'est Henri Taupier qui veut détruire l'amour que j'ai pour mon Elzéar. Ce rêve vient me dire que je fais bien de m'éloigner de lui. Que je devrais peut-être même lui remettre le veston qu'il m'a rapporté de Paris. Que je devrais peut-être aussi… »

— Maman, j'ai faim, murmura l'enfant, tirant sa mère de ses tergiversations.

Séneville céda toute la place à sa fille dans la berçante qu'elle rapprocha de l'âtre. Elle trancha du pain, fit cuire des œufs et porta sur la table mélasse et couverts. Gabrielle avala sa première tranche de pain avec une avidité telle que pas un mot ne sortit de sa bouche.

— Tu ne manges pas ta mélasse, Gaby ?

— Pas ce matin. J'ai le cœur trop gros.

— Quelqu'un t'a fait de la peine ?

Un geste de la tête le lui confirma.

— À l'école ?

— Non.

— Où donc ?

Gabrielle pencha la tête, les yeux rivés sur son assiette.

— Tu n'as pas à te gêner, Gaby. Une maman, ça peut tout entendre, tout comprendre, dit Séneville pour susciter sa confidence.

Comme elle ne vint pas, la veuve insinua la pire des probabilités :

— C'est moi ?

— Pas rien que vous, maman. M. Henri aussi, hier. Je ne comprends pas pourquoi. J'ai le cœur tout serré quand je vous vois comme ça.

La stupéfaction médusa Séneville. Sa fille faisait preuve d'une perspicacité qui la déstabilisait. « Elle est trop jeune pour ressentir ces choses-là. Elzéar, dis-moi quoi faire. » Faute d'explications pertinentes, Séneville vint s'accroupir devant sa fille, plaça ses mains sur ses genoux et, avec une infinie tendresse, elle lui dit :

— Je ne veux pas que tu souffres à cause des problèmes des grandes personnes. Je te promets de ne plus me placer dans des situations qui te font du mal.

Gabrielle lui retourna un regard rempli d'espoir.

— Tu verras, ma grande, qu'à Montréal, la vie sera bien plus belle pour nous trois et pour votre grand-maman. Je serai beaucoup plus joyeuse qu'ici, je te le jure. Ton papa va toujours me manquer, mais j'essaierai de me montrer aussi courageuse que toi et ta sœur.

Une longue accolade les réconforta. La benjamine arriva juste à temps pour en exiger une.

Séneville fut très tentée de donner congé d'école à ses filles ce matin-là. Un intense besoin de les garder sous ses jupes l'habitait. Ne trouvant pas de motifs valables, elle les pria de terminer leur déjeuner et de se préparer à partir.

— On ne pourrait pas rester avec vous cet avant-midi ? réclama Gabrielle. Depuis quelques jours, presque tout notre temps à l'école passe à préparer les spectacles de Noël pour vendredi.

— Mais vous ne serez pas là !

— Non, mais la sœur préfète nous oblige à jouer aux spectateurs, lui apprit Éva.

Séneville regarda l'heure. Il était encore temps de vérifier les dires de ses filles auprès de sœur Saint-Sauveur.

Au bout du fil, elle trouva une femme d'une amabilité étonnante.

— Elles vous seraient sûrement plus utiles qu'à l'école, ces jours-ci. Vous avez tant à faire… Au nom de toutes mes consœurs, je vous souhaite beaucoup de bonheur dans votre nouvelle vie dans le grand Montréal.

Séneville la remercia.

Le combiné raccroché sous le regard impatient de ses filles, la veuve voulut savoir:

— Est-ce l'une de vous deux qui lui a dit que nous quittions Chambly?

— Moi, maman, de répondre Gabrielle. Elle m'a fait venir dans son bureau pour me demander pourquoi on ne retournait pas au couvent après les Fêtes. Je lui ai dit la vérité.

— Quoi, au juste?

— Qu'on s'en allait vivre chez notre grand-mère, à Montréal, et qu'on…

Gabrielle était allée trop loin, sa mère le devina.

— Continue, Gaby.

— Et qu'on était bien contentes de changer d'école.

— Tu aurais pu t'exempter de l'insulter, Gaby Bernier. Qu'est-ce qu'elle t'a répondu?

— Que j'allais peut-être les regretter.

— Bien dit!

— On peut rester en pyjamas? réclama la benjamine.

La permission fut accordée ainsi que celle d'occuper toute cette journée à jouer ensemble. Ainsi, Séneville comptait s'accorder la tranquillité d'esprit pour ruminer les réflexions de sa Gaby et se repositionner en force devant les obstacles à surmonter dans les prochains jours. Au chapitre des priorités, elle plaça en première ligne l'emballage du veston Coco Chanel qu'elle rendrait à Henri quand l'occasion se présenterait. Ce n'est pas sans un pincement de cœur qu'elle le regarda et s'en revêtit une dernière fois. « Il me va si bien ! Moi qui adore le bleu dans toutes ses nuances ! Je n'ai jamais vu personne porter semblable veste. Je n'aurais pas été gênée de la revêtir à Montréal, mais ici, à Chambly, oui. J'aurais été trop remarquée. Des munitions pour les commères de la place », craignait-elle. Dans sa garde-robe, elle ne garda que le nécessaire pour les trois prochains jours. Elle allait faire de même pour les vêtements de Gaby et de sa sœur quand elle se fit demander où elle avait rangé le cadeau reçu de M. Henri, la veille.

— Je n'ai pas eu le temps de bien le regarder, expliqua Gabrielle qui, au même moment, crut reconnaître le sac qui le protégeait derrière la porte du boudoir. Étonnée de le retrouver là, elle l'en sortit aussitôt.

— Je veux voir si j'en verrais un semblable dans le catalogue Eaton, ajouta-t-elle.

— Ah, bon ! fit Séneville, quelque peu soulagée.

— Vous allez le porter à Noël ? s'enquit Éva, candidement.

— On verra, répondit sa mère, l'air si préoccupé que Gaby flaira un mécontentement chez elle.

— Il ne vous plaît pas, maman ?

— Je n'ai simplement pas la tête aux frivolités pour l'instant, riposta-t-elle pour l'inciter à mettre fin à cette histoire.

— J'ai hâte d'être grande et d'avoir de l'argent pour m'acheter une machine à coudre. Je pourrai en porter moi aussi, de beaux vêtements comme ça, dit Gabrielle avec un sérieux à ne pas mettre en doute.

Tout excitées de s'installer dans un nouveau domicile, Éva et sa sœur avaient chanté en plaçant leurs effets dans les commodes de la chambre qui leur fut désignée. Elles avaient dansé sur des airs de Noël, grâce au gramophone de leur grand-mère. Interdiction leur avait été faite par leur mère d'informer Louise-Zoé des surprises qu'elles lui ménageaient. Mis à part les cadeaux que chacun de ses enfants avaient préparés pour leur grand-mère, Seneville avait invité Rose, ainsi que ses deux petites-filles, Marie-Marthe et Marie-Reine, à les rejoindre à Saint-Henri pour fêter la nouvelle année. D'où son ardeur à préparer beignes et pâtés, ragoût et rôti de porc.

— Ça nous consolera un peu de l'absence de notre cher Donio, avait-elle confié à ses filles.

Jamais Gaby et Éva n'avaient souhaité avec une telle ferveur la venue du 31 décembre. Il leur tardait que ces festivités éclipsent les heures sombres qu'elles avaient connues à Chambly depuis le décès de leur père. Louise-Zoé aussi en rêvait. Bien qu'affaiblie par des grippes consécutives, elle n'avait pas perdu son dynamisme et sa joie de vivre. Les projets foisonnaient : sorties, réceptions, broderie, couture et création de petits plats de circonstance. «Maman avait raison quand elle m'a dit que notre vie serait plus belle à Montréal», se rappela Gabrielle.

Descendues à la gare Windsor le 31 décembre 1911, vers la fin de la matinée, Rose et ses deux petites-filles, ébahies par la beauté de cet édifice en pierre calcaire grise, sa tour d'une quinzaine d'étages et ses majestueuses colonnes, s'attardèrent à en admirer tous les reliefs. Au caléchier qui s'offrit à les mener à destination, Rose demanda de les y conduire en longeant le canal Lachine.

— Ça va vous coûter plus cher, la prévint-il.

— Peu importe! Je veux que mes petites-filles voient ça. Leur grand-père Bernier leur en a tellement parlé. Vous savez, vous, Monsieur, qu'on s'y est pris au moins trois fois pour creuser ce canal?

— Hum, non.

— La première tentative date des années 1670 mais, pour toutes sortes de raisons, il ne fut vraiment creusé que cent cinquante ans plus tard.

Ses deux petites-filles échangèrent un regard d'impatience. « Si j'avais l'audace de Gaby, je lui dirais qu'elle nous ennuie avec ses cours d'histoire », murmura Marie-Reine.

Parvenue aux abords du canal, Rose incita ses jeunes compagnes à apprécier cet ouvrage qui avait doublé de largeur et de profondeur depuis son inauguration. Peine perdue, elle dut se rendre à l'évidence que leur esprit était beaucoup plus ouvert à la fête qui s'annonçait qu'à ses enseignements.

Les invitées de Lauzon frappèrent à la porte des dames Bernier de Saint-Henri en début d'après-midi. Au premier son du heurtoir, Gabrielle et sa sœur se précipitèrent dans le vestibule. Leurs cris de joie annonçaient l'arrivée de leurs cousines. Séneville prêta son bras à Louise-Zoé et toutes deux vinrent les accueillir avec bonheur. Soupçonnant qu'elles pouvaient avoir faim, Séneville s'empressa de dresser la table et de préparer du thé. La soupe aux pois était encore tiède, le pâté à la viande aussi. Les visiteuses ne se firent pas prier pour s'attabler. Éva et Gabrielle firent de même.

— Je m'étais gardé une petite place, expliqua cette dernière, sa chaise collée à celle de Marie-Reine.

— Moi aussi, ajouta Éva qui n'eut d'autre choix que de s'asseoir près de Marie-Marthe.

Cette cousine de six ans son aînée, agréable au regard de Donio, l'intimidait.

— Ton frère n'est pas avec vous ? lui demanda-t-elle à mi-voix.

— Il est resté à Chambly.

Ces mots, bien audibles, n'échappèrent pas à l'oreille de Séneville. Il lui sembla que l'absence de son fils décevait Marie-Marthe. « Aurait-elle gardé espoir ? », se demanda-t-elle, même si Donio n'avait pas répondu à ses lettres. Elle allait la juger naïve lorsqu'elle se souvint que son Elzéar avait commis pareille négligence et qu'elle ne l'avait pas moins épousé.

Les estomacs apaisés, les filles se rassemblèrent dans la chambre de Gabrielle et les adultes purent causer à l'aise.

Étonnée que le capitaine Berrier ne fût pas rentré pour Noël, Louise-Zoé chercha à en connaître la cause. La mine soudain déconfite, Rose leur avoua que des ennuis d'ordre juridique le retenaient à la baie Arctic. Séneville, on ne peut plus empathique, espérait des développements.

— Deux affaires... Comme si une n'était pas suffisante, gémit Rose. L'hiver passé, mon mari avait envoyé son second officier au bassin d'Éclipse pour s'occuper du courrier et des baleines qui s'y trouvent. Ce monsieur y est resté un bon six mois à faire la traite et il aurait découvert des veines de charbon et des bancs de flétans dans les environs. Aujourd'hui, il réclame que mon mari lui accorde la moitié des prix obtenus pour la vente des fourrures accumulées, en plus des salaires convenus.

— Il a refusé, j'espère, souhaita-t-l'aïeule

— Bien sûr! Mais imaginez donc que cet employé aurait engagé les meilleurs avocats de Terre-Neuve pour plaider sa cause.

— Meilleurs, pas meilleurs, ça ne veut pas dire qu'il va gagner, riposta Louise-Zoé. Tout dépend du juge, n'est-ce pas, Séneville?

— Je préfère ne pas me prononcer... J'étais parvenue à oublier cette histoire de procès qui traîne en longueur, dit-elle avec lassitude.

— Ce n'est donc pas encore réglé entre votre mari et l'homme en question? relança Louise-Zoé.

— Loin de là. Un autre en a profité pour faire croire aux autorités gouvernementales que mon mari s'était servi des effets leur appartenant pour faire la traite des fourrures avec les Esquimaux et qu'il en avait tiré des profits allant jusqu'à vingt-cinq mille dollars.

— À ce que je comprends, il ne passera pas un temps des Fêtes très joyeux, émit Séneville.

— Ce n'est pas une raison pour se laisser abattre par nos épreuves, clama sa mère. Il faut faire confiance en l'avenir et profiter du moment présent. On va se mettre de la belle musique, décida-t-elle, heureuse de leur faire découvrir son gramophone. Sur la musique de succès américains, d'accordéonistes et de violoneux, les six Bernier tapèrent du pied, valsèrent, dansèrent des sets carrés à perdre haleine. De sa chaise, l'aïeule se consolait de ne plus pouvoir danser, en plaçant sur la table tournante les disques à la musique la plus endiablée. Les quatre jeunes, crinolines au vent, faisaient la ronde en tentant d'imiter les adultes. Les éclats de rire se mariaient bien aux claquements de talons sur le plancher.

En plein rigodon, il sembla à Séneville qu'on avait frappé à la porte. Elle fit signe à sa mère de cesser la musique. Louise-Zoé tarda à soulever le bras du gramophone. À la vigueur avec laquelle l'individu balança le heurtoir, il était à parier qu'il s'impatientait. D'un signe de la tête, les adultes se déléguaient la responsabilité d'aller ouvrir.

— Aurais-tu invité quelqu'un d'autre, Séneville ? demanda Louise-Zoé.

— Personne, Maman !

— Va ouvrir quand même. Tu es chez toi ici, maintenant.

Une crainte paralysait la veuve. « Il serait bien capable de rebondir jusqu'ici sous prétexte d'apporter des cadeaux à mes filles », se dit-elle, au souvenir des allusions qu'il lui avait faites le jour où elle avait quitté le 1626 de la rue Bourgogne. « Le destin a parfois de ces détours mystérieux », avait-il émis en lui tendant la main à la gare de Chambly, le 22 décembre dernier. « Sainte Fabiola, je t'en prie, fais que ce ne soit pas Henri Taupier », demanda Séneville.

— Je peux aller voir qui est à la porte, maman ? demanda Gabrielle, brûlante de curiosité et d'impatience.

— J'y vais avec elle, décida Rose pendant que Marie-Marthe espérait un miracle, l'arrivée de Denio.

Séneville et Marie-Marthe allaient-elles être exaucées ?

UNE INDISCRÉTION D'ÉVA...

En revenant de l'école, un soir d'avril, nous avons croisé
M. Henri que nous aimions bien. Non sans une certaine timidité, Gaby a tenté de lui vendre une de ses créations musicales.
À notre grande surprise, il lui a versé dix fois le prix demandé,
puis il a ajouté: «Quand je serai devenu chirurgien, je ferai
beaucoup d'argent et j'en donnerai beaucoup à votre maman.»
Ravie, Gaby a émis le vœu qu'il vienne alors habiter avec nous.
«Je ne demanderais pas mieux si votre maman était d'accord,
mais je doute que...» a-t-il répondu, le regard inquiet. J'en-
tendis ma sœur lui promettre de l'aider à convaincre maman.
Plus encore, elle m'a fait jurer d'en garder le secret.

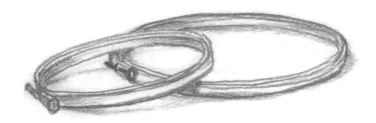

CHAPITRE IV

Je pensais qu'il n'y avait qu'une sorte de deuil, celui qui est
causé par la mort de quelqu'un qu'on aime. J'ai appris en
arrivant à Montréal qu'il en existait d'autres. Ils ne font pas
moins mal. Je ne sais pas laquelle des douleurs est la pire
entre enterrer son père et enterrer ses rêves et son honneur. Les
deux drames sont arrivés subitement. Les deux auraient pu être
évités. J'ai cru mourir de chagrin à chacun. Il semble bien qu'on
ne peut pas compter sur Dieu pour se sortir de la mort. Il n'a
rien fait pour papa. Qui pourrait nous rendre l'honneur qu'on
nous a volé ? Est-ce possible de redevenir fière de soi ? Quand
j'obéis à certains ordres que je reçois, j'ai honte de moi. Quand
je m'entête à faire ce que je pense être le mieux, je m'attire des
reproches et des punitions. Je ne sais plus quoi faire. Par contre,
je sais maintenant qu'un éclat de rire peut faire des miracles.

La fête des Rois passée, les invitées de Lauzon reparties chez elles, une
mauvaise nouvelle vint chambarder les projets de la veuve et les rêves
de ses filles.

— Mais qu'est-ce qui vous a pris d'accepter ça sans m'en parler ?
demanda Séneville à sa mère.

— Je ne veux pas partir d'ici, s'écria Gabrielle en larmes.

Voyant venir l'orage, Éva s'était réfugiée dans sa chambre. Donio, qui avait agréablement surpris toute la maisonnée le 31 décembre, était consterné. Il comprenait alors pourquoi sa grand-mère avait tant insisté pour qu'il ne retourne pas à Chambly avant le 3 janvier. La nouvelle qu'elle devait leur apprendre ne cadrait pas avec les festivités du Jour de l'An. Et pourtant, Louise-Zoé était convaincue du bien-fondé de sa décision. Tous ignoraient qu'à la suite de l'audience du 6 novembre 1911, Me Leblanc avait multiplié ses visites chez la vieille dame. Pour cause, son épouse lui avait appris que la maison de Louise-Zoé Bernier avait un besoin urgent de réparations et que la facture serait onéreuse. Trop onéreuse pour que sa propriétaire puisse l'acquitter. L'avocat y avait vu une occasion en or de s'assurer une couverture de ses honoraires, le procès terminé. Il prenait cette maison en garantie, en assumait les réparations et trouvait un logement pour les quatre Bernier. Le 15 décembre, il avait présenté à Louise-Zoé un rapport de ses démarches :

— Je vous ai trouvé un logement pour le 1er mars au 1190 de La Visitation, juste en face de l'église Saint-Pierre-Apôtre. Vous n'aurez qu'à traverser la rue pour faire vos dévotions, lui avait-il dit.

— Dans ce quartier-là ?

— On peut difficilement trouver aussi bon marché ailleurs. Mais ne craignez pas, on m'a promis qu'il serait en parfaite condition pour le mois de mars.

Louise-Zoé n'avait pas caché sa déception.

— Rien ne vous oblige à y demeurer dix ans, avait-il rétorqué.

Pour les filles de sa cliente, Me Leblanc avait obtenu des places au pensionnat Sainte-Catherine, et ce, pour la rentrée de janvier.

— Pourquoi aller dans un pensionnat ? s'inquiéta Gabrielle, en apprenant cette nouvelle.

Séneville ne trouva pas le courage de répondre à sa fille.

— Demande à ta grand-mère.

— Pour plusieurs raisons, ma p'tite Gaby. D'abord, cette école est tenue par des religieuses de la même communauté que celles de Chambly et aussi parce que c'est là que ça coûte le moins cher pour être éduquée, logée et nourrie.

Gabrielle se cabra.

— Moi, je veux venir souper et coucher ici tous les soirs.

Dans l'espoir de l'apaiser, Louise-Zoé lui tendit les bras. Sa Gaby ne broncha pas. Assise au bout de la table où toute la famille était réunie, elle gardait les bras croisés sur sa poitrine, déçue de sa grand-mère, mais aussi de sa mère qui trahissait deux de ses promesses. C'est vers elle qu'elle se tourna pour les lui rappeler :

— Un jour, en passant devant l'orphelinat de Chambly, vous nous avez dit que jamais on n'irait dans ce genre d'école. Puis, il n'y a pas si longtemps, vous m'avez promis que notre vie serait beaucoup plus belle à Montréal qu'à Chambly. C'est tout le contraire ! Pourquoi, maman ? Pourquoi ?

— C'est juste le temps de ramasser l'argent pour payer Me Leblanc.

— Qu'est-ce que vous allez faire pour le gagner, cet argent ? voulait-elle savoir

Le regard de Séneville se tourna de nouveau vers sa mère.

— Un gentil monsieur de Montréal lui a trouvé du travail, dit Louise-Zoé, taisant qu'il s'agissait encore de Me Leblanc.

— Quelle sorte de travail ?

— J'accompagnerai les mères qui mettent leur bébé au monde. En plus, je devrai rafraîchir ma formation de garde-malade. En vingt ans, on oublie beaucoup !

Le Dr Virolle, un bon ami de Louise-Zoé et de Me Leblanc, l'avait rencontrée entre Noël et le Jour de l'An pour mesurer ses acquis en anatomie et établir un plan de perfectionnement global. Deux collègues avaient accepté de compléter sa formation : le Dr E P. Lachapelle, professeur d'hygiène, et le Dr Jacques Bernier, titulaire de la chaire de bactériologie de l'École de médecine et de chirurgie. Leur générosité impressionna Séneville. Le premier lui relata son parcours professionnel et lui avoua retrouver en elle l'intrépidité de la jeune D^re Irma LeVasseur qu'elle déplora ne pas connaître. Le second découvrit que Séneville et lui avaient les mêmes ancêtres, Jacques Bernier, dit Jean de Paris, et Antoinette Grenier. Dès lors, un climat de complicité s'établit entre l'apprenante et ses éminents professeurs.

— Les mamans et leur bébé vont-ils venir habiter chez nous? demanda la petite Éva, prête à s'emballer.

Au risque de la décevoir, Louise-Zoé lui apprit que pour un temps, Séneville serait rarement à la maison.

— Elle devra étudier le jour dans un hôpital et aller accompagner les médecins la nuit quand une maman sera prête à avoir son bébé.

Gabrielle, des plus indignées, s'écria:

— On a déjà perdu notre papa, maintenant on va perdre notre maman! Ce n'est pas juste!

— Moi, je n'irai plus à l'école. Je vais rester ici avec grand-maman, annonça la benjamine.

Donio s'affala dans un fauteuil, médusé devant le spectacle qui se déroulait sous ses yeux. Éva, sur les genoux de sa grand-mère, Gabrielle dans les bras de Séneville, le jeune homme n'avait pour se réconforter que le souvenir de son père lui exprimant sa fierté d'avoir un fils aussi débrouillard et généreux.

L'avenir s'annonçait des plus sombres pour Séneville, son fils et ses filles. Donio, seul à Chambly, Louise-Zoé, perdue dans un environnement de misère, Éva et sa sœur isolées dans un orphelinat, leur mère plongée dans un nouveau mode de vie et coupée de ses amarres: ses enfants.

Le rêve tant souhaité tournait au cauchemar pour Gabrielle. Il le devint le jour de la visite du pensionnat Sainte-Catherine et de l'essayage du costume réglementaire. En dépit de l'architecture impressionnante de cet édifice, de ses trois étages recouverts de pierres grises, de son vaste hall, en y pénétrant, la jeune Bernier fut sous le choc. L'odeur d'encaustique venant des planchers lui serrait la gorge. Une toux de plus en plus tenace l'assaillit et finit par alerter Séneville.

— Qu'est-ce qui t'arrive tout d'un coup, ma belle Gaby?

Apparemment incapable de répondre tant cette toux l'affligeait, la fillette provoqua l'intervention de la directrice du pensionnat:

— Une petite gorgée d'eau et ça va se passer, dit-elle, avec une froideur déconcertante.

«Elle est bien comme celles de Chambly, pire même, se dit Gabrielle simulant un risque d'étranglement. Je ne peux pas croire que maman va nous obliger à vivre avec une brute comme elle... et sans savoir comment sont les autres.» Déterminée à poursuivre son cinéma, Gabrielle prit le verre d'eau des mains de la religieuse, le porta à sa bouche et vomit sa gorgée sur le plancher. «Elle ne voudra pas d'une élève comme moi dans son pensionnat. Puis, si elle me refuse, ma sœur non plus n'y viendra pas», mijotait-elle. Exaspérée, un torchon à la main, la sœur l'obligea à nettoyer le plancher. La rage au cœur, Gabrielle dut obéir.

Éva se mit à grelotter tant il faisait froid dans cet édifice. Sa mère s'en tracassa.

— C'est toujours aussi froid dans votre couvent l'hiver? demanda-t-elle à la directrice.

— On ne peut pas mettre plus d'argent pour le chauffage, compte tenu du nombre d'orphelines qui ne paient pas leur pension. On s'habille davantage, ajouta-t-elle, le ton pointu.

Séneville aurait éclaté en sanglots si elle n'avait pas tant pratiqué le contrôle de ses émotions depuis le décès de son mari. «Mes pauvres chéries ! Si leur papa voyait ça. S'il entendait ça ! Mon Elzéar, viens à notre aide. Fais que le jugement soit rendu le plus vite possible pour que je touche le dédommagement qui m'est dû et que je puisse reprendre mes enfants avec moi. »

Toutes trois furent conduites à la salle des costumes où une sœur les attendait pour choisir des habits adaptés à la taille des deux fillettes. Gabrielle et sa mère eurent vite fait de constater qu'ils étaient usagés. À chacune, seraient prêtées pour le jour, deux robes noires à manches longues et à la jupe plissée auxquelles s'ajouteraient un col et des poignets amidonnés. Les fillettes devaient les essayer sur-le-champ.

Gabrielle fit une moue de dédain. Éva l'imita.

— Je ne l'aime pas, maman, cette robe-là. Puis le col me pique le cou. Ayoye !

Séneville crut qu'il était trop serré. Le fit-elle remarquer à la sœur que celle-ci répondit sèchement :

— Elle va s'habituer.

— Vous en avez d'autres, là, sur la tablette, pourquoi ne pas lui en faire essayer un plus grand ?

— Je n'ai pas que ça à faire ! rétorqua la couturière. Tenez, choisissez, concéda-t-elle en lui en présentant quatre autres.

Au premier coup d'œil, Séneville sut qu'ils étaient bien trop grands. Gabrielle s'en offusqua.

— Maman ! Vous voyez bien qu'on va passer pour des guenilleuses avec des accoutrements tout croches comme ça !

Irritée, la sœur apostropha Séneville :

— Avez-vous, ou non, les moyens de leur payer des costumes neufs, faits sur mesure, Madame ?

— Peut-être pas, mais on pourrait les coudre par exemple.

— Oui, oui, maman, l'en supplia Gabrielle.

— Il nous reste quelques jours avant la rentrée, si vous nous prêtez un patron, on devrait y arriver, osa la veuve.

— Ce n'est pas dans nos habitudes, Madame.

— On pourrait vous emprunter une robe, d'abord?

— Pas plus. Vos filles vont porter ce que vous avez les moyens de leur offrir, riposta la sœur, visiblement pressée de verrouiller la salle d'essayage.

Les filles Bernier exécutèrent les ordres de la sœur sous le regard dévasté de leur mère. Les costumes étiquetés au nom d'Éva Bernier et de Gabrielle Bernier furent transportés au troisième étage par Séneville suivie de ses deux filles et précédée d'une autre religieuse, sœur Marie-des-Sept-Douleurs. La dernière marche d'un long escalier de bois brun donnait accès à une porte brune qui s'ouvrit sur une grande salle où étaient alignés des demi-lits de fer. Pas une seule couleur pastel dans ce dortoir. Que du noir et du blanc, sauf pour le plancher et le minuscule chiffonnier à deux tiroirs peint en brun.

— Toujours du brun! Cette couleur me donne mal au cœur, susurra Gaby.

Sa mère la pria de ne pas faire sa déplaisante.

À la tête du lit, une patère sur pied, munie de deux crochets sur lesquels se balançaient des cintres de broche, était destinée à recevoir les costumes réglementaires. Séneville allait y suspendre ceux de ses filles quand elle se fit interrompre.

— Vous n'accrochez que ceux de la plus jeune. Votre plus grande dormira dans un autre dortoir, annonça sœur Marie-des-Sept-Douleurs.

Gabrielle sursauta.

— Non, il ne faut pas nous séparer. Je veux que ma petite sœur dorme dans la même salle que moi. Maman, ne la laissez pas faire!

Séneville n'eut pas le temps d'intervenir que la responsable clama, visiblement irritée :

— C'est le règlement. On ne fera pas exception pour vos enfants, Mᵐᵉ Bernier.

— Placez-nous pas ici, maman. On va mourir de peine, relança Gabrielle.

— J'aimerais vous dire deux mots dans le particulier, Madame.

Séneville abandonna les robes de ses filles sur le lit et suivit la sœur. Gabrielle se hâta de les dissimuler sous le matelas.

— Ne dis pas un mot, Éva. Elle va les chercher, lui chuchota-t-elle.

Surprise ! Leur mère revint seule et leur annonça froidement :

— Venez ! On s'en va.

Ses deux filles lui emboîtèrent le pas. Leur sourire de complicité lui échappa.

— On se sera payé une petite vengeance, au moins, murmura Gabrielle à l'oreille de sa sœurette.

En d'autres circonstances, le trajet à parcourir pour regagner la maison de Louise-Zoé les aurait drôlement amusées. Le train électrique et la balade en calèche à travers les rues de Saint-Henri auraient dû émerveiller ces fillettes venues de la campagne. Loin de là ! La satisfaction de la revanche passée, Éva, accrochée au bras de sa mère, pleurait, Gabrielle rageait. « On ne m'enfermera pas là bien des années. Un vrai cercueil, ce pensionnat. Tout y est noir. Un peu plus et le soleil aussi le serait. Un poison que cette odeur qui nous prend à la gorge. Puis, des règlements de prison : la messe tous les matins, le silence, les ménages… Je vais m'en trouver du travail, moi aussi, pas plus tard que dans trois ans. Je m'occuperai d'envoyer Éva dans une école normale. Il faut que j'en parle à mon frère », se promit-elle.

Louise-Zoé les accueillit avec une jovialité qui blessa Gabrielle.

— Je ne vous fais plus confiance, grand-maman. Je pensais que vous nous aimiez, lui reprocha-t-elle.

— Je vous aime, mes trésors, mais…

— C'est faux ! Si vous nous aimiez pour vrai, vous ne nous enfermeriez pas dans cette prison. Vous nous garderiez ici, avec vous. Vous ne forceriez pas maman à aller travailler.

— Ce n'est pas votre grand-maman qui m'oblige à aller travailler, corrigea Séneville.

— Qui est-ce d'abord ?

Donio intervint :

— Il faut le lui dire, maman.

En apprenant que Me Leblanc avait tout orchestré, Gabrielle fit une crise d'une intensité que sa mère n'avait jamais vue : des hurlements de colère, des coups de poing sur la table, des coups de pied sur le plancher, des menaces de fugue, une chute dans les bras de son frère, le suppliant de la ramener à Chambly.

Ce midi-là, personne ne prit place à la table pour le dîner. Sans la moindre insistance, Louise-Zoé remit sur le poêle le potage et le ragoût qu'elle se limita à garder au chaud. Donio choisit d'aller consoler sa sœur dans le boudoir où sa grand-mère lui avait aménagé un grabat.

— J'ai une idee, Gaby… Venir travailler à Montréal.

— Quand ça ?

— L'automne prochain.

— C'est trop tard, pour Éva et moi.

— Tu oublies que j'ai donné ma parole à mon patron du garage, puis à M. Lareau. Je vais au moins faire les semences et les récoltes, puis après je viendrai me chercher un travail par ici.

— Mais tu ne pourras pas nous garder à la maison si tu travailles.

— Pas moi, mais avec mes salaires, je pourrais permettre à maman d'abandonner son travail et de vous exempter du pensionnat.

— Du pensionnat ? Mais c'est dans un orphelinat qu'on nous enferme, réfuta Gabrielle.

— C'est la même chose… dans votre cas.

— Tu devrais voir ça ! s'écria-t-elle, on ne peut plus outrée.

Donio regretta amèrement ses paroles. Il tenta de se rattraper.

— Ce ne sera que pour finir l'année scolaire, Gaby. À l'automne, je vivrai ici, à Montréal.

— Tu me le promets, Donio ?

— Je te jure sur la tête de papa de faire plus que mon possible pour que nos plans marchent.

Une accalmie habita sa sœur.

— Attends-moi ici, Donio.

Gabrielle s'empressa d'aller chercher Éva. La porte du boudoir refermée derrière elles, le grand frère dut répéter sa promesse. Les deux fillettes se jetèrent dans ses bras et le comblèrent de remerciements. L'aînée suggéra :

— Ce sera notre secret à nous trois. On va prier sainte Fabiola. Maman a bien confiance en elle, suggéra Gabrielle.

Lorsque le trio fit son apparition dans la cuisine, Séneville sut qu'il avait tramé quelque chose. Louise-Zoé aussi. Mais les deux femmes, répréhensibles en la matière, n'osèrent le leur reprocher, ni même les questionner. Les menaces de Gabrielle, entre autres celle de fuguer si la vie de pensionnaire lui devenait trop lourde, les avaient assommées. Séneville connaissait le cran de sa Gaby et elle la savait capable de passer à l'acte.

Des regrets, Séneville n'en voulait pas dans sa vie. Jusque-là, elle était parvenue à en éviter plusieurs. Or les plans de Louise-Zoé et de Me Leblanc lui firent douter de ses choix. Ce nouveau style de vie menaçait de détruire la solidité des liens qui rattachaient les cinq Bernier les uns aux autres. «Ce serait ma plus grande peine, ma plus grande défaite. Pire que celle d'être déboutée en cour considérait-elle. Serait-il possible de faire marche arrière? Mais comment? Cette maison n'appartient plus à ma mère et le bail a été signé pour le logement de la rue de La Visitation. Pire encore, des engagements ont été pris à ma place pour un retour à mon métier de garde-malade et pour du travail dans les maisons privées. À bien y penser, ce serait comme de vouloir faire avancer une locomotive à bout de bras que de tenter de retourner au point de départ. Dans six mois ou un an, j'y verrai sûrement plus clair.» Comme si elle eut entendu la recommandation de Gabrielle, Séneville invoqua sainte Fabiola, la protectrice des veuves et des orphelins. La volonté de retrouver sa photo dans une des boîtes encore scellées lui fit réclamer l'aide de ses enfants. Gabrielle, charmée de découvrir qu'elles avaient eu la même idée, gagna un peu d'espoir en l'amélioration de leurs conditions de vie.

— Je crois savoir où je l'ai mise. Avec les lettres de Marie-Reine, dans une des boîtes glissées sous notre lit. Laissez-moi faire, ordonna-t-elle à Éva et à Donio. Je vais la reconnaître tout de suite, j'ai écrit: *PAS TOUCHER* dessus.

Tous trois assistèrent à la recherche, campés dans l'entrée de la chambre.

— Je le savais que je la trouverais vite, s'exclama Gabrielle, pressant le petit cadre sur sa poitrine.

Jamais Fabiola n'avait inspiré autant de confiance.

— On pourrait peut-être le placer bien en vue sur le buffet de la salle à manger, proposa Louise-Zoé, demeurée à l'écart.

— Pour le peu de temps qu'il nous reste à vivre ici? Non. On va le garder dans notre chambre, hein Éva?

Puis elle tourna le dos à sa grand-mère, prit Séneville par le bras et lui dit :

— On sera quatre à la prier…

— Puis moi ? Tu me mets de côté, Gaby ? demanda l'aïeule.

— C'est seulement pour ceux qui sont malheureux… Vous ne l'êtes pas, vous. Vous avez voulu tout ça…

Louise-Zoé fondit en larmes. Séneville invita ses enfants à s'approcher de leur grand-mère. Personne autour d'elle n'avait effleuré le poids de son chagrin. Des instants d'un silence respectueux firent place aux aveux de la vieille dame :

— C'est pour vous que je fais le gros sacrifice d'abandonner ma maison. Vous n'avez pas idée des souvenirs que je dois enterrer en la quittant. J'avais prévu finir mes jours ici, entourée de vous quatre. J'avais même demandé au bon Dieu de me garder la vie assez long-temps pour voir naître un de mes arrière-petits-enfants. J'avais plein d'idées pour que notre vie soit remplie de bonheur. Mon chez-moi est ici, à Saint-Henri, pas dans l'Est. Mais pour ne pas que vous vous retrouviez dans la rue ou que vous passiez le reste de votre vie à payer des dettes, j'ai accepté de donner ma maison en garantie, comme le voulait Me Leblanc.

De nouveau, le silence.

Gabrielle tira une chaise, croisa ses bras sur la table, y cacha sa figure pour pleurer. Donio vint s'asseoir près d'elle, caressant dou-cement ses cheveux. Elle se tourna vers lui et clama :

— C'est toute de sa faute si on est malheureux aujourd'hui. Maman aurait dû engager un autre avocat que lui.

— Écoute-moi bien, ma p'tite Gaby. Si tu as des reproches à faire c'est à moi qu'il faut les faire, pas à ta maman, rétorqua Louise-Zoé. C'est moi qui lui ai recommandé le mari de ma meilleure amie. C'est là que tout a commencé.

Donio prit la parole :

— Personne n'a voulu mal faire.

— Sauf l'avocat, persistait Gabrielle.

— Même si tu avais raison, Gaby, on ne peut plus reculer dans le temps. On ne peut plus effacer ce qui est arrivé depuis la mort de notre père, reprit son frère.

— Donio a raison, Gaby. Et quand on se demande qu'est-ce qu'on peut faire maintenant, je ne trouve qu'une réponse : notre possible. Puis notre possible c'est de ramasser notre courage à deux mains pour passer à travers cette tempête sans nous perdre de vue. Rester unis, continuer de s'entraider… recommanda Séneville.

— Et de s'aimer, ajouta Éva d'une voix si séduisante que chacun vint l'embrasser à tour de rôle.

Les bûches qui flambaient dans l'âtre ne parvinrent pas à chasser le froid semé par l'imminence d'un autre deuil. En début d'après-midi, Donio reprenait le train pour Chambly, Séneville rapetissait un costume pour le lendemain, son premier jour de formation avec le Dr Virolle, Gabrielle et Éva plaçaient sous-vêtements, bas, rubans et quelques objets personnels dans leur mallette pour l'entrée au pension-nat qui devait se faire tôt après le souper de ce 7 janvier 1912. Louise-Zoé, dépitée, s'enfermait dans sa chambre pour n'en sortir qu'au moment de préparer les repas. Janvier et mars, funestes mois qui les feraient culbuter dans la solitude, l'humiliation et l'obscurité. Une nouvelle trajectoire se dressait devant les quatre Bernier. Leur rési-gnation côtoyait la révolte contre l'absurdité et l'injustice. La perspec-tive de baisser les bras les dépouillait de leur dignité ; celle de se battre les plaçait devant une impuissance insoutenable.

Le départ de Donio fut déchirant pour sa mère et ses sœurs. Louise-Zoé le déplora avec une sincérité incubitable. « Elle a appris à le connaître et à l'apprécier », constata Séneville, cueillant avec avidité cette parcelle de réconfort. La peine de ses filles lui crevait le cœur. Crier. Elle aurait voulu le faire pour apaiser sa douleur. Elle n'en avait même pas le droit. Il fallait taire sa souffrance pour ne pas laisser derrière elle deux fillettes effondrées. Le moment était venu de leur apprendre qu'elle avait obtenu de la supérieure la faveur de les prendre avec elle les fins de semaine. « Le temps qu'elles s'habituent », avait nuancé la révérende mère. Cette nouvelle les réconforta.

— On ne va penser qu'au vendredi soir. Je vais venir vous chercher avant le souper, leur promit-elle.

Séneville n'avait pas cherché à savoir combien de temps on leur allouait. Ce baume, elle l'avait cueilli précieusement, sachant qu'à l'heure du coucher, elle serait hantée par la détresse de ses filles. Sa couverture de laine remontée jusqu'au cou, la veuve aurait sombré dans la désespérance si la pensée de son défunt mari n'était venue à sa rescousse. « Si c'est vrai qu'après la mort, vous pouvez quelque chose pour les êtres qui vous sont chers, ce soir, mon Elzéar, va au pensionnat Sainte-Catherine. Tu vas y trouver tes deux filles, chacune dans un dortoir séparé. Berce-les comme tu aimais tant le faire. Ne les abandonne pas avant qu'elles ne se soient endormies. Il faut que je puisse compter sur toi, mon chéri, sinon, je vais en tomber malade… »

Gabrielle n'arrivait pas à dormir tant elle s'inquiétait pour sa petite sœur. « Elle doit être complètement désemparée. Il me semble la voir recroquevillée dans ses draps froids et étouffer ses sanglots parce qu'on lui défend de pleurer. Si la sœur-police peut finir de se promener, je vais me faufiler dans son dortoir. » Une longueur d'éternité, ces minutes à attendre que plus un chuintement de pantoufle sur le plancher vernis ne vienne à ses oreilles. Le silence vint, mais le pari n'était pas pour autant gagné. Gabrielle tenta de sortir de son lit ; le crissement des ressorts la paralysa… pour un instant. L'oreille tendue, elle fit la morte quelques minutes. Rien. Un deuxième essai, aussi bruyant que le premier. Pas de sœur-police dans les parages. Pour la déjouer, au cas où elle referait une tournée, Gabrielle plaça son oreiller sous ses couvertures avant de s'aventurer à quatre pattes jusqu'à la porte entrouverte du dortoir voisin, celui d'Éva. La flamme d'une chandelle sillonnait encore l'obscurité de cette pièce dans laquelle dormaient une quarantaine de fillettes de six à neuf ans. De son poste d'observation, Gabrielle pouvait entendre des gémissements. « C'est ma p'tite sœur qui se fait chicaner, j'en suis sûre. » Attendre que la lueur de la chandelle disparaisse pour de bon ou se rapprocher du lit en tentant de ne pas être aperçue ? Gabrielle décida de gagner du temps.

— Je te donne encore cinq minutes pour te taire, sinon je t'emmène dormir dans la chambre d'isolement. Grand bébé, va !

« Il faut que sainte Fabiola travaille avec moi », se dit Gabrielle, aplatie sur le plancher, surveillant la chandelle… qui disparut enfin. Elle se remit à ramper jusqu'au lit où des sanglots étouffés dans un édredon l'attirèrent.

— Tite Éva, c'est moi, chuchota Gabrielle. Tasse-toi. Je viens me coucher avec toi.

— Elle va nous punir…

— Elle ne nous verra pas dans une noirceur pareille. Quand il va commencer à faire clair, je vais me sauver dans mon dortoir.

— Et si tu te fais prendre ?

— Je vais dire que je me suis trompée de dortoir en revenant de faire pipi.

— J'ai peur, Gaby.

— Faut pas. C'est papa qui nous surveille maintenant. Il va me réveiller à temps.

L'inspiration spontanée d'évoquer la protection de leur père eut un effet magique sur Éva. Blottie dans les bras de sa grande sœur, elle s'endormit sans tarder.

Cette nuit ne fut pas des plus reposantes pour Gabrielle. En ce début de janvier, le jour se levait tard et aucune pensionnaire ne pouvait prévoir l'arrivée de cinq heures trente. Gabrielle ne pouvait courir ce risque. Lorsqu'elle fut certaine que sa sœur dormait profondément, elle la quitta en sourdine et reprit le chemin de son dortoir. Elle était à quelques lits du sien quand elle découvrit que son lit avait été complètement dépouillé de ses couvertures. « Qui a fait ça ? La sœur-police, j'en suis sûre. Il ne me reste plus qu'à geler sur ma paillasse en attendant ma punition. »

Elle lui fut annoncée avant le déjeuner. Gabrielle s'était placée dans la file des pensionnaires qui, serviettes sur le bras et brosses à cheveux en main, attendaient leur tour de passer au lavabo.

— Suivez-moi, Gabrielle Bernier, ordonna la sœur-police.

— Mais… ma toilette n'est pas faite.

— Vous êtes sourde ? J'ai dit : suivez-moi.

Chaque dortoir disposait d'une chambre d'isolement à double vocation : pour y loger les pensionnaires atteintes de maladie contagieuse et pour punir les rebelles.

— C'est ici que vous dormirez pour les trois prochaines nuits. Vous avez un pot de chambre, là dans le coin… pour vos besoins. La porte sera verrouillée. En attendant que toutes vos compagnes soient passées au lavabo, vous attendrez ici.

— Pourquoi…

La clé dans la serrure couvrit sa voix. La sœur n'avait pas daigné écouter un seul mot de la rebelle. Gabrielle eut vite fait le tour de cette pièce. Un lit de fer collé au mur, une commode aux tiroirs vides, une chaise et une fenêtre si haute qu'il était impossible de voir à l'extérieur. « Un vrai cachot ! Pourvu qu'elle ne m'oublie pas ici. Je commence à avoir faim. Il ne faudrait pas que maman apprenne que j'ai reçu une punition et que je couche dans une chambre à la porte barrée. Éva non plus. Je vais seulement lui faire croire que j'ai été avertie de ne plus quitter mon dortoir. Je dois trouver le courage de demander à la sœur Marie-des-Sept-Douleurs de faire une exception pour ma petite sœur : qu'elle accepte qu'on dorme dans la même salle ou toutes les deux dans la chambre d'isolement. »

Confiante en son pouvoir d'intercéder en faveur d'Éva, Gabrielle n'avait pas moins ressenti un début de panique en attendant qu'une clé grince dans la serrure. Elles furent deux à se présenter : sœur Marie-des-Sept-Douleurs et la sœur-police.

— Gabrielle Bernier, un manquement aux règlements dès la première nuit de votre séjour ici merite une punition exemplaire, lui annonça la révérende mère, rigide comme un bloc de ciment. Sans trop savoir où vous êtes allée et ce que vous avez fait en dehors de votre dortoir, vous…

— Je vais vous le dire… C'est que…

— Vous aurez l'occasion de vous expliquer devant votre maman. Elle devrait être ici vers huit heures trente.

— Pourquoi lui dire ça ? Elle n'a pas assez de peine sans que vous en ajoutiez ?

— Ça vous apprendra à réfléchir avant d'agir…

« On croirait entendre la sœur préfète de Chambly », pensa Gabrielle, outrée.

— En attendant, allez faire votre toilette et revenez nous attendre ici.

— Mais je n'ai pas déjeuné !

— Nous le savons. Allez !

Suivie de ses deux gardes du corps, Gabrielle passa par sa simili-chambre pour y prendre ses articles de toilette et sa robe. Arrivée au lavabo, elle constata que la sœur-police l'y avait suivie et demeurait derrière elle.

— Il me manque quelque chose? s'informa-t-elle, contrariée par cette présence.

— Je dois m'assurer que vous faites chaque chose comme les règlements vous le demandent.

— Ça fait longtemps, ma Sœur, que je me lave et que je m'habille toute seule. Pas besoin de surveillante, lança-t-elle, un tantinet ironique.

— Vous êtes en silence.

— Pourquoi?

— Punition!

«À les entendre, ce n'est plus une punition mais tout un panier qu'elles me réservent.» Le temps venu d'enlever sa robe de nuit, d'un rictus, elle fit signe à la sœur de se retirer. Peine perdue.

— Je vais vous apprendre à vous habiller modestement, lui annonça-t-elle. Suivez-moi.

De retour à la chambre d'isolement, elle lui fit étendre sa robe sur le lit.

— Maintenant, retirez vos bras de vos manches, déboutonnez un peu votre robe de nuit, enfilez votre costume en commençant par le bas.

Gabrielle exécuta ces ordres avec une lenteur empreinte d'indignation.

— C'est comme ça que vous devrez le faire chaque matin et chaque soir mais plus vite, s'il vous plaît.

Pas un mot. Que des gestes brusques pour placer les couvertures sur son lit d'occasion. Pas un pli ne devait paraître sur les draps et sur l'oreiller.

— Qu'est-ce que ça donne? Je vais les froisser ce soir...

— Silence !

La jeune pensionnaire retint juste à temps le coup de pied qu'elle allait lancer contre la porte de la chambre de nouveau refermée à clé.

Une inquiétude l'assaillit. Éva. « J'espère qu'elle ne m'a pas cherchée dans le grand réfectoire. Mon Dieu, que la vie est compliquée ici. Personne à qui en parler. Toujours en silence. »

Des larmes tentèrent de se frayer un chemin lorsque se rendant au parloir, elle aperçut sa mère accourant à sa rencontre. Sommée de s'expliquer, Gabrielle raconta sa nuit sans quitter le regard de Séneville. Ses yeux lui exprimaient tant de compréhension et de tendresse !

— Avec tout le respect que je vous dois, mes Sœurs, permettez-moi de vous dire que vos règlements me semblent beaucoup trop sévères. La punition que vous imposez à ma fille est démesurée, à mon point de vue. Vous auriez pu éviter tout ça si vous aviez accepté que ma petite Éva dorme dans le même dortoir que sa grande sœur, pour les premiers mois, du moins. Ma Gaby est tellement habituée à en prendre soin.

— À huit ans et demi, votre fille n'a pas à être traitée comme un bébé, rétorqua sœur Marie-des-Sept-Douleurs. Puis, si notre pensionnat ne vous convient pas, trouvez-en un autre, Mme Bernier.

Pressée par le temps, Séneville alla embrasser sa fille et s'excusa de devoir partir à l'instant :

— Du travail m'attend. À vendredi soir, ma princesse.

Gabrielle n'eut pas la permission d'accompagner sa mère jusqu'à l'entrée. Une rôtie froide tartinée de mélasse lui fut servie au parloir.

— Avalez ça vite et rendez-vous à la classe de sixième année, au premier étage. Sœur Saint-Théodore vous remettra vos articles scolaires.

— Je suis en retard ?

— De dix minutes.

La perspective de cette entrée solo dans la classe fit trembler Gabrielle. « Je ne connais personne ici et tout le monde va me dévisager comme si j'étais un oiseau rare. Je regarde droit devant moi ou je fixe le bout de mes pieds ? Je ne me souviens plus du nom de la sœur… Elle a donc l'air sévère ! J'ai envie de me sauver. Je le ferais si ce n'était de ma petite sœur. »

Dans sa robe noire dont les manches lui cachaient les mains jusqu'aux jointures, Gabrielle frappa timidement à la porte de la classe. Les paroles de l'enseignante en avaient couvert le son. Gabrielle attendit un moment de silence pour se reprendre. Toutes les écolières se tournèrent vers la porte.

— Entrez ! cria sœur Saint-Théodore.

La poignée résistait sous la main tremblante de la nouvelle élève.

— Allez lui ouvrir, Thérèse, ordonna la sœur.

Les deux écolières passèrent à un cheveu d'un face à face. Thérèse éclata de rire. Gabrielle, ébahie, figea puis en fit autant. Dans la salle de cours, une envolée de rires. Dans le cœur de la nouvelle élève, un feu d'artifice. Gabrielle Bernier salua son nouveau professeur et se dirigea vers la seule chaise demeurée libre. Sur son pupitre, une pile de livres usagés et des cahiers neufs l'attendaient.

— Bienvenue, Gabrielle ! Ouvrez votre grammaire à la page 15, s'il vous plaît, dit l'enseignante, un sourire aux lèvres.

Du plus profond de son être, Gabrielle exultait. Pour aussi peu qu'une maladresse vécue avec humour, son univers s'était transformé. Questionnée sur la conjugaison du verbe *rendre* au subjonctif passé, elle épata, et son institutrice, et ses compagnes de classe. Par contre, elle rata la définition de l'Épiphanie.

— Écrivez-la dans votre cahier de religion et répétez-la souvent pendant vos heures d'étude, lui recommanda sœur Saint-Théodore.

— Je la sais maintenant, déclara Gabrielle.

— Dites donc !

— L'Épiphanie, c'est la fête des rois mages venus adorer Jésus nouveau-né. Puis la fête de Marie, la mère de Jésus, c'est le 8 décembre, le même jour que ma maman.

— Bravo, se limita à formuler la religieuse qui, de crainte que l'indiscipline gagne sa classe, retint un sourire et ordonna qu'on passe aux calculs mathématiques écrits au tableau.

— Lorsque vous aurez terminé, apportez votre feuille sur mon bureau et n'oubliez pas de la signer.

L'élève Bernier fut une des premières à remettre la solution de tous les problèmes sur le bureau de l'institutrice. Les réponses étaient bonnes mais la signature incorrecte. De son index en crochet, sœur Saint-Théodore rappela Gabrielle.

— On ne doit jamais utiliser un sobriquet dans nos signatures, lui chuchota-t-elle.

— Un sobriquet ? Qu'est-ce que c'est ?

— C'est un faux nom.

— Mais c'est mon vrai nom depuis un bout de temps.

— C'est si beau, Gabrielle ! Comme l'archange. Pourquoi le remplacer par un prénom qui sonne anglais ?

Une moue aux lèvres, Gaby réclama la permission de se faire prénommer ainsi par ses compagnes.

— Je vous donnerai une réponse demain, répondit la sœur.

Le froid sibérien de ce 8 janvier justifia que les élèves prennent leur récréation dans la salle de spectacles. Une bénédiction pour Gabrielle. « Sainte Fabiola, aidez-moi à trouver ma petite sœur », demanda-t-elle, pendant que ses compagnes de classe la noyaient de questions affables en défilant dans les longs corridors du pensionnat.

— Tu étais en septième année avant d'arriver ici ?

— En six.

— Où habites-tu ?

— À Montréal.

— D'où viens-tu ?

— De loin d'ici.

— Tu n'as plus de parents ?

À cette question, Gabrielle répliqua vertement :

— Je ne suis pas une orpheline. J'ai une maman, un frère et une petite sœur. Elle est pensionnaire ici, elle aussi. Il faut que je la trouve, j'ai quelque chose d'important à lui dire.

Thérèse, rouquine chétive mais tout de même mignonne, ne la quittait plus d'un pas. Comme si le fait de lui avoir ouvert la porte de la classe à son arrivée avait créé un lien entre les deux écolières. Aussi s'empressa-t-elle de lui venir en aide.

— Elle est en quelle année, ta petite sœur ?

— En quatrième.

— Je connais la sœur qui enseigne en quatrième. On va aller la voir. Elle a l'air de quoi, ta sœur ?

— Elle s'appelle Éva, elle est toute petite, elle a les yeux bleus et les cheveux foncés, expliqua-t-elle, le cou étiré, le regard anxieux.

— Les élèves de sa classe sont là, au fond de la salle. Ce ne serait pas celle qui est toute seule à côté de la porte du vestiaire ?

Le temps de le dire, Gabrielle avait abandonné sa compagne et se précipitait vers sa sœur, clouée sur place par la timidité. Ne l'ayant pas vue venir, Éva éclata en sanglots dans ses bras.

— Je veux retourner avec maman, gémit-elle.

— Dans quatre jours, on sera avec elle. Maintenant, écoute-moi bien. Tu veux qu'on couche dans le même dortoir, hein ? J'ai trouvé un moyen de te faire déménager dans le mien. Je sais que tu n'aimeras pas ça, mais il va falloir que tu le fasses tant qu'on n'aura pas gagné notre point.

— C'est quoi ?

S'approchant de sa sœur, elle lui chuchota à l'oreille :

— Fais pipi dans ton lit.

— Beurk ! marmonna Éva, dégoûtée.

— Écoute-moi bien ! Tu vas tout comprendre. La sœur-police va le dire à la directrice, elles vont faire venir maman et maman va leur jurer que tu n'as jamais fait ça avant et que c'est parce que tu es malheureuse dans ce dortoir-là. Elle va leur suggérer de te déménager dans le mien pour voir si tu mouilleras encore ton lit…

— Oui, je comprends, mais ça me fait lever le cœur et… et… j'ai peur d'être punie.

— Je n'y avais pas pensé. Fais comme tu veux, Éva. Maman et moi, on sera toujours de ton côté, tu le sais.

Sommée de rejoindre son groupe, Gabrielle eut à peine le temps de prévenir Éva :

— Ne m'attends pas la nuit prochaine, ni l'autre nuit.

— Pourquoi ?

— On va essayer mon plan à la place… si tu veux

Les quatre Bernier, en liesse, savouraient leurs retrouvailles, le vendredi soir venu. Louise-Zoé avait assumé toute la responsabilité du repas. Une soupe aux tomates et vermicelles, une dinde à bas prix, des pommes de terre à la crème et un dessert… secrètement offert par l'épouse de Me Leblanc. À ces plats préférés d'Éva et de Gabrielle, s'ajoutaient du pain tout juste sorti du four et du beurre rapporté de Chambly. Autour de la table, on avait presque oublié les cauchemars de la semaine. Le discours de Gabrielle relatant les anecdotes amusantes de son premier séjour au pensionnat s'harmonisaient admirablement bien aux plaisirs du palais. L'aînée de Séneville se garda bien d'informer sa grand-mère et sa jeune sœur de ses trois nuits d'isolement dans une chambre verrouillée. Dans cette pièce d'une obscurité à trancher au couteau, les mauvais rêves s'étaient succédé à un rythme affolant. Malgré l'obligation d'assister à jeun à la messe quotidienne, jamais Gabrielle n'avait autant aspiré au lever.

Le repas terminé, Séneville manifesta à ses filles le désir de voir le contenu de leur sac d'école. Les cahiers d'exercices de Gabrielle étaient parsemés de félicitations. Sa mère y ajouta les siennes. Ceux d'Éva notaient des difficultés en français mais un talent remarquable en mathématiques. De son cahier de lecture tomba une enveloppe scellée, adressée à Mme Bernier.

— Qui t'a remis ça ? demanda Séneville.

Fuyant le regard de sa sœur, Éva, les joues soudain empourprées, déclara ne pas connaître la religieuse qui était venue porter cette lettre à son institutrice. Il tardait à chacune que ce mystère soit élucidé. Séneville lut le texte en silence, leva les yeux vers sa benjamine, hésitant à en dévoiler le contenu devant Louize-Zoé et Gabrielle. « Humilier Éva, surtout pas », décida-t-elle.

— Qu'est-ce que c'est, maman ? demanda Gabrielle.

— Ça ne regarde que ta sœur et c'est avec elle seule que j'en discuterai.

— Éva, est-ce que tu l'as fait ce que je…, osa Gabrielle, à mots couverts.

Au bord des larmes, la fillette fit signe que oui. Gabrielle vint à sa défense, expliquant pourquoi elle avait suggéré à sa sœur de mouiller son lit pendant la nuit. Les deux adultes restèrent bouche bée. Séneville devait trouver la réaction la plus adéquate avant d'aller reconduire ses filles au pensionnat. Du coup, elle devait leur annoncer qu'elle ne serait à la maison le lendemain que vers la fin de l'après-midi. En compensation pour les heures de formation qu'il lui donnait, le Dr Virolle lui avait demandé d'aller prendre soin d'un nouveau-né et de sa mère. Il était à prévoir que la déception des fillettes serait indescriptible. D'où l'empressement de Louise-Zoé à leur apprendre qu'une surprise les attendait dimanche, après le dîner.

Débordante d'ingéniosité, la grand-maman occupa ses petites filles en cette matinée du samedi, d'abord à rendre la maison luisante de propreté, ensuite à confectionner un chapeau de feutre à l'aide du moule apporté de Paris par Henri Taupier.

— Votre maman en aurait bien besoin d'un deuxième maintenant qu'elle doit sortir tous les jours.

— Mais on n'a pas mesuré sa tête, déplora Gabrielle.

— Ah! Vous ne le savez pas, mais vous avez à faire à un vieux renard, mes p'tites. En prétextant que je voulais lui emprunter son chapeau cette semaine, j'ai pu constater que nous avions le même tour de tête, révéla Louise-Zoé, vibrante comme les fillettes l'avaient toujours vue avant 1912.

De fait, la vieille dame avait préparé la surprise avec une de ses meilleures amies qui revenait d'un séjour à Paris. Mais comme les circonstances ne s'étaient pas avérées favorables en novembre, elles avaient convenu de reporter l'événement à une date ultérieure. Ce jour était arrivé.

Le chapeau de feutre bleu marine, orné d'un ruban de velours de même teinte, s'avéra une réussite. Gabrielle, Éva et leur grand-mère y avaient mis efforts, enthousiasme et temps.

— Déposons-le sur le buffet pour que votre maman le voie en rentrant, conseilla l'aïeule.

Il leur restait moins d'une demi-heure pour ramasser les retailles de tissus éparpillées sur la table et casser la croûte.

Lorsqu'on frappa à la porte, les fillettes se précipitèrent mais firent vite marche arrière. La personne qui se présenta, vêtue d'un manteau de fourrure et d'un chapeau assorti, les intimida.

— Grand-maman, c'est une dame qu'on ne connaît pas. Elle porte un gros sac dans ses bras.

— Mais, dites-lui bonjour !

Gabrielle obéit. Éva la suivit de quelques pas.

— Bonjour, Mademoiselle ! Vous êtes bien jolie !

— Merci, Madame, rétorqua Gabrielle peu flattée toutefois de ce compliment qui lui sembla inspirée par la politesse faute d'avoir quelque chose à dire.

Son agacement venait du fait que dès le premier instant, cette personne ne lui fut pas sympathique. Pourtant, elle parut plaire à sa jeune sœur.

— Tu es mignonne comme tout, dit-elle à Éva, avec un petit accent… d'ailleurs.

— Éva Bernier, c'est mon nom, s'empressa d'annoncer la benjamine.

— Mettez-vous à l'aise, Mme Hermine, reprit la grand-mère qui, bien que plus âgée, avait gardé l'habitude de vouvoyer son amie, en raison de son statut social.

En entendant ce nom, Gabrielle réprima un fou rire… de justesse. À sa connaissance, seuls les bateaux portaient une telle appellation. Zieutant la dame de la tête aux pieds, elle s'amusa à penser que ses parents avaient voulu honorer non pas la Petite Hermine, ni l'Émerillon, mais bien la Grande Hermine avec sa jauge de cent vingt tonneaux. La moquerie au visage, Gabrielle mit une main devant sa bouche pour ne pas insulter l'étrangère. À cet instant, un souvenir l'attrapa : « Mlle Bernier, rire des autres, c'est péché », lui avait appris sœur Saint-Sauveur, la préfète de discipline du couvent de Chambly. La pécheresse s'appliqua dès lors à trouver des qualités à cette visiteuse. « Elle est seulement un peu plus grosse que maman. Je dois admettre qu'elle est très jolie, cette dame ; elle semble aimer grand-maman. Peut-être bien qu'elle lui apporte de belles choses aujourd'hui... à moins que ce ne soit de la couture à faire. Elle doit savoir que ma grand-mère a encore l'œil et des doigts de fée pour exercer son plus grand talent. J'espère que cette inconnue va repartir assez tôt pour ne pas nous empêcher d'avoir la surprise qui nous attend », souhaitait-elle, en l'épiant.

— J'ai du bon thé chaud pour vous, ma bonne amie, annonça Louise-Zoé, réclamant du même coup que Gabrielle le leur serve.

Hermine se montra surprise.

— Ma Gaby n'a pas encore ses onze ans qu'on lui en donnerait quatorze ou quinze, s'exclama sa grand-mère.

Gabrielle redressa les épaules et s'accrocha un sourire aux lèvres. Ses cours de bienséance allaient enfin lui être utiles. « On commence par se laver les mains. Ensuite, on apporte les serviettes de table, le lait et le sucre. On dépose la tasse dans une soucoupe et on y ajoute une petite cuillère. Oh ! J'allais oublier : on sert à gauche et on dessert à droite », se souvint-elle. Éva vint offrir son aide. Sa sœur lui fit apporter les serviettes de table des grandes occasions.

— Comme elles sont bien éduquées, vos petites-filles, Louise-Zoé !

— Leur père était instruit et leur mère l'est aussi... sans compter qu'elles sont toujours allées à l'école des sœurs de la Congrégation Notre-Dame.

La « bonne amie » fit un rictus d'admiration. Les deux adultes occupèrent un petit coin de la table. « Elle réserve le reste pour étaler le contenu de son sac », supposa Gabrielle.

— Venez vous asseoir avec nous, mes Demoiselles, dit Hermine.

Éva et sa sœur prirent place à l'autre extrémité de la table, réduites à écouter des propos qui les ennuyaient.

— On va aller jouer dans notre chambre, chuchota Gabrielle à l'oreille de sa sœur.

Éva hésita, jeta un coup d'œil vers sa grand-mère et décida de suivre Gaby.

— Dites donc, Mme Hermine, vous deviez continuer de me raconter votre voyage à Paris…

À deux pas de la chambre, Gabrielle tourna les talons et s'approcha de la table.

— C'est vrai ! Je ne vous ai pas parlé de la plus belle surprise que m'a faite mon mari, deux jours avant notre retour. J'aurai des choses à vous montrer, dit-elle euphorique, en désignant le sac qu'elle déposa sur une chaise, tout près d'elle. Ma chère ! Rien de comparable avec ce que mon mari m'avait offert l'année précédente.

Avec d'infinies précautions, Hermine tira de son fourre-tout trois superbes chapeaux. À son amie, elle présenta un chapeau de couleur noire, réserva le bleu marine pour Séneville et plaça le brun sur sa tête, en roulant des yeux de vanité. Gabrielle commença à la mépriser. « A-t-elle fait exprès de choisir la même couleur que nous pour celui de maman ? », se demanda-t-elle.

— Quel hasard ! Regardez le chef-d'œuvre que ses filles ont réussi, cet avant-midi, lança Louise-Zoé en pointant le chapeau que son amie n'avait pas encore remarqué là, sur le buffet de la salle à manger.

— Mais il ressemble comme deux gouttes d'eau à ceux que nous avons achetés dans la rue Cambon !

— Dans la rue Cambon! s'exclama Gabrielle. À la boutique CHANEL MODES?

Confuse, Hermine le lui confirma.

— Vous connaissez une des plus grandes modistes de Paris? Mais je ne savais pas…

— Un gentil monsieur de Chambly y est déjà passé et, à deux reprises, il a rapporté des cadeaux à Séneville et à ses filles. Va chercher le moule à chapeau, Gaby, la pria sa grand-mère.

Hermine l'examina avec soin, questionna son amie sur la méthode empruntée, sur les précautions à prendre et sur la sorte de tissus à utiliser. Chaque réponse était confiée à Gabrielle qui de fil en aiguille, détesta moins cette femme.

— Et pour vous, mes demoiselles Bernier, mon mari et moi avons pensé à des rubans de satin pour vos cheveux; les voici: deux rouges, deux dorés et deux bleus.

Éva s'empressa de les partager avec sa sœur.

— Et ce n'est pas tout! À chacune de vous, de belles robes de nuit chaudes pour l'hiver.

Les mots polis et reconnaissants vinrent spontanément.

Au moment de reprendre son sac presque vide, Hermine constata qu'elle avait oublié quelque chose.

— Louise-Zoé, je voulais vous montrer un article qui fait l'éloge de Coco Chanel, publié dans une revue de mode. Sa photo y est.

Gabrielle, fort intéressée, s'approcha de sa grand-mère de manière à lire par-dessus son épaule.

Une modiste de grand talent

Rien ne prédestinait Coco Chanel à la notoriété. Née dans la pauvreté, Mlle Gabrielle Chanel, alias, Gaby, alias Coco, a perdu

sa mère alors qu'elle n'avait que douze ans. Son père l'aban-
donna dans un orphelinat où elle demeura jusqu'à l'âge de
dix-huit ans. Très habile à manier le fil et l'aiguille, elle se lassa
vite de broder des draps. La chanson l'attira et la fit rêver de
music-hall jusqu'au jour où un riche gentleman lui prêta
l'argent nécessaire pour ouvrir son salon de modiste. Ses créa-
tions sont uniques, avant-gardistes et elles contrastent avec
celles que portent les bourgeoises de Paris. Ne manquez pas de
vous arrêter au 21 rue Cambon à Paris. Vous serez enchantés
de ses confections et séduits par le charme exceptionnel de
Mlle Coco Chanel.

— Je pourrais le garder ce papier ? demanda Gabrielle.

— Si ta grand-mère le veut, répondit Hermine.

La jeune fille prit délicatement la feuille de papier glacé et fila dans sa chambre, ravie que sa sœur ne l'accompagne pas. Assise sur le bord de son lit, elle en refit la lecture mot à mot. Les trois premières phrases la remuèrent profondément. Trop de points communs entre elles, même si les causes de cette ressemblance divergeaient quelque peu. Toutes deux ont souffert de la pauvreté, bien que ce fût récent pour Gabrielle. Toutes deux avaient vécu la perte d'un des parents et la vie en orphelinat. « Au moins, on n'y est pas placé par un père cruel, nous. C'est seulement par un étranger que je déteste. C'est un peu la faute de ma grand-mère aussi. Elle n'aurait jamais dû laisser ce voleur prendre sa maison. C'est aussi à cause de maman qui a accepté de travailler pour les autres au lieu de continuer à prendre soin de nous. Si elle était habile en couture, elle pourrait faire comme Coco Chanel et vendre ses chapeaux aux dames riches ; ça lui permettrait de nous garder avec elle. Dommage que ma grand-mère soit devenue vieille. À deux, elles auraient pu y arriver. Si je pouvais donc quitter l'école maintenant. Je sais déjà tout ce qui est nécessaire pour bien me débrouiller dans la vie. J'ai presque la note parfaite à mes examens. Comment faire admettre ça à maman ? Ah ! Je pense que j'ai une idée. »

Poursuivant sa lecture, elle s'attarda à jongler au coup de chance de Coco : « Un riche gentleman… Je croyais que ça n'arrivait que dans les contes de fées! Qui dit que je n'aurai pas le mien un jour? Je n'en connais pas encore, mais il doit s'en trouver plus à Montréal qu'à Chambly. Peut-être qu'il y a des avantages à habiter Montréal... »

— Gaby, viens-tu dire bonjour à Mme Hermine? cria Louise-Zoé.

Faisant preuve d'éducation, Gabrielle la salua, pressée de retourner à sa chambre. De là, elle entendit les paroles de sa grand-mère:

— Au fait, vous m'excuserez, Mme Hermine, j'ai oublié de prendre des nouvelles de M. Évariste.

« Évariste! Mre Hermine serait-elle mariée à l'avocat de maman? se demanda Gabrielle, indignée. Si c'est le cas, elle va reprendre la robe de nuit et les rubans qu'elle m'avait offerts. Mais je garde la page sur Coco pour moi seule. »

À quelques pas de la maison, Hermine croisa Séneville qui revenait de son travail. Les deux femmes se saluèrent comme on salue des inconnus. La veuve fit donc son entrée dans la maison avant que Gabrielle n'ait eu le temps de questionner Louise-Zoé.

— Ma Gaby, viens que je t'embrasse, entendit-elle de la bouche de sa mère.

Encore trop incertaine de l'attitude à prendre, la fillette se fit attendre.

— Est-il arrivé quelque chose de déplorable à Gaby, Maman, demanda Séneville?

— À ce que je sache, non. Au contraire!

— Si je me fie à ce qui est là sur la table, je présume qu'elle est de très belle humeur. N'est-ce pas, Éva?

La cadette lui relata leur après-midi avec une jovialité rassurante. Son récit, parsemé de « Mme Hermine », fit monter l'aigreur dans le cœur de Gaby. Un câlin à sa mère vite expédié, elle fonça au cœur du sujet:

— La Mme Hermine est mariée à qui ?

— À un M. Leblanc, s'empressa de répondre Louise-Zoé.

— À quel M. Leblanc ?

Séneville jugea qu'elle devait lui dire la vérité. Sa fille serra les dents sur sa colère, alla dans sa chambre chercher les cadeaux reçus et les lança sur la table avant de retourner s'enfermer. Sa mère n'en fut pas surprise.

— On a pris le risque, murmura-t-elle à l'intention de Louise-Zoé, non moins déçue.

Heureusement, Éva ne déchantait pas. À sa mère, elle présenta les deux chapeaux qui lui étaient destinés : celui offert par Hermine, puis celui qu'elle, sa sœur et sa grand-mère avaient confectionné en matinée. Elle prenait plaisir à voir Séneville les essayer tour à tour pendant qu'elle revêtait sa robe de nuit par-dessus ses vêtements. Elle prit soin de bien plier celle de sa grande sœur et d'y joindre les rubans avant d'aller déposer le tout sur le buffet.

— Est-ce qu'ils vont être à moi quand j'aurai onze ans ?

— Si Gaby ne les a pas repris, oui.

— Je sais qu'elle ne le fera pas. Elle est trop rancunière pour ça, prédit Éva.

Le temps que Séneville accorda à sa benjamine lui permit de réfléchir à la façon d'aborder sa petite rebelle.

— Je vois que tu rages encore contre Me Leblanc. C'est regrettable que tu t'en prennes aussi à sa femme.

Après avoir passé une dizaine de minutes à ses côtés dans un silence total, Séneville ajouta :

— Même que ce n'est pas juste.

— Je suis sûre qu'elle a aidé son mari à nous enlever cette maison, riposta-t-elle.

Sa mère, méduśée, n'aurait pu le contredire. De fait, Hermine avait servi d'entremetteuse en livrant des renseignements à son mari et en travaillant à convaincre Louise-Zoé du bien-fondé de sa proposition. Membre de plusieurs comités sociaux et charitables, Hermine avait aussi dressé une liste de familles intéressées à recourir aux services d'une dame de qualité comme Séneville. Un sentiment de culpabilité devant la lenteur du processus judiciaire et l'empressement à protéger leur portefeuille étaient au cœur des motivations du couple Leblanc. Quoi de mieux qu'une activité festive pour se faire pardonner la déception causée aux Bernier de Chambly par la prise de possession de la maison de Louise-Zoé! Gabrielle le ressentait sans pouvoir l'exprimer clairement.

Séneville refusait d'y réfléchir de peur de voir son bouclier s'effriter.

— Qu'est-ce qui te ferait du bien ma p'tite Gaby? lui demanda-t-elle en lui offrant une tendre accolade.

La réponse tarda à venir.

— Retourner à Chambly ou arrêter l'école.

Le souffle coupé, Séneville relâcha son étreinte. Sa Gaby la conduisait sur un sentier sans issue. Un cul-de-sac. Par contre, il ne fallait pas la chagriner davantage, encore moins la brusquer. Les secondes coulèrent, les minutes aussi.

— Tu n'as pas pensé à ta grand-mère, trouva à répliquer Séneville. On ne peut plus la laisser seule…

— On pourrait l'emmener avec nous dans notre maison de Chambly.

— Il faudrait la racheter, tu n'y penses pas, Gaby.

— Ou bien je termine ma sixième année et je reste à la maison avec grand-mère. Ensemble, on va faire des chapeaux et on va les vendre. Comme a fait Coco Chanel.

— Qui va les vendre et à qui ?

— Vous et moi, maman. Vous avez dit que vous iriez aussi travailler pour des familles riches.

— C'est important d'être instruit si on veut gagner de l'argent sans se faire mourir.

— Donio ne l'est pas, lui, puis il réussit quand même à vous en donner.

Séneville demeura bouche bée. Les arguments invoqués par sa fille s'avéraient logiques.

— Tout ce que tu viens de dire, Gaby, mérite une bonne réflexion. On pourrait s'en reparler vendredi prochain. Il ne nous reste que quelques heures à passer ensemble, pourquoi ne pas en profiter pour se faire du bien ?

Gabrielle opina à la proposition de sa mère. Ensemble, elles filèrent vers la cuisine où elles retrouvèrent Éva et sa grand-mère occupées à rouler une pâte à tarte.

— On va manger un bon pâté à la viande pour souper, annonça Éva, pesant de toutes ses forces avec le rouleau sur l'amas de pâte qui lui résistait.

Gabrielle la trouva amusante ; sa mère, non.

— Veux-tu que je te remplace, offrit-elle à sa benjamine.

— Je suis capable. Grand-maman l'a dit.

— J'avais oublié quelque chose, se souvint Gabrielle qui se mit à fouiller dans son sac d'école avec impatience. Une feuille leur avait été remise suggérant des exercices à faire pour avancer plus vite dans les programmes scolaires.

— Tu ne veux pas plutôt en profiter pour t'amuser ? lui demanda sa mère.

— Je n'ai pas de temps à perdre…

La qualité de vie des Bernier s'était améliorée au cours des derniers mois. Éva avait dormi dans la même salle que sa sœur, le temps de se lier d'amitié avec Rosine Séguin, une orpheline de son groupe. Ainsi, Gaby progressait dans ses apprentissages scolaires au point d'être exemptée de faire le ménage des salles de toilettes tant que ses efforts seraient aussi constants. Toutefois, toutes deux se remettaient péniblement de leur emménagement au 1190 rue de La Visitation à la fin de février. Le logement n'offrait que deux chambres, l'une pour elles et l'autre pour Sénéville et sa mère. Une pièce commune pour la cuisine, la salle à manger et le salon totalisait la même surface que les deux chambres additionnées. Des tablettes avaient été fixées aux murs pour fournir plus de rangement. L'illustration du confort s'arrêtait là.

De l'une des deux fenêtres donnant sur la rue, on pouvait apercevoir l'imposante église des pères Oblats de Saint-Pierre-Apôtre et, de chaque côté, d'aussi impressionnants édifices habités par des communautés religieuses. La population vivait sous le seuil de pauvreté et ses demeures en témoignaient. La majorité des pères de famille devaient gagner leur vie à l'extérieur, surchargeant ainsi leurs épouses de toutes les responsabilités qui incombaient à une mère de famille pauvre et logée dans des appartements minables. Nombre d'immigrants ruraux y avaient trouvé refuge. Gabrielle en était grandement humiliée. Avant le décès de leur père, sa famille comptait au nombre des mieux nanties. Pour cause, le métier d'Elzéar et le salaire afférent. À sa cousine et amie, Marie-Reine, elle écrivait :

On est entourés de guenilleux maintenant. Beaucoup d'enfants de ma rue sont sales, maladifs, maigres et mal habillés. J'ai peur qu'on leur ressemble quand grand-maman sera trop vieille pour coudre. Il faut que je me hâte d'apprendre tout ce qu'elle sait faire. Je prie sainte Fabiola, la protectrice des veuves, pour ne pas qu'elle nous quitte avant l'été. Je voudrais profiter de mes vacances scolaires pour en apprendre le plus possible.

La réponse de Marie-Reine ne s'était pas fait attendre.

Tu me dis que vous ne pourrez peut-être pas nous recevoir parce que c'est devenu trop petit chez vous... Vous pourriez venir à Lauzon, nous n'avons pas changé de maison. Ça nous ferait beaucoup de bien de recevoir votre visite. Chez nous aussi les gens sont tristes. Ma grand-mère Rose ne fait que parler de son mari. Je ne comprends pas grand-chose dans ses histoires, mais je sais que mon grand-père Bernier doit renoncer à ses conquêtes dans le Grand-Nord. C'est la fin de son grand rêve, dit ma grand-mère.

De fait, le premier ministre Laurier avait accordé plus d'un pouvoir au capitaine Bernier ; il lui avait permis d'établir les frontières nordiques du Canada, lui avait accordé le droit d'établir des postes de gendarmerie et lui avait concédé toute autorité en matière de chasse et de pêche. Or, aux élections de 1911, Laurier fut défait. Robert Borden prit le pouvoir et mit fin aux engagements du Canada d'acquérir sa souveraineté dans l'Arctique.

Comme grand-maman pleure souvent, ma sœur Marie-Marthe en profite pour en faire autant. Il paraît que ton frère lui a fait savoir qu'il n'était pas intéressé à elle. C'est ce qu'elle appelle une peine d'amour.

Gabrielle releva la tête pour demander à sa grand-mère qui l'observait :

— Est-ce que ça fait pleurer tant que ça une peine d'amour ?

— Ma p'tite fille, c'est la pire des douleurs. Ça te fait plier en deux tellement ton cœur a mal.

— Vous avez déjà eu un gros chagrin comme celui-là, grand-maman?

Le regard perdu dans un passé douloureux, Louize-Zoé soupira.

— Peut-être pire encore. Deux fois à part ça!

— Ils étaient beaux, vos amoureux?

— Ce n'était pas deux hommes.

Gabrielle écarquilla les yeux. Louise-Zoé s'empressa de préciser:

— C'est que j'ai aussi perdu mon petit garçon de cinq ans. Ça a été terrible. C'est tellement long à guérir, le deuil d'un enfant.

«Comme maman a dû en avoir de la peine dans sa vie! Elle qui en a perdu sept», comprit Gabrielle. Le moral à la dérive, elle se réfugia dans sa chambre, sortit un cahier de son sac d'école, en retira une feuille vierge. Éva voulut en connaître l'usage.

— Tu pourras me laisser seule un peu? lui demanda Gaby. Va rejoindre grand-maman dans la cuisine.

À plat ventre sur son lit, Gabrielle fit part à sa cousine des révélations de sa grand-mère et des choix qu'elle comptait faire:

Je pense que je ne courrai pas le danger de vivre de grands malheurs comme ça. Je n'aurai pas d'enfants. Peut-être pas d'amoureux non plus. Quand je vais être assez vieille pour tout décider par moi-même, je ne vais choisir que ce qui ne risque pas de me faire pleurer. Je veux être heureuse, moi. Même que je pratique ça avec les personnes qui ne sont pas fines avec moi. Dans ma tête, je leur dis que je n'ai pas de temps à perdre avec elles et je m'empresse d'aller vers d'autres. Parfois, je dois les endurer quelque temps.

Tu nous invites à Lauzon. J'aimerais bien qu'on y aille, mais sais-tu ce qui me ferait encore plus plaisir? Retourner une dernière fois dans notre maison de Chambly. Je vais demander à maman qu'on aille passer une fin de semaine avant le 12 avril. J'espère que le monsieur qui l'a achetée ne va pas nous en empêcher. Ce serait tellement plaisant que vous veniez nous y rejoindre.

Avant de glisser sa lettre dans une enveloppe, Gabrielle crut bon de demander l'avis de sa grand-mère sur ce point.

— C'est pensable, mais je me demande si votre maman pourra prendre congé.

Gabrielle la dévisagea comme si Louise-Zoé venait de proférer une insulte. La colère d'une tigresse dans la voix, elle hurla :

— Si maman a décidé de travailler tout le temps, moi, je vais m'organiser sans elle. Je sais comment y aller à Chambly.

UNE INDISCRÉTION D'ÉVA...

Gaby n'acceptait pas que nous soyons pensionnaires, encore moins que nous soyons hébergées avec les orphelines.

Maman ne l'a jamais su, mais la nuit, pour se venger, elle se levait, allait frapper à la porte de la chambre de la sœur-police, courait vite se recoucher et se mettait à ronfler pour éviter tout soupçon. Après avoir joué ce mauvais tour pendant une douzaine de fois, elle fit exprès de se faire voir, dans l'espoir d'être renvoyée du pensionnat. Déjouée et punie, elle a écopé de deux semaines sans récréation ni dessert. Comme elle me racontait presque tout, je lui gardais la moitié du mien et nous allions le manger en cachette dans les placards de son dortoir.

CHAPITRE V

J'ai appris de Marie-Marthe qu'il fallait parfois avoir mal un petit bout de temps pour ne plus jamais avoir mal. Mais je pense aussi qu'il arrive souvent qu'on ait mal sans que ça s'arrête. La peine de maman depuis la mort de papa, par exemple. Aux funérailles, M. le curé avait dit qu'il serait heureux pendant toute l'éternité. Maman le croit aussi. Est-ce que je dois comprendre qu'à partir du jour où on commence à être vraiment heureux on va l'être pour de bon ? À partir d'aujourd'hui, je vais surveiller mon prochain jour de vrai bonheur et je vais essayer de le reproduire à chaque lendemain.

À chaque gare où le train en direction de Chambly s'arrêtait, Gabrielle Bernier rechignait.

— Je ne me souvenais pas que c'était si long…

— C'est l'excitation qui fait ça, expliqua Séneville qui partageait cette impression alors qu'Éva, peu encline à la frénésie, dormait.

— Encore un gros dix minutes de perdues parce que les passagers ici se traînent les pieds en montant dans le train ! Je n'aurai jamais le temps de faire tout ce que j'avais prévu.

— Ce sera à nous de se mettre au travail sans flâner.

Au programme de ces deux jours au 1626 de la rue Bourgogne, figurait en priorité l'astiquage de la maison. Il s'imposait d'autant plus qu'il était possible que les invitées de Lauzon s'y présentent. Aussi, il était de rigueur que Séneville laisse à l'acheteur une propriété impeccable. M. Deschamps devait en prendre possession dans six jours s'il versait à la veuve les mille dollars manquants et promis lors de l'offre d'achat. Autre tâche non négligeable, les filles Bernier devaient aider leur mère à mettre dans les caisses les derniers biens qui leur appartenaient. À cela s'ajoutait aussi l'assistance obligatoire aux offices religieux de la Semaine sainte.

— On pourrait bien en sauter un ou deux, vu qu'on n'habite plus à Chambly, suggéra Gabrielle.

— Pour les catholiques des villes comme des campagnes, c'est un devoir. À moins d'être dans l'impossibilité de se déplacer.

— Est-ce que le bon Dieu comprendrait que des enfants oublient ça ?

Séneville ne put retenir un éclat de rire.

— Je pense que mon frère est déjà porté à les oublier, renchérit-elle.

— Vous vous en dites des choses, vous deux !

La complicité entre ses deux aînés se jouait souvent à l'insu de leur mère. En réponse à une lettre de sa sœur, Donio était intervenu auprès de Séneville pour qu'elle exige trois jours de congé à l'occasion de Pâques. « Sinon, je prendrai le train pour aller chercher mes sœurs », lui avait-il annoncé dans une courte missive. Le mieux-être de Louise-Zoé accordait à Séneville la liberté de quitter Montréal pour quelques jours et de régler en personne la transaction inachevée sur sa maison de Chambly. Par contre, elle ne souhaitait pas que ses filles soient témoins de la remise de la quittance par son acheteur. « J'imagine ma Gaby ! Elle ferait des pieds et des mains pour que cet argent me dispense de travailler. »

Donio avait exprimé un autre souhait à sa mère :

— J'aimerais que vous soyez avec moi quand je demanderai à
M. Deschamps s'il peut me garder comme locataire.

— C'est une très bonne idée ! Ça nous permettrait de revenir de
temps à autre dans notre maison familiale, lui avait-elle répondu.

Avant de faire son entrée à la gare de Chambly, le train passa
devant l'orphelinat des Sœurs Grises. Le Vendredi saint étant un jour
férié, les orphelines étaient dispensées de cours et pouvaient donc
jouer dans la cour plus longtemps. Elles étaient nombreuses ce jour-là.
Les unes sautaient à la corde, d'autres se lançaient un ballon, quelques-
unes se collaient à la surveillante. Elles étaient toutes vêtues pareillement : un manteau noir et une tuque blanche. Gabrielle décrocha de la
scène assez rapidement. Colère, tristesse et pitié nouaient sa gorge.
Elle épongea une larme à la dérobée. Éva se réveilla, étonnée d'apercevoir déjà la gare. Aussitôt le train immobilisé, Gaby se précipita à
l'extérieur.

— Donio n'est pas là, maman ! Il devait venir nous chercher,
pourtant.

— Croyais-tu qu'il se serait pointé ici à la minute près ?

Dans son excitation, la jeune fille l'avait imaginé courant vers
elles, les bras grands ouverts.

Là où les cochers attendaient leurs passagers, pas de Donio.

— Il a le droit d'être un peu en retard, allégua Séneville pour
apaiser Gaby.

— Je ne peux pas le croire. Il avait tellement hâte de nous voir.

— À moins qu'il ait été empêché de venir et qu'il ait envoyé
quelqu'un à sa place, dit sa mère.

— Personne ne nous fait signe.

— Je lui donne encore une dizaine de minutes et s'il n'arrive pas, on se fera conduire à la maison par…

Une voix derrière elles les fit sursauter.

— Ce n'est pas de ce côté-ci qu'il fallait me chercher, dit Donio. Suivez-moi.

L'enchantement fut total. Le jeune homme avait obtenu de son patron la permission de venir chercher sa famille avec une automobile réparée de ses mains. Une grosse Ford qui s'était embourbée dans la neige collante de la fin mars et dont la réparation du pare-chocs endommagé lors du remorquage avait été confiée à Donio. Trois passagères fébriles y montèrent sous les regards envieux des voyageurs en attente.

— Tu sais conduire ! s'étonna Gabrielle.

— Sois prudent, mon Donio, le pria sa mère.

— Toujours ! Je suis toujours prudent, maman. Sinon, j'aurais perdu ma job depuis longtemps.

— C'est facile ? lui demanda Gabrielle.

— Pour un garçon, oui. Mais pas pour une fille.

La taquinerie avait repris sa place.

— J'ai une autre surprise pour vous autres, annonça le chauffeur. Essayez de deviner. Je donne dix sous à celle qui la trouve.

— Tu as fait tout le ménage de la maison ? lança Gabrielle, prête à s'en réjouir.

— Tu nous as préparé du gâteau ? crut Éva.

— Tu t'en viens à Montréal ? osa sa mère.

— Personne n'a la bonne réponse. Je garde mon argent.

— Qu'est-ce que c'est ? insista Gabrielle.

— Vous verrez !

Les spéculations s'enchaînèrent jusqu'à destination, mais aucune ne s'avéra exacte

La voiture tout juste stationnée devant le 1626 de la rue Bourgogne, Gabrielle en sortit la première et se précipita vers la maison. De la porte à peine entrouverte, des exclamations de surprise rejoignirent les autres Bernier avant qu'ils n'aient le temps de mettre un pied dans le vestibule. Informées par Donio, les jeunes filles Lareau et Bartolomew étaient venues accueillir Gabrielle et Éva Bernier. Corinne Taupier et Mme Lareau venaient offrir leur aide à une ancienne voisine très appréciée. Libérée du ménage et des préparatifs de ce dernier déménagement, Gaby exultait.

— Est-ce qu'on peut aller dans ta chambre, demanda-t-elle à son frère ?

— Pourquoi pas dans la vôtre ?

— Elle ne fait pas partie de la moitié vendue à M. Deschamps ?

Devant les éclats de rire qui fusèrent, Gabrielle se sentit ridicule. Sa mère le nota.

— Tu es tellement drôle, ma chérie ! lui dit-elle en lui donnant un câlin.

— Avec une telle imagination, je ne suis pas inquiète pour son avenir, clama Mme Lareau.

Mme Bartolomew l'approuva alors que Corinne Taupier confia :

— J'aurais tant aimé avoir des filles, surtout comme les vôtres, Séneville. Maintenant, vous êtes tous invités à dîner à la maison.

Séneville retint son souffle. « J'espère qu'elle ne nous inviterait pas si Henri était là. Elle sait bien que… » Donio déclina l'invitation.

— Je ne suis pas en congé, moi. Puis je dois rapporter au garage la voiture qu'on m'a prêtée.

Gabrielle aurait préféré passer le plus de temps possible dans cette maison qui n'était la leur que pour quelques jours encore. Par contre, Éva était tout sourire devant l'invitation de Mme Taupier, espérant y voir M. Henri. La réponse de Corinne la déçut.

— Il n'est pas là aujourd'hui. Mais tu pourras venir à la maison demain si tu veux le voir.

La tension se relâcha dans l'esprit de Séneville. Elle se félicita, advenant que Henri assiste lui aussi à la messe pascale, d'avoir apporté dans ses bagages, non pas le chapeau qu'il lui avait offert en décembre dernier, mais celui que ses filles et leur grand-mère lui avaient confectionné.

Donio lança un clin d'œil complice à Corinne Taupier. Gabrielle le nota. Il lui tardait de questionner son frère.

— Tu n'as pas à tout savoir, Gaby Bernier.

— Dis-moi au moins si ça me concerne ?

— Je ne dirai rien, petite belette.

Gabrielle fut d'autant plus offusquée que rares avaient été les fois où son frère lui avait refusé une faveur.

Le luxe de la maison des Taupier, le scintillement de leur coutellerie d'argent et le nacre de leur verrerie de cristal épatèrent les adultes. Chez Gabrielle, il éveilla des images de faste comme elle n'en avait vues que dans les revues françaises. « Un jour, j'aurai les moyens de m'offrir toutes ces belles choses et peut-être plus encore. On pourra effacer nos jours de pauvreté comme on efface une phrase mal construite ou un dessin raté », crut-elle.

Corinne Taupier s'était excusée auprès des enfants de ne servir que du poisson comme mets principal, la viande étant interdite tous les vendredis du Carême.

— Je vous ai préparé des crêpes, si vous n'aimez pas le poisson.

Le Dr Jean-Salomon Taupier, qui avait envoyé son fils Henri au domicile de certains patients, avait décidé de vivre ces bons moments avec ses regrettés voisins.

— Même si je ne suis pas souvent à la maison, je n'ai pas perdu l'habitude de jeter un œil sur votre propriété. La présence enjouée de vos belles filles me manque, confia-t-il.

Touchée par les propos du médecin, Gaby l'en remercia candidement. D'un coup de coude à Éva, elle l'enjoignit de faire de même. La fillette obéit sans trop savoir à qui et pourquoi elle devait dire merci. Elle était habituée à recevoir des ordres de sa sœur et à les exécuter. D'ailleurs, aussitôt montée dans le train, elle s'était vu interdire de prononcer les mots « pensionnat » et « orphelinat » devant les gens de Chambly.

— Si on te questionne, tu diras qu'on va à l'école Sainte-Catherine. Vous êtes d'accord, maman ?

— Tu as honte à ce point de fréquenter ce pensionnat ?

La jeune fille avait baissé les yeux, penaude.

S'adressant à Séneville, le Dr Taupier demanda :

— Vous vous plaisez dans votre travail de garde-malade ?

Le malaise de la veuve l'incita à dévoiler d'où lui venait cette information.

— Lors d'un congrès à Montréal, le Dr Virolle et moi avons échangé des paroles élogieuses à votre égard, Mme Bernier.

— Nous ne connaissons pas de femme plus audacieuse que vous, reprit Mme Lareau.

Tous les adultes présents l'approuvèrent.

L'hôtesse profita de ce moment dithyrambique pour apporter sur la table un grand plateau de poisson grillé, une platée de pommes de terre en robe des champs et ses petits pots de marinades.

— Vous n'aviez pas dit qu'on aurait des crêpes aussi ? demanda Berthe Lareau.

Le regard réprobateur de sa mère lui cloua le bec.

— Vous devriez goûter à mes pommes de terre avant. Avec des noix de beurre, c'est succulent ! dit Corinne. Ensuite, je vous servirai des crêpes.

Éva s'approcha de sa sœur et lui chuchota :

— Tu connais ça, toi, des noix de beurre ?

— Elle a voulu dire des petits morceaux de beurre.

La gamine accepta une portion de pommes de terre qu'elle s'amusait à réduire en purée au lieu de manger.

— On dirait bien qu'elle a déjà pris des airs de la ville, dit Mme Taupier, croyant qu'elle faisait la fine gueule.

« Si elle savait ! Elle a plutôt appris à se satisfaire de la nourriture de l'orphelinat », pensa Séneville qui intervint :

— Tu n'as pas faim, Éva ?

— Oui, mais les religieuses nous ont dit de ne pas commencer à manger avant que tout le monde ne soit servi. En attendant, je fais comme si c'était du papier mâché.

— Elle fait allusion aux moules pour chapeaux que sa grand-mère a faits avec Gaby, expliqua sa mère.

Cette évocation avait malencontreusement glissé sur les lèvres de la veuve. « Pourvu que personne n'enchaîne avec le rappel du cadeau d'Henri Taupier… »

Des pas dans l'escalier extérieur se firent entendre. Séneville déposa sa fourchette dans son assiette sans avaler sa bouchée de poisson. Le temps était suspendu. L'appréhension, insoutenable. Trois coups de heurtoir sur la porte. Le docteur s'excusa de quitter les invités pour aller ouvrir. Du vestibule fusèrent des intonations de surprise. Les convives, sauf la veuve, piqués de curiosité, jouaient à la devinette.

— Avancez, mon cher Monsieur, s'écria le docteur.

Endimanché. M. Lareau apparut dans le chambranle de la salle à manger, une boîte de carton dans les bras.

— Je croyais vous voir à votre maison, Mme Bernier. J'ai pensé demander à notre bon Dr Taupier de les garder en attendant votre retour, dit-il, en désignant ce qu'il portait dans ses bras.

Mme Lareau fit signe à ses filles de ne rien dire et se hâta d'aller chuchoter à l'oreille de son mari :

— La porte n'est pas barrée. Mets la boîte tout près du poêle, on sera là dans une quinzaine de minutes.

Les filles Lareau se bidonnaient sur leur chaise. Leurs amies Bernier les mitraillaient de questions, mais le regard dissuasif de leur mère les rivait au silence.

Le dessert vite avalé, les fillettes demandèrent à quitter la table.

Cette permission obtenue, Gabrielle réclama de retourner au 1626 de la rue Bourgogne. Séneville consulta Mme Lareau qui opina de la tête.

Les politesses faites au couple Taupier, les filles se précipitèrent derrière leur amie Gaby dans l'espoir de la dépasser. Peine perdue. Les chaussures pêle-mêle dans l'entrée, les manteaux lancés sur la table de la cuisine, la championne héla sa sœur qui traînait de la patte. C'est avec Éva qu'elle voulait se mettre à la recherche de la boîte sous le regard amusé de leurs copines. Les verbiages couvraient les sons qui auraient pu les guider.

— À moins que mon père l'ait cachée dans la cave, crut Berthe.

La petite troupe s'y aventura. Sauf les deux Bernier, les chercheuses frissonnaient de peur et de dédain en naviguant dans la pénombre à travers les toiles d'araignées pendues aux poutres. Après avoir trébuché plus d'une fois sur les bosses de terre battue, elles battirent en retraite.

— Oh! mais il nous reste encore la remise, lança Gabrielle, confiante.

Toujours à la tête du petit groupe, elle se buta à une porte cadenassée. Le nez collé sur deux étroites fenêtres, elles cherchaient la boîte à mystère à travers tout un fatras.

— Je vais aller le demander à maman; elle doit le savoir, elle, suggéra Berthe.

— Non! attends, la pria Gabrielle. J'aimerais mieux qu'on la trouve par nous-mêmes. Retournons voir dans la maison.

Éva, moins acharnée que ses compagnes, avait déjà rebroussé chemin.

— Je l'ai trouvée, leur cria-t-elle, venant de découvrir la cachette derrière le poêle.

Toutes se ruèrent dans la maison.

— Viens voir, Gaby! Oh! qu'ils sont beaux!

— On en a chacune un. Lequel prends-tu, Éva?

— Le petit beige.

Deux chatons s'agrippaient au carton de la boîte pour tenter d'en sortir. Leurs protégés blottis au creux de leurs mains, les fillettes Bernier les câlinaient sous le regard envieux de leurs amies. Toutes réclamèrent de les prendre à tour de rôle.

— Une petite minute seulement, consentit Éva.

— Pas tout de suite. Il faut que mon p'tit Noiret ait le temps de reconnaître ma peau, dit Gabrielle.

— Rends-le-moi, réclama sa sœur. Je n'ai pas eu le temps de lui donner un nom.

— Moi, je l'appellerais Caramel, suggéra Berthe Lareau.

Les copines n'étaient pas encore lasses de caresses quand les adultes firent leur apparition. Informée des bonnes intentions de Mme Lareau, Séneville sourit en apercevant les chatons, mais une ombre couvrait son regard. Loin d'imaginer la triste situation de la famille Bernier, la donatrice avait cru pertinent d'offrir deux des cinq derniers-nés aux filles de la veuve.

— On n'a pas oublié leur attirance pour les animaux. Il fallait voir votre petite Éva passer des heures à s'amuser avec nos chats, avait-elle expliqué.

— J'ai bien peur qu'ils se perdent en ville, avait répliqué Séneville.

— Quand ils sont deux et qu'ils sont élevés dans la maison, ils ne cherchent pas à sortir.

Reconnaissant l'expérience de Mme Lareau en la matière, Séneville s'était sentie rassurée.

— J'ai même pris soin de vous donner un mâle et une femelle… pour ne pas qu'ils s'ennuient de leur maman.

Ces paroles avaient bouleversé la veuve. « Les chats sont protégés contre cette détresse, mais pas mes filles. Qui va leur éviter de s'ennuyer de leur mère ? Et puis, on n'a pas de place pour une chatterie dans notre petit logement ; encore moins d'argent pour les nourrir », avait-elle pensé, soumise à un nouveau dilemme. L'idéal eût été de les remettre aux Lareau, mais elle n'en trouvait pas le courage. Une idée vint à son secours.

— Maintenant, il faut espérer que M. Deschamps acceptera votre frère comme locataire, avait-elle dit à ses filles, après le départ des visiteuses.

Tout à leurs nouveaux petits amis, elles n'avaient pas saisi que cette remarque les concernait.

— Vous savez qu'on ne pourra pas les prendre avec nous dans le train, ajouta-t-elle.

Décontenancée, sa Gaby la fit répéter. Éva, qui avait bien entendu, se rebiffa :

— Moi j'emmène Caramel avec moi, en tout cas.

— Il ne faut pas les séparer, clama Gaby. C'est déjà assez triste qu'ils soient privés de leur mère…

Le silence accentua la désolation d'Éva et de sa mère.

— J'ai trouvé la solution, s'exclama Gaby. On les emporte dans notre sac d'école ; comme ça, ils ne pourront pas se sauver et le policier du train ne les verra pas.

— Puis on pourra les endormir pendant le voyage, projeta sa sœur.

— Mieux que ça ! On leur prépare un genre de maisonnette avec une boîte de carton. Une couverture de laine dans le fond, de petites fenêtres pour respirer, puis un couvercle qui nous permet de passer notre main pour aller les caresser.

— À la condition qu'on ne soit pas forcées de mettre cette boîte dans le compartiment à bagages, la prévint sa mère.

Le regard de sa Gaby se rembrunit.

— Maman, le coffre de tissus est-il encore ici ? demanda-t-elle.

— Non, mais il y en a un peu dans le gros sac de mélimélos.

— Si on déguisait la boîte en coffret à chapeau, le monsieur nous la laisserait.

Prise à son jeu, Séneville se mit à la recherche de pièces de tissu et de colle. Gabrielle trouva suffisamment de retailles pour satisfaire son imaginaire. Mais la colle manquait.

— Je vais aller vous en chercher, offrit Éva qui n'attendit point la permission pour traverser chez les Taupier.

Les formes du coffret avaient été choisies, les morceaux de coton et de satin taillés et la gamine n'était toujours pas revenue. L'impatience allait gagner Séneville lorsqu'elle aperçut sa fille précédée de celui qu'elle avait cherché à fuir toute la journée.

— J'ai pensé que vos filles apprécieraient mon coup de main, Mme Bernier. Votre petite Éva m'a raconté votre aventure… avec les chatons.

— Je vois, dit la veuve sidérée.

Par contre, Gabrielle le reçut avec bonheur, empressée de lui présenter Noiret et Caramel.

— Je vous laisse. J'ai tellement à faire, allégua la veuve qui disparut dans sa chambre à coucher.

D'une besace, Henri sortit tout un assortiment d'accessoires et d'outils.

— Vous êtes chanceux d'avoir tout ça, s'exclama la benjamine, triant ceux qui l'attiraient.

— Ceux-là sont à ma mère, corrigea-t-il.

— Vous, M. Henri, vous avez, en plus, des outils pour guérir, dit Gabrielle qui avait tôt fait de repérer le pot de colle.

— Ce n'est rien comparé à tous ceux que j'aimerais avoir.

— Vous ne pouvez pas les acheter?

— En réalité, c'est que je n'en trouve pas qui guériraient à la fois toutes les maladies, celles du corps comme celles du cœur.

Gabrielle reconnut sur le visage d'Henri une sincère désolation. Elle en fut à la fois touchée et troublée. Cet ancien voisin d'une générosité exemplaire venait de susciter une plus grande admiration chez les filles de la veuve. « Pourquoi maman le fuit-elle ? Il est si bon et si dévoué. Je vais le lui demander quand on sera dans le train vers Montréal », se promit-elle.

Henri parvint à donner à la boîte une forme hexagonale. Ravie, Gabrielle allait la garnir de pièces de tissu, mais elle dut attendre.

— Je vais faire des petits trous pour passer le ruban, et de plus grands pour laisser passer de l'air, avant, expliqua-t-il.

« Un vrai magicien », se dit Éva.

— Vous seriez bon en couture, je gage, avança sa sœur aînée.

— Il faut l'être pour pratiquer la chirurgie, ma belle Gaby. J'espère pouvoir terminer mes études un jour, avoua-t-il, visiblement inquiet.

— Est-ce que ça vous rend triste quand vous vous imaginez en train de passer votre aiguille plusieurs fois dans la peau d'un malade pour recoudre son entaille ?

— Ou quand vous devez le piquer comme maman a appris à le faire ? demanda Éva.

— J'ai appris à ne m'arrêter qu'au fait que je vais aider le malade à ne plus ressentir de douleurs.

La réponse du Dr Henri méritait réflexion. Le silence s'installa et perdura jusqu'à la fin du travail.

— Maman ! Venez voir ce que M. Henri nous a fait ! cria la benjamine.

— J'achève ! Encore une petite minute et je vais aller voir ce chef-d'œuvre.

Les filles s'empressèrent de placer leurs chatons dans leur jolie demeure. Lorsque Séneville revint dans la cuisine, elle les vit penchées sur leur trésor et Henri qui se plaisait à les observer. « Dommage qu'il ait des sentiments pour moi », pensa-t-elle, tracassée par ce qu'elle devrait lui dire.

— Du beau travail, reconnut-elle.

— Merci Mᵐᵉ Bernier. Garde Bernier, devrais-je dire. Je ne savais pas que nous avions une profession apparentée. J'en suis très impressionné.

— Il y a tout un monde entre le métier de garde-malade et celui de médecin.

— Les deux sont complémentaires, à mon point de vue.

Un profond malaise bâillonna Séneville.

— Je vous trouve courageuse, Madame. Je dirais même, héroïque, ajouta Henri. Je vous souhaite du bonheur à Montréal. Vous le méritez tant.

— Vous partez déjà, M. Henri ? dit Éva, désolée.

— Je le dois. J'ai donné congé à mon père aujourd'hui. Si un malade a besoin de soins, il faut que je sois là.

Le jeune médecin, visiblement mortifié, reprit le baluchon et sa trousse de médecin et les quitta, sans plus.

Gabrielle épiait sa mère. Elle lui sembla tourmentée.

— Vous n'êtes pas contente, maman ?

— Ne t'inquiète pas, ma chérie. Je me demandais seulement si je trouverais le courage d'aller à l'église ce soir. L'office des morts…

— Oh, non, maman. La sœur nous en a parlé. C'est trop triste puis trop long. Si vous voulez qu'on prie pour papa, pourquoi on ne le ferait pas ensemble, ici, quand Donio va rentrer ?

D'un battement de cils, Séneville lui donna l'espoir d'être exaucée.

— Pensez-vous que papa a de la peine de nous voir quitter sa maison pour de bon ?

— Si j'en crois ce que la religion nous a enseigné, non. Après la mort, si on a mené une bonne vie, on devrait être heureux pour toujours.

— Seulement après la mort ?

La question de Gabrielle interloqua Séneville. Le panorama de sa vie défila dans son esprit, lui rappelant ses grands bonheurs. Sa jeunesse, sa vie avec Elzéar, ses trois enfants en étaient.

— J'ai bien l'impression qu'avant notre mort, on connaît de grandes joies mais de grands chagrins aussi. Et c'est comme ça pour tout le monde.

Les mains plongées dans le nouveau domicile des chatons, Gabrielle en sortit le sien, tout abandonné au sommeil.

— Pas pour toi et moi, hein, mon beau Noiret ? Si un malheur nous attrape, nous allons le fuir à toute vitesse, lui susurra-t-elle en caressant son dos.

— Mon petit Caramel et moi aussi, dit Éva.

Séneville envia la candeur de sa benjamine et l'acharnement de Gaby à s'inventer une vie heureuse.

Cette soirée du Vendredi saint s'était déroulée dans la plus grande intimité au 1626 de la rue Bourgogne. Prévoyant ne pas revenir à Chambly pour le 19 mai, Séneville avait proposé à ses filles de souligner les quinze ans de Donio le lendemain, à l'heure du souper. Rien ne plaisait plus à Gabrielle que de préparer des surprises avec sa mère. Vu le manque de temps, de provisions alimentaires et d'accessoires, la fête s'annonçait sobre.

— Il faudrait lui faire un gâteau, au moins, dit son aînée.

— Il comprendra si on lui explique…

— J'ai une idée, maman. Attendez-moi, je reviens dans deux minutes, lança Gabrielle. Éva, surveille mon petit minou.

Le temps de chausser ses bottes et d'attraper son manteau, la jeune fille filait dans la rue Bourgogne. À bout de souffle, elle exposa son problème à Mme Lareau.

— J'ai mieux pour toi que de la poudre à pâte et du glaçage. Je prépare toujours deux ou trois gâteaux pour Pâques. Tiens, apporte celui à l'érable ; il est déjà décoré.

— J'aimerais mieux prendre celui qui ne l'est pas. Je pourrais dessiner quelque chose de spécial dessus.

— Ça te prend de la crème en plus du sucre en poudre ; en avez-vous ?

Confuse, Gabrielle dut avouer qu'elle l'ignorait.

— Je t'en prépare, dit Mme Lareau, remerciée au centuple par sa visiteuse.

Après avoir déposé le tout sur la table, la jeune fille ne reçut pas de sa mère l'accueil qu'elle espérait.

— Tu n'avais pas à quêter les voisins comme ça, Gaby. Combien de fois encore faudra-t-il te le dire ?

Tentant de s'expliquer, la jeune fille se mérita d'autres reproches :

— Tu sembles oublier que tu es encore en âge de demander des permissions, Gaby Bernier. Fais-tu exprès pour qu'on nous considère comme des mendiants ?

Gabrielle se confondit en excuses.

— C'est pour mon frère que j'ai fait ça, maman, parvint-elle à articuler.

Séneville regretta son attitude. Humiliée par ce qu'elle considérait comme une générosité excessive de la part de ses anciens voisins de

Chambly, elle se rebiffait contre toute étiquette d'indigence. N'était-ce pas dans cette intention qu'elle avait approuvé le désir de sa Gaby de taire non seulement leur assignation au pensionnat Sainte-Catherine, mais aussi le retour au travail de leur mère ? « Pour le temps que ça va durer, que les gens de Chambly ne soient pas informés de nos infortunes », avait-elle souhaité. Cela, elle devait l'expliquer à sa fille.

— Tu as tellement un grand cœur, ma Gaby ! J'aimerais seulement que tu me demandes la permission avant de poser un geste comme celui-là. À ton âge, tu ne peux pas toujours mesurer les conséquences de tes actes. C'est pour ça que les enfants ont des parents…

— Rien que pour ça ?

— Tu sais bien que non, ma Gaby. Tout le bonheur que tu nous apportes. Tant d'amour aussi en réponse à celui qu'on te donne.

Confortée, Gabrielle chercha une autre surprise pour l'anniversaire de son frère.

— Si on faisait une course au trésor avec le gâteau ? suggéra-t-elle.

Acceptée avec enthousiasme, cette idée fut différée ; Donio venait tout juste d'arriver quand M. Deschamps, l'acheteur de la maison, frappait à la porte. Tout de go, il annonça :

— C'est une chance que vous soyez venue cette fin de semaine, Mme Bernier.

— Vous seriez prêt à conclure l'achat maintenant ?

— Tout à fait ! Et plus encore ! Je ne sais pas si vous êtes au courant, mais cette maison, je l'achète pour ma fille, finalement.

Jusque-là, tout portait à la réjouissance.

— Avec ses deux petits marmots et celui qui s'en vient, elle en a bien plus besoin que ma femme et moi. Elle va être bien installée ici pour élever sa famille.

Du coup, Donio comprit qu'il n'en serait jamais le locataire. Dépité, il ne trouva pas les mots pour consoler ses sœurs qui se résignaient aussi difficilement que lui à dire adieu à cette demeure. L'acheteur n'avait pas tout dit :

— Je vous propose de verser ma quittance maintenant, de sorte que je pourrai faire quelques aménagements dès lundi.

Séneville posa sur chacun de ses enfants un regard impuissant.

— Mon témoin attend dehors fit remarquer M. Deschamps.

Tous les scénarios des Bernier étaient réduits en poussière. Les filles seraient présentes lors de la transaction, Donio aurait à se reloger et Gabrielle devrait enterrer les projets qu'elle avait conçus pour ses futures visites à Chambly.

D'un signe de la main, Séneville donna son approbation à M. Deschamps Le témoin vint les rejoindre et tous trois s'enfermèrent dans le boudoir. Donio invita ses sœurs dans sa chambre en attendant le départ des deux visiteurs.

— Qu'est-ce que ça veut dire *verser sa quittance* ? demanda Éva.

— C'est l'argent que l'acheteur doit donner pour devenir propriétaire de la maison.

— Je voudrais bien savoir ce que maman va faire de tout cet argent. J'aimerais tellement qu'elle arrête de travailler. On devrait s'adresser à papa tandis qu'on est tous les trois ensemble. Il est peut-être plus fort que sainte Fabiola.

Un silence glissa entre les trois jeunes Bernier. L'aîné susurra un doute :

— À moins que maman ait des dettes à rembourser ? Je le lui demanderai quand les messieurs seront partis, promit-il.

— Mais toi, Donio, où vas-tu habiter ? s'inquiéta Gabrielle.

La réponse tarda. Le jeune homme savait bien qu'on ne pouvait s'entasser davantage dans le logement de la rue de La Visitation. Plus encore, il s'était engagé auprès de ses deux employeurs à ne pas les quitter avant la fin de l'automne 1912.

— Ne t'inquiète pas pour moi, ma petite Gaby. Je connais plus d'une famille qui me ferait une place moyennant une légère pension.

Suivit une liste hypothétique des refuges de Donio. Le nom des Lareau faisait l'unanimité.

— On ne serait pas gênées de venir te visiter, affirma Gabrielle, réconfortée.

La porte du boudoir grinça, des salutations furent échangées et les deux hommes quittèrent sans que les trois enfants de la veuve puissent les revoir. Leur mère portait sur son visage les réponses aux questions qu'ils désiraient poser. Les meubles restants ainsi que le mobilier de la chambre à coucher de Donio seraient entreposés dans la remise jusqu'à l'été.

L'heure du souper venue, l'allégresse n'était pas au rendez-vous. La fraternité, oui.

— On avait décidé de fêter tes quinze ans ce soir, Donio, et on va les fêter. Un bon gâteau au chocolat nous mettra en appétit, annonça Séneville.

— Vous voulez dire qu'on peut commencer par le dessert ?

— Oui, ma Gaby ! Et si on a encore faim, on se lancera dans la soupe à l'orge que j'ai apportée de Montréal.

Séneville assista seule à la liturgie du Samedi saint. Les distractions ne manquèrent pas. À l'homélie, elle regretta de ne pas être restée auprès de ses enfants. Les propos du célébrant, tout comme les chants plaintifs et les bannières noires suspendues aux fenêtres de l'église, attaquaient son moral. Dans les regards des paroissiens, elle lisait parfois de la compassion, parfois de la curiosité, parfois même de la pitié. Le sentiment de n'être plus des leurs après moins de quatre mois d'absence l'étonna et l'affligea. Que savaient-ils de sa nouvelle vie? Qui pouvait leur avoir appris que ses filles étaient placées dans un orphelinat? La question posée, la réponse vint avec une certitude presque indubitable: les religieuses. À Chambly, les nouvelles couraient vite. «Comme j'ai été naïve de croire que j'aurais le temps de m'en sortir avant que ma situation ne soit ébruitée jusqu'ici.»

La veuve Bernier fut une des premières à quitter l'église. Sa démarche précipitée dissuada quiconque de la rejoindre. De loin, elle constata qu'au 1626 de la rue Bourgogne, les lumières n'avaient pas été éteintes. «Les filles se sont peut-être montrées craintives à l'heure du coucher. Je ne serais pas surprise que Donio se soit endormi aussi vite qu'elles, peut-être même avant.» De l'escalier, elle aperçut Gabrielle qui s'affairait dans la cuisine. Elle entrebâilla la porte avec précaution, se buta à un obstacle et entendit sa fille crier:

— Donio, c'est maman!

Éva endormie, les deux aînés avaient profité de son absence pour entasser dans des boîtes et des sacs tout ce qui devait sortir de la maison. Donio se préparait à les transporter dans la remise déverrouillée pendant que sa sœur lavait les tablettes des armoires.

— Vous êtes extraordinaires, mes chéris! Depuis trois ans surtout, vous êtes ma raison de vivre et ce soir, plus que jamais, je sais que nous resterons toujours solidaires, leur dit-elle profondément confortée.

— On tient à ce que vous puissiez vous reposer demain. Vous méritez bien une journée de congé, jugeait son fils.

— Les sœurs nous ont appris que le jour de Pâques était un jour de joie, ajouta Gabrielle. On ne veut pas que vous le passiez à travailler.

— C'est trop pour une petite fille de ton âge, Gaby. Tu as tellement l'air fatigué…

— Je ne suis pas fatiguée, maman. J'ai de la peine pour grand-maman aujourd'hui. On l'a laissée toute seule.

— J'ai tout prévu pour qu'elle ne manque de rien. Elle a de la nourriture pour quatre ou cinq jours et son amie Hermine a promis d'aller lui rendre visite.

— On aurait mieux fait de l'emmener avec nous…

— On ne le pouvait pas, Gaby. Le voyage aurait été trop épuisant pour elle. Et puis, regarde dans quoi on vit depuis deux jours.

— Elle se fait des peurs, parfois, la p'tite Gaby, croyait Donio.

— Surtout quand elle est fatiguée, renchérit sa mère, pour s'en convaincre.

Gabrielle prit son chaton et alla se blottir dans un fauteuil. Sa mère l'aida à enfiler sa nuisette et les couvrit d'une épaisse couverture de laine. Le sommeil ne tarda pas. Séneville puisa dans le peu d'énergie qu'il lui restait la force d'échanger avec son fils sur ses projets et sur les arrangements qu'il devrait prendre. Questionnée sur l'usage de l'argent que venait de lui remettre M. Deschamps, elle dut le décevoir. Le loyer à payer, les frais de subsistance et les honoraires à verser à l'avocat ne lui permettaient pas d'améliorer son quotidien ni celui de ses filles. À ces dépenses, des frais médicaux pour Louise-Zoé s'étaient ajoutés depuis le déménagement. Dans un tel contexte, la présence des petites bêtes faisait diversion.

Le lendemain avant-midi, la veuve Bernier et ses filles quittèrent Chambly pour retourner à Montréal. Les adieux à leur maison de la rue Bourgogne furent allégés par Noiret et Caramel. La responsabilité de ces chatons fut confiée à Gabrielle jusqu'à ce que le contrôleur du train ait fait sa tournée, après quoi Éva en aurait aussi la garde. Donio fut seul à les accompagner à la gare, tout Chambly assistait à la messe de Pâques. Séneville n'aurait pu souhaiter mieux. Pas de place pour le pathétique. Toute l'attention se portait sur les bagages dont la boîte à minets. Gabrielle y avait ajouté son foulard de laine. «La chaleur les endort», lui avait appris son frère.

Sur une banquette, Séneville et Éva faisaient face à Gabrielle et ses protégés. Tirés de leur sommeil par les sifflements du train et les secousses du départ, les chatons se mirent à miauler et à griffer les murs de leur prison. Gabrielle y plongea la main pour les calmer de ses caresses. « Sainte Fabiola, papa, venez à mon secours ! » Séneville eut l'idée de couvrir de son manteau le bras de sa fille et la précieuse boîte. Une accalmie s'amorça et perdura. Le contrôleur n'avait qu'à se présenter. Il tardait. Les Bernier commencèrent à trépigner d'impatience.

— On aurait peut-être mieux fait de choisir un wagon au milieu plutôt qu'à la fin, murmura Séneville.

Les filles lui donnèrent raison d'un rictus discret. Fouillant dans son coffre à solutions, Gabrielle y trouva, crut-elle, une astuce de taille :

— Je vais filer vers les toilettes dès l'apparition du monsieur bedonnant au costume garni de boutons dorés.

La détente s'installa de nouveau dans le cœur des trois Bernier. De sa banquette, Gabrielle vit déambuler le contrôleur dans le wagon précédent.

— Il s'en vient, maman.

— Continuez de dormir, mes petits anges, chuchota Séneville.

« Mes petits anges ! Maman commence donc à aimer nos chatons ! C'est un miracle ! Comme la résurrection de Jésus qu'on fête aujourd'hui… », se dit Gabrielle, émerveillée.

— Vos billets s'il vous plaît, ordonna le contrôleur.

Séneville lui présenta les trois. Il jeta un regard de superviseur sur les fillettes, puis sur le bras caché de Gabrielle.

— Je vais vous dégager de ce paquet, offrit-il.

— J'aime mieux le garder avec moi, Monsieur, rétorqua Gabrielle.

Le temps de prononcer sa supplique, le manteau qui couvrait la boîte fut retiré et de ses yeux ronds d'étonnement, le contrôleur voulut en connaître le contenu.

— C'est un cadeau fragile pour ma grand-maman, Monsieur.

— Montrez-moi ça, Mademoiselle.

Le regard inquiet, Gabrielle attendait une intervention de sa mère. Elle vint.

— Pour ne pas déranger les passagers, ce serait mieux de ne pas les réveiller. Ils sont tout petits et ils s'ennuient encore de leur mère.

— Mais de quoi parlez-vous, Madame?

Les mains en parenthèses sur sa bouche, Gabrielle chuchota:

— Deux petits minous pour distraire une grand-maman en or. Elle est malade et elle passe ses grandes journées toute seule.

Se tournant vers Séneville, le superviseur l'admonesta:

— Vous devriez savoir que vous n'avez pas le droit de transporter des animaux dans les wagons de voyageurs. Donnez-moi ça.

— Ils sont trop petits pour aller avec les autres animaux, Monsieur. Ils risquent de mourir avant qu'on arrive à Montréal, dit Gabrielle des sanglots dans la voix.

— Vous avez le choix, Madame. Ou vous me les donnez pour qu'on les place avec les autres ou vous les descendez à la prochaine gare.

Gabrielle prit la boîte, la colla à son ventre en gémissant. Compatissants, les voyageurs du même wagon dirigèrent vers le contrôleur des regards réprobateurs.

— Je reviens dans quelques minutes, annonça-t-il en tournant les talons d'un air de tigre.

Son absence permit à Séneville de féliciter sa Gaby d'avoir si bien joué son numéro.

— Il y a peut-être de gros chiens et de gros chats dans ce wagon. Nos chatons risquent de se faire piétiner… dit Éva.

— Il aurait fallu les transporter dans une petite cage de métal, reconnut sa sœur.

« J'aurais dû me montrer plus ferme et ne pas accepter ces chatons. Mes filles auraient pleuré, c'est sûr, mais on se serait épargné bien du trouble. Sans compter qu'elles ont probablement raison ; ils risquent de ne pas faire le voyage si on nous les enlève. Que c'est difficile de garder la juste mesure avec des enfants malchanceux ! Le désir de compenser nous joue parfois de bien mauvais tours », constata Séneville.

Le retour du contrôleur tarda au point que le train eut le temps de s'arrêter à une gare et d'en repartir avant qu'un autre officier ne vînt les voir. Gabrielle plaida la cause de sa grand-mère et des chatons avec autant de brio que la fois précédente. Après l'avoir écoutée avec la même froideur et non moins d'impatience, l'homme en costume officiel ouvrit enfin la bouche.

— Vous avez apporté un peu de lait pour ces petits ?

— On n'a pas pu… répondit Gabrielle.

— Je vais voir à ce qu'on vous en apporte.

Les sourires s'affichèrent sur le visage des trois voyageuses et les mercis fusèrent.

— Maman, lequel de papa ou de sainte Fabiola a fait ça pour nous ? demanda Gabrielle.

— Je ne sais pas, mais je serais portée à t'accorder la plus grande part des mérites, ma p'tite Gaby.

— Quand est-ce qu'on arrête d'être petite ?

— On s'en reparlera un autre jour, répondit Séneville en lui tapant un clin d'œil.

De la fenêtre de leur modeste appartement, rue de La Visitation, Louise-Zoé fut ravie de voir arriver sa fille et ses petites-filles, toutes trois chargées comme des mulets. Sa joie fut si grande que son cœur voulut s'emballer. « Du calme, mon petit. Tu ne vas pas me faire d'autres scènes aujourd'hui. »

La porte à peine entrouverte, Gabrielle avait lancé ses bottes dans le corridor et elle courait vers sa grand-mère forcée de lui ouvrir les bras plus grands que d'habitude.

— Qu'est-ce donc que tu traînes avec toi ?

— Deux petits trésors, grand-maman. Attendez que je vous montre ça.

Gabrielle fit asseoir l'aïeule, posa la boîte sur ses genoux et l'ouvrit avec minutie, préoccupée de ne pas réveiller les chatons. Elle en retira le foulard si lentement que Louise-Zoé s'impatienta et tira dessus sans ménagement.

— Pas des chats ! On ne peut pas garder ça ici, Gaby ! s'écria-t-elle en repoussant le carton.

Séneville promit à sa mère de tout lui expliquer, une fois les bagages rangés.

— Attention, grand-maman ! Ils sont fragiles, plaida Gaby.

La vieille dame dévisagea sa fille. Que de reproches dans son regard ! Un déplaisir évident. Gabrielle le perçut, mais elle n'allait pas baisser les bras. Elle sortit Noiret de sa prison, présenta Caramel à sa sœur et toutes deux prirent place de chaque côté de leur grand-mère en caressant leurs protégés.

— Son poil est si doux. Touchez-le, grand-maman, la pria Éva.

— Celui de mon Noiret aussi.

Et voilà que Noiret et Caramel se retrouvèrent sur les genoux de Louise-Zoé qui consentit à les câliner du bout des doigts, puis du dos de la main. Un revirement si inattendu enchanta Gaby et sa jeune sœur. Elles en gratifièrent l'aïeule avec force compliments. Hélas! Leur enthousiasme allait être balayé par une apparition fortuite.

— Ah! Elles sont enfin arrivées, celles-là! clama Mme Leblanc.

— Comment ça, enfin? On est revenues cinq heures plus tôt que prévu, se récria Séneville.

— Que faites-vous de l'accident de votre mère, hein?

Séneville figea sur place. Vindicative, Hermine lui apprit que Louise-Zoé s'était évanouie dans l'église pendant la cérémonie du Vendredi saint.

— Vous m'aviez promis d'en prévenir votre fille, l'avez-vous fait?

— Il n'y a plus de téléphone dans sa maison de Chambly. Je l'avais oublié, confessa la vieille dame.

— Puis vous m'avez caché ça hier.

— Je ne voulais pas que vous vous inquiétez pour moi. C'était juste un petit malaise passager… comme c'est déjà arrivé par le passé. Quand je suis tranquille chez moi, je le vois venir et je peux l'éviter.

Une fois de plus, Gabrielle avait pressenti, lors de leur séjour à Chambly, que sa grand-mère n'allait pas bien.

— Je savais bien qu'on aurait dû vous emmener avec nous, lui révéla-t-elle.

— Ma pauvre petite Gaby, ç'aurait été pire pour ta vieille grand-mère. Non, non! Je serai plus prudente à l'avenir. Je resterai à la maison quand je me sentirai fatiguée.

Rassurée mais quelque peu grincheuse, Hermine signifia aussitôt son départ.

— N'oubliez pas que vous devez être auprès de ma fille et de son bébé demain, rappela-t-elle à Séneville.

— On s'était entendues pour mardi. Pas pour lundi…

— Peut-être, mais puisque vous êtes de retour…

— Je vais faire mon possible, répondit Séneville, imperturbable.

Mme Leblanc avait à peine franchi le seuil que Gabrielle, fière de sa mère, la suppliait de respecter sa promesse de demeurer en congé jusqu'à lundi soir.

Dans l'espoir d'être exaucée, la jeune fille proposa une promenade dans leur ancien quartier de Saint-Henri et un arrêt à l'épicerie pour acheter du lait aux chatons.

— Tu as de l'argent pour le payer ? lui demanda sa mère.

— Oh, oui ! Donio m'en a donné.

Le foulard de Gaby sur ses genoux, Louise-Zoé avait accepté de bercer Noiret et Caramel. Un sourire narquois sur les lèvres, elle conseilla à Séneville de ne pas aller chez les Leblanc, le lendemain.

— Avec Hermine, ce n'est jamais assez. Les gens d'affaires la surnomment Mme Plus. Ils n'ont peut-être pas tort. Puis, pour ce qui est de Saint-Henri, je vais vous laisser y aller seules.

— Ce n'est pas parce que Gaby le propose qu'on est forcés de le faire, rétorqua Séneville. Je juge plus sage de rester avec vous et de vous aider à vous remettre de votre accident.

Gabrielle le comprit et offrit d'aider sa mère à préparer des repas pour sa grand-mère.

— À la condition, grand-maman, que vous berciez mon petit Noiret pendant que je serai occupée.

À moins de trois jours du onzième anniversaire de Gaby, l'inquiétude au sujet de Louise-Zoé et le bonheur de voir grandir les chatons se chevauchaient, rue de La Visitation. Atteinte de troubles cardiaques, l'aïeule avait été hospitalisée au milieu de la semaine.

Sorties de leur lit au lever du soleil, Gabrielle et Éva s'amusaient avec leurs chatons en attendant que leur mère les rejoigne dans la cuisine. Leurs semaines au pensionnat leur avaient semblé plus longues que jamais depuis Pâques ; la nostalgie causée par la séparation d'avec leur mère et leur grand-mère s'était lestée de celle de leurs petits protégés. Elles enviaient Louise-Zoé, définitivement amourachée de ses petits compagnons de vie, de pouvoir les cajoler à son goût.

Affamées et lasses d'attendre le réveil de leur mère, les fillettes avaient dressé la table et tartiné d'épaisses tranches de pain avec du beurre d'érable, cadeau des Bartolomew.

— C'est prêt, maman ! cria Éva.

Le silence.

Les fillettes abandonnèrent leur tartine et coururent à la chambre. Assise sur le bord du lit, Séneville pleurait, la figure nichée dans ses mains. Questionnée sur les causes de son chagrin, elle répondit :

— Je devrais être soulagée au lieu de pleurer.

— Vous pleurez de joie ? crut Éva.

— Pas tout à fait, ma chérie.

Séneville tendit les bras à ses filles avant de leur annoncer que leur grand-maman ne souffrait plus. Éva se réjouit, ne réalisant pas que Louise-Zoé était décédée. Gabrielle saisit l'oreiller de sa grand-mère et le colla à son ventre en gémissant. Ses lamentations déchirèrent le cœur de sa mère.

— Ce n'est pas juste, maman ! On est venues ici pour rien. Ça ne fait même pas un an et grand-maman est déjà partie. Il ne pouvait pas nous arriver pire malheur. Plus personne pour me montrer à coudre des chapeaux. Plus personne pour attendre ici… Qu'est-ce qu'on va devenir, maman ?

Pelotonnées l'une sur l'autre, toutes trois communiaient à une même peine, en quête d'apaisement.

Le téléphone avait sonné à trois heures du matin et depuis, Séneville vivait des tourments aussi douloureux qu'à la mort de son mari. Les vacances scolaires, tant espérées, tournaient au cauchemar. Pourrait-elle demeurer à la maison pendant deux mois, sans revenus ? Sinon, qu'allait-elle faire de ses filles ?

— Je n'aime pas ça quand vous pleurez comme ça, gémit Éva.

— Je te comprends, ma chérie. Je vais faire ma grande fille, lui promit sa mère.

Parvenue à un minimum de contrôle, Séneville se mit à table et croqua dans la tartine préparée par ses filles.

— Après le déjeuner, je dois aller signer des papiers à l'hôpital. Gaby, tu serais capable de t'occuper de ta petite sœur pour une heure, à peu près ?

— Je serais capable, mais pourquoi on n'irait pas toutes les trois à l'hôpital ?

— Oui, oui, maman. J'aimerais revoir grand-maman une dernière fois, dit Éva.

— Ce n'est plus possible, ma poulette !

— Elle est déjà en route pour le ciel ?

Séneville hocha la tête. « Comment expliquer la mort à une enfant aussi candide ? Gaby avait un an de moins quand son père est décédé et pourtant elle avait réagi comme si elle en avait eu trois de plus. »

— L'âme de votre grand-maman est déjà au ciel, mais son corps va rester avec nous pendant quelque temps encore, expliqua Séneville, souhaitant que sa benjamine ne réclame pas plus de précisions.

L'heure était à la réflexion jusqu'à ce que Gabrielle voulut savoir si la douleur de perdre sa mère s'atténuait avec l'âge. Nouveau dilemme pour Séneville. Lui avouer qu'elle ne le croyait pas risquait de la peiner davantage.

— Ce n'est pas une question d'âge… Je crois que ça dépend de l'attachement qu'on a pour sa mère.

— Je ne veux pas qu'on fête mes onze ans ; ce serait trop triste sans grand-maman.

Ayant vu le jour le 13 juin 1832 et Gabrielle le 12 du même mois, Louise-Zoé avait toujours tenu à dire qu'elle et sa petite Gaby étaient nées à la même date. Toutes deux s'en faisaient une gloire. L'aïeule disait avoir transmis à sa petite-fille tous les talents qui lui avaient bâti une bonne réputation en plus de lui assurer des revenus substantiels. L'art culinaire, le tissage et la couture l'avaient toujours passionnée. À ses talents, s'ajoutaient des aptitudes en relations humaines, de l'audace et une force de caractère doublée d'un humour judicieux. Pour tout cela, sa Gaby l'admirait et souhaitait lui ressembler.

Sur le divan, une catalogne servait de jeté. C'était un des chefs-d'œuvre de grand-mère Bernier.

— Est-ce que je pourrais la garder ? demanda Gaby.

— Je voudrais bien, mais je ne crois pas que les religieuses accepteraient ça.

— On va devoir y retourner ? s'écria Éva.

— Bien oui. Il faut que ta maman continue à travailler.

Les filles ne purent retenir leurs larmes. Les mots consolateurs restaient emprisonnés dans la gorge de Séneville. L'aînée se ressaisit, croyant avoir trouvé une solution.

— On va faire une place pour Donio avec nous. Après sa journée de travail, on pourra revenir à la maison avec lui.

Séneville promit de faire tout en son possible pour que l'année scolaire terminée, elles n'aient plus à fréquenter l'orphelinat.

— Vous aurez congé pour les trois prochains jours, leur annonça-t-elle.

Happée par l'urgence de voir aux arrangements funéraires, Séneville confia Éva à sa grande sœur. Or, de l'hôpital Notre-Dame à la morgue Urgel Bourgie, et de là au presbytère de la paroisse, elle mit un peu plus d'une heure.

— Maman ! J'avais peur de ne plus jamais vous revoir, s'écria Éva, accourant à sa rencontre pour lui sauter dans les bras.

Noiret s'étant endormi dans ses bras, Gaby, emmaillotée dans la catalogne de sa grand-mère, n'avait pas quitté sa place.

— Quand est-ce que Donio va arriver, Maman ?

Séneville baissa les bras, visiblement embarrassée.

— Il va prendre le train tôt demain matin, trouva-t-elle à lui répondre, cachant qu'elle avait profité de son passage chez l'entrepreneur de pompes funèbres pour lui téléphoner et lui parler ainsi plus librement.

— J'aimerais lui téléphoner, la pria Gabrielle.

— Il est au garage jusqu'après le souper…

— Vous lui avez donc parlé ?

— Oui.

— Quand ?

— Cet avant-midi.

— Qu'est-ce qu'il a dit ?

— Gaby, ce soir, tu pourras lui téléphoner. Il devrait être chez les Lareau.

L'obligation de prévoir des tenues convenables pour les visites au salon funéraire et pour les funérailles la délogea du fauteuil et lui apporta une saine distraction. Comme sa mère, elle déplora ne pas avoir autant de choix pour les robes que pour les chapeaux.

Les cloches de l'église sonnèrent pour annoncer la deuxième messe du dimanche. Malgré son esprit critique envers certains préceptes de la doctrine judéo-chrétienne, telle la confession, Louise-Zoé ne la manquait jamais. Séneville avait exigé que toutes trois portent leurs costumes de deuil pour s'y présenter. Peu avant le prône, elle chuchota à l'oreille de chacune :

— Le prêtre va annoncer les funérailles de grand-maman.

Or le prône prit fin et l'*Ite missa est* fut prononcé sans aucune mention du décès de feue Mme François-Rupice Bernier.

D'abord hésitante puis déterminée, Séneville se rendit à la sacristie pour en connaître la cause.

— Les avis de décès ne se lisent qu'à la grand-messe, lui répondit le célébrant.

Séneville en douta, ce qui lui attira une réplique cinglante :

— Si vous respectiez religieusement votre devoir dominical, vous sauriez ça, Madame.

Après un dîner des plus sobres, désireuse de téléphoner à nouveau à son fils en toute discrétion, elle suggéra à ses filles d'aller jouer dehors. La résistance fut vive et elle vint d'abord de Gabrielle qui, de la fenêtre, observait les enfants dans la cour.

— Je n'ai pas envie de jouer. Surtout pas dehors avec les petits morveux de l'appartement du sous-sol.

— Moi non plus je n'ai pas le goût d'aller dehors. J'ai déjà mon ami Caramel et il aime beaucoup jouer avec moi, dit Éva.

À cette évocation de sa benjamine, Séneville sentit l'étau se resserrer sur son cœur. Il lui semblait impossible de garder ces chats sans la présence de Louise-Zoé qui veillait à leurs besoins. L'appartement risquait d'être inhabité à longueur de semaine. Plus encore, elle devrait se battre pour être en congé du vendredi soir au dimanche soir. Le pire lui apparut : les deux mois de vacances scolaires. Un spectre. Le besoin d'isolement s'imposait pour ne pas céder au découragement.

— Une sieste nous ferait à toutes le plus grand bien, décréta la veuve.

Éva s'y soumit sans protester, mais sa sœur y mit une condition : demeurer dans le salon, bien emmaillotée avec Noiret. « Une victoire sur deux », se dit leur mère, empressée de glisser entre ses draps.

L'absence de Louise-Zoé ne se fit pas sentir que dans son lit. Séneville venait de perdre sa confidente, sa conseillère et sa seule amie. Un gouffre de solitude autour d'elle. Elle regretta l'absence des femmes de Chambly avec qui elle avait de bonnes relations. Hermine et son mari lui semblaient plus redoutables qu'obligeants. Un frisson lui creusa le dos. Son Elzéar lui manquait affreusement. Il se montrait inatteignable jusque dans ses prières. Séneville leva la tête et constata dans l'entrebâillement de sa porte de chambre que son aînée ne dormait pas.

— Aimerais-tu mieux venir me retrouver ? chuchota-t-elle.

Glissé entre la fille et la mère, Noiret reprit son ronronnement. D'une caresse sur son front, Séneville invita sa Gaby à se confier. Les mots semblaient chercher leur chemin dans le flot d'émotions qui les habitait.

— Donio n'a plus le choix, maman. Il doit venir habiter avec nous maintenant.

Aucune réplique ne vint de Séneville. Qu'un grand embarras dans son regard.

— On est devenus seuls au monde, nous quatre, renchérit Gabrielle.

Trois toc toc les firent sursauter.

— Ne bougez pas, maman, je vais aller voir par le trou de la serrure si c'est notre chère Hermine.

Séneville prêta l'oreille. Le verrou céda. Suivirent des cris de joie retenus. Des pleurs étouffés, aussi. Donio venait d'arriver. Derrière les chatons, Éva et sa mère vinrent l'accueillir.

— Tu resteras avec nous pour toujours, conclut Éva à voir son bagage.

— Pour plusieurs jours, corrigea-t-il.

Les étreintes furent généreuses. Pendant quelques instants, la joie supplanta le deuil. Donio ne tarda pas à exposer sur la table le contenu de son fourre-tout. Des robes de circonstance pour ses sœurs, un veston noir pour sa mère, un complet gris pour lui-même, le tout prêté par Mme Lareau. De sa poche de chemise, il sortit une enveloppe adressée à Mme Bernier. En connaissant la provenance, Donio lui conseilla de l'ouvrir plus tard dans sa chambre. La curiosité l'emporta. La porte verrouillée derrière elle, Séneville éventra l'enveloppe ; des billets totalisant quarante dollars avaient été insérés dans une carte de sympathie adressée à la famille Bernier et signée de la main des trois Taupier. Secouée par un imbroglio de sentiments, elle dut prendre le temps de se ressaisir avant de retourner auprès de ses enfants. D'enfouir ces papiers au fond d'un tiroir l'y aida. La période d'essayage des vêtements, aussi.

— Mme Lareau nous connaît si bien qu'elle ne nous aurait pas prêté des vêtements de mauvaise taille, dit-elle, reconnaissante.

Les questions coulèrent de la part des filles, principalement de Gabrielle. Les réponses ne comblèrent pas toutes ses attentes. Donio assisterait aux funérailles mardi, prendrait le mercredi et le jeudi pour se trouver du travail.

— Tu vas retourner à Chambly seulement pour chercher tes affaires, crut Éva.

— Si je trouve un bon travail, bien payé, oui.

— Sinon, tu feras quoi ? voulut savoir Gabrielle.

— On en reparlera en temps et lieu, décida Séneville.

Donio en éprouva un réel soulagement.

Au salon funéraire tout comme pour les funérailles, les visiteurs avaient été peu nombreux. S'étaient présentés des couples âgés de Saint-Henri, des religieuses de l'orphelinat Sainte-Catherine ainsi que les élèves des classes de quatrième et sixième années, Me Leblanc et Hermine, le Dr Virolle, son épouse et quelques habitués des offices religieux. Éva, Gabrielle et leur frère ne se rendirent pas au cimetière.

De retour à l'appartement, Donio précisa le programme des deux jours à venir. Apparurent en priorité sa recherche d'emploi de même que les engagements de Séneville ; les fillettes devaient donc reprendre la route du pensionnat.

— À moins que je ne trouve un travail intéressant dès demain. Si c'est le cas, vendredi soir, j'irai vous chercher en personne au pensionnat, leur promit-il.

— Sinon ? relança Gabrielle.

— Je devrai mettre Noiret et Caramel en pension chez les Lareau jusqu'à ce que maman ou moi puisse en prendre soin ici.

UNE INDISCRÉTION D'ÉVA...

Je n'ai jamais supporté de voir ma sœur pleurer.

À force de chercher, j'ai fini par trouver un bon moyen de l'en empêcher. Je me mettais alors à sangloter, ce qui l'incitait à me consoler. Elle me disait des paroles si réconfortantes qu'elle en oubliait sa propre tristesse. Je n'oublierai jamais la nuit où elle m'a tiré d'un sommeil profond pour me confier qu'elle avait fait un rêve pas ordinaire. « Il ressemblait à un de ces songes que faisaient les grands prophètes de la Bible. Je nous voyais toutes deux vêtues comme des riches et portant de très beaux bijoux. Nous étions heureuses. Ce rêve-là est trop spécial pour ne pas se réaliser », croyait-elle. Quand j'avais de la peine, elle me le rappelait avec une certitude contagieuse.

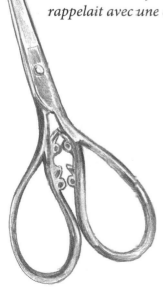

DEUXIÈME PARTIE

CHAPITRE VI

Faire des sacrifices. Je n'entends que ça autour de moi depuis le décès de papa. Plus encore depuis qu'on habite à Montréal. Je suis allée voir dans le dictionnaire de la sœur qui m'enseigne le français. C'est écrit: «Renoncement, privation volontaire ou forcé(e) à des fins religieuses, morales ou utilitaires.» C'est bien ce que je pensais. Celui que maman m'a demandé de faire pour Donio est forcé. Je l'aime gros, mon grand frère, mais je ne suis pas prête à m'emprisonner encore pendant des années dans cet orphelinat pour qu'il apprenne un métier. Quand maman nous a emmenées là, ma sœur et moi, ce ne devait pas être pour très longtemps. Mais ma grand-maman est morte. Je n'ai que treize ans et j'ai déjà deux ans et demi de cloître derrière moi. Plus ça va, moins je me sens normale. Plus je resterai longtemps dans cet l'orphelinat, moins j'aurai de chances d'être perçue comme une fille de mon âge. Ma cousine Marie-Rene m'amène à le constater chaque fois qu'on se visite. Elle a plein de secrets à me confier alors que je ne sais parler d'autre chose que de ma vie plate de pensionnaire. Si ce n'était d'Éva, ça ferait longtemps que je me serais sauvée de ce couvent. Je ne peux pas lui faire ça. Elle est si timide, en plus d'être très attachée à moi. Moi aussi je l'aime beaucoup, mais il m'arrive de préférer mon grand frère, d'avoir le goût de faire les mêmes choix que lui pour être enfin libre.

Le climat venu de l'Europe et qui enveloppait Montréal en ce début du mois d'août 1914 n'avait pas troublé que les Bernier. Le Canada, faisant partie de l'empire britannique, se retrouva en guerre contre l'Allemagne.

La guerre! Mot redoutable, s'il en fut. Mot qui semait la terreur dans le cœur des épouses et des mères. Le spectre du nombre élevé de veuves et d'orphelins faisait frémir le pays tout entier. Comment expliquer que des centaines de manifestants défilent dans les rues de la ville en chantant? Jamais les hymnes nationaux n'avaient connu une telle popularité. Pour nombre de Montréalais, il évoquait le souvenir de certaines émeutes, mais il demeurait étranger pour Gabrielle et ses proches. Donio, âgé de dix-sept ans, en congé dans sa famille pour une dizaine de jours, découvrait la complexité de ces conflits.

Le dimanche précédent, il s'était retrouvé au milieu d'un groupe de jeunes Montréalais qui péroraient sur la guerre déclarée entre l'Autriche et la Serbie et à laquelle venaient de se mêler la Russie, l'Angleterre, l'Allemagne et la France. Leur frénésie avait gagné le jeune Bernier. Rêvant d'aventure, il se voyait traverser l'Europe en costume de militaire sans qu'il lui en coûte un sou. Enfin, il deviendrait quelqu'un.

— Si on allait marcher dans la rue Sainte-Catherine vers l'ouest? proposa-t-il.

— Pourquoi vers l'ouest? demanda Séneville, réticente.

— Je veux voir s'il y a encore un regroupement en face de l'édifice de *La Patrie.*

Gabrielle se montra enthousiaste; à treize ans, les sorties de Donio l'intéressaient. Séneville aurait préféré une autre balade mais devant l'intérêt marqué de son fils, elle voulut en connaître les motivations.

Les filles Bernier se rendirent au désir de Donio. Gabrielle et sa sœur se gavaient de la tiédeur de cette fin d'août et de la liberté hors des murs de l'orphelinat. À l'approche de l'édifice de *La Patrie,* Séneville s'inquiéta. L'agitation était palpable. Un groupe de manifestants criaient et frappaient des mains.

— N'approchez plus, les filles, ordonna Séneville.

Et, de son fils qui les avait précédées, elle en apprit la raison.

— Les Français ont réussi à massacrer une gang d'Allemands, expliqua-t-il, triomphant.

Puis il relata certains faits d'une soirée bouleversante mais non moins excitante à laquelle il avait assisté.

— J'ai vu des Français et des Allemands sur le point de se battre. Des manifestants chantaient *La Marseillaise* et le *God Save the King*. D'autres ont ensuite entonné l'*Ô Canada*, mais un agent les a fait taire.

— Pourquoi ? demanda Gabrielle, offusquée.

— J'ai voulu le savoir, mais l'agent a fait semblant de ne pas m'entendre.

Séneville intervint :

— Je pense que ce n'est pas la place, ici, pour poser des questions, ma Gaby. Je sens tellement de tensions dans l'air... Comme si la guerre était sur le point de commencer chez nous aussi.

— Vous avez raison, maman. Il n'y a pas que des Canadiens français dans les alentours.

— Allons-nous-en d'ici, Donio. J'ai peur.

— Tant qu'on restera discrets, il n'y a pas de danger.

— J'aimerais mieux qu'on aille se promener sur les quais... suggéra Gabrielle.

— On n'en a plus le droit. Le port est fermé et des centaines de policiers sont postés là pour empêcher les gens de s'approcher.

— On dirait qu'il se prépare quelque chose de grave… On aurait dû rester à Chambly, dit Gabrielle.

— On rentre. Il n'y a rien de plaisant ici, décréta Séneville.

Les filles avaient repris le chemin vers la maison avec empressement, mais Donio lambinait. Son désir de s'attarder et l'intérêt qu'il vouait à ces événements ajoutèrent à l'inquiétude de sa mère. Marchant devant lui et Gabrielle, Séneville put saisir des bribes de leur conversation :

— À cause du décès de papa, j'ai dû sacrifier mon rêve d'apprendre le même métier que lui, mais cette fois je ne laisserai pas passer ma chance de faire quelque chose d'honorable.

— Je ne comprends pas que tu aies le goût de jouer au tueur.

— Il faut que tu penses plus grand que ça, Gaby. Défendre son pays avec un groupe d'hommes courageux, ça donne du sens à ta vie.

— Courir au-devant de la mort donnerait du sens à ta vie ? La mort puis la vie, ça ne va pas ensemble.

— En temps de guerre, oui. Puis j'aurais l'occasion de voyager.

— Un autre soldat peut te faire sauter la tête dès la première journée. Adieu voyage ! Adieu la famille ! Déjà qu'on n'a plus de père ni de grand-mère… Ne fais pas ça, Donio. Reste avec nous.

Frigorifiée par les propos de son fils, Séneville proposa une balade au parc Sohmer. Rue Notre-Dame, tout prêt de la rue Panet, des tables et des chaises avaient été installées de chaque côté de la promenade et des rafraîchissements étaient offerts aux visiteurs. L'architecture du pavillon situé à l'entrée du parc les émerveilla.

— On dirait de la dentelle entre les petites tours coiffées d'un cornet, s'exclama Gaby. Ça fait longtemps qu'il existe, ce parc ?

— Une vingtaine d'années, je crois.

En apercevant les manèges, Gabrielle déplora que sa mère ne les y ait jamais emmenées. Elle voulut en connaître la raison.

— Ça ne fait pas longtemps que je sais qu'il existe, ce parc. Je l'ai découvert en allant chez une cliente. Puis le temps nous a tellement manqué…

Envoûtée, Gabrielle regardait passer ces élégantes dames coiffées de superbes chapeaux fleuris et portant, qui une longue robe de mousseline blanche, qui un corsage drapé ou une jupe colorée et finement brodée. Nulle comparaison avec les tenues que portaient adultes et enfants de son quartier. Dans le sac à main de sa mère, elle trouva le nécessaire pour dessiner certaines tenues dans l'intention de les reproduire pour habiller les quelques poupées qu'elle et sa sœur possédaient. Cette activité la passionnait plus encore que la musique et l'équitation qu'elle avait dû sacrifier.

Une serveuse, svelte et radieuse à en faire loucher Donio, vint leur offrir des limonades.

— Un petit rafraîchissement avant d'aller faire le tour des expositions?

— Des expositions de…

— De toutes sortes, Madame. Puis des spectacles de variétés. Pas cher, Madame.

— J'ai entendu parler qu'il y avait des numéros de cirque, aussi, avança Donio, heureux de saisir l'occasion de faire bonne impression.

Affichant son plus beau sourire, elle l'informa des combats de lutte et de boxe qui se tenaient dans ce parc.

— Pas par des amateurs, tu sauras. Des géants, ces hommes-là. Puis il y a aussi ces concours de force. Et pas avec n'importe qui! Louis Cyr, l'homme le plus fort du Canada!

— Vraiment? lui répondit Donio pour le plaisir de la garder devant sa table plus longtemps.

— Tu n'as pas entendu parler de ses exploits ? Il a soulevé de terre cinq cent cinquante-trois livres avec un seul doigt et une charge de quatre mille trois cent trente-sept livres avec son dos !

— Il doit être costaud...

— Mon père m'a raconté qu'à l'âge de trente ans, Louis Cyr pesait un peu moins de trois cents livres et que ses biceps faisaient vingt-quatre pouces, son cou, vingt-deux pouces et son tour de poitrine, soixante pouces, dit la serveuse, non peu fière d'étonner le jeune homme qui n'avait d'yeux que pour elle.

Alors que Donio, extasié, rêvait de ressembler à cet homme, Gabrielle en imaginait l'allure en grimaçant. Le côté esthétique primait déjà dans nombre de secteurs de sa vie.

— Même si papa était plus petit, il était peut-être aussi fort que lui, murmura-t-elle à l'oreille de sa mère.

Donio l'avait entendue. Tentant de séduire la serveuse, il répliqua :

— Mon père aussi était très fort, mais de la tête, surtout. Il a fait ses études d'ingénieur au Michigan après avoir travaillé très dur sur les chalands. C'est là qu'il avait développé son endurance. Il serait encore en pleine forme malgré ses cinquante-cinq ans si un accident n'était pas arrivé... ajouta-t-il, chagriné.

— Mes sympathies, dit la serveuse visiblement pressée de tourner les talons.

— Puis notre vie aurait continué d'être belle, dit Gabrielle, nostalgique.

La déconvenue avait dépité Donio.

— À bien y penser, reprit-il, papa a été le plus chanceux de nous tous. Il n'a été ni orphelin, ni pauvre, ni malade en plus de faire les études qu'il souhaitait.

Piquée, Séneville rétorqua :

— Il y a plus déshonorant que de vivre un temps dans la pauvreté, mon garçon.

— À quoi faites-vous allusion, maman ?

— À l'idiotie. Dans ma pratique, je vois des gens de tout âge qui en sont atteints. Nous, on ne restera pas pauvres toute notre vie ; c'est accidentel. Mais les idiots le resteront jusqu'à leur mort.

— C'est justement pour qu'on s'en sorte au plus vite qu'après avoir goûté aux emplois mal payés j'aurais aimé retourner aux études pour devenir ingénieur en électricité.

Gabrielle saisit l'occasion de condamner Me Leblanc :

— C'est de sa faute si, toi, tu n'as pu apprendre ce métier et si Éva et moi sommes condamnées à l'orphelinat pour je ne sais combien de temps encore. Sans parler qu'on a dû dire adieu à nos chatons parce que grand-maman n'est plus là pour s'en occuper.

— Vous devriez voir comme les Lareau en prennent bien soin.

— Je m'ennuie encore de mon Caramel, marmonna la benjamine, un trémolo dans la voix.

Cet aveu replongea Séneville dans de tristes souvenirs. Le procès contre la *Montreal Light, Heat and Power Company* s'était conclu à la fin de l'année précédente. Une euphorie sans pareille s'était emparée de la famille Bernier quand elle apprit que les administrateurs de la compagnie avait consenti un dédommagement de trente-cinq mille dollars. Les projets avaient fusé. Séneville rachèterait la maison de sa mère et elle ne travaillerait que de sept heures à dix-huit heures et seulement les jours de semaine ; les filles quitteraient l'orphelinat pour fréquenter une école de Saint-Henri et la vie retrouverait sa qualité d'avant le décès d'Elzéar.

Ce bonheur retrouvé avait été balayé moins de deux semaines plus tard par un courrier enregistré. D'une grande enveloppe brune, Séneville avait retiré avec frénésie une lettre et un chèque. Elle avait d'abord regardé le chèque puis, suffoquée, elle n'avait que survolé le texte de la feuille qui l'accompagnait. Ce qu'elle y avait découvert lui avait glacé le sang. Une somme de trente mille dollars avait été retenue par l'avocat pour couvrir ses honoraires. Séneville fut tentée d'utiliser les cinq mille dollars restants pour racheter la maison de Louise-Zoé. Peine perdue! L'avocat en avait majoré considérablement le prix, invoquant les rénovations effectuées à ses frais et la hausse du marché immobilier.

Ce jour-là, Séneville avait décidé de couper tout contact de près ou de loin avec Me Leblanc et ses proches. Par conséquent, elle ne travaillerait plus pour les familles qu'il lui avait référées et elle se limiterait à ses tâches de garde-malade à l'hôpital Notre-Dame. Sa Gaby l'avait approuvée en dépit du fait qu'une diminution de revenus l'obligerait à demeurer à l'orphelinat une année de plus. Pour effacer de leur vie l'existence de cet homme, Gabrielle était disposée à ce sacrifice. Donio n'avait-il pas fait le sien en renonçant à ses cours d'électricité?

— Même si j'avais l'argent nécessaire, il est déjà trop tard pour penser retourner aux études. J'ai déjà dix-sept ans, avait-il murmuré, prêt à s'éloigner du trio, à la recherche d'un spectacle intéressant.

— As-tu un autre plan? avait osé sa mère, anticipant la réponse.

L'aveu de son fils l'avait laissée perplexe. D'une part, elle avait compris que ce garçon qui travaillait depuis l'âge de treize ans à des salaires minables méritait bien d'exercer un métier lucratif et valorisant. D'autre part, elle avait tremblé à l'idée de le voir partir sur les champs de bataille au risque de ne jamais plus le revoir. Une déchirure d'autant plus vive que plus Donio vieillissait, plus il ressemblait à son père.

Des airs de valse vinrent aux oreilles de Gaby avant d'être entendus de ceux qui l'entouraient.

— Si on s'approchait de la scène, suggéra-t-elle.

Des musiciens répétaient le concert annoncé pour la fin de semaine. Portée par la musique d'une valse viennoise, subjuguée par la splendeur des voiliers et des vapeurs transatlantiques qui défilaient sur le fleuve. Gaby retrouvait l'allégresse de son enfance. La vue de l'île Sainte-Hélène, Longueuil, Boucherville et La Prairie qui découpaient l'horizon sur la rive sud du fleuve lui donnait l'impression d'être sortie de la claustration du pensionnat. Une fièvre d'émancipation brûlait dans tout son être. La liberté l'appelait.

Éva, attirée par ce qui restait du Museum d'histoire naturelle, cette ménagerie qui avait déjà abrité des lions, des tigres, des jaguars, des singes et un boa, réclama qu'on s'y rende. Les singes et le perroquet la fascinaient.

Las d'attendre les deux filles, Séneville et Donio simulèrent un départ du parc sans elles.

— Seulement un petit tour de carrousel, requit de nouveau la benjamine.

— Trois rangées de chevaux de bois qui se poursuivent sans jamais s'attraper, c'est trop bébé pour toi, jugea sa sœur, contrariée d'avoir dû s'éloigner du groupe de musiciens.

— À son âge c'est normal de trouver ça amusant, reprit sa mère en lui concédant cinq minutes supplémentaires.

Au tour de Donio d'exprimer son déplaisir :

— Je regarde aller ce manège et ça me rappelle mon travail. Je tourne en rond au lieu d'avancer dans la vie.

Une volée de hérons planaient fièrement au-dessus du Saint-Laurent.

— C'est à eux que j'ai le goût de ressembler, dit Gaby.

— Moi aussi rétorqua son frère, le regard rêveur. Les ailes tout grand déployées, l'allure fière, ils semblent s'amuser tout en remplissant leur destin d'oiseaux.

— J'irai au bout de mes talents… dans la joie, jura Gaby.

— Je te le souhaite, ma grande, dit Séneville.

— Et moi?

— Toi aussi, Donio. Vaillant comme ton père, gentil comme ta mère, tu ne peux pas ne pas réussir.

— Hé! J'existe moi aussi! s'écria Éva.

— Excuse-nous, fillette! Tu es tellement aimable que tu seras toujours la reine de nos cœurs, clama sa mère avec humour.

Les récoltes terminées, Donio quitta Chambly définitivement. Entassé avec ses sœurs et sa mère dans cet appartement qu'ils rêvaient de quitter pour un plus grand, il s'était installé avec plus d'une idée en tête. Il attendit que ses sœurs aient regagné leur pensionnat pour les confier à sa mère. À sa visite du mois d'août, il avait questionné un chauffeur de taxi qui lui avait fait miroiter les avantages de ce métier et l'avait convaincu.

— Pas de boss, des revenus intéressants si tu es vaillant et une occasion en or de rencontrer plein de belles femmes riches.

Ce projet aurait plu à Séneville si son fils n'avait pas réclamé toutes leurs économies pour acheter une automobile.

— Tu aimerais vraiment faire ce métier?

— En attendant mieux, bien sûr! Travailler en habit propre, me promener au volant d'une belle auto chromée, faire le galant avec les clients, c'est une bien belle façon de gagner sa vie, vous ne trouvez pas?

— N'oublie pas deux choses: tu ne connais pas Montréal et il n'est pas dit que tu aurais suffisamment de clients pour te payer à manger à la fin de ta journée.

— Les rues, ça s'apprend, puis je sais dans quel quartier me tenir.

— Ah, oui ! Où ?

— Dans les alentours de l'hôtel *Ritz Carlton* Le chauffeur que j'ai rencontré m'a dit que des gens en moyens se tiennent là jour et nuit.

— Je veux bien croire, mais tu devras être disponible au bon moment.

Donio, un sourire malicieux sur les lèvres, lui apprit qu'il avait prévu être au travail à toute heure du jour et de la nuit, quitte à dormir et à prendre ses repas dans sa voiture.

Aussitôt né, l'enthousiasme de Séneville avorta.

— Tes sœurs vont être très déçues. Elles comptaient tellement sur toi pour sortir de l'orphelinat. Une fois de plus, elles passeront les dernières…

Des instants de réflexion l'incitèrent à nuancer ses propos.

— J'étais sur le point d'oublier que tu n'avais que treize ans quand tu as commencé à travailler… Tu mérites bien de tenter ta chance.

Dans la salle d'études de l'orphelinat Sainte-Catherine, entre le souper et le coucher, on aurait entendu voler une mouche n'eût été des bruissements qui venaient d'un pupitre de la dernière rangée.

— Gabrielle Bernier, que faites-vous là ?

— J'ai terminé mes devoirs et je sais mes leçons, Sœur Sainte-Croix.

— Depuis le temps que vous êtes ici vous devriez savoir que c'est la lecture des Évangiles que vous devez faire une fois votre travail scolaire terminé.

— Quand je lis ça je m'ennuie tellement de ma famille que j'en pleurerais. J'aime mieux dessiner puis découper

— Où avez-vous pris ce carton et ces tissus ?

— Chez moi.

— Combien de fois devrai-je vous dire que vous n'avez pas le droit de rapporter des choses de chez vous ? Rendez-moi tout ça.

Déterminée à ne pas laisser son précieux trésor dans les mains de sœur Sainte-Croix, Gabrielle s'empressa d'enfouir le tout dans son sac d'école qu'elle tint fermement collé sur son ventre.

— Je vous ordonne de me donner votre sac, Gabrielle Bernier, cria la sœur, les joues en feu et les yeux exorbités.

Poings serrés, Gabrielle résistait. Un tiraillement s'ensuivit sous les regards époustouflés des autres pensionnaires. Sœur Sainte-Croix dut battre en retraite. La force physique lui ayant fait défaut, elle s'arma de l'autorité qui lui était dévolue pour vociférer de sévères menaces contre l'élève rebelle et toutes celles qui tenteraient de l'imiter.

— Je veux vous voir au bureau de la préfète de discipline dès sept heures demain matin. Allez vous mettre au lit tout de suite.

À cette directive, Gabrielle se soumit, non par esprit d'obéissance mais pour fomenter sa revanche dans la paix. Sur la pointe des pieds, elle poussa la lourde porte du dortoir et fila cacher tissus et cartons sous son matelas. Assise sur le bord de son lit, elle attendait une sur-veillante… qui ne vint pas. Un silence parfait régnait dans le dortoir. Rien de mieux pour favoriser une fugue. Les fenêtres, hors d'atteinte, laissaient entrevoir qu'il n'était pas encore huit heures du soir. Trop tôt pour sortir. Elle risquait d'être aperçue avant même d'avoir franchi la clôture de la cour. D'ailleurs, celle-ci étant cadenassée, il lui faudrait trouver une autre issue. Par la cuisine, il était facile d'emprunter la sortie qui donnait sur le terrain privé des religieuses et de là, filer dans la rue Sainte-Catherine vers la maison. « J'espère que maman ou Donio sera là pour m'ouvrir. Sinon… »

Une lutte s'engagea entre son envie de fuguer et la peur d'être interceptée et de devoir en subir les conséquences.

Que de bruits dénonciateurs dans cet édifice! Les planchers craquent et les portes grincent. Elle dut tourner les poignées avec des mains de velours et marcher comme une souris.

La sortie du dortoir et la descente des deux étages se firent tout de même aisément. Gabrielle poussa un soupir de soulagement. Dans le couloir qui menait à la cuisine, des pas. Une religieuse venait vers elle, mains jointes, tête fléchie sur la poitrine, dans un recueillement manifestement imperturbable. «Elle m'a vraiment fait peur, celle-là! Le pire est fait», soupira la fugitive. Parvenue aux doubles portes qui permettaient de faire passer les chariots de vaisselle et de nourriture, elle jugea qu'il valait mieux les éviter et emprunter l'entrée du personnel. Échec. Un gros cadenas pendait à la poignée. Gabrielle rebroussa chemin. Une des grandes portes céda. Elle l'entrouvrit suffisamment grand pour apercevoir une sœur qui astiquait les comptoirs de métal gris. Chance inouïe, elle lui faisait dos. Il suffisait à la fugueuse de glisser à plat ventre derrière un module qui l'amènerait à deux pas de la sortie convoitée. Elle y était quand elle vit le verrou inséré dans la gâche. Gabrielle devait se mettre debout pour l'atteindre. De son observatoire, elle vit que la sœur se dirigeait vers le lavabo pour y rincer son torchon. Il fallait faire vite: profiter du bruit de l'eau dans la cuvette pour déverrouiller la porte et prendre la fuite. Gabrielle n'eut pas le temps de savourer sa victoire tant elle craignait d'être attrapée. «Si j'avais pu enlever mon costume de pensionnaire, au moins.» Elle courait en se retournant quelques fois pour s'assurer qu'on n'avait mis personne à ses trousses. Sa peur déclinait au rythme du soleil couchant. Elle ralentit sa course, comptant sur la pénombre qui s'installait pour la protéger des regards suspicieux. Malencontreusement, elle faillit renverser une dame surgie à la croisée d'une rue, son petit chien trottinant derrière elle.

— Pardon, Madame!

— Mais que faites-vous dans la rue à cette heure, jeune demoiselle?

— Ma grand-maman a besoin d'un médicament ; les sœurs m'ont permis d'aller le lui porter.

— C'est bien, ça ! Allez, belle enfant ! Ne la faites pas attendre.

Pour demeurer crédible, Gabrielle reprit sa course.

Couverte de sueurs, le cœur battant la chamade, elle grimpa l'escalier menant au logement familial. Comme elle allait frapper à la porte, une crainte paralysa sa main. Gabrielle n'avait pas réfléchi à la réaction de sa mère avant de s'enfuir de l'orphelinat. Son désir de revanche l'avait aveuglée. Sûre de l'accueil de Donio, la fugueuse n'appréhendait pas moins la détermination de Séneville à la reconduire immédiatement au pensionnat Sainte-Catherine. Assise sur le seuil, adossée à la porte, elle cogitait. Retourner d'elle-même et tout de suite à l'orphelinat ? Non ! Ce serait trop de soumission et elle n'en n'avait pas le goût.

La possibilité que les sœurs envoient quelqu'un jusque chez elle et le chargent de la ramener la releva de terre. Elle devait vite franchir cette porte… hélas verrouillée. Elle colla son oreille au chambranle. Pas le moindre bruit. Le désarroi et l'inquiétude la menacèrent. Gabrielle n'allait pas leur concéder la victoire. Elle frappa, d'abord discrètement, puis énergiquement, sans résultat. « Peut-être que maman se repose de sa journée… » L'idée lui vint de faire le tour des fenêtres. Celle de la chambre de sa mère était entrouverte.

— Maman, ouvrez-moi. C'est Gaby.

Les minutes filèrent. Aucune voix ne se fit entendre. Des frissons dans le dos, la jeune fille n'avait d'autre choix que de retourner s'asseoir devant la porte en espérant que son frère ou sa mère se manifeste.

De l'étage supérieur, un homme descendit à la course. La peur figea Gaby sur place.

— Un problème ? lui demanda le costaud.

— Oui. J'ai perdu ma clé.

— T'es chanceuse ma petite, de tomber sur le concierge.

« Le concierge ? Je n'ai jamais entendu dire qu'il y avait un concierge ici. C'est peut-être un malfaisant... », pensa Gabrielle, recroquevillée, tremblant de tout son corps.

— Relève-toi ! Je vais te débarrer c'te porte-là.

— Doucement, Monsieur. Il ne faut pas réveiller maman, mentit-elle pour se protéger.

Du trousseau de clés, l'inconnu en tira une qui glissa dans la serrure sans la moindre résistance, fit mugir le verrou et retourna, docile, dans la main du concierge. « Pourvu qu'il n'essaie pas d'entrer chez nous. Grand-Maman Zoé, arrêtez-le », pria Gabrielle.

— Te gêne pas, si t'as besoin d'autre chose, jeune fille ! dit son sauveur en reprenant sa course vers le bas des escaliers.

Gabrielle avait eu juste le temps de verrouiller la porte derrière elle que le téléphone sonna. Comme personne ne sortit de l'une des deux chambres pour prendre l'appel, elle conclut qu'elle était seule dans le logis. Donio dormait souvent dans son auto pour ne manquer aucun client. « Maman aurait dû être ici... à moins qu'elle soit allée aider une dame à accoucher. Pourquoi répondrais-je au téléphone ? Ça ne peut pas être pour moi, personne ne sait que je suis ici. » Gabrielle s'allongea sur le divan et se couvrit du châle de sa grand-mère, déterminée à dormir. Elle allait y parvenir quand de nouveau la sonnerie du téléphone la fit sursauter. Avec mille précautions, la fugitive souleva le combiné, un déclic se produisit...

— Mme Bernier ? Sœur Marie-du-Calvaire, du pensionnat Sainte-Catherine.

Raccrocher ou... emprunter la voix de Séneville Bernier.

— Bonsoir, ma Sœur ! Quelque chose ne va pas avec mes filles ?

— Il y a longtemps que vous n'avez pas parlé à Gabrielle ?

— Depuis dimanche au soir. Elle vous cause du trouble ?

— Comment dire…

La porte s'ouvrit et Séneville entra avant que sa fille ne puisse entendre le reste de la phrase. Le récepteur abruptement raccroché, Gabrielle se précipita au-devant de sa mère, abasourdie.

— Je vais tout vous expliquer, maman.

— Tu es malade ou tu as fait une bêtise ?

— Je ne suis pas malade. J'ai seulement un peu mal au ventre… parce que j'ai eu très peur… de me faire attraper.

— Une autre étourderie.

La sonnerie du téléphone avala les aveux de Gabrielle. Sœur Marie-du-Calvaire s'en chargea avec moult détails, vu le temps que dura cet appel.

— Demain matin pour le début des cours, c'est promis, ma Sœur.

Bien qu'exténuée par ses douze heures de travail, Séneville prit le temps de comparer les doléances de la religieuse avec la version de sa fille. L'exactitude y était.

— Admets, Gaby, que tu n'avais pas à prendre de si grands moyens pour manifester ton désaccord.

— Je n'ai rien trouvé d'autre.

— Comme je te connais, tu n'as probablement pas cherché longtemps…

— Elles sont toujours sur mon dos.

— Comme dit sœur Marie-du-Calvaire, les plus intelligentes doivent donner l'exemple.

— Donner l'exemple, faire des sacrifices, elles n'ont que ça dans la bouche. Je ferais n'importe quoi, maman, pour ne plus être pensionnaire.

— Tu ne serais pas un peu pleurnicharde ?

— Vous aimeriez ça, vous, être enfermée dans une cour clôturée dès que vous mettez les pieds dehors ? Geler à longueur d'hiver dans la classe comme au dortoir ? Être habillée de noir et blanc du menton jusqu'au bout des doigts, comme les sœurs ? Être forcée d'écouter leurs marmonnages à la chapelle tous les jours ? Vous faire arracher des mains tout ce que vous aimez parce que ça touche à la mode et que c'est de la vanité ?

— Il n'y a pas que de mauvais côtés à la vie de pensionnaire, Gaby. Tu apprends plein de choses qui te serviront plus tard.

— Si on pouvait revenir ici tous les soirs, au moins.

— Tu sais bien que je ne demanderais pas mieux. Je pense même que ce sera ta dernière année.

L'étincelle allumée dans le regard de sa fille, Séneville crut la maintenir en lui relatant l'accouchement pour lequel elle venait d'assister le Dr Virolle.

— Des jumelles en pleine santé ! C'est presqu'un miracle, s'écria-t-elle.

Or ces propos soulevèrent chez sa fille des réflexions sur le sens de la vie, son absurdité et ses cruautés.

— Souffrir pour donner la vie, souffrir pour la gagner et finalement la perdre, c'est révoltant.

— Qui t'a mis des idées aussi noires dans la tête ?

— Les sœurs. Quand elles veulent nous faire prier, elles nous racontent des histoires tristes à pleurer. Les petits Chinois qui meurent de faim, les enfants maltraités par leurs parents, les autres qui perdent leur père sur les champs de bataille…

— Tout ça est vrai, mais il se passe de belles choses aussi dans notre monde.

— Racontez-les-moi, maman.

— Pas ce soir, il est trop tard. Je meurs de faim et je suis épuisée. En attendant qu'on s'en parle, sache qu'elles existent.

Séneville se tartina une tranche de pain sous le regard jaloux de sa Gaby.

— Tu n'as pas soupé?

— Oui, mais j'ai tellement marché…

Toutes deux avalèrent en silence de quoi leur faire attendre le déjeuner.

— Je pourrais dormir avec vous, ce soir, maman?

Gaby se vit exaucée sans la moindre réticence.

Sitôt la tête sur l'oreiller, elle s'endormit. Bien que démunie devant l'attitude contestataire de son aînée, Séneville l'enviait. Les conseils de Louise-Zoé lui manquaient. Une fois de plus, elle ne trouva le sommeil qu'après avoir imploré l'aide de ses chers disparus. Ce repos fut de courte durée. Il n'était pas encore quatre heures quand sa fille la réveilla, honteuse et navrée d'avoir taché les draps.

— Ne t'en fais pas, ma Gaby. Désormais, on sera deux femmes dans notre famille. Ce sera notre secret.

Dans la voix de Séneville, une grande tendresse. Dans ses propos, une complicité qui charma sa fille.

— Tu n'iras pas à l'école aujourd'hui. Tu vas te reposer ici.

— Mais Éva! Elle va me chercher à la récréation.

— Je vais aller rencontrer sœur Marie-du-Calvaire avant de me rendre au travail. Tout se passera bien, tu verras. Elle va comprendre. Ce n'est pas tous les jours qu'on devient une grande fille. Ça explique peut-être tes maux de ventre et tes sautes d'humeur d'hier.

— Vous pensez que je n'aurai pas de punition?

— Parole de Bernier, tu n'en auras pas !

Au déjeuner, les paroles et gestes de Séneville prenaient une autre dimension dans l'esprit de sa fille. Une proximité s'installait et elle goûtait bon. Le sens des responsabilités tant évoqué trouvait sa raison d'être.

— Je vous promets, maman, d'être plus réfléchie à l'avenir.

— On en reparlera vers la fin de l'après-midi, à mon retour. Garde la porte verrouillée, lui recommanda Séneville.

Laissée seule pendant cette journée non moins réconfortante qu'imprévue, Gabrielle se demanda s'il existait un moyen de ne plus ressentir tant d'aversion pour cette vie de pensionnaire, sous l'étiquette de la pauvreté et de la soumission. Papier et crayon en main, elle traça deux colonnes : ce que je déteste, ce que j'aime. Sous le premier titre elle inscrivit : le silence obligatoire, l'assistance quotidienne à la messe, le dortoir où on est entassées comme le bétail de M. Lareau, les couleurs de notre costume et le devoir de le porter tous les jours, mes fins de semaine enfermées, l'interdiction de faire ce que je veux quand mes travaux sont finis, la compagnie des guenilleuses, le prêchi-prêcha des sœurs, la séparation d'avec maman et mon frère. Dans la liste des plaisirs figuraient : la broderie, le point de croix, la couture, la musique, les cours d'anglais et de bienséance, la composition française, le dessin, ma petite sœur, son amie Rosine Séguin, sœur Anne-Marie. L'énumération terminée, elle fut fort surprise d'y trouver presque autant de bons que de mauvais côtés. Pourquoi ne le ressentait-elle pas ainsi ?

Sur l'heure du midi, lorsque Séneville lui téléphona, elle lui posa la question.

— Comment t'expliquer… Pour toi, les choses désagréables pèsent plus que les autres dans la balance.

— C'est ça, maman.

— Si tu y mettais plus d'acceptation que de bouderie, tu pourrais peut-être équilibrer les deux ?

Pour la deuxième fois, au pensionnat Sainte-Catherine, Éva et Gabrielle assistaient à un après-midi de réjouissances pour célébrer la venue de Noël. Seuls les parents payeurs y étaient invités et ils occupaient les premières rangées dans la salle de spectacle. Derrière eux, leurs enfants endimanchés, leur chevelure parée de boucles colorées. Sur les dernières chaises, les orphelines en costume réglementaire. Sur la scène, une crèche illuminée au-dessus de laquelle se balançait une étoile scintillante. Au bas de la scène, une grande table garnie de cadeaux. De plus gros, joliment emballés, et une trentaine d'autres, plus petits et modestement présentés, tous semblables. « Ce doit être pour nous autres, ceux-là », souffla Gabrielle à l'oreille de sa jeune sœur près de qui elle avait eu la permission de s'asseoir. La mère supérieure, première à prendre la parole, défila une liste de remerciements pour les généreux donateurs et, les ovations terminées, elle nomma les élèves qui s'étaient distinguées au cours de l'automne : les unes pour leur bonne conduite, les autres pour leurs succès scolaires. Sitôt son nom mentionné, l'élève devait se lever, s'incliner et attendre la fin des applaudissements avant de se rasseoir. « Un jour, c'est moi qui serai devant un public qui m'applaudira », se jura Gabrielle en les observant avec envie et un brin de ressentiment.

Distraite par la recherche des moyens qu'elle prendrait pour y arriver, elle n'entendit pas la mère supérieure mentionner son nom. « Lève-toi, c'est toi. C'est pour tes bonnes notes dans ton bulletin », lui dit Éva. Paralysée par tous ces regards d'adultes posés sur elle, Gabrielle demeura debout… sans s'incliner comme l'avaient fait les élèves précédemment honorées.

— Vous pouvez vous rasseoir, Mlle Bernier, dit la mère supérieure.

Il s'en fallut de peu qu'elle n'éclate en sanglots.

« Partout où elles me croiseront, ces personnes se diront : « C'est elle l'orpheline qui a été félicitée pour ses nombreux talents. » Combien de temps me faudra-t-il avant que tous sachent que je ne suis pas une orpheline? Je ne suis qu'une malchanceuse», aurait-elle voulu crier.

La distribution des cadeaux annoncée, Gabrielle ne leva ni les yeux, ni la tête.

— Elle vient vers nous, l'avertit Éva en voyant la préfète de discipline se charger de remettre les présents aux orphelines pendant que la mère supérieure s'occupait de la distribution.

— Tu devines ce qu'il y a là-dedans?

— Non, Gaby. Et toi?

— Je te jurerais que ce sont des objets de piété.

Dans la rangée qui les précédait, les vraies orphelines avaient éventré sans ménagement leur petit sac brun noué d'un ruban rouge. Gabrielle, le cou tendu, vit débouler une orange sur le plancher, le temps que sa compagne tira un chapelet du fond du sac. Une image aux contours crochetés de rose, honorant Mère Bourgeois, la fondatrice de la communauté, complétait le don.

— Je te l'avais dit, hein?

Éva haussa les épaules d'indifférence.

Un spectacle relatant la quête des rois mages suivit, après quoi les invités d'honneur furent reçus à la salle à manger de la communauté. Sœur Marie-du-Calvaire, accompagnant l'un d'eux, s'approcha du groupe d'élèves.

— La voici, Gabrielle Bernier, annonça-t-elle.

Un homme dans la soixantaine, l'air affable lui tendit la main.

— Je vous félicite, Mlle Bernier. Vos talents vous mèneront loin. Si votre mère le veut bien, demain, mon épouse et moi irons vous offrir nos vœux et vous laisser de petits présents.

Ravie, Gabrielle allait tout de go lui souhaiter la bienvenue quand elle aperçut, se frayant un chemin vers elle, nulle autre que Mme Hermine.

— Je te cherchais, mon chéri!

N'ayant jamais vu l'avocat Leblanc, Gabrielle n'avait pu l'identifier. On ne peut plus perplexe, elle s'en remit à la décision de sa mère alors qu'Éva, de tempérament pourtant timide, intervint:

— Maman va vouloir, c'est certain, affirma-t-elle, frétillante à l'idée de recevoir des présents.

Le regard réprobateur de sa grande sœur la secoua.

— Si maman est d'accord, bien sûr, reprit Éva fort contrariée.

Le couple Leblanc s'empressa de rejoindre les invités d'honneur qui avaient presque tous quitté la salle. Quant aux pensionnaires, elles furent toutes dirigées vers le gymnase où des tables de jeux avaient été préparées pour clôturer cet après-midi de festivités. Éva traînait la patte derrière le groupe. Elle avait perdu le goût de s'amuser.

— C'est toujours toi qui décides, Gaby.

— Aurais-tu déjà oublié que cet homme-là nous a mis dans la misère? Il peut bien vouloir nous donner des cadeaux, maintenant. Qu'il ne compte ni sur notre mère, ni sur moi pour se faire pardonner.

— Gaby, tu n'as pas réfléchi. Peut-être qu'ils ont acheté de beaux vêtements pour maman, comme M. Henri le faisait quand on demeurait à Chambly. Puis Mme Hermine nous a vues assez souvent chez grand-maman Louise-Zoé pour savoir ce qui nous fait plaisir.

— Tu as peut-être raison…

Gabrielle s'était souvent demandé si ces ruptures avec les Leblanc, tout comme avec M. Henri qui ne les visitait plus, ne leur causaient pas quelque préjudice. Ne les privaient-elles pas, entre autres, d'un contact même indirect avec Coco Chanel, son idole française? La jeune fille se surprit à ne pas s'opposer à ce que Séneville accepte de recevoir Me Leblanc et son épouse.

Sortie de ses jongleries, elle constata que sa jeune sœur avait à ce point perdu le goût de s'amuser que les tirages la laissaient indifférente.

— Veux-tu venir avec moi? On irait demander à sœur Marie-du-Calvaire la permission de rentrer à la maison tout de suite.

De toute évidence, la magie de Noël joua en leur faveur. La permission leur fut accordée à la condition que leur mère soit à la maison. Un appel téléphonique demeuré sans réponse affligea la cadette mais inspira l'aînée.

— Je suis assez grande pour m'occuper de ma sœur en attendant que maman revienne du travail, clama Gabrielle. Elle est toujours là vers quatre heures et demie.

— Jamais je ne prendrais une telle responsabilité, mes pauvres filles. On ne sait jamais ce qui peut arriver…

Gabrielle comprit. Adossée à la porte du bureau, elle sollicita la faveur de rappeler dans une dizaine de minutes.

— Je vais le faire pour vous deux. Je vous promets d'aller vous le dire aussitôt que votre maman m'aura répondu.

Près du bureau de la directrice, Rosine Séguin les attendait, deux jolis sacs dans les bras:

— C'est de la part de mes parents.

Les demoiselles Bernier y retrouvèrent chacune une robe soyeuse pour le temps des Fêtes, des pantoufles en laine de mouton et d'étincelantes broches pour attacher leurs cheveux

— Je vais vous les garder ici, offrit la religieuse Allez jouer maintenant!

Une heure de jeux s'était écoulée et Éva venait enfin de gagner une boîte de crayons à colorier quand sœur Marie-du-Calvaire se présenta, suivie de nulle autre que Mme Bernier dans ses plus beaux atours.

— Il n'est que quatre heures! s'écria Gaby, courant vers sa mère.

Éva abandonna aussitôt ses crayons pour se jeter dans les bras de Séneville.

— Mais qu'elle est belle ta maman, s'exclama Rosine, venue porter les crayons à son amie de peur qu'elle les oublie à l'orphelinat.

— Je te les donne si tu les aimes !

— Non, Éva. Tu me les prêteras plutôt…

Au domicile des Bernier, les filles et leur mère en avaient eu long à se raconter. Par contre, Gabrielle avait averti sa sœur :

— Pas un mot sur Me Leblanc ce soir. Demain, ce sera bien assez vite…

Éva avait attendu avec impatience que sa sœur s'endorme pour aller à son insu livrer à sa mère ce qui lui piquait la langue. Elle le regretta. Séneville lui avait fait clairement savoir que son honneur l'emportant sur tout bien matériel, elle n'ouvrirait pas sa porte aux Leblanc.

Tôt dans la soirée du 24 décembre, Séneville et ses filles, recueillies autour de la crèche de Noël, commémoraient la mémoire de Louise-Zoé, en relatant leurs plus beaux souvenirs. Sa présence leur manquait. Celle de Donio était attendue d'une minute à l'autre. Des pas dans l'escalier précipitèrent les jeunes filles au-devant de leur frère.

— Il n'y a personne, maman.

— Gagez donc que c'est lui qui nous joue un tour. Il doit être caché pas loin, crut Séneville.

— Mais il y a un gros sac de jute enrubanné de rouge près de notre porte, s'écria Gaby.

— Apporte-le.

Aucune annotation sur sa provenance.

— Il est très lourd, constata Séreville.

Sous le regard attentif de leur mère, curieuses de découvrir ce que leur frère avait bien pu placer dans cette poche, les filles prenaient un plaisir fou à dénouer le ruban. Un colis de dimensions impressionnantes, tout enrobé de papier métallique, portait une mention : *Offert par la divine Providence.* La surprise ne pouvait venir que de Donio.

— Ce n'est pas son écriture, constata Séneville.

Avec d'infinies précautions, elle retira le papier d'emballage et le mit de côté pour ne pas l'abîmer. Les rabats de la boîte cédèrent facilement. Les filles de la veuve y plongèrent les mains avec fébrilité. Sur une pile de revues, un minuscule colis bien ficelé était destiné à Mme Bernier Séneville le déballa aussi délicatement que le premier pour en conserver le ruban et le papier. Une broche argentée en forme de fleurs, sertie de petites perles, lui était offerte. De quoi susciter l'extase et faire l'envie de Gaby.

— Sortons les revues maintenant, suggéra Séneville pour détourner l'attention de ses filles et éviter leurs questions.

Dans chacune des six revues de mode, un billet de deux dollars avait été glissé en guise de signet.

— C'est la photo de Coco Chanel ! s'écria Gaby, pressée de lire ce qu'on disait de son idole.

Une chronique annonçait l'ouverture d'une boutique de modiste à Deauville. Sur l'affiche blanche était inscrit en grosses lettres noires : GABRIELLE CHANEL.

— Elle est différente, remarqua l'aînée. Son prénom n'était pas sur celle de Paris.

— Tu as raison ; c'était CHANEL MODES, il me semble.

Éva courut chercher les illustrations apportées jadis par M. Henri.

La mémoire de Séneville ne l'avait pas trahie. Sa Gaby lut avec émoi des extraits de cette ancienne chronique avant de reprendre avec enthousiasme :

— Écoutez ça, maman ! Mlle Chanel n'assistait pas aux courses de chevaux vêtue des créations de grands couturiers mais de ses propres créations : de sobres agencements de cardigan, de jodhpurs, de pantalons et de polo.

— Elle ne manque pas d'audace, la belle Coco !

Dans une autre revue, il était question de l'ouverture de sa deuxième boutique, mais l'accent était davantage mis sur sa liaison amoureuse avec un richissime Anglais, Arthur Capel, surnommé Boy Capel.

— Elle sait de quel genre d'homme s'entourer, Mlle Chanel, ajouta Séneville, un sourire malicieux sur les lèvres.

La troisième revue faisait l'éloge de cette créatrice de mode portant un *sweater* de joueur de polo noué à la taille avec une écharpe. Gabrielle Chanel avait eu le cran de confectionner des robes avec du jersey. *Elle transformait en de jolis accessoires ou vêtements féminins, chemisiers, vestes, cravates et même boutons de manchettes des messieurs,* écrivait-on.

Dans chacun des trois autres magazines, un billet de deux dollars indiquait la page susceptible d'intéresser les jeunes demoiselles Bernier. Une phrase vint chercher Gabrielle : *La manne ne m'est pas tombée du ciel ; je l'ai pétrie de mes propres mains, pour me nourrir,* déclarait Coco Chanel.

— Il me semble revoir grand-maman quand son poing fermé s'enfonçait avec une telle force dans la pâte à pain que je la croyais fâchée, avoua Gabrielle.

— Coco Chanel aurait donc été pauvre, elle aussi ? reprit Éva.

— Je n'avais pas imaginé qu'elle avait dû travailler fort, surtout pas pour se nourrir. Sauf certaines exceptions, il faut passer par là pour devenir riche, dit Séneville.

— Heureusement que j'aime le travail. Mais je voudrais m'amuser tout en gagnant ma vie, déclara Gaby. Est-ce possible d'avoir du plaisir en travaillant ?

— Bien sûr. Ton père aimait son métier et moi, je ne vois pas passer les journées tant j'aime apporter du soulagement à mes malades.

Dans la dernière revue, une divulgation concernant la vie personnelle de son idole la chamboula. Encore célibataire à l'âge de trente et un ans, Coco Chanel avait adopté un orphelin qu'elle faisait instruire dans les meilleurs collèges d'Europe. La générosité de cette femme qui commençait tout juste à faire de l'argent était citée en exemple.

— Je voudrais écrire à Coco Chanel. Qui pourrait nous trouver son adresse ? demanda Gaby.

Deux noms vinrent à l'esprit de Séneville. L'un aussi embarrassant que l'autre. Renouer avec les Leblanc, elle le ferait si elle avait l'assurance que c'étaient eux qui avaient déposé ces cadeaux à sa porte. Il était peu probable, d'autre part, que ce fut M. Henri, car personne ne lui avait donné leur nouvelle adresse. Par contre, n'était-ce pas lui qui, précédemment, avait apporté des créations et des photos de Coco Chanel en plus de chroniques la concernant ?

— Laisse-moi le temps d'y penser, Gaby. Ce n'est pas une urgence...

Séneville entrevoyait contacter d'abord les Taupier. L'occasion ne pouvait mieux s'y prêter. Un appel téléphonique à ce couple pour lui présenter ses vœux du Nouvel An créerait l'ouverture nécessaire pour s'excuser d'être demeurée silencieuse depuis le décès de Louise-Zoé. D'entrée de jeu, elle prendrait de leurs nouvelles. Si aucun indice ne venait de leur part quant aux cadeaux livrés à sa porte, elle devrait se tourner vers le couple Leblanc. La politesse exigeait qu'elle ne tarde pas trop à le faire. « Mais comment Me Leblanc aurait-il pu découvrir que, contrairement à ce que lui laissaient croire mes retours de courriers, je n'étais pas déménagée ? », se demanda-t-elle, offusquée à la pensée qu'il pourrait l'espionner.

Le téléphone sonna, Donio la prévenait de son retard :

— Commencez sans moi. Pour une fois que les clients me réclament sans répit, je ne vais pas manquer ma chance de bourrer mes poches de piastres.

Quelle déception pour ses sœurs, impatientes de lui montrer leurs cadeaux ! Séneville y trouvait son compte. À la satisfaction de voir son fils heureux s'ajoutait la possibilité de faire ses appels téléphoniques en toute discrétion dès que ses filles seraient endormies.

— Trois heures de dodo avant la messe de minuit, ce n'est pas trop, dit-elle, les obligeant à se mettre au lit.

Éva ne se fit pas prier.

— Je vais y aller dans dix ou quinze minutes, réclama son aînée. Dès que j'aurai terminé ma lettre à Coco Chanel. Elle est toute prête dans ma tête.

La permission obtenue, Gaby s'attabla, griffonna sur une feuille de cahier, soupira, cherchant de toute évidence à étirer le temps.

— À mon âge, je ne devrais pas être forcée d'aller dormir avant la messe de minuit…

— J'ai quarante-sept ans, Gaby, et j'irai encore.

— C'est parce que vous le voulez bien. Mais pas moi.

— Ça te fera du bien, riposta Séneville, inflexible.

Sa jeune rebelle avait gagné sa chambre depuis plus d'une demi-heure lorsqu'elle réapparut dans la cuisine.

— Ça brasse trop dans ma tête. Je n'arrive pas à dormir.

— Imagine-toi un grand champ de moutons et essaie de les compter. C'est magique. Tu n'auras pas le temps de te rendre à cent, tu dormiras, lui conseilla sa mère en la reconduisant à sa chambre dont elle ferma la porte.

— Vous avez oublié, maman ? J'étouffe quand la porte est fermée.

Pas une réplique ne sortit de la bouche de Séneville, dépitée de ne pouvoir faire ses appels téléphoniques en toute discrétion.

Les salutations d'usage échangées avec Mme Taupier, la veuve émit ses vœux et s'empressa de prendre de leurs nouvelles.

— Ah, bon ! Tant mieux !

— …

— Quel beau projet ! Il le mérite bien. Il est si dévoué.

— …

— Vous le féliciterez de notre part et lui souhaiterez une belle carrière, Mme Taupier.

— …

— Je leur ferai le message.

Le plancher craqua. Sa Gaby voulait savoir :

— M. Henri ?

D'un geste de la main, Séneville la retourna à sa chambre.

La conversation terminée, Gaby, demeurée adossée au chambranle, espérait un compte rendu. Séneville fut brève.

— M. Henri nous souhaite de joyeuses Fêtes.

— C'est lui que vous félicitiez ?

— Il est enfin admis en chirurgie.

— Pourquoi, enfin ? Il est en retard ? Quel âge a-t-il ?

— Le début de la trentaine… Bon ! Mademoiselle est satisfaite ?

Séneville éteignit la lampe et se réfugia dans sa chambre, là où elle pourrait réfléchir sans être bombardée de questions.

Gabrielle, non moins inquisitrice qu'intuitive, n'arrivait pas à dormir. Les non-dits de sa mère, les nouvelles venues de Chambly et les révélations au sujet de Coco Chanel s'entrecroisaient dans sa tête comme des centaines d'abeilles aux abords d'une ruche. « Maman téléphonait-elle aux Taupier seulement pour leur souhaiter un Joyeux Noël ? À ma connaissance, elle ne l'a jamais fait depuis que nous habitons ici. Soupçonnerait-elle M. Henri d'être venu nous porter ces cadeaux ? De Chambly jusqu'à notre porte sans entrer nous saluer ? Et pourquoi se serait-il comporté ainsi ? » Gaby nota que pas une fois sa mère n'avait prononcé le mot cadeau lors de son échange téléphonique avec Mme Taupier. « Je n'ai jamais vécu un tel Noël ! Je me croirais dans un conte de fées. Un bijou et de l'argent nous parviennent d'on ne sait qui. Des nouvelles de Coco Chanel m'arrivent comme si nos donateurs savaient qu'elle était mon idole… » Exceptionnellement, elle ne chercha pas à comprendre. Elle préféra se donner le temps de savourer cette ambiance mystérieuse, à la limite du fabuleux.

La messe de minuit vint nourrir cette béatitude. Les chants liturgiques, les effluves d'encens, l'effervescence qui avaient suivi les fidèles du portique jusqu'au cœur du sanctuaire, tout portait l'euphorie de Gabrielle Bernier en ce 25 décembre 1914.

Devançant sa mère à la sortie de l'église, elle entendit une voix masculine lui dire :

— On ne vous veut que du bien, Mme Bernier.

Gaby voulut faire demi-tour, mais sa sœur Éva filait déjà vers la rue. Le temps de la ramener vers le parvis, elle ne put voir la personne à qui sa mère promettait de passer à son bureau le mardi suivant.

— Qui allez-vous visiter, maman ?

— C'est une affaire entre adultes, répondit Séneville, sur un ton défiant toute réplique.

« Je gagerais que c'est l'avocat… Il n'y a que lui qui la mette dans un tel état. »

Le soir du 2 janvier 1915, Donio rentra au logis des Bernier en bardassant, l'air bourru. Sur la table de la cuisine, il lança une poignée de billets sous le regard ébahi de ses sœurs et de sa mère.

— T'as beau travailler comme un forcené, jour et nuit, c'est tout ce que tu ramasses, expliqua-t-il.

— C'est beaucoup d'argent, s'écria Gaby, prête à en disposer.

— Beaucoup d'argent, ça, pour le temps des Fêtes ? Non.

Séneville en fit le décompte et s'en montra ravie.

— C'était ma semaine de test, maman.

— Tu es peut-être trop ambitieux, mon Donio.

— Je ne suis pas trop ambitieux, je suis trop jeune ! Je regarde faire les dames riches. Elles s'approchent de ma voiture et quand elles me voient la tête, elles me marmonnent une petite excuse et s'en vont vers des chauffeurs connus et plus vieux que moi. M. Durand l'a remarqué lui aussi.

— Qui est M. Durand ? s'informa Gaby.

— Le chauffeur de taxi qui m'a entraîné.

— Je pense que tu exagères un brin, riposta Séneville. Il y a sûrement des gens qui te font confiance.

— Trop peu ! Puis avec celles qui montent dans ma voiture, je fais parfois des gaffes… par timidité. Je ne me sens pas à la hauteur des bourgeois de Montréal.

Séneville, qui avait éprouvé le même sentiment lors de son retour au travail, lui demanda :

— Quel genre de gaffes ?

— Quelques jours avant Noël, j'ai ramené une dame de la haute société qui s'informait de chacun de nous. Je lui ai répondu tout bonnement sans me douter qu'il s'agissait de Mme Hermine Leblanc…

— Puis ? insista Gaby dont l'antipathie pour les Leblanc nourrissait la curiosité.

— J'avais oublié, maman, que depuis le règlement du procès, vous retourniez leurs lettres en indiquant DÉMÉNAGÉ. En apprenant que vous lui aviez menti, Mme Hermine fut très choquée. Elle m'a payé, mais elle n'a pas laissé un sou de *tip*.

Gabrielle posa sur sa mère un regard inquisiteur.

— Les cadeaux… Ils venaient des Leblanc, susurra-t-elle.

Un signe de tête de Séneville et toute la maisonnée retournait au soir du 24 décembre pour en recomposer la scène avec les vrais acteurs.

— Qu'est-ce qu'on fait, maman ? demanda l'aînée.

— Je les ai remerciés après la messe de minuit. Ils tenaient à me parler. Madame m'a remis une des lettres que son mari m'avait écrite et que j'avais retournée sans l'ouvrir.

— On peut la voir ?

— Je ne suis pas sûre, Gaby.

L'intervention de Donio fit tomber les réticences de Séneville. Non sans trémolos dans la voix, elle parvint à leur en faire la lecture :

Madame Bernier,

Nous pensons que beaucoup de malentendus se sont glissés dans nos rapports depuis le règlement final du procès. Je vous avais promis de vous faire gagner cette cause et, grâce à Dieu, j'ai honoré ma parole. Cependant, je reconnais avoir commis une erreur en ne vous donnant pas, de temps à autre, une idée des frais encourus pour votre défense. Deux facteurs ont contribué à en augmenter les coûts. De un, le temps qu'a duré ce procès (trois ans); de deux: le travail de mes associés. Peut-être ignoriez-vous que je n'étais pas seul à préparer les documents déposés à la cour.

Je vous invite à passer à mon cabinet pour voir le détail de ces frais qui, je l'admets, peuvent paraître exorbitants.

Compte tenu des gains décevants tirés de ce procès, mon épouse et moi avions prévu vous faciliter la vie et celle de vos enfants, de différentes façons. Vous demeurez libre d'accepter ou de refuser notre aide, mais nous estimons que vous seriez avantagée d'y consentir. Les familles qui ont reçu vos services n'ont que des éloges pour vous et elles vous réclament de nouveau.

Pour avoir si souvent visité votre mère, mon épouse connaît vos filles et leurs nombreux talents. C'est pourquoi elle a insisté, lors de notre dernier voyage à Paris, pour que nous en rapportions des cadeaux qui leur plaisent. Nous prévoyons vous les offrir à l'occasion des Fêtes.

Espérant que ces quelques lignes vous éclairent et vous ramènent à de meilleures dispositions à notre égard,

Pierre-Évariste et Hermine Leblanc

Gaby, qui avait tant discrédité cet avocat, n'osa lever les yeux vers sa mère. Donio, croyant en la sincérité de Me Leblanc, pria Séneville de balayer ses doutes et son ressentiment. Dans sa candeur, Éva réclama une bonne entente inconditionnelle. Leur mère opta pour la réflexion.

— Je tiens à voir les chiffres. J'irai examiner les papiers en revenant de mon travail, mardi, leur apprit-elle, presque repentante.

Le climat d'ouverture installé par la lettre de Me Leblanc incita Donio à revenir sur son expérience de chauffeur de taxi. Les déceptions l'emportaient sur les contentements. Les heures interminables de passivité dans l'espoir qu'un passager se présente l'horripilaient.

— Mon *baby face* suscite la méfiance. Mon accent campagnard et mon anglais baragouiné m'attirent un certain mépris, confia-t-il.

Les propos de Donio troublèrent sa sœur. Ne risquait-elle pas de vivre les mêmes déconfitures? Déterminée à vaincre là où son frère échouait, elle en élabora les moyens:

— Je me maquillerai pour avoir l'air plus vieille, je m'efforcerai de mieux parler mon français et je perfectionnerai mon anglais parlé, annonça Gaby.

— C'est facile à dire. Tu m'en donneras des nouvelles quand tu auras mon âge.

— J'ai la chance d'être prévenue, moi.

Séneville lui donna raison tout en l'incitant à moins d'arrogance. Un sourire de satisfaction sur les lèvres, Donio se ressaisit.

— Je sais maintenant quoi faire de ma vie. J'aime être dans l'action, prendre des risques et avoir le sentiment d'être utile…

— Dans quel métier penses-tu trouver tous ces avantages? lui demanda sa mère.

— Dans l'armée.

Une onde de choc traversa la cuisine. Donio l'avait prévu.

— Ce n'est pas un coup de tête, je vous le jure, maman. En attendant qu'un client m'appelle ou se présente, je lisais les journaux. Je ne pourrais pas vous en livrer le mot à mot, mais dans *Le Devoir*, on invitait les Canadiens à s'enrôler au nom de la religion et de la fidélité à l'Angleterre.

— Ce qui veut dire…

— Ma petite Gaby, ça veut dire qu'en tant que catholique et Canadien je prendrai les armes pour défendre ma patrie.

— Tu pourrais te faire tuer aussi.

— Ce n'est pas impossible, mais ça donne tout un sens à une vie. Rien qu'à y penser, je me sens fier de moi, dit le jeune homme qui allait avoir ses dix-huit ans dans cinq mois.

— Je ne te comprends pas, avoua Gaby.

— Ça ne veut pas dire que j'irai au front. D'ici à ce que mon entraînement soit terminé, la guerre sera peut-être finie et j'aurai un métier payant et intéressant.

— Et si la guerre dure encore?

— Je prendrai le beau côté de cette aventure. Qui ne rêve pas de voyager de par le monde sans que ça lui coûte un sou?

Sur ce point, Gaby comprenait son frère. Le goût de connaître d'autres pays l'habitait déjà. Celui de relever ces défis aussi. Mais le prix à payer lui semblait excessif.

Éva, jusque-là silencieuse, se mit à sangloter.

— Ce n'est pas assez d'avoir perdu notre père, puis notre grand-mère qu'on aura plus de frère…

— De toute façon, je ne sais même pas si on acceptera ma candidature. Si oui, je ne partirai pas tout de suite, p'tite sœur.

Donio et sa mère furent accablés de questions sur les raisons de cette guerre et sur les pays qui l'avaient déclarée.

— On pourrait résumer les raisons de cette tragédie en quelques mots: la vengeance et la quête de pouvoir, dit Séneville.

— Est-ce que Coco Chanel est en danger ?

— Les civils devraient être protégés, répondit Donio. Plusieurs quittent leur pays en attendant que les combats soient terminés. Dans les journaux, on dit que nos soldats qui étaient campés en Angleterre seront bientôt envoyés en France.

Gabrielle eût été rassurée si elle avait su que dès l'entrée en guerre de la France, son idole avait été emmenée à Deauville, en Normandie, dans une grande villa louée par son amant. Ironie du sort, plusieurs dames élégantes avaient gagné cette même ville et elles réclamaient non seulement des chapeaux mais des vêtements aussi. Il n'en fallait pas plus pour que la modiste s'affiche également comme couturière. Très imaginative, pour contrer la rareté des tissus, Coco Chanel taillait dans les tricots d'entraînement des militaires.

Saisissant que les Canadiens étaient les amis des Français et qu'il était normal qu'ils se portent à leur défense, Gaby se réconcilia quelque peu avec les projets de son frère. Dès lors, son intérêt ne se limita pas au perfectionnement de la langue anglaise ; les connaissances géographiques et le suivi des épisodes de cette guerre la captivaient.

Au pensionnat Sainte-Catherine, un régime de privation causé par l'augmentation du coût de la vie fut institué. Les desserts ne furent désormais servis que les dimanches. Le prix des fruits et des légumes devint inabordable. Les conserves offertes sur le marché suivirent cette ascension alors que les salaires stagnaient. Séneville se vit forcée de laisser ses filles à l'orphelinat pour une quatrième année consécutive.

Ce fut un vendredi après-midi tumultueux chez les Bernier, au grand désarroi des deux filles, de retour à la maison pour deux jours de congé. Donio pestait au téléphone.

— Je veux savoir pourquoi je ne suis pas admis dans l'armée, Monsieur.

— On n'a pas l'habitude de dévoiler les raisons autres que les problèmes physiques, lui répondit un préposé à la sélection des candidats.

— Vous doutez de ma santé mentale, quoi?

— Absolument pas.

— Ça ne peut pas être mon dossier judiciaire qui fait problème. J'ai toujours eu une conduite exemplaire.

— On le sait très bien.

— Vous n'avez donc aucune raison valable de me refuser…

— Je vous répète que tous nos refus sont justifiés.

Donio ne se résignait pas à faire du taxi toute sa vie. Son peu de ressources financières, son âge et sa fascination pour la profession militaire l'avaient finalement détourné de sa formation en génie électrique. « De quelle façon maintenant pourrais-je assurer ma subsistance? Retourner à Chambly? C'est un pensez-y bien. »

— Même si tu détestes la vie de pensionnaire, ma petite Gaby, va au bout de tes études, lui recommanda-t-il. Je regrette tellement d'avoir quitté l'école après la mort de papa.

Les propos de son frère la touchèrent.

— Je crois bien les compléter. Je m'y sens mieux depuis que je prends des leçons d'anglais oral en plus de mes cours de piano. Puis les sœurs me permettent maintenant de lire autre chose que le Nouveau Testament quand mes travaux sont terminés.

— Qu'est-ce que tu lis?

— Des livres de géographie. C'est Mme Hermine qui me les a offerts pour mes quatorze ans.

Donio conclut que la réconciliation s'était faite entre sa famille et le couple Leblanc.

— Tu t'entends bien avec cette dame, maintenant?

— Je ne la vois jamais.

— Tu en as encore contre son mari, Gaby Bernier?

— Je ne veux pas en parler.

— Tu continues de le considérer malhonnête même si maman a pu vérifier les comptes à son bureau et qu'il nous rend bien des services?

— Peut-être pas malhonnête, mais séraphin.

— Tu es rancunière, Gaby. C'est un défaut dont tu devrais te débarrasser.

— J'ai bien d'autres choses à penser, Donio, rétorqua-t-elle, agacée.

À force d'insister, il apprit que sa sœur aurait besoin de son intervention pour être exemptée du pensionnat pendant les vacances d'été. Plus que deux semaines à ne respirer que l'air de la cour clôturée, à devoir assister à la messe tous les matins, à épousseter là où la poussière n'avait pas eu le temps de se déposer, à laver des planchers immaculés, à obéir et à s'excuser au moindre écart de conduite. Gaby se considérait capable de gagner de l'argent en s'occupant des enfants ou des personnes âgées dans le besoin. Sa mère, avec qui elle en avait discuté, s'y opposait, consciente des responsabilités rattachées à ce travail. Par contre, elle lui avait suggéré d'offrir ses services à la cuisine ou à la buanderie du couvent.

Se sentant incomprise, la jeune fille avait attendu une occasion propice pour réclamer une faveur de son frère, en toute discrétion.

— Ce ne serait pas la première fois que tu me tirerais d'embarras, Donio.

— Si tu avais tes seize ans, au moins…

— Je n'en ai pas l'air?

— Hum! Pas sûr, dit-il, désignant sa poitrine.

— Je sais ce que tu veux dire. Ça peut s'arranger, ça...

Le catalogue Eaton lui en offrait la solution. Elle le feuilleta, s'arrêta à la page des soutiens-gorge, pointa un modèle, griffonna les mensurations sur un bout de papier qu'elle remit à son frère.

— Tu pourrais aller m'en chercher deux. Dans n'importe quel magasin de lingerie pour dames.

Donio hocha la tête.

— Tiens! Apporte ce papier-là Si tu m'avances l'argent, je pourrai te le rembourser quand je travaillerai.

L'air embêté de son frère et ses joues qui s'empourpraient l'intriguèrent.

— Tu ne veux pas me les payer?

— Ce n'est pas ça, Gaby.

Donio brassait son épaisse chevelure à deux mains, grimaçait, incapable de s'expliquer. «A-t-on jamais vu un homme se promener dans les rayons de sous-vêtements féminins? Examiner les brassières et se présenter à la caisse avec ça en main? Non! Non! Non! Même pas pour ma sœur adorée», conclut-il.

— J'ai compris... Ça te gêne, hein, Donio? J'ai une solution: demain, tu me conduis à un magasin qui en vend, tu m'attends à la porte et tu me ramènes à la maison.

— À la condition que maman soit d'accord.

Gaby avait tout de même oublié un détail: les magasins fermaient à midi le samedi. Elle ne disposait que de peu de temps pour décrocher la permission de sa mère.

— Tu t'en vas, Donio?

— Je vais aller vérifier quelque chose, au cas où tu obtiendrais tes permissions de maman.

À son retour du travail, Séneville fut reçue avec les plus grands égards : table bien montée, plats mijotés pour quatre convives, maison dans un ordre impeccable.

— Qui s'est annoncé ?

— Personne, maman. Mais Donio sera avec nous, ce soir.

La veuve jeta un regard sceptique sur son aînée. La flamme qui scintillait dans ses yeux ne pouvait pas être attribuée qu'au rassemblement des quatre membres de la famille Bernier.

— En attendant ton frère, si tu me parlais de ce qui te rend si joyeuse, Gaby.

Le malaise de la jeune fille était tel qu'elle dut recourir aux gestes. Le catalogue Eaton ouvert devant sa mère, le doigt pointé sur l'objet convoité, elle attendait, les yeux soumis, qu'une réponse vienne.

— Ça me semble un peu prématuré, ma Gaby.

— Est-ce que je pourrais me les acheter quand même ?

Un rictus sur le visage de sa mère la laissa dans le doute.

Séneville fila dans sa chambre, prétextant son besoin de troquer son uniforme blanc pour une tenue plus légère. Sa grande fille n'avait pas fini de la déstabiliser. Devait-elle se réjouir de son audace ? « Si je pouvais prévoir jusqu'où elle peut la pousser, au moins. »

Un claquement de la porte du couloir lui annonça l'arrivée de son fils. Les regards qu'elle surprit entre ses deux aînés sentaient la conspiration. Sa pensée se tourna vers Éva qui attendait toujours d'être appelée pour fermer son livre et sortir de sa chambre. « Celle-là ne risque pas de me causer trop de problèmes », se dit-elle.

— Du nouveau ? demanda-t-elle à Donio.

— Peut-être… Mais pas pour moi. Pour notre Gaby.

Du coup il captiva l'intérêt des trois femmes, soudain moins pressées de s'attabler.

— Si vous êtes d'accord, maman, elle pourra apporter un peu d'argent à la maison pendant les vacances scolaires.

— C'est bien beau l'argent, mais elle aura tout le reste de sa vie pour travailler, rétorqua Séneville qui énuméra ses objections, notamment l'âge de sa fille, avec beaucoup de conviction.

Bien qu'elle ignorât encore de quel travail il s'agissait, Gaby préparait son argumentation. Lorsqu'elle apprit qu'à la cuisine du *Ritz Carlton*, un des hôtels les plus huppés de Montréal, on payait des jeunes filles pour préparer les légumes et laver la vaisselle, elle s'enflamma.

— Vous ne pouvez pas me faire manquer cette chance-là, maman. Il n'y a rien que j'aimerais plus que de fréquenter les gens de la haute société tout en gagnant de l'argent.

— Tu sembles oublier que tu n'es pas encore engagée et que c'est dans la cuisine que tu travaillerais. Pas à la salle à manger, ni à la réception, lui rappela sa mère.

— Je le sais, mais ça m'intéresse quand même.

Le moment était venu pour Donio de se confesser.

— J'ai dû mentir… J'ai dit que ma sœur avait seize ans. Mais je ne pense pas que ça cause de problème, tu as tout prévu pour en avoir l'air, hein, Gaby?

Séneville comprit l'insistance de sa fille pour l'achat d'un soutien-gorge.

— Aussi, croyant que vous seriez contente, j'ai pris un engagement… peut-être prématuré, reconnut-il.

Pendant que la jeune fille trépignait de joie, Séneville, prise au dépourvu, ne sachant à qui adresser ses reproches, proposa de reporter cette discussion au lendemain.

— De bonne heure demain matin, par exemple, exigea Gabrielle.

Sa mère refusa de se soumettre à cette contrainte. Donio allait plaider pour sa sœur quand un appel téléphonique le réclama.

— … À votre bureau ? Vers quelle heure ?

— …

— J'y serai, Me Leblanc, promit Donio.

UNE INDISCRÉTION D'ÉVA...

La complicité de Gaby avec Donio était aussi grande qu'avec moi, mais différente.

À l'insu de maman qui était partie travailler ses douze heures de nuit à l'hôpital, Donio céda aux supplications de ma sœur et l'emmena danser au Ritz Carlton. Elle n'avait pas seize ans. Inquiet de ce qu'elle allait répondre si un gentil monsieur lui demandait la faveur de sortir avec elle, il eut la surprise de sa vie : « Je dirai que tu es mon chum. Il le croira, on ne se ressemble pas du tout », lui a-t-elle répondu.

Leur retour à la maison au beau milieu de la nuit me réveilla. Donio avait une voix forte, comme papa. « Même si je t'aime bien, Gaby, je trouve que tu as exagéré. Tu n'étais pas obligée de m'emprunter une cigarette pour faire croire que tu avais l'âge de fumer. »

À travers ses rires en cascade, Gaby le remercia de l'avoir initié non seulement au Golden Square Mile, mais aussi au goût du tabac.

CHAPITRE VII

Certaines gens, pour ne nommer que des prêtres et des avocats, pensent avoir le droit de décider du destin des autres. Loin de m'épater, leurs bonnes intentions me révoltent. Ces hommes ont-ils déjà envisagé la possibilité qu'on puisse naître sous une bonne étoile quelles que soient nos origines? J'ai à l'esprit des femmes à succès issues de familles nobles, mais aussi d'autres venues d'un milieu très modeste. C'est le cas de mes deux idoles. Rien ne prédestinait Emma Lajeunesse, une de nos anciennes voisines de Chambly, à devenir une vedette internationale. Encore moins Coco Chanel que l'enfance vouait à la misère. Comment expliquer ce phénomène? Après le décès de papa, j'ai cru que le malheur voulait s'acharner sur notre famille pour le reste de notre vie. J'avais alors décidé de me battre contre tous ces oiseaux de malheur qui s'acharnent à démolir nos rêves. Je suis sur le point de gagner la bataille. Ou je suis née sous une bonne étoile, ou je n'ai qu'à me prêter aux événements que la vie met sur ma route.

Quelle ne fut pas la surprise de Séneville de se voir inviter pour la première fois avec ses deux filles chez le chanoine Louis-Nicolas Bernier, cousin d'Elzéar. En plein cœur du mois d'août 1917, toutes trois avaient pris le train pour se rendre à l'évêché de Rimouski. Le plaisir des jeunes filles à découvrir cette ville n'eut d'égal que les questionnements de leur mère quant aux motifs de cette invitation.

Sauf l'âge avancé du chanoine, la veuve n'en voyait aucun. Dans un tout petit parloir au plancher verni à souhait, Mgr Bernier conduisit Gabrielle et confia ses deux autres visiteuses aux bons soins de la ménagère.

— Ma petite Gabrielle, je dois d'abord te dire que sœur Sainte-Clothilde, que tu as croisée quelques fois, t'a recommandée à mes prières pour une raison bien précise.

— Je ne connais pas de sœur Sainte-Clothilde, rétorqua-t-elle spontanément.

— Tu connais certainement votre sacristine…

— Ah! bien oui!

Gaby ignorait son véritable nom. Pour cause, comme nombre de ses compagnes, elle la surnommait « la boiteuse ».

— Sœur Sainte-Clothilde et mère supérieure croient qu'une jeune fille aussi douée et d'aussi bonnes mœurs que toi présente tous les signes d'une vocation religieuse.

Gaby réprima un éclat de rire tout juste pour ne pas offenser le monseigneur.

— M. le Chanoine, c'est bien la dernière chose que je ferais de ma vie!

Désarmé par une telle désinvolture, le prêtre avait sollicité la présence de Séneville.

— Elle ne manque pas d'assurance, votre fille, Mme Bernier. Vous lui avez déjà recommandé de ne pas répliquer trop vite?

Par déférence, Séneville avait hoché la tête.

— C'est sûr que l'esprit du mal sera toujours à l'œuvre pour étouffer l'appel de Dieu dans le cœur des jeunes filles et les inciter aux plaisirs de la vie. La prière aide à résister aux tentations et apporte la lumière nécessaire aux bonnes décisions. Je vois en Gabrielle toutes les qualités d'une religieuse qui rendrait de grands services à la société et à sa communauté.

Tant de convictions gratuites chez le prêtre avait eu raison de l'affabilité de Séneville.

— Vous soupçonneriez ma petite Éva d'être fascinée par la vie religieuse et je n'en serais pas surprise, mais ma Gaby, non.

Cette intervention avait visiblement vexé le chanoine qui, à tort, avait misé sur la complicité de sa cousine. Dès lors, il s'était montré d'un autoritarisme à la limite de l'arrogance, allant jusqu'à rappeler à la veuve la dette qu'elle avait contractée envers les Dames de la Congrégation pour l'instruction et l'éducation dispensées à ses filles.

— Il serait normal qu'en retour, Gabrielle et Éva consacrent leur vie à la communauté qui a développé en elles ces talents qui seraient demeurés en veille n'eût été la générosité de leurs enseignantes. D'ailleurs, on a dû vous faire savoir à quel poste elles voyaient Mlle Gabrielle exceller…

Pas un mot.

— Rien de moins que celui de directrice du pensionnat qui a fait d'elle une jeune femme instruite et bien éduquée. Encore quelques années d'entraînement à l'obéissance et votre fille deviendra une religieuse capable d'imposer la discipline aux plus rebelles.

— Vous perdez votre temps, Monseigneur, clama Gaby, la tête haute. Je sais comment mener ma vie et laissez-moi vous dire que c'est très loin de ressembler à celle des bonnes sœurs. D'ailleurs, quand je vous entends parler de dette à ma pauvre maman, vous me faites perdre le peu d'admiration qu'il me restait pour le clergé et les religieuses.

Les esprits s'étaient enflammés au point que le trio Bernier avait abrégé sa visite à Rimouski.

— On aura au moins connu Rimouski et pris deux bons repas aux frais du cousin, avait conclu Gaby, ironique.

À la rentrée scolaire, les sœurs Saint-Théodore et Sainte-Clothilde avouèrent avoir elles-mêmes orchestré cette rencontre avec Mgr Bernier.

— Vous aussi, vous perdez votre temps, avait échappé Gaby, sitôt réprimandée pour son arrogance.

Tout comme le chanoine, les sœurs ignoraient qu'à moins d'un an de sa libération prévue du pensionnat Sainte-Catherine, cette jeune fille avait, du bout des lèvres, goûté aux appâts de la haute société et qu'elle en avait raffolé. D'une fenêtre ou de l'autre du *Ritz Carlton* où elle avait été engagée d'abord comme aide-cuisinière, ensuite comme préposée aux chambres, elle avait vu défiler de galants messieurs et des dames chic coiffées et vêtues à la dernière mode. Leur aisance la transportait dans un futur qu'elle rêvait de s'approprier. « Un jour, je ferai partie de la parade et j'entraînerai d'autres femmes et leurs filles avec moi », s'était-elle juré.

Séduite par le faste de cet hôtel unique à Montréal, elle avait cherché à en connaître l'histoire. L'idée lui vint d'en faire part à sa cousine Marie-Reine dans une lettre qui risquait de la rendre jalouse.

......

J'en suis morte de rire quand je pense que moi, la pseudo orpheline du pensionnat Sainte-Catherine, j'use mes semelles sur les planchers rutilants du plus huppé des hôtels de Montréal. Hey ! Ce n'est pas rien, une salle de bain dans chaque chambre, des chandeliers de cristal dans la salle de bal et des balcons aux chambres qui donnent dans la rue Sherbrooke ! Moi qui pensais détester les costumes pour le reste de mes jours, j'aime bien ceux de couleur bleue que portent les garçons d'ascenseur et les chapeaux en peau d'ours des portiers. Autre chose surprenante, je ne suis pas intimidée par monsieur le directeur même s'il me parle presque toujours en anglais et qu'il me force à lui répondre dans la même langue. Je pense que c'est son gros bedon qui me le rend sympathique. Ceux qui croient que la guerre n'a que de mauvais côtés se trompent. C'est grâce à elle si je peux occuper mes vacances d'été à travailler dans ce château. M. Frank Quick

*n'a plus les moyens d'engager du personnel qualifié... C'est ce
que mon frère m'a dit. Dommage pour lui qu'il ait été empêché
de se faire soldat.*

« Empêché ». Le mot convenait bien au sort de Donio qui avait dû
reprendre sa casquette de chauffeur de taxi. Il n'avait pas encore
pardonné à Me Leblanc d'être intervenu personnellement auprès des
recruteurs d'Ottawa pour qu'il ne soit pas admis dans l'armée, prétextant qu'il était le seul soutien de sa mère et de ses deux sœurs vivant
dans la pauvreté. Séneville avait-elle tenté de calmer son fils en
invoquant les bonnes intentions de l'avocat, il ne décolérait pas. La
Loi sur la conscription du 13 octobre 1917, appelant sous les drapeaux
tous les célibataires et les veufs sans enfants de vingt à trente-quatre
ans, avait alimenté sa grogne. Les fouilles de la police militaire pour
retrouver les déserteurs et les exemptés sous de faux prétextes avaient
relancé son espoir. Chimère ! L'intervention de Me Leblanc, demeurée
au dossier, le rayait définitivement de la liste des rappelés.

— C'est un mal pour un bien, maintenait Gaby qui, pendant tout
l'été, avait bénéficié d'un transport en taxi pour se rendre travailler au
Ritz Carlton.

Ces deux étés d'immersion dans la bourgeoisie montréalaise
avaient métamorphosé et les aspirations, et les attitudes de Gabrielle
Bernier. Rebelle à l'étiquette de pauvreté qu'on avait accolée à sa
famille depuis six ans, elle s'était engagée à la détruire à tout jamais.
Ses rêves d'enfant récupérés, elle projetait de dispenser sa mère de
l'obligation de travailler dans quatre ans, un cadeau d'anniversaire
pour ses cinquante-cinq ans. À sa sœur Éva, elle offrirait de payer les
études dans la discipline et l'institution de son choix. Toute la famille
allait vivre dans un grand logis, de préférence dans la rue Sherbrooke,
là où l'architecture des maisons évoquait l'aisance financière.

À l'occasion des funérailles de Rose, l'épouse du capitaine Bernier,
auxquelles Séneville et ses filles avaient assisté, des commentaires
étaient venus souligner les changements survenus chez Mlle Gaby.

— Une vraie Montréalaise, avaient dit les unes.

— Ta Gaby ne veut pas passer inaperçue, avait statué la bru de feue Rose.

La lettre lui étant parvenue avant le décès de sa grand-mère, Marie-Reine n'avait pu cacher son admiration et son envie de déménager à Montréal.

— C'est là que la vie me semble intéressante, avait-elle confié à sa cousine, la priant de lui trouver un travail. Maintenant que ma grand-mère n'est plus là pour jouer à la police avec moi, je vais prendre ma liberté. Ce n'est pas parce qu'on est orpheline de père qu'on est destinée à un petit pain. Tu en es la preuve vivante, Gaby.

— Quand je pense au nombre de fois que je t'ai enviée depuis qu'on a quitté Chambly! Toujours vêtues comme des princesses, tes sœurs et toi! Puis votre belle grande maison à Lauzon…

— Je comprends, mais quand on voit approcher nos vingt ans, ça nous prend plus que ça pour être heureuse, Gaby.

— Je ne suis pas sûre de bien te comprendre…

— Les garçons… J'aurais bien plus de chances d'en trouver un qui gagne sa vie en complet et cravate à Montréal qu'ici. Ne fais pas la modeste, Gaby. Dis-le que plein de garçons te font la cour.

— C'est parce qu'à l'hôtel, tout le monde pense que j'ai dix-huit ans! justifia-t-elle.

Marie-Reine l'avait scrutée de la tête aux pieds avant de conclure:

— Je ne voudrais pas t'insulter, mais tu parais plus jeune que moi, Gaby Bernier.

Le regard coquin, Gaby s'était alors approchée de sa cousine pour lui chuchoter à l'oreille:

— Pour mon travail et mes sorties je porte un soutien-gorge… trompeur.

— Pas vrai! Où as-tu pris ça?

— Il y en a partout dans les grands magasins de Montréal. Tu achètes le plus petit et tu complètes ce qui manque dans le bonnet.

Trêve de jalousie, les deux jeunes filles avaient retrouvé leur complicité d'avant 1912.

Portée par un enthousiasme sans pareil, Gabrielle avait entrepris sa dernière année d'étude, croyait-elle, déterminée à flotter à la surface des contraintes du pensionnat. Or septembre 1917 l'attendait avec une surprise de taille. Reconnaissant ses talents pour la musique, les religieuses lui offraient de parfaire sa formation musicale avec M. Lamoureux, un maître réputé dans tout Montréal. Dispensée du programme d'études dont elle avait fait le tour, elle pourrait se consacrer totalement à la musique et obtenir un certificat qui lui permettrait d'enseigner le piano.

— Pour la modique somme de trois dollars par mois, avaient-elles décrété, après avoir appris que Gabrielle disposait de quelques économies provenant de son travail au *Ritz Carlton*.

— Il serait bien temps aussi que je cesse d'être pensionnaire, avait-elle rétorqué, avec une logique irréfutable.

— D'un certain côté, oui, avait reconnu sœur Saint-Théodore. Mais pour compenser le coût de vos cours privés avec M. Lamoureux, mes consœurs vous chargeraient d'un certain nombre de tâches: le soir, vous assureriez la discipline dans la salle d'études et, tôt le matin, vous iriez aider la sacristine à préparer la messe avant de passer au réfectoire des religieuses pour dresser les tables et distribuer les plats aux sœurs âgées ou handicapées.

— Mais voyons donc! Ces tâches-là ne m'intéressent pas du tout, allait s'écrier Gaby.

La maturité de ses seize ans l'avait retenue à temps.

« On dirait qu'elles font exprès pour me contraindre à faire ce qui est le plus contraire à ma nature, pensa-t-elle, indignée. Imposer la discipline aux étudiantes alors que j'ai été tant de fois punie pour ne pas l'avoir respectée. Me plonger dans la religiosité de la chapelle et du réfectoire des sœurs alors que je rêve de quitter tout ce qui s'en rapproche depuis mon entrée ici. Il faudrait que je pèse le pour et le contre. »

— J'aimerais y réfléchir et en discuter avec ma mère.

— Je vois que la gratitude ne vous étouffe pas, riposta sœur Saint-Théodore, déconcertée devant cette attitude qu'elle jugeait insolente.

Gaby n'avait pas prévu une telle réaction. Informée de ces propositions, Séneville voulut les entendre de la bouche même de sœur Saint-Théodore. Son flair ne l'avait pas trompée.

— Vous n'êtes pas inquiète, Mme Bernier, des comportements de votre fille depuis qu'elle fréquente un milieu mondain ? Quel gaspillage pour une enfant bourrée de talents !

— Une enfant ? Vous semblez oublier que ma Gaby a eu seize ans et qu'elle est très mature pour son âge.

— Justement, nous considérons qu'il est grand temps que nous la ramenions aux valeurs chrétiennes que nous lui avons inculquées.

— Vous entêteriez-vous encore à vouloir en faire une bonne sœur ?

— Elle serait une très bonne recrue à la condition que vous travailliez dans le même sens que nous, Mme Bernier.

Au tour de Séneville de taire sa réplique. « Gaby est assez grande pour décider par elle-même », se dit-elle.

La perspective de voler de ses propres ailes dans une dizaine de mois avait eu raison de l'aversion de Gabrielle pour ses tâches quotidiennes au pensionnat. Après un mois de ce régime contraignant, elle avait décidé de se délecter des bons moments consacrés à la musique pour compenser ses longues heures à servir pensionnaires et religieuses. Toutefois, le glamour du *Ritz Carlton* lui manquait. Elle se projetait avec bonheur dans la vie des gens huppés du *Golden Square Mile* qui venaient déjeuner dans l'*Oak Room*, prenaient le thé dans le *Palm Court*, dînaient dans l'*Oval Room* et faisaient la fête dans le *Grand Ball Room*. Pour elle, le *Ritz Carlton* était l'univers miniaturisé de la mode, un domaine qui la fascinait. Dorio le savait et c'est avec un plaisir décuplé qu'en allant chercher une cliente qu'il devait attendre dans le luxueux hall de l'hôtel, il avait chipé pour sa sœur deux revues traitant du sujet. Dans l'une, dont la page couverture avait été arrachée, une grande place était accordée à la couturière Ida Desmarais et à ses modèles de robes de soirée et de mariage. Les prix de ventes allant de cent vingt-cinq à deux cent cinquante dollars avaient ébloui la jeune Gaby. L'autre magazine, amputé d'une partie de son contenu, avait été édité à Paris. Une feuille illustrée en couleurs s'en détacha; de quoi couper le souffle. Trois mannequins, en tenues de soirée, annonçaient la publication de plus de cent trente autres modèles. Perdue dans cette panoplie d'illustrations, une brève chronique invitait toutes les dames en recherche d'élégance à passer à la boutique GABRIELLE CHANEL, *Plus de deux cents ouvrières, maintenant, pour desservir notre clientèle.* La note épata Gaby. « Faut-il qu'elle ait assez de succès pour engager tant d'ouvrières! Elle doit avoir peine à y croire quand elle se rapporte à son enfance… pauvre, abandonnée, condamnée à vivre dans un orphelinat. Avec tant d'employées, si Coco vend ses créations aussi cher que Mme Desmarais, elle doit être très fortunée. C'est donc vrai qu'on peut s'enrichir en ne faisant que ce que l'on aime! Je doute un peu d'avoir la même chance dans l'enseignement du piano, surtout si la guerre perdure. Mais elle est bien plus présente et néfaste en Europe qu'au Canada, cette guerre. Si j'en crois cet article, l'industrie de la mode ne semble pas en souffrir. Une autre preuve que ce conflit mondial n'a pas que de mauvais côtés », pensait Gabrielle.

— Vite et bien, c'est possible, répliqua-t-elle à sœur Saint-Théodore qui, la trouvant assise à une table du réfectoire en attendant que les sœurs s'y présentent pour le déjeuner, douta de la qualité de son travail.

— Vous n'avez qu'à regarder sur toutes les tables… Tout y est, n'est-ce pas?

Un rictus de sa patronne lui donna raison.

— Mais qu'est-ce que vous fabriquez, Gabrielle Bernier?

— Je redessine des modèles de robes en y ajoutant ma touche personnelle.

— Vous faites preuve d'une grande imagination, jeune fille, mais je souhaiterais que vous l'utilisiez pour des choses moins futiles. La mode peut pervertir, vous savez.

— C'est ce que vous pensez? Laissez-moi encore quelques semaines et je vous montrerai que ce n'est pas inutile, ce que je fais, et que je suis loin d'être pervertie.

— Permettez-moi d'en douter, Gabrielle.

— Vous verrez bien!

« Il n'y a rien que j'aime autant que de prendre les sœurs en défaut. »

La fin de semaine qui suivit fut consacrée en grande partie à la confection miniaturisée du costume des étudiantes du pensionnat Sainte-Catherine. La poupée de chiffons terminée, Gabrielle en était à la dernière étape : la coupe et la couture de cette robe noire à manches longues et jupe froncée. Le col et les poignets blancs devaient être amidonnés avant d'être ajoutés à la robe. Opération plus délicate compte tenu de la dimension de ces pièces. Pour enjoliver l'ensemble, la jeune couturière remplaça le ruban de velours noir par un ruban de satin.

Éblouie, sœur Saint-Théodore demanda la faveur de montrer le « petit chef-d'œuvre » à ses consœurs.

— Je l'ai faite pour vous. Vous pouvez la garder, si elle vous plaît.

L'enchantement fut contagieux. La tournée se boucla par une rencontre avec la directrice du pensionnat ce qui Gabrielle reçut des éloges pour son talent exceptionnel.

— Que de services vous rendriez à la communauté si nous parvenions à vous recruter, dit-elle. Il faudrait toutefois que vous corrigiez votre tendance à l'insubordination, ajouta-t-elle, l'index passé dans une boucle du ruban de satin qui était venu évincer le ruban de velours.

— Je me fatiguerais vite de devoir toujours répéter le même canevas. J'aime obéir à mon imagination, moi

— La prière vous ferait peut-être comprendre qu'il est plus vertueux d'obéir à Dieu et à ses représentantes qu'à celle-ci. Ce n'est pas pour rien qu'on parle de l'imagination comme de la folle du logis, Mlle Bernier. Elle peut vous entraîner dans le péché ..

Gabrielle reprit son « petit chef-d'œuvre ». « Elles ne le méritent pas », jugea-t-elle, non moins persuadée que sa créativité la dirigerait sur un autre sentier que celui du péché.

Sœur Saint-Théodore qualifia de désinvolte l'attitude de Gabrielle. Une sanction s'imposait. À n'en pas douter, le remplacement de M. Lamoureux, son professeur de piano, serait le plus efficace des semonces. Pour cause, non seulement M. Lamoureux permettait-il à Gabrielle de modifier certaines pièces et d'en créer d'autres, mais il l'en félicitait. Lors d'un concert bénéfice auquel elle participait, il avait annoncé à un auditoire majoritairement composé de religieuses et de bienfaiteurs :

— Nous allons maintenant entendre M^{le} Gabrielle Bernier nous interpréter deux pièces, dont une de ses propres créations.

La prestation terminée, il avait défié l'auditoire de deviner laquelle était l'œuvre de l'étudiante Bernier. Sauf les musiciens et musiciennes, peu d'auditeurs avaient donné la bonne réponse « De tels égards n'incitent pas la jeune pianiste à plus d'humilité », avaient convenu les religieuses.

Le 12 juin 1918, jour de son dix-septième anniversaire, Mlle Bernier était convoquée au bureau de la directrice. L'heure était venue de faire le bilan de cette année de formation musicale. «Comme j'ai hâte de le tenir dans mes mains, ce certificat! Enfin libre! Enfin capable de gagner ma vie honorablement.» Gaby volait dans le couloir vers ce bureau où, plus souvent qu'à son tour, elle avait été réprimandée et punie. Elle en avait à peine refermé la porte qu'elle se heurta au regard sévère de la religieuse.

— Un certificat ne se donne qu'après un enseignement rigoureux et un respect du programme imposé, Mlle Bernier.

— L'automne dernier, vous m'avez dit que j'avais le meilleur professeur de tout Montréal!

— Malgré cela, vous n'avez parcouru que les deux tiers du programme. Vous auriez dû consacrer moins de temps à vos fantaisies…

Une onde de choc sur les projets de Gaby… écroulés comme un château de cartes. Cet échec forcerait Séneville à maintenir ses semaines de soixante-dix heures de travail et Éva à demeurer pensionnaire.

— Je vous offre tout de même la possibilité de compléter votre formation aux mêmes conditions que l'année précédente, sauf que M. Lamoureux sera remplacé par M. Savaria. En septembre prochain, il se consacrera exclusivement aux élèves qui paient la totalité de leurs cours, précisa la directrice.

C'était pour la religieuse une belle occasion de donner une leçon d'humilité à cette jeune femme de plus en plus insoumise.

— Quand faut-il que je vous donne ma réponse?

— Au plus tard le 20 juin.

Vexée, elle quitta le bureau de la directrice, troqua son uniforme contre une robe de sortie et rentra à la maison. Dans l'escalier menant au logis familial, elle croisa Séneville.

— Vous auriez quelques minutes à m'accorder, maman ?

— Oui, mais à la condition que tu m'accompagnes, je suis déjà en retard…

Toutes deux empruntèrent la rue Sainte-Catherine d'un pas alerte. Séneville, poussée par l'appréhension ; sa fille, par l'indignation.

— L'étiquette de la pauvreté va nous coller au front tant qu'Éva et moi serons prisonnières de cet orphelinat, lança Gabrielle.

Priée de s'expliquer, elle le fit avec fougue.

— Ne parle pas si fort, Gaby, quand on croise des gens…

— Je vais faire attention, mais dites-moi ce que vous en pensez maintenant que vous savez tout.

— La chance de décrocher un diplôme n'est pas donnée à tout le monde, surtout pas en temps de guerre, ma fille ! Si je n'avais pas terminé ma formation de garde-malade, on aurait vécu dans la misère noire après le décès de ta grand-mère.

— Pourquoi ne faites-vous jamais allusion à l'avocat dans nos malchances ? Il en est bien plus responsable que la mort de grand-maman.

— Tu n'arrives pas encore à lui pardonner, c'est ça ? Il s'est montré plutôt généreux ces dernières années.

— Ça m'en prend plus que ça. De toute façon, je ne veux pas perdre mon temps à parler de lui. Si je comprends bien, vous souhaiteriez que je cède aux exigences des sœurs encore une autre année ?

Séneville étoffa son argumentation d'exemples qu'elle jugeait percutants. Ses propos déplurent à sa fille à lui en faire tourner les talons.

— À quoi te sert de demander mon avis?

— À réfléchir, maman, répondit Gaby, filant vers la maison.

L'idée lui vint de bifurquer vers le parc Sohmer. Des vieillards déambulaient dans l'allée centrale, en quête d'une nouveauté qui viendrait tromper leur ennui. Quelques femmes occupaient les aires de jeux avec leurs jeunes enfants. D'autres, tentant de tenir tête à leur chien, déclenchèrent les éclats de rire de Gabrielle. «Est menée qui croyait mener», se dit-elle, jugeant la situation dérisoire. Puis un parallèle s'imposa entre ce spectacle et sa situation à l'orphelinat. «Pourquoi ne pas donner aux sœurs l'impression d'avoir vaincu mon insubordination, comme elles le souhaitent? Leur dire que j'accepte leur «dernière chance», mais m'accorder la liberté d'en décider autrement après mon été au *Ritz Carlton*… Ne sortir les armes qu'en tant de guerre, ne serait-ce pas un début de sagesse?» Du jamais ressenti s'installait dans le cœur de Gaby. Une sérénité imprégnée d'une force tranquille. Tel le fleuve qui s'ouvrait, paisible, aux sillons des bateaux, ses vagues ondulant jusqu'aux rivages avant de reprendre leur quiétude. Un rythme de valse modelait sa démarche.

La jeune femme se souvint avoir décidé de flotter au-dessus des contraintes du pensionnat à l'automne de ses quinze ans. Aujourd'hui, elle comprenait qu'il valait mieux se mouler à l'ondulation de l'eau et se laisser déposer sur la grève, offerte aux surprises qu'elle pourrait lui ménager. Seule sur un banc du parc Sohmer, Gaby apprivoisait l'abandon dans les bras de cette mouvance qui effleurait ses pieds nus avant de retourner dans son lit. Une taquinerie de la nature. Une complicité entre la surpuissance et la fragilité. Communier à cet environnement, coller à cet état d'être pendant le reste de la matinée, n'était-ce pas ce qu'elle pouvait s'offrir de mieux avant de donner sa réponse à la directrice du pensionnat?

Lorsque l'Angélus sonna, Gabrielle déplora qu'il fût si tard. De retour au logis familial, elle appela au pensionnat. Quelle ne fut pas sa surprise d'entendre aussitôt la voix de sœur Saint-Théodore!

— On vous a cherchée cet avant-midi, Mlle Bernier.

— Excusez-moi. J'étais allée méditer…

— Nous sommes pourtant passées voir à la chapelle. Personne.

— Ah! Mais je méditais … au parc Sohmer.

— Depuis quand y a-t-il une chapelle dans ce parc?

— Depuis son ouverture, sœur Saint-Théodore, répondit Gabrielle, fière de son espièglerie.

— Pourtant…

— Le fleuve Saint-Laurent… C'est le plus beau sanctuaire qui puisse exister, non?

— Vous m'étonnerez toujours, Gabrielle. Je présume que vous avez pris une décision éclairée.

— Vos conditions sont les miennes… à moins que la divine Providence m'indique un autre chemin d'ici la rentrée.

— Bonté divine! On croirait entendre une convertie.

Gabrielle étouffa un éclat de rire.

— Me donnez-vous la permission de souper avec ma mère ce soir?

— De si bonnes dispositions méritent des privilèges, Mlle Bernier.

— Ah oui?

— Je vous déclare en vacances. Il ne vous reste qu'à venir chercher vos effets personnels.

Sa gratitude exprimée, le combiné pendu à son fil, Gabrielle fila vers le pensionnat pour y récupérer ses modestes biens, dont sa poupée-orpheline. Elle se devait d'en informer sa sœur. Nul désappointement de la part d'Éva que la présence des compagnes et des religieuses rendait heureuse pourvu qu'elle puisse voir sa famille de temps à autre. Il lui était facile de se satisfaire de peu. «Si je ne l'aimais pas autant, je douterais qu'elle soit ma sœur, tant nous sommes différentes », pensa Gaby.

Sur le chemin du retour, elle n'avait qu'une idée en tête : informer M. Quick, le directeur du *Ritz Carlton*, de sa totale disponibilité. Fait inusité, la voiture taxi de son frère était stationnée devant leur logement. « Les clients sont rares… Pauvre Donio ! » Avant de déverrouiller la porte, Gaby y colla son oreille. Des froissements de papier, des sifflements d'airs populaires… « À quoi tout cela rime-t-il ? », se demanda-t-elle, trop curieuse pour patienter plus longtemps.

— Allo, maman ! s'écria Donio, sans se retourner vers l'entrée. Venez voir la surprise que je prépare à Gaby.

— Hum, hum !

— Gaby ! Qu'est-ce que tu fais ici à cette heure ?

— Et toi, Donio Bernier ?

Éclats de rires, accolades et avalanches de questions s'enchaînèrent.

— Réponds-moi, Gaby, ensuite je te donnerai ta surprise.

L'enchantement fut partagé.

— Dès ce soir, je vais informer le directeur de l'hôtel de tes disponibilités. Je te gage qu'il va te faire entrer d'ici quelques jours. Mais en attendant, il se pourrait que tu aies de quoi t'occuper, annonça-t-il, un colis, malhabilement emballé, collé à sa poitrine.

Un combat s'engagea entre Donio et sa sœur. Gaby eut vite raison du ficelage et le papier de fantaisie vola en lambeaux. Une pièce de tissu d'un rouge flamboyant, une bobine de fil assorti, rien de mieux pour lui redonner son minois d'enfant émerveillée.

— Où l'as-tu acheté, Donio ?

— Ça te dit quelque chose, Robert Olivier ?

L'aveu d'ignorance de Gabrielle lui permit d'élaborer non sans une certaine ostentation.

— J'ai conduit ce monsieur à sa boutique de couture, rue Sainte-Catherine Ouest. Gaby! Au 566. Le *gentleman*, ma fille! Je lui ai parlé de toi, de tes talents…

— Tu me gênes, Donio.

— C'est comme ça que j'ai pu lui acheter du tissu. Il a fait une exception, pour toi, p'tite sœur!

Gaby caressait ce textile qui lui était inconnu.

— C'est de l'organdi, que m'a dit M. Olivier. Spécialement pour les robes de soirée… les robes de bal…

— Pauvre Donio, je ne vois pas de sitôt l'occasion de porter une tenue aussi chic.

— Tu n'as jamais pensé que tu pourrais être invitée à un bal au *Ritz Carlton*? Je peux t'arranger ça tu le sais. J'ai des clients dans la vingtaine, célibataires. Je ne serais pas gêné de te présenter à ces messieurs. Tu es tellement belle!

— Donne-moi du temps pour en rêver, Donio. Je te ferai signe quand je me sentirai prête pour une telle aventure.

D'un tiroir de sa commode, elle sortit, au hasard, un des catalogues Eaton qu'elle accumulait depuis plus de sept ans. À la quatrième page, elle fut fascinée par un des modèles un jumelage de satin imprimé et d'organdi, un corsage lacé dans le dos et pour ajouter à l'élégance, une collerette ornée de rubans.

— Regarde, Donio, c'est la plus dispendieuse.

— Dix-neuf piastres! Mais c'est la plus belle aussi. Tu crois être capable de la reproduire?

— Je vais la faire à ma manière. Toute en organdi mais portée avec une cape de satin.

— Tu vas faire tourner les têtes, ma Gaby !

D'un sourire coquin, elle le remercia de son compliment.

Gabrielle n'eut que deux jours de congé avant de reprendre son service à l'hôtel. Loin de s'en plaindre, avant de se présenter à la cuisine, elle s'accorda une dizaine de minutes pour se laisser envoûter par le faste du salon Ovale. De là, elle se transporta au pied du somptueux escalier du hall de l'hôtel ; une vision la saisit. Au bras d'un galant jeune homme, vêtue de sa robe d'organdi rouge, elle faisait une entrée spectaculaire sous les regards éblouis des invités qui se prélassaient dans le hall.

— Mademoiselle…

Gaby sursauta. M. Quick venait lui souhaiter la bienvenue et lui annoncer les modifications qu'il apportait à sa définition de tâches :

— Une promotion pour vous, Mlle Bernier. Vous ne travaillerez plus dans les cuisines. Vous serez responsable de l'entretien des chambres et des salons. À l'occasion, on vous demandera aussi de jouer au valet de chambre.

Le bonheur dans les yeux de Gaby Bernier.

— Sachez que vous devrez être sans reproche : honnête, travaillante, discrète, courtoise et souriante de sept heures du matin à huit heures le soir. Vous aurez une heure dans la journée pour manger et vous reposer.

— C'est parfait, M. Quick.

— Allez ! Votre gérante vous attend dans le local de rangement.

« Une paie de soixante-douze heures chaque semaine, c'est merveilleux ! Je me demande comment je pourrais retourner au pensionnat à la suite d'un pareil été. » Après sa rencontre avec Mme Black, la question ne se posait plus. « Cette gérante est une tigresse comparée aux bonnes sœurs. » À une discipline de fer, la gérante avait ajouté l'interdiction de participer aux activités festives de l'hôtel.

Témoin de sa déception, Donio avait exhorté sa sœur à la patience.

— Dans un an, tu ne travailleras plus ici et tu pourras passer du rêve à la réalité. Tu n'as quand même que dix-sept ans, Gaby.

— Je l'oublie quand je mets les pieds dans cet hôtel.

— Quel bel entraînement à la vraie vie ! avait clamé Séneville. Tu vois, ma Gaby, à cinquante et un ans, ta mère travaille encore sous les ordres de toute une équipe de patrons.

— Je ne passerai pas ma vie à courber l'échine, avait-elle rétorqué, préférant se satisfaire de modestes revenus.

— Tu ne ferais pas un peu dans la dentelle, ma Gaby ?

Sur le point de s'offusquer, elle répondit :

— Dans la dentelle, dans le velours, dans la soie et dans tout ce qui habille bien, ma chère maman.

Un samedi matin d'octobre, dans le journal qu'elle feuilletait en attendant l'autobus qui l'emmenait à son travail, Séneville découvrit, dans la rubrique des disparus, un nom qui la sidéra. Pierre-Évariste Leblanc était décédé à Sillery à l'âge de soixante-cinq ans et serait inhumé à Montréal, dans le cimetière Notre-Dame-des-Neiges, le 21 octobre. « Pauvre Hermine ! Veuve à cinquante-cinq ans, ce ne doit pas être plus drôle qu'à quarante-deux ans ! Elle pourra au moins se consoler en pensant qu'elle a vécu dans l'aisance et dans les honneurs. Devrais-je emmener mes enfants aux funérailles ? Je crains que ma Gaby se rebiffe », se dit Séneville. Discrètement questionné à ce sujet en fin de journée, Donio suggéra à sa mère de laisser ses sœurs libres d'y assister ou non. Personne ne fut surpris de la réaction d'Éva :

— Me Leblanc et sa dame ont été si généreux envers nous…

— Généreux ? s'écria Gaby. Ils nous ont mis dans la misère, ensuite ils nous ont offert des bonbons pour se racheter.

— Tu n'es pas juste, Gaby. Je croyais t'avoir suffisamment expliqué que j'avais eu ma part de responsabilités là-dedans, lui rappela sa mère.

— Une journée de congé, tu refuserais ça ? reprit Donio, blagueur.

— Garder rancune, c'est un péché, clama sa jeune sœur. Ce serait une bonne occasion pour toi d'en demander pardon que de venir aux funérailles.

— Chose certaine, vous ne me verrez pas au salon funéraire. Si vous voulez y aller, moi je vous attendrai à l'église… dans le banc arrière de l'allée gauche.

Gabrielle Bernier assista au défilé du cortège funèbre avec un certain cynisme. L'évêque et de nombreux prêtres le précédaient.

— Il fallait bien s'attendre à ce que ce soit une cérémonie de première classe, chuchota-t-elle à l'oreille de sa mère.

La liturgie célébrée en latin ne la distrayait pas trop de ses rêveries. Concentrée sur les tenues des femmes et demoiselles présentes, elle fut surprise quand vint le temps de l'homélie. Les éloges qui furent adressés au défunt concordaient avec les propos de Séneville. Celui qui était devenu le lieutenant-gouverneur du Québec s'était mérité une réputation d'honnête homme dévoué à son peuple et à sa famille. Gabrielle se souvint alors d'un des derniers conseils donnés par sa grand-mère Louise-Zoé :

— Dans la vie, on a toujours avantage à faire la part des choses, ma p'tite. C'est un signe d'intelligence.

Gaby prit la suite de la cérémonie pour réfléchir à cette recommandation et à ses retombées dans sa vie personnelle. Ses années d'orphelinat reconsidérées, elle décida de faire la paix avec le défunt qu'on allait porter en terre.

Gabrielle Bernier avait vécu son dernier séjour au pensionnat Sainte-Catherine avec une aisance redevable à ses derniers mois de travail au *Ritz Carlton*. Sagesse, souplesse et collaboration lui avaient mérité de quitter l'institution, diplôme en main, le 4 avril 1919. À l'extérieur de l'édifice aussi, le climat avait changé. L'armistice signée, la guerre terminée, les familles réunies, un nouveau souffle d'espoir avait gagné tout le pays.

Les sœurs avaient remis à la nouvelle professeure de piano une lettre de recommandation et une liste d'étudiantes intéressées à recevoir des cours privés.

— Quelle somme devrais-je exiger pour une leçon? avait-elle demandé à sœur Saint-Théodore.

— De cinquante à soixante-quinze sous.

— Pas plus que ça?

— Vous n'êtes qu'une débutante…

Une déception n'attendit pas l'autre. Croyant qu'Éva quitterait volontiers l'orphelinat pour aller vivre avec sa famille, Gaby avait essuyé un refus non moins ferme que spontané.

— Maman et toi parties au travail, je vais me retrouver toute seule alors que j'ai beaucoup d'amies ici, maintenant

— Tu as seize ans, Éva! Tu ne passeras quand même pas ta vie à l'orphelinat!

— On ne sait jamais…

— Non! Ne me dis pas que les sœurs ont réussi à t'embrigader!

— Tu te trompes, Gaby. C'est sur toi qu'elles misaient, pas sur moi. Je crains même qu'elles refusent ma candidature.

— De toute manière, tu es bien trop jeune pour prendre une décision pareille. Donne-toi le temps de vivre quelques années dans le vrai monde. Tu vas vite réaliser que la liberté est le plus grand de tous les biens.

— Je te rejoindrai plus tard…

Ses cahiers de musique sous le bras, le reste de ses biens dans un sac, Gaby avait quitté l'orphelinat sans le moindre regret. La portière refermée sans ménagement, elle poussa un long soupir de satisfaction. Le soleil ardent de ce début d'avril et l'air tiède qui chatouillait ses narines, un vibrant appel à mordre intensément dans la vie sans autre contrainte que ses cours de piano. « J'espère qu'il me restera du temps pour coudre. Je veux me monter une belle garde-robe. Il y a tant de modèles que j'ai hâte de porter. »

Dès le lendemain, élégamment vêtue de rouge et de blanc, Gaby entreprit sa tournée de recrutement d'élèves. Sur sept visites, seulement deux furent concluantes. Ou on estimait le service trop dispendieux, ou on évoquait la venue prochaine des vacances scolaires pour décliner l'offre de Mlle Bernier. Il ne restait plus que cinq noms sur la liste préparée par les sœurs.

— Tu n'es pas dans le bon quartier. Tu devrais aller sonner aux portes des riches… dans l'Ouest, lui conseilla son frère, rentré en fin de soirée.

— Tu oublies le temps perdu en déplacements, nuança Séneville. J'essaierai plutôt de placer une annonce dans le journal.

L'abonnement annuel du quotidien *La Patrie* ne coûtant que quatre dollars, Donio en avait fait cadeau à sa famille. Tous s'y intéressaient, sauf Éva qui préférait la lecture de l'Ancien Testament. Gaby feuilleta la dernière édition jusqu'à la page des annonces classées. Son regard s'arrêta sur une réclame particulière :

Dame offre un bon salaire à une jeune fille qui accompagnerait sa famille à Kennebunk Beach pour prendre soin de ses deux jeunes enfants pendant l'été.

Elle la relut à haute voix.

— Je n'en crois pas mes yeux, s'exclama-t-elle. Cette dame verse des gages à la bonne en plus de lui offrir des vacances de rêve au bord de la mer ! Du jamais vu ! S'il n'était pas si tard, je lui téléphonerais tout de suite

— Tes cours de piano, Gaby ! lui rappela sa mère.

— Tant qu'à faire, si tu abandonnes l'enseignement du piano, tu pourrais retourner travailler au *Ritz Carlton*, riposta Donio.

— C'est dimanche demain, crut bon de leur rappeler Éva.

— Vous n'avez pas pensé à la chance qui m'est offerte ! Deux mois sur la plage ! Payée pour jouer avec deux enfants ! Occasion unique de parfaire mon anglais ! Je ne peux pas manquer ça ! Il sera toujours temps, quand je reviendrai, de reprendre mes leçons de piano.

— Elle donne son nom, cette dame ? demanda Séneville.

— Oui. C'est écrit Mme Vaillancourt.

— Je mettrais ma main au feu qu'elle fait partie de la famille propriétaire des pharmacies Leduc. Je sais qu'une des filles de M. Joseph Leduc a épousé un Vaillancourt. Presque tous les hôpitaux de Montréal s'approvisionnent en médicaments à leurs pharmacies.

— Qu'est-ce qui vous le fait croire ?

— Il faut être vraiment à l'aise financièrement pour se payer deux mois de vacances dans un hôtel du Maine, avec une servante, en plus.

Gaby ne dormit que quelques heures. « Dimanche, pas dimanche, je lui téléphone demain. Elle ne peut pas s'en offusquer puisqu'elle a placé son annonce un vendredi. Sans compter que ce doit être une dame qui a de la classe. »

Des idées plein la tête, Gaby n'attendait qu'une lueur d'aurore pour se lever et entreprendre la confection d'une tenue qui l'avait éblouie lors de sa dernière balade dans le parc Sohmer. Dans une des élégantes robes de la corpulente Louise-Zoé, elle avait suffisamment de tissu pour se tailler une jupe cintrée à la taille et qui s'harmoniserait à une de ses blouses blanches. Penchée sur cette robe de tweed de couleur bleu marine qu'elle s'apprêtait à découdre, elle en imaginait clairement la transformation. «Si grand-maman était avec moi, elle me conseillerait sûrement d'ajouter un ruban de velours bleu pâle ou blanc qui viendrait se croiser au bas de ma jupe. Je vais emprunter la cape que maman a reçue de M. Henri pour aller rencontrer Mme Vaillancourt.»

Le couinement des ciseaux réveilla Séneville. Mise au parfum des intentions de sa fille, elle ne lui cacha pas son mécontentement.

— Gaby, tu mets la charrue devant les bœufs, comme disaient nos amis de Chambly. Il est fort probable que Mme Vaillancourt a déjà trouvé la bonne qu'elle cherchait. À de pareilles conditions, elle a dû avoir l'embarras du choix.

— J'y ai pensé, moi aussi. Mais je vais insister pour qu'elle me reçoive. J'ai plein d'arguments dans ma poche pour la convaincre de m'engager moi plutôt qu'une autre.

La moue sceptique de sa mère incita Gaby à lui en faire part.

— Quand elle apprendra que j'ai six ans de formation chez les religieuses, elle conclura que je suis d'une honnêteté à toute épreuve, que j'ai plein de connaissances et d'habiletés pour amuser les enfants: le dessin, la musique, le bricolage… et elle me choisira.

— Chose certaine, tu ne manques pas d'assurance.

— À partir de quelle heure devrais-je téléphoner?

— Pas avant neuf heures trente, il me semble.

Toutes deux en jugeaient ainsi.

— C'est la grand-messe à cette heure-là, entendirent-elles de la chambre d'Éva.

— Qui te dit qu'elle est célébrée à la même heure dans toutes les églises? riposta Gaby.

— Ce serait peut-être plus poli d'attendre au début de l'après-midi, lui suggéra Séneville.

— Six heures à attendre, c'est long, mais c'est le temps dont je pourrais avoir besoin pour aller à la messe et terminer ma couture, estima-t-elle.

Gaby se rendit à l'office religieux avec une ferveur inégalée. « Demandez et vous recevrez », se souvint-elle. Vaillancourt, Kennebunk, plage, trois mots qui tourbillonnaient dans sa tête, couvrant les *Orémus, Mea culpa, Benedictus, Ite missa est* du célébrant. Une inspiration lui vint. « J'ai un autre argument à présenter pour l'avoir ce travail. »

Un silence total fut exigé de toute la maisonnée au moment de faire son appel à Mme Vaillancourt. Le ton, les mots, les silences de Gaby étaient irréprochables.

— J'aurai une proposition à vous faire lors de notre rendez-vous, Mme Vaillancourt, la prévint Gaby avant de raccrocher le combiné.

Séneville voulut-elle la connaître que sa fille s'entêta à la garder secrète, ce qui inquiéta toute la famille.

Fébrile, Gaby fixa la fermeture-éclair de sa jupe de points arrière très serrés, revêt sa blouse d'organdi blanche et enfila la cape de sa mère en toute hâte. Le temps filait au point qu'elle pria son frère de la reconduire au domicile des Vaillancourt.

Le cœur en folie, elle asséna à la porte trois coups de heurtoir.

Une femme de la stature et de l'élégance d'Hermine vint ouvrir, suivie de deux trimousses blondes d'environ quatre et deux ans. Accroupie, Gaby leur accorda son attention avant même de faire ses politesses à leur mère. Lorsqu'elle se releva, elle surprit le regard charmé de l'hôtesse qui la scrutait de la tête aux pieds. Dans le salon où elle l'invita à s'asseoir, Mme Vaillancourt formula ses attentes avec une rigueur que Gaby n'avait pas prévue.

— Pensez-vous être en mesure de nous donner entière satisfaction, Mlle Bernier ? Vous n'êtes pas la seule à nous offrir vos services et…

— Je peux vous assurer que je n'aurai aucune difficulté à effectuer les tâches que vous décrivez, s'empressa de déclarer Gaby.

Elle étaya sa certitude de son expérience au *Ritz Carlton* et de ses six ans de pensionnat chez les sœurs de la Congrégation Notre-Dame. Ce qui eut l'heur de plaire à Mme Vaillancourt mais ne chassa pas totalement le doute de son regard.

— Je serais même disposée à le faire gratuitement, vu les bonnes conditions de travail que vous m'offrez…

— Ce n'est pas nécessaire, Mlle Bernier. De toutes les jeunes filles que j'ai questionnées vous êtes la plus jeune… mais la plus intéressante.

Gaby retint une explosion de joie.

— Quand souhaitez-vous que je commence ?

Visiblement distraite, Mme Vaillancourt la fit répéter. Mais au lieu de répondre à sa question, elle voulut savoir où Gaby avait acheté son costume. La réponse l'éberlua.

— Seriez-vous prête à venir travailler chez moi au début de juin ?

— Nous partirions si tôt pour le Maine ?

— Non, mais j'aimerais que vous me confectionniez des tenues de plage et de soirée pour nos vacances. En seriez-vous capable ?

— Je le croirais, Mme Vaillancourt.

S'excusant de devoir la quitter un instant, la dame revint avec un calendrier dans la main.

— Le 12 juin, seriez-vous disponible ?

Gaby sourit, l'air quelque peu embêté.

— C'est trop tôt?

— Non. C'est que ce jour-là, c'est ma fête.

— Le 13, dans ce cas.

— Ça va aller, Mme Vaillancourt. C'est un gros cadeau que vous me faites de m'engager. Je vous promets que je ferai tout mon possible pour ne pas vous décevoir.

Les deux mois qui suivirent furent partagés entre les leçons de piano, du travail à temps partiel au *Ritz Carlton* et la confection de modèles en vue de son futur rôle de couturière

Lorsque, chargée de bagages, Gaby Bernier se présenta chez Mme Vaillancourt, le 13 juin au matin, l'accueil trompa ses attentes.

— Je suppose que vous attendiez d'être au travail pour revêtir votre uniforme de servante…

— Excusez-moi, Madame, mais comme je serai d'abord votre couturière, je ne croyais pas devoir porter cet uniforme avant de partir à Kennebunk avec votre famille.

Mme Vaillancourt se contenta de sourciller

Les trente premières minutes furent tendues. Une fois la chambre désignée, la visite de la maison terminée et les habitudes familiales exposées, Mme Vaillancourt offrit gentiment un thé à son employée. Elle ne tarda pas à lui dresser la liste des vêtements qu'elle souhaitait porter pour les vacances. La description des costumes de plage étonna Gabrielle. Sa patronne lui expliqua qu'il était impensable qu'une femme mariée se présente à la plage vêtue autrement qu'avec une tunique portée sur des pantalons descendant en bas du genou. Pour le reste, Gaby lui présenta un exemplaire des vêtements qu'elle avait confectionnés depuis leur première rencontre. Par bonheur, la taille convenait parfaitement à sa cliente, le modèle et les couleurs aussi.

— Vous n'avez pas que du talent, Mlle Bernier. Vous avez tout un flair !

Gaby crut que les compliments de sa cliente tenaient lieu de pardon pour son audace du matin. Il ne fut jamais plus question d'uniforme, sauf la veille du départ pour Kennebunk Beach.

Après un peu plus de dix heures de train dont une grande partie en pleine nuit, Gaby croyait halluciner devant la plage de l'Atlantique. Simon et Agathe, les deux bambins dont elle avait la responsabilité, partageaient son émerveillement. Fruit de son expérience avec sa sœur Éva, elle sut vite gagner leur attachement avec ses créations de châteaux de sable, ses courses sur la plage, les parties de ballon et les histoires qu'elle leur racontait pour les endormir. Le jour tombé, elle retourna sur la plage pour savourer cet heureux dépaysement en toute sérénité. « J'ai le sentiment que ma vie commence aujourd'hui, se dit-elle, fascinée par cet horizon sans frontière et la puissance des vagues qui roulaient sur elles-mêmes avant de retourner vers l'immensité. L'infinitude, la vigueur et la souplesse nommaient ses aspirations. « Papa, vous me voyez de votre paradis ? Le croyez-vous ? Votre Briel aux États-Unis ! Dans ce pays où vous êtes venu chercher vos outils pour devenir ingénieur. J'ai l'impression de marcher dans vos pas. Mon chemin n'est pas encore aussi clair que l'était le vôtre, mais ça viendra. Il m'indiquera ma place sur cette terre. Dans le succès et le bonheur… j'y tiens, j'y crois et je pense y avoir droit. »

Les restaurants, les galeries d'art, mais plus encore les clubs où elle allait danser lui ouvraient une porte sur un univers qu'elle ne s'était jamais imaginé vivre. Pendant deux mois, le dos tourné à ses années de pensionnat, elle allait être un double de Gaby Bernier. Dans cet ailleurs éclaté, elle vivrait comme une jeune femme émancipée qui mord dans la vie avec avidité. Était-ce cette fougue qui séduisit un soldat américain dans la mi-vingtaine dont la cadence s'imposait comme un général d'armée sur la piste de danse ? Se mesurer à l'autorité de James l'enfiévrait. La complaisance des autres garçons l'ennuyait. Quatre soirs par semaine, lors de son dernier mois de « nanny », elle se rendit au *Kennebunk Pier*, dans l'espoir d'y trouver le beau

James à qui elle accordait sa préférence. Jamais elle ne fut déçue. Qui plus est, les délicatesses et les galanteries du jeune soldat se multipliaient. Nombre de demoiselles qui l'enviaient tentèrent leur chance sans succès. Une telle ivresse la suivait non seulement dans son sommeil, mais également dans ses tâches auprès des bambins Vaillancourt. Elle en vint même à trouver des ressemblances entre le petit Simon et son grand James. Comment ne pas regretter la fin imminente de cet indescriptible séjour sur les plages du Maine ?

La veille de son retour à Montréal, après un *swing* endiablé, Gaby chuchota à l'oreille du soldat :

— *It's our last night.*

James voulut l'emmener prendre un verre, elle s'y objecta. Faire une balade sur le quai, elle s'y opposa aussi. Les confidences de Séneville avaient refait surface, lui recommandant de n'épouser ni marin, ni soldat. « Les risques de te retrouver veuve dans la fleur de l'âge, avec des enfants sur les bras, sont trop grands », lui avait-elle dit.

Gaby céda toutefois à une longue étreinte, à un baiser enflammé, mais elle résista à l'envie de lui donner son nom de famille et son adresse.

— *We shall meet again, if God be willing*, dit-elle avant de le quitter.

Dans le train qui la ramenait à Montréal, la fébrilité avait fait place aux serrements de cœur. Et pour cause, après avoir fait ses adieux à James, Gaby devait recevoir ceux de la famille qui lui avait fait vivre un été de rêve. Les bambins se pendaient à sa jupe pendant que leur mère, désolée de ne pouvoir retenir les services de « la meilleure bonne jamais trouvée », épongeait ses joues bronzées par l'air salin et le soleil.

— Je ne suis pas diplômée en musique pour gagner ma vie comme servante, vous comprenez ça, Mme Vaillancourt.

— Tout à fait, Gaby. Si vous pouviez me promettre de revenir avec nous l'été prochain, ce serait ma plus grande consolation.

— Tant de choses peuvent arriver dans une année que je ne pourrais prendre cet engagement. Mais si les circonstances s'y prêtent, j'en serai ravie, Madame.

— Tout en vous acquittant bien des tâches que je vous avais confiées, vous vous êtes bien amusée, je crois.

— Oh oui ! Madame. Autant avec vos petits le jour que dans mes sorties le soir. Je ne vous en serai jamais assez reconnaissante.

— Vous êtes une jeune femme exceptionnelle, Mlle Bernier. Tant de talents ! Tant de dynamisme ! On gagne à vous connaître.

De retour à Montréal, resplendissante de santé et d'enthousiasme, Gaby préparait son enseignement pour la session d'automne. Le rappel des quelques élèves du printemps dernier lui réserva une déception. Trois sur six annulèrent leur inscription, jugeant le cours trop dispendieux. «Tant pis pour eux, je vais me trouver d'autres élèves», décida-t-elle, attablée devant la page *Annonces* de *La Patrie*. Ce qu'elle y trouva lui fit refermer le journal et téléphoner à la réception du *Ritz Carlton*. Sitôt présentée et fort bien accueillie, elle demanda si la voiture de taxi de Donio se trouvait à proximité de l'hôtel.

— Le portier pourrait-il aller lui dire de venir tout de suite à la maison ?

— C'est urgent ?

— Pas urgent mais pressant, nuança Gaby.

Pour la circonstance, elle revêtit sa jupe rouge confectionnée dans le tissu offert par le tailleur Olivier. Sa blouse d'organdi blanche convenait au temps plutôt chaud pour un début de septembre. Sa chevelure retenue en chignon sur le dessus de la tête mettait en valeur le hâle gagné sur les plages de Kennebunk.

— Tu me conduis au 566 rue Sainte-Catherine, mon Donio.

— Tu ne vas pas quêter d'autres tissus, j'espère.

— Loin de là. Je vais vendre mes talents.

— Ouf! La modestie ne t'étouffe pas, p'tite sœur!

Au grand étonnement de son frère, Gaby tira une cigarette de son joli boîtier d'argent et fit signe à Donio de la lui allumer. Perplexe, il s'exécuta, attendant qu'elle en ait tiré les premières bouffées pour la questionner.

— Depuis quand?

— *Kennebunk.*

— Quelle sorte de tabac que c'est ça?

— Je m'en suis acheté quelques paquets dans le Maine.

— Puis tu fumes comme un gars, maintenant!

— Bien non! Seulement quand je suis très contente ou quand je suis énervée.

— Là, c'est l'énervement…

— Ouais! Les grands tailleurs Saint-Pierre et Olivier recherchent une fille expérimentée en couture.

— Ce n'est pas ton cas, Gaby.

— Depuis que j'ai monté la garde-robe de Mme Vaillancourt, je dirais que oui.

— Ils vont te croire?

— S'ils en doutent, un coup de fil passé à Mme Vaillancourt les convaincra. Je lui ai demandé ce service hier soir.

— Ton été dans le Maine t'a vraiment changée, Gaby! Il faudra que tu me racontes ce qui t'est arrivé en plus d'avoir joué à la bonne.

Donio dut se satisfaire d'un battement de cils et d'un sourire nostalgique. Pour l'instant, sa sœur n'avait qu'une idée en tête : obtenir ce poste dans l'entreprise née récemment de la fusion des firmes respectives des tailleurs Saint-Pierre et Olivier.

— Tu m'attends, Donio.

Contrarié, le chauffeur de taxi proposa de revenir dans une heure, environ.

— Non, attends-moi ici. Je vais te payer. Tu ne perdras rien, lui promit sa sœur.

Depuis qu'il exerçait ce métier, Donio avait développé une passion pour la lecture des journaux et des magazines. Il s'installa donc confortablement dans sa voiture, disposé à attendre Gaby… le temps qu'elle prendrait pour « vendre ses talents ».

Il n'avait pas terminé la page des sports qu'il vit sa sœur lui faire signe de partir.

— Ça va être trop long, quoi ? lui cria-t-il, de sa voiture.

— Oui. Ils ont besoin d'une remplaçante le plus tôt possible. Je commence à travailler dans une dizaine de minutes, lui annonça-t-elle d'une voix triomphante.

« Elle n'a pas son pareil », se dit Donio, prié de venir la reprendre vers six heures du soir.

Gaby fut d'abord invitée à faire le tour de l'atelier *St. Pierre & Olivier*. Dans une immense salle éclairée par des fluorescents, de grandes tables à tiroirs étaient alignées pour ranger ciseaux, craies, gallons à mesurer, épingles, etc. Y prenaient place une dizaine d'ouvrières dont l'âge avancé surprit Gaby. « J'espère qu'il y a des filles de mon âge dans les autres locaux », souhaita-t-elle. Dans une pièce adjacente, des tablettes sur lesquelles s'empilaient des rouleaux de tissu. Ce local séparait la salle de coupe de la salle des machines à coudre, lesquelles étaient fournies en option d'achat par leurs fabricants.

Gaby s'attarda quelques minutes à examiner les mannequins de fibre.

— On les a achetés à Paris, précisa M. Olivier.

— À Paris! J'espère y aller avant longtemps.

— Je vous le souhaite. C'est une ville à faire rêver.

Une dernière salle était réservée au travail de finition. Dans chaque pièce, ainsi que dans le salon des défilés de mode, de grandes armoires aux portes-miroirs couvraient les murs. Ce que Gaby découvrit dans le bureau des ventes l'éblouit: M. Saint-Pierre mit l'argent d'une cliente dans un tube de cuivre qui monta jusqu'au plafond troué et revint avec la monnaie enveloppée dans une facture. « Quelle bonne invention! », conclut-elle.

La visite des lieux terminée, M. Olivier, aussi courtois qu'élégant, apprit à sa nouvelle employée comment distinguer les sortes de tissus, juger de leur qualité et en déterminer le grain. Lorsqu'il voulut lui enseigner l'usage de la craie et la méthode de rétrécissement des flanelles, il constata qu'elle possédait déjà cet acquis.

— Saurez-vous aussi comment étirer vos tissus, Mlle Bernier?

— Avec le fer à repasser, répondit-elle, en toute assurance.

— Vous n'êtes pas une novice, reconnut-il, ravi.

— Je sais aussi comment faire de belles pinces… comme celles-là, dit-elle, en passant devant un veston suspendu à un cintre.

— Vous aurez l'occasion de nous en donner la preuve dès cette semaine. Je vous réserverais la confection d'une jupe en gabardine bleue pour une cliente qui porte du douze ans. Comment allez-vous procéder, Mlle Bernier?

— Je vais sortir ce tissu de l'armoire, le repasser si c'est nécessaire, calquer le patron, tailler les pièces, les faufiler et les coudre.

— Je vous laisse travailler et je vais en faire autant, Mlle Bernier.

Gaby profita de l'absence de M. Olivier pour refaire le tour des différentes salles. Son intérêt portait moins sur leur organisation que sur les femmes qui y travaillaient. «Sainte bénite, elles sont presque toutes plus âgées que maman! En plus, la moitié d'entre elles ont un air de vieille fille.» Cette première déception surmontée, Gaby se concentra sur la tâche qu'on lui avait confiée. Aussitôt installée pour la coupe, une ouvrière qui la surveillait depuis son arrivée à l'atelier vint lui recommander d'être plus soigneuse dans la fixation du patron. Toutes les autres femmes s'étaient arrêtées pour mieux capter la réaction de la jeune pimbêche qui avait charmé leur employeur.

— Vous habillez du douze ans, vous aussi, Madame?

— Oui. Comment le sais-tu, gamine?

— Ça se voit. Je suis habituée de coudre pour des dames de votre taille.

L'employée lui fit une moue de scepticisme et retourna à son travail de surfilage. Enfin libérée du silence imposé au pensionnat, Gaby fredonnait des airs d'opéra qu'elle avait appris à jouer de M. Lamoureux, son premier professeur de piano. Une autre grincheuse se présenta devant sa table, lui fit signe de cesser de chanter et lui reprocha de ne pas avoir suffisamment faufilé le patron.

— À chacune sa méthode, répondit Gaby sans même lever les yeux sur elle.

— Je ne suis pas sûre que M. Olivier approuve votre façon de travailler, dit une troisième venue fouiner.

«Des mémères, en plus! Comment MM. Olivier et Saint-Pierre font-ils pour les endurer?»

Gaby s'appliqua tant et si bien à son travail que deux heures plus tard, la jupe épousait le mannequin à la perfection.

— Il me reste la couture à la main: les boutonnières, le rebord au bas de la jupe et la doublure, apprit-elle à son employeur venu prendre de ses nouvelles.

— Vous avez décidé de la doubler ? constata-t-il en l'examinant de près.

— Ou-ou-oui ! C'est pour lui donner plus de corps.

— Quelle bonne idée ! Vous avez un bon jugement, Mlle Bernier. Je vous en félicite.

Les anciennes employées, témoins de la scène, la toisèrent, des flèches dans le regard. Loin d'en être intimidée, Gaby leur retourna un sourire espiègle. De l'huile sur le feu. Après le départ de M. Olivier, deux d'entre elles se mirent à jacasser en anglais, jurant de prendre la petite nouvelle en défaut un jour ou l'autre.

— Vous perdez votre temps, Mesdames ! lança-t-elle avec une jovialité déconcertante.

Présumant que Mlle Bernier ne connaissait pas l'anglais, elles furent de nouveau déroutées. L'aplomb de cette jeune fille et ses talents exceptionnels lui attirèrent la grogne de ses collègues de travail sans pour autant atténuer l'admiration de ses employeurs. Deux semaines après son entrée aux ateliers, la jeune couturière recevait de M. Olivier un contrat d'embauche de deux ans. Le geste, si flatteur fût-il, lui offrit l'occasion de remettre sa démission.

— Je vous suis très reconnaissante de m'avoir donné la chance de travailler pour vous. Vous m'avez fait découvrir que je ne suis pas faite pour créer des vêtements pensés par les autres.

À ce motif, Gaby aurait pu ajouter qu'elle ne voulait pas travailler avec les dames aigries de cet atelier. Plus encore, elle avait obtenu une entrevue avec une dame Jamieson, propriétaire de la boutique *Madame de Pompadour*, pour le début de la semaine suivante.

Lorsqu'elle rentra chez elle ce vendredi soir, Gaby reçut un accueil particulièrement chaleureux de sa sœur Éva.

— J'ai quelque chose de très important à te dire, lui annonça-t-elle en présence de leur mère.

— Faudra-t-il que je me retire ? demanda Séneville, à la blague.

— Au contraire, maman. Vous allez m'aider à convaincre ma sœur…

Éva tira de son sac d'école une enveloppe remise par la directrice du pensionnat.

— C'est pour moi ? demanda Gaby.

— Oui, mais je ne te la remets pas tout de suite. Je veux d'abord que tu comprennes pourquoi je t'apporte ces papiers…

Le mystère était total.

— Quand j'ai appris à sœur Saint-Théodore que tu avais abandonné ton enseignement du piano, elle n'était pas de bonne humeur. Après tout, ce sont les sœurs qui ont payé tes cours.

— J'en ai payé une part moi aussi.

— Une petite part. Mais quand elle a su que tu voulais travailler dans la mode, elle s'est prise la tête à deux mains en gémissant.

— Comme si c'était un crime ! riposta Gaby.

— Quand elle fut calmée elle m'a dit : « Il est encore temps de l'en empêcher. »

— M'en empêcher ! Mais de quel droit ?

— C'est très sérieux, Gaby. C'est dangereux pour toi, ce monde-là.

— Dangereux ?

— Oui. Pour le salut de ton âme.

— Je n'ai pas le droit d'en rire, j'imagine…

— Gaby ! Un peu de respect, quand même, réclama Séneville. Va droit au but, Éva. Donne-lui l'enveloppe.

Éva se réserva le droit de leur lire lentement un article publié tout récemment dans le journal *La Patrie*. Le pape Benoît XV y déclarait :

Quel grave et urgent devoir de condamner les exagérations de la mode. Nées de la corruption de ceux qui les lancent, ces toilettes inconvenantes sont hélas un des ferments les plus puissants de la corruption des mœurs.

— Je me demande où il est allé pour voir des toilettes inconvenantes, riposta Gaby.

— J'ai posé la même question à sœur Saint-Théodore et elle m'a dit que les cols en *V* étaient très provocateurs et qu'il est à prévoir que les manches de robes qui sont passées des poignets aux coudes raccourcissent plus encore.

— Il y a tout un monde entre ça et la corruption des mœurs, dit Séneville.

Gaby tenta d'approuver sa mère, mais Éva lui coupa la parole.

— Quand vous allez entendre l'extrait d'un texte de Mgr Bégin, l'archevêque de Québec, vous allez comprendre. Écoutez bien.

Que dire du luxe extravagant dont certaines femmes donnent le triste et ridicule spectacle. Au lieu de se distinguer par la modestie, la réserve, la bonne éducation, la piété et une irréprochable tenue, elles croient se rendre intéressantes en s'assujettissant aux caprices, aux folies et aux exigences stupides des modes modernes qui signalent un retour au paganisme.

— Plus scrupuleux que ça, c'est impossible ! s'indigna Gaby.

— Notre évêque, Mgr Bruchési, ne tardera pas à se prononcer, dit Séneville, préoccupée. Il est très proche du pape et très grand défenseur des valeurs de l'Église. On n'a qu'à penser au Congrès eucharistique international qu'il a organisé. On en entend encore parler alors que ça fera bientôt dix ans qu'il a eu lieu. Puis sa lutte contre l'avancement des femmes est bien connue. Les boutiques de mode risquent d'en arracher, Gaby.

— La semaine dernière, il est venu au pensionnat rencontrer les religieuses et les élèves du cours secondaire. Vous auriez dû entendre ce qu'il disait contre la mode et la danse, entre autres.

— Avec sa verve, il aura vite convaincu la population, croyait Séneville.

La consternation de Gaby n'avait d'égale que l'inquiétude d'Éva.

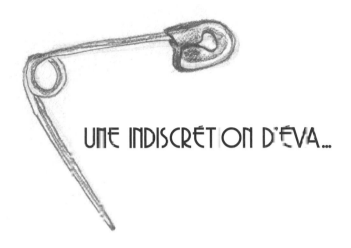

UNE INDISCRÉTION D'ÉVA...

C'est avec plaisir qu'un dimanche après-midi, j'accompagnai Gaby lors d'une visite à son amie Thérèse, entrée au noviciat des sœurs de la Congrégation Notre-Dame. Le parloir était plein à craquer.

Thérèse se préparait à prononcer ses vœux pour la première fois. Gaby était persuadée que la novice ne résisterait pas le poids de ses renoncements à la liberté et aux plaisirs amoureux, entre autres. Elle en faisait l'éloge à tue-tête. À ma prière de baisser le ton, elle a rétorqué: «Je veux ouvrir les yeux des autres aspirantes pour qu'elles m'entendent avant qu'il ne soit trop tard. »

La vieille religieuse qui surveillait le parloir, le cou tendu, les joues en feu, son menton la devançant, vint nous sommer de partir. Je crus fondre de honte. Mais je me ressaisis et, au lieu de filer tête basse comme j'avais l'habitude de le faire quand j'étais humiliée, j'empruntai la démarche fière de ma sœur devant tout le monde. J'eus l'impression d'avoir grandi d'au moins deux pouces ce jour-là.

CHAPITRE VIII

J'avais eu tellement peur de porter l'étiquette de «fille sim-
plette» pour mon âge... à cause de mes six années d'orphelinat.
Mais voilà que je commence à en découvrir certains gains. À
preuve, depuis mes dix-huit ans, tous les événements se donnent
la main pour me faire rattraper le temps que je croyais avoir
perdu. Je sens que chaque pas franchi sur le sentier à peine
appréhendé de la mode me rapproche du succès et du bonheur.
Des mirages? Je suis trop loin des déserts pour y être piégée.
D'ailleurs, je peux déjà me réjouir d'être, jusqu'à maintenant,
la plus jeune femme en charge d'un salon de couture, et ce, dans
le riche Golden Square Mile. Je me questionne toutefois sur le
lien qui semble exister entre mes grandes joies et le souvenir de
James, ce soldat américain qui m'a fait danser à en perdre le
souffle. Dans ses bras, je me sentais parfaitement heureuse. De
quoi devrait être fait le bonheur? Quand je m'arrête à y penser,
je crois découvrir qu'il n'est pas le même pour tout le monde. En
tout cas celui d'Éva me paraît bien différent du mien...

En dépit du climat de liberté qui flottait sur le Canada depuis la fin de
la guerre, malgré la reprise économique et la valorisation du travail, la
décision que Gaby s'apprêtait à prendre la tourmentait. Elle mesurait
de plus en plus l'influence du clergé sur les politiciens comme sur les
mœurs sociales et, du coup, la fragilité de la population féminine face
aux interdits catholiques. Pourtant, la guerre les avait sorties de leur

maison, leur avait donné accès au marché du travail et, ce faisant, leur avait ouvert des perspectives inexplorées.

— Pourquoi ne pourrions-nous pas être libres de mener notre vie comme nous l'entendons? demanda-t-elle à sa mère avec qui elle aimait toujours échanger.

— Nous le sommes jusqu'à un certain point…

— La marge est si petite que j'ai l'impression que plus on vieillit plus elle ressemble à une peau de chagrin. Et c'est la faute de ceux qui inventent les lois; ils exagèrent. À les entendre, il faudrait toutes marcher en rang comme un troupeau de moutons.

— Ça m'étonne que tu n'aies pas tiré ton exemple des règlements du pensionnat, nota Séneville sur un ton blagueur.

— J'essaie de les sortir de ma mémoire, les règlements du pensionnat… surtout depuis qu'Éva parle de se faire sœur.

— Tu sais bien qu'elle ne passera pas sa vie au couvent.

— J'en ai bien peur, maman. Elle est tellement soumise et encline au sacrifice.

Des instants de silence portèrent leur réflexion.

— Je m'inquiète plus pour ton avenir que pour le sien, Gaby.

— Vraiment! Mais pourquoi?

— Tes rêves, Gaby. Tes goûts dispendieux. Tes besoins de liberté et de…

Séneville hésitait, en quête de mots justes et acceptables.

— Besoins de quoi, Maman?

— De plaisir, d'amusements… Comme si une partie de toi était demeurée enfant. Pense seulement à ton été à Kennebunk. J'ai peur que tu vives tellement de déceptions, non seulement en amour mais dans ta vie en général.

— Vous ne croyez pas en mes talents?

— Ce n'est pas ça, Gaby. Tu es une fille douée sur bien des plans. Mais si j'en crois mon expérience, la vie est faite beaucoup plus de responsabilités et de souffrances que de plaisirs.

— Vous n'avez pas été chanceuse, vous, maman. Juste à imaginer que je pourrais être engagée par Mlle Jamieson… pour prendre en charge son salon de couture… dans un quartier de riches, c'est comme si je me trouvais sur une route tout ensoleillée, juste assez ombragée pour ne pas avoir trop chaud, expliqua Gaby, radieuse.

De peur de lui nuire, Séneville décida de taire sa réplique. « Lui reprocher son manque de réalisme et son enthousiasme parfois excessif risquerait d'éteindre en elle une flamme qui m'a quittée après la mort de mon mari et que je n'ai pu retrouver. Je lui souhaite tellement de la conserver plus longtemps que moi. »

— Tu ne m'as pas dit, hier, que tu étais inquiète à la pensée d'aller travailler avec cette dame?

— Oui, mais ce n'est pas pour le travail. C'est que je devrai satisfaire des dames d'une autre classe sociale que la nôtre. Je ne suis pas sûre d'être toujours à la hauteur de ces gens. Je les ai trop souvent entendues dire, avec un certain mépris, qu'on reconnaît facilement ceux qui viennent de la campagne… La preuve, Donio.

— Écoute-moi bien, Gaby Bernier. Avec l'éducation que tu as reçue au pensionnat, tu pourrais en montrer à bien des gens de la ville, riposta sa mère, indignée.

— C'est de cela qu'il faut que je me souvienne… toute ma vie. Merci, maman. C'est le plus beau cadeau que vous m'ayez jamais fait.

L'heure était venue d'aller dormir. Si l'absence d'Éva encore aux études couvrait parfois de nostalgie les instants de bonheur de Gaby, elle lui permettait de veiller tard dans son lit à dessiner et à lire; mais ce soir, ce serait différent. Dans son journal intime commencé depuis sa première année de pensionnat, Gaby inscrivit la version récente des expériences vécues.

DES ÉPREUVES DE L'ORPHELINAT AU PARADIS D'AUJOURD'HUI

La discipline, un outil indispensable au succès.

La bonne tenue, la distinction qu'on me reconnaît.

Les punitions, mon sens des responsabilités.

Les accusations erronées, le cran pour défendre mes droits.

Les tâches quotidiennes, mon emploi au Ritz Carlton.

Mes cours de chant et de piano, la gaieté dans mon travail.

Le langage pointu, mon français impeccable.

Les longues périodes de silence, le développement de ma créativité.

La surveillance des salles d'étude, ma future tâche à la boutique Madame de Pompadour.

« Maman va être heureuse de voir ça ! Elle serait bien capable de le faire lire aux sœurs si elle ne savait pas à quel point elles méprisent la mode et tout ce qui s'y rattache. »

Incapable de calmer son cerveau, Gaby se leva, alluma sa lampe et se plaça devant son miroir, s'imaginant devant Mlle Jamieson. « Pour la saluer, je fais seulement un petit geste de la tête ou je lui tends la main ? Je ne sais vraiment pas. Ça va dépendre d'elle. Je me montre sérieuse ou joyeuse ? Entre les deux, si c'est possible. Je ne devrais pas fixer son regard, selon les sœurs, mais je vais quand même rester fidèle à mon habitude de regarder droit dans les yeux. J'annonce le but de ma visite… Non. Elle le sait. Qu'est-ce que je devrais lui dire ? Ah ! Je l'ai. "Merci de me recevoir, Madame." Est-ce que je le prononce assez bien ? Pas *recevouére* mais *recevouar-ar-ar*. La bouche plus ronde, plus ouverte. Les lèvres moins serrées, pas comme parlait sœur Saint-Théodore. »

La scène virtuelle s'étendit jusqu'à la fin de l'entrevue. Le pire des scénarios prévoyait que Mlle Jamieson reportât sa réponse au lendemain. Gaby pourrait aller dormir.

Conduite par Donio, Gaby, toute de rouge vêtue, devait être déposée entre la *Maison Seagram* et le *Mount-Royal Hotel*, devant un bel édifice de pierres grises, le salon de couture *Madame de Pompadour*. Les renseignements que son frère avait obtenus de certaines clientes, au sujet d'Edna Jamieson, alimentaient sa nervosité. Issue d'une riche famille de Westmount, cette femme avait d'abord travaillé comme commis dans une banque où les clients et le personnel avaient reconnu son bon goût au point de lui demander de coudre pour eux les vêtements qu'elle confectionnait pour elle-même. On la décrivait comme une demoiselle perfectionniste et très audacieuse. A preuve, elle s'était lancée seule en affaires et son succès était palpable

— Tu penses que je suis à la hauteur du poste que je veux décrocher, Donio ? demanda Gaby, grillant une cigarette avec nervosité.

— Hum ! Tu as de bons outils entre les mains, p'tite sœur : ton audace, ta gentillesse naturelle, ton bon goût, ton habileté à te mettre en valeur sans éclabousser les autres, et quoi encore ? Imagine quand elle va te voir à l'œuvre !

— Merci, Donio. Tu seras toujours mon meilleur complice.

Gaby sortit de sa bourse un petit miroir, rafraîchit son rouge à lèvres et son fard à joues, vérifia sa coiffure et après être sortie de la voiture, tourna sur elle-même pour que Donio examine sa tenue.

— Rien qui cloche, affirma son frère. Tout est parfait, ma Gaby. Vas-y. Je reviendrai dans une demi-heure environ

Sitôt le heurtoir actionné, apparut une demoiselle menue, au sourire généreux et aux gestes affables. Avant de l'inviter à la suivre, Edna posa ses petits yeux noirs sur sa candidate, l'examinant de la tête aux pieds, puis hocha la tête en signe de satisfaction. Du moins, Gaby le crut-elle. Dans un chic bureau au mobilier de style Louis XV, Mlle Jamieson la fit asseoir et, sans ambages, émit un doute :

— Au téléphone, Mlle Bernier, vous m'avez bien dit avoir de l'expérience, mais vous paraissez si jeune que…

— Ce n'est pas la première fois qu'on me fait cette remarque, mais je vous ai dit la vérité, Mlle Jamieson. Oui, oui, j'ai de l'expérience. J'ai travaillé pour les tailleurs Saint-Pierre et Olivier.

Des noms aussi prestigieux enchantèrent Edna.

— Toute une expérience ! s'exclama la charmante femme d'affaires. Si vous avez su les satisfaire, il y a des chances que vous puissiez assumer les tâches que je veux vous confier, Mlle Bernier.

— Les tâches ?

— Oui, plus qu'une tâche. Je ne voulais pas trop détailler dans le journal. Je n'ai écrit que la plus exigeante, lui apprit-elle, un sourire en coin. Au fait, j'ai besoin de quelqu'un qui saurait diriger les ateliers avec doigté et compétence. Je souhaite aussi que cette personne apporte des idées novatrices. Il va de soi qu'elle supervise les petites mains, je veux dire les dames qui exécutent le travail à la main comme les boutonnières, la pose des perles, des paillettes, des dentelles et des rubans. Certaines d'entre elles le font de leur domicile.

Mlle Jamieson avait pris ses distances et Gaby le ressentit. De peur de perdre une si belle occasion, elle crut le moment venu de détailler son savoir-faire :

— J'ai commencé par confectionner des chapeaux avant de me lancer dans la couture. J'aime bien faire de tout, même le travail des petites mains. Je me suis entraînée très jeune à poser des perles et des paillettes sur les tissus.

— Êtes-vous prête à m'en donner des preuves ?

D'un simple signe de tête, Gaby trouva un petit espace à travers son anxiété pour signifier son accord.

— Suivez-moi, Mlle Gaby !

Le prénom venait de supplanter le nom de famille et ce début de familiarité la rassura.

En se dirigeant vers la salle de couture, elles s'arrêtèrent quelques instants devant le local réservé aux expositions. Les magnifiques robes de soirée qui y étaient exhibées captivèrent Gaby.

— Vous aurez toujours l'occasion de venir les examiner dans leurs moindres détails, lui dit Edna, prête à passer dans la salle de couture.

Ce local, plus petit mais plus coquet que tous ceux des ateliers *St.Pierre & Olivier*, n'était pas moins bondé de rouleaux de tissus de toutes sortes. Une douzaine de femmes y travaillaient.

— Mlle Bernier serait intéressée à se joindre à notre équipe, dit la propriétaire.

Les dames, vraisemblablement plus âgées que Gaby, comme chez *St.Pierre & Olivier*, l'accueillirent toutefois fort gentiment. « Quel contraste ! Devrais-je y voir un signe que c'est ma place, ici ? », se demanda-t-elle, encouragée.

Les instructions relatives au rangement des outils de couture lui réservaient une surprise. Des deux modèles de fers à repasser mis à la disposition des ouvrières, l'un était comparable à ceux qu'utilisaient les couturières des ateliers *St.Pierre & Olivier*, mais l'autre s'en différenciait avantageusement.

— Je les ai rapportés de Paris, ceux-là. Ce sont des Calor. Ils sont plus légers que les Coleman. J'ai dû recourir à un électricien pour adapter le branchement du fil sur nos prises électriques, expliqua Edna avec fierté.

Gaby avait appris à repasser avec des fers de marque Monitor, lesquels étaient alourdis d'un réservoir d'eau bouillante muni de trous d'aération sur les flancs.

— J'ai hâte d'essayer votre modèle français, dit Gaby, tentée de mesurer ses chances d'être engagée.

Edna lui sourit et s'empressa de la conduire dans la salle de coupe. Avec des gestes révérencieux, elle déposa sur la table un rouleau de soie.

— C'est l'heure du test, Mlle Gaby. Je tiens à vous informer que ce tissu a été importé de France et qu'il m'a coûté vingt-cinq dollars la verge.

Ces précisions médusèrent Gaby. «Seules des mains expérimentées peuvent oser promener des ciseaux dans une soie d'une telle beauté », se dit-elle, consciente du défi hors du commun devant lequel Mlle Jamieson la plaçait.

— C'est pour vous. Vous allez me confectionner une robe à la dernière mode pour exposer dans notre salle de montre. Prenez le temps qu'il vous faudra, lança Edna avant même que sa candidate n'ait eu le temps d'exprimer ses réticences.

Gaby s'empressa d'aller avertir son frère de ne plus l'attendre.

— Déjà engagée! Comme chez *St.Pierre & Olivier*!

— Pas vraiment, Donio. Je dois réussir tout un test, avant.

— Tu vas y arriver, j'en suis sûr.

— Pas moi. Je suis très embêtée… Pense à moi, Donio.

— Promis. Je te reprendrai vers six heures.

Visiblement préoccupée, la démarche hésitante, Gaby retourna dans la boutique. Se dirigeant vers le local de coupe, elle bifurqua vers la salle d'exposition. Derrière les mannequins vêtus de robes de soirée, d'autres étaient affublés de tenues qu'elle jugea quelque peu démodées avec leur jupe en corolle et leurs corsages ornés de perles et de franges. Elle déshabilla le moins séduisant et, la robe vert pomme sur le bras, elle fila vers son atelier. Après avoir débarrassé la table de la précieuse soie à vingt-cinq dollars la verge, elle y étendit la robe usurpée et en imagina une version dernier cri. Après en avoir décousu toutes les pièces, elle les repassa, les mesura, mit les manches de côté et commença par écourter la jupe. Les surplus de tissus récupérés lui permettraient de descendre la taille de la nouvelle robe jusqu'aux hanches et de donner de l'ampleur au corsage. La dernière mode l'exigeait. Toute au défi à relever, Gaby fut surprise de voir les lumières de la boutique s'éteindre tout à coup. L'heure du dîner était déjà arrivée.

— Vous venez avec nous, Mademoiselle ? lui demanda une des ouvrières les plus âgées, sur le point de descendre au local du sous-sol aménagé en cafétéria.

Confuse, Gaby allégua d'abord n'avoir pas faim, mais elle fut vite démasquée par Mme Landry :

— Vous n'avez rien apporté, c'est ça. Venez, vous allez voir qu'on aura vite fait de vous organiser un petit lunch. On s'en prépare toujours trop, nous

De fait, Gaby en reçut plus qu'elle ne pouvait en avaler. La courtoisie de ces femmes l'enthousiasma. Ce qu'elles lui apprirent, davantage. Toutes déclarèrent vouer une grande admiration à leur patronne et adorer travailler pour les clientes de *Madame de Pompadour*.

— C'est tellement stimulant ici ! À chaque automne, Mlle Jamieson nous rapporte de Paris de nouveaux tissus et de nouveaux modèles, dit l'une d'elles.

— Ce que je donnerais pour visiter avec elle les collections des plus grands couturiers français, s'exclama une autre.

— Connaissez-vous leur nom ? voulut savoir Gaby.

— Je sais qu'elle affectionne particulièrement les créations Chanel.

— Chanel ! Coco Chanel ?

— Vous la connaissez ?

— Depuis une dizaine d'années, oui.

— Vous êtes déjà allée en Europe, à votre âge ! s'étonna-t-on.

— Non, mais nos anciens voisins y allaient et nous rapportaient de ses créations et des articles de revues qui parlaient de Coco Chanel. C'est mon idole !

— C'est Mlle Jamieson qui va être surprise d'apprendre ça !

Tout en fredonnant, Gaby se remit à l'exécution de sa création-test avec plus d'optimisme. Elle ne revit la propriétaire qu'à la ferme-ture de la boutique.

— Vous avez passé une bonne journée, Mlle Gaby ?

— Merveilleuse, Mlle Jamieson.

— À demain !

Gaby souhaita entendre cet au revoir pendant des années. Un doute persistait toutefois : celle qui connaissait les créations de Coco Chanel allait-elle apprécier la sienne ?

Après en avoir écouté la description, Séneville n'aurait pas juré de son succès.

— Je crains que ce modèle contraste trop avec ce que les dames de la haute société portent depuis dix ans, expliqua-t-elle.

— Dans la dernière revue *Mode* que Donio m'a rapportée du *Ritz Carlton*, j'ai lu que la tendance allait vers les silhouettes droites et allongées. Avec l'abandon du corset, les poitrines ne seront plus bombées comme avant.

— Je veux bien, mais de là à présenter une robe sans manches et qui s'arrête juste en bas du genou, il y a une marge.

— Mlle Jamieson en a probablement vu lors de son dernier voyage en France. Elle court les collections.

— Si j'étais à ta place, je garderais mes retailles pour les modifi-cations que ta patronne pourrait exiger de toi.

Le lendemain matin, après une nuit quelque peu perturbée, Gaby se rendit à la boutique *Madame de Pompadour* quinze minutes avant l'heure. Elle en sonda la porte… qui obéit à sa poussée. Figée sur le chambranle, elle se demanda si elle ne devait pas attendre dehors que d'autres ouvrières se présentent. Une voix la fit sursauter :

— Mais entrez, Mademoiselle.

Gaby apprit que tout comme elle, Edna était une lève-tôt. La découverte de ce trait commun vint apaiser la nervosité qui l'avait propulsée hors du lit avant six heures.

— J'ai jeté un coup d'œil sur votre travail d'hier. Je ne comprends pas trop ce que vous nous préparez, mais vous avez piqué ma curiosité.

— Vous n'approuvez pas que j'aie pris une des robes exposées ?

— Tout dépend de ce que vous allez en faire, Mlle Bernier.

— Je venais y travailler, dit Gaby, s'engageant dans le corridor qui la conduisait à son atelier.

— Une petite minute… Vous fredonnez toujours comme ça en travaillant ?

— Je dérange les autres, c'est ça ? crut Gaby, prête à s'en excuser.

Edna retint un éclat de rire.

— Bien au contraire. Vous créez une si belle atmosphère.

Gaby reprit son souffle.

— Je vous ai écoutée quelques minutes en fin d'après-midi, hier. Vous avez une voix très agréable même en turlutant des airs d'opéra. Vous avez appris le chant ?

— Le piano aussi. J'ai reçu la formation pour l'enseigner, mais j'ai plus de plaisir à travailler dans la mode.

— La mode…

— Oui. Comme Coco Chanel, mon idole.

Mlle Jamieson porta un regard inquisiteur sur sa postulante.

— Mais quel âge avez-vous donc?

— Passé dix-huit ans, répondit Gaby, d'un ton enjoué. Même que ça fait deux ans que je les ai.

Amusée, Edna voulut comprendre. Gaby lui révéla alors ses entourloupettes pour décrocher un emploi d'été au chic hôtel *Ritz Carlton*. Toutes deux s'esclaffèrent.

— Vous avez donc pu apercevoir la majorité de nos clientes…

— J'ignorais qui les habillait, mais je les trouvais très élégantes.

Mlle Jamieson fut visiblement touchée de cette appréciation.

— Quand vous en aurez le temps, j'aimerais bien que vous me parliez de vos voyages à Paris, réclama Gaby, poussée vers son local par l'arrivée des ouvrières.

— Si vous réussissez votre test, Mlle Bernier.

« Cette dame a de la rigueur, mais elle ne ressemble en rien à celle des directrices du pensionnat. Elle me plaît même. Serait-ce parce que maintenant j'y trouve une justification? Il me semble encore entendre sœur Saint-Théodore me dire : " Il y a un temps pour le bavardage et un temps pour le travail, Gabrielle Bernier. " Comme si on ne pouvait pas jaser ou chanter en travaillant! »

La probabilité, advenant son engagement, qu'elle doive recourir à la discipline auprès des ouvrières de cette boutique la troubla. Lui répugna même. « Comment s'en dispenser quand on se trouve en charge d'une entreprise? Existe-t-il un moyen de l'exercer habilement, sans blesser ni choquer? » L'idée lui vint d'en causer avec sa mère qui semblait y parvenir aisément auprès de ses compagnes de travail à la pouponnière de l'hôpital.

Debout devant sa table de travail, Gaby tenta de la regarder avec les yeux de sa patronne. « Je comprends qu'elle soit restée perplexe. J'aurais peut-être dû empiler toutes les pièces avant de partir, hier. La prévoyance. C'est une habitude que je devrai développer si je suis engagée. »

De son local, Gaby dut passer par la salle de couture pour y choisir un fer à repasser. Une des ouvrières qu'elle crut avoir déjà vue ne tarda pas à l'interpeller :

— Vous allez nous fredonner quel air aujourd'hui, Mlle Bernier ?

— Vous êtes sûre que ça ne vous agace pas ?

Un tollé de « Non ! » s'éleva.

— Je ne le sais jamais d'avance. Je prends le premier air qui me passe par la tête, dit-elle, rassurée.

— Connaissez-vous *La bohème* de Puccini ? demanda Mme Landry, vraisemblablement l'aînée des couturières.

— Oh, oui ! C'est ma préférée !

Des paroles gentilles, des souhaits et des compliments lui vinrent de toute l'équipe. « Dommage que Mlle Jamieson n'ait pas entendu ça. Elle aurait peut-être été influencée dans sa décision », se dit Gaby, heureuse de voir que le fer à repasser qu'elle voulait utiliser était disponible.

— Il faut lui faire attention, conseilla une autre couturière. Mlle Jamieson y tient comme à la prunelle de ses yeux.

La recommandation fragilisa Gaby. Elle examina le fer sous tous ses angles avant de le brancher. Devenait-il très chaud ou moyennement chaud ? Pour ne pas abîmer la plus infime partie de la robe décousue, il fallait l'essayer sur un morceau de tissu inutilisable. N'en trouvant pas dans son local et n'osant retourner dans la salle de couture pour en demander, Gaby choisit le foulard qu'elle portait ce jour-là. Le temps que son fer à repasser prit pour se rendre à son maximum de chaleur la fit réfléchir aux propos tenus par sa mère, la veille. Elle mesura avec précision le satin prévu pour allonger la taille. En raccourcissant un peu plus la jupe, il serait possible d'ajouter de petites manches au corsage. Le temps était venu de tester le fer à repasser. Gaby approcha le bout sur la pointe de son foulard de soie bleue, l'y glissa doucement et, à son grand contentement, constata qu'il était tout à fait adéquat. Sans la moindre hésitation, elle alla humecter son écharpe et revint l'étendre sur l'envers du col, ce petit morceau conservé pour les imprévus. « Merveilleux ! Il est beaucoup plus perfectionné que celui que nous avons à la maison. Je m'en rapporterai un quand j'irai à Paris. Mais quand ? Je l'aurais peut-être plus vite si je confiais cette mission à Mlle Jamieson. Encore faudrait-il qu'elle m'engage… » À l'instant, une voix l'interpellait :

— Vous avez tout ce qu'il vous faut, Mlle Gaby ?

— Tout, Mlle Jamieson.

— Vraiment ? questionna-t-elle, fouillant du regard l'étalage de pièces sur la table.

— Je vous le jure.

— Où en êtes-vous dans votre démarche ?

— À la coupe, répondit Gaby avec entrain.

— J'aimerais voir votre patron, annonça la dame en se dirigeant vers la table de couture.

— Bien… Je n'en prends pas.

— Ah, ça alors ! C'est du jamais vu ! Qui vous a montré à coudre ?

— Hum… Ma grand-mère d'abord, puis les religieuses.

— Je comprends…

— Je n'ai pas besoin de patron, Mlle Jamieson. Vous verrez, lança Gaby avec une assurance surgie juste à temps.

— Je verrai comme vous dites, rétorqua Edna préjugeant du résultat.

Libérée de sa présence, Gaby, fidèle à son plan, promena ses ciseaux sur les morceaux de satin. La coupe terminée, le résultat ramena une musique sur ses lèvres. Les épingler les unes aux autres puis les surfiler aux endroits les plus délicats était devenu un jeu d'enfant pour la jeune couturière Aussi, crut-elle possible de ne garder pour le lendemain que le travail des petites mains. Avant de quitter la boutique, elle glissa sa confection inachevée sur le mannequin dénudé la veille et prit soin de le placer à l'abri des regards.

En rentrant de son travail, Séneville fut surprise de trouver sa fille assise à la table la tête plongée dans les mains, son journal intime ouvert devant elle.

— C'est fini pour toi chez *Madame de Pompadour*?

— Je le saurai probablement demain.

— Tu gardes peu d'espoir, c'est ça?

— Au contraire, maman.

— Mais pourquoi cette mine d'enterrement, alors?

— D'après vous, prendre en charge le salon de couture, est-ce que ça inclut la direction des employées?

— Mlle Jamieson ne te l'a pas précisé?

— Non. Peut-être parce que je lui ai laissé croire que j'avais tout compris.

— Tu le lui demanderas demain.

— Il faut d'abord que je me demande à moi si je me sens capable de faire ça et si j'en ai le goût.

Séneville se rappela que sa fille n'avait que dix-huit ans.

— C'est sûr qu'à ton âge, je n'aurais pu envisager une telle responsabilité. J'avais trente ans de plus que toi quand je l'ai prise et ce fut très difficile les deux premières années. Par contre, tu es mieux équipée que je ne l'étais. J'ai été élevée dans l'humilité et la soumission alors que toi, tu as un caractère fonceur et tu as confiance en toi.

— Dans certains domaines, oui, mais pas en tout. Elles se sont montrées très gentilles, ces dames, mais je ne me vois pas leur donner des ordres.

— Pourquoi donner des ordres? J'ai appris à mes dépens que ce n'est pas la bonne manière de diriger du personnel.

— Vous avez découvert la bonne?

— Il en existe peut-être plus d'une, mais je sais que si tu traites ton monde avec respect et que tu lui manifestes ta confiance, tu n'auras que de rares occasions de recourir aux ordres.

Gaby griffonna quelques mots dans son journal intime.

— Ce serait dommage que tu n'obtiennes pas cet emploi. Ce que tu m'as raconté hier de Mlle Jamieson me porte à croire que vous avez beaucoup de points en commun et qu'elle serait bien placée pour t'initier au monde de la mode.

— Moi aussi.

— Sinon, ta sœur serait soulagée d'apprendre que tu retournes à l'enseignement du piano, dit Séneville, un brin ironique.

— Je ne recommencerai pas à donner des leçons de piano, maman. Si je ne travaille pas chez *Madame de Pompadour*, j'ouvrirai ma propre boutique.

— À mon avis, ce serait une erreur. On ne se lance pas en affaires sans une expérience de base. Tu te ferais vite couper l'herbe sous le pied par ceux qui sont établis depuis près de vingt ans.

— Vous faites allusion à Mme Desmarais?

— Entre autres. Elle est mariée à un médecin de réputation internationale et elle habille la crème de la société montréalaise. Mme McKenny, la couturière pour qui ta grand-maman a déjà travaillé, m'a appris qu'en plus, Edna avait l'intention d'acheter son commerce.

— Il doit valoir cher !

— N'oublie pas que Mme McKenny est reconnue comme une des plus grandes couturières de Montréal. Elle est si populaire qu'il faut demander un rendez-vous pour se présenter à sa boutique.

— Grand-maman nous en a déjà parlé…

— Justement, je suis allée chez elle le jour où ta grand-mère avait décidé de s'offrir un châle de grande qualité pour ses soixante-dix ans.

— Elle se spécialise dans la confection des châles ?

— Les châles et les robes de soirée. Elle utilise beaucoup les plumes d'autruche et l'hermine dans ses créations. C'est beau… à couper le souffle !

L'attention de Gaby fut happée par la sensualité que devaient dégager ces tenues rehaussées d'un pelage fauve ou blanc, selon la saison où l'hermine avait été capturée. L'usage des plumes d'autruche lui semblait toutefois en voie de disparition. Elle se proposa d'en causer avec Mlle Jamieson. Or, le jour suivant, Edna ne se présenta pas à la boutique. Quelle déception pour Gaby qui avait échafaudé son avenir sur cette journée déterminante ! Les ouvrières semblaient ignorer le motif de cette absence. Chacune s'acquittait de sa tâche avec le même zèle que la veille. Gaby n'en fit pas moins. Le désappointement surmonté, elle s'attaqua à la finition de la robe qui n'était pas sans susciter la curiosité de ses collègues.

— Quand aurons-nous la chance de voir ce que vous préparez, Mlle Bernier ? lui demandèrent-elles.

Leur intérêt mit sur ses lèvres la mélodie du premier acte de l'opéra *Carmen* de Georges Bizet. Mme Landry reconnut cet opéra dont elle était elle-même éprise.

— Une belle fille comme elle n'est pas à l'épreuve des chagrins d'amour, présuma-t-elle, en se remémorant les paroles de cette pièce.

— Je gagerais que les cavaliers font la file à sa porte, rétorqua sa voisine.

— Je gagerais tout autant qu'elle doit jouer l'indépendante, la p'tite Mlle Bernier, dit une autre.

Gaby les aurait entendues qu'elle leur aurait donné raison. De la porte entrouverte de son local, elle pouvait deviner, à leur expression, qu'elles bavardaient gentiment à son sujet.

La journée ne se termina pas sans qu'elle reçoive la visite surprise de Mlle Jamieson.

— Il ne manque plus que les boutons. Je n'ai pas encore eu le temps de les recouvrir, s'exclama-t-elle, comme si elle devait se justifier de n'avoir pas terminé son travail.

— Vous avez fait tout ça ! s'étonna la propriétaire qui s'autorisa à inspecter la création de Gaby sous toutes ses coutures.

Que de mimiques de sa part. Parfois bienveillantes, parfois intriguées.

— C'est dommage que…

— Que quoi, Mlle Jamieson ?

— Qu'elle soit un peu trop grande et trop longue pour moi, cette robe.

Gaby éclata de rire.

— Ça peut s'arranger, vous savez.

Sans prendre le temps d'une répartie, Edna colla sur elle la robe à manches courtes, qu'une rangée de perles blanches à la hauteur des hanches venait enjoliver, et fit son petit défilé devant les ouvrières de la salle de couture.

— Qu'en pensez-vous ? leur demanda-t-elle.

Ce modèle plut à la majorité. Toutefois, quelques couturières ne purent taire leur déplaisir devant la réduction des manches. Les mêmes auraient taillé la jupe plus longue. D'autres demandèrent et obtinrent la permission d'examiner la robe dans tous ses détails.

— Il faut être joliment habile pour réussir une telle confection en si peu de temps, s'écria Mme Landry.

Toutes, sauf Mlle Jamieson, opinèrent dans le même sens.

Gaby retint son souffle. Edna lui dérobait son regard, s'attardant à la finition généralement confiée aux petites mains. Et, s'adressant à ses employées, elle dit :

— Notre nouvelle collègue n'a pas qu'une habileté exceptionnelle ; elle a de l'ingéniosité, de l'audace et de la vision.

Puis, se tournant vers Gaby, elle ajouta :

— Chère demoiselle, vous n'avez rien à envier aux nouveautés que je viens de découvrir à Paris.

Portée aux nues par cet hommage et par les applaudissements spontanés des ouvrières, Gaby fut invitée à accompagner sa patronne dans son bureau.

— Peut-être avez-vous remarqué qu'ici on confectionne des vêtements sur mesure pour nos clientes, mais on leur propose aussi des créations originales et de dernière mode, pour qu'elles nous en commandent. C'est sur vous que je compte, Mlle Gaby, pour moderniser notre salle d'exposition.

Cette responsabilité allait à Gaby comme un gant. Son enthousiasme n'était pas sans retenue.

— Dans le journal, vous avez fait écrire : *prendre en charge le salon de couture*..

Sensible aux appréhensions de sa dernière recrue, Mlle Jamieson sourit et détailla ses attentes. Aux créations de dernière mode s'ajoutaient les conseils prodigués aux couturières quant aux confections sur mesure, la supervision du travail des petites mains et la recherche de nouveaux tissus.

— Si les demoiselles Dupont sont en vogue dans la modeste rue Sainte-Catherine, nous avons encore plus de raisons d'être en demande dans un secteur où les dames ont les moyens d'acheter du beau, lança Edna, ignorant qu'elle s'adressait à une résidante de cette rue du quartier.

— Où est-elle située, leur boutique?

— Dans le *Kings Hall Building*, vous le connaissez?

— Ça me dit quelque chose, répondit Gaby, déterminée à y passer après son travail.

— Un mois d'essai avec nous, ça vous conviendrait, Mlle Gaby?

— Vous doutez un peu de mes capacités, Mlle Jamieson?

— C'est pour vous…

— Sachez que c'est un grand honneur pour moi d'être choisie parmi tant d'autres.

— Vous me faites beaucoup penser à Coco Chanel, dit Edna, d'une voix chaude.

Jamais un compliment n'avait autant flatté Gaby. Elle put retenir à temps l'accolade qu'elle allait offrir à sa patronne.

— Deux personnalités qui se ressemblent… Saviez-vous qu'elle a commencé sa carrière chez de grands tailleurs, comme vous?

Gaby la regarda, avide de développements. Mais Mlle Jamieson demeura silencieuse, attendant sa réaction. Le moment sembla tout désigné pour Gaby de lui révéler d'autres affinités connues avec Mlle Chanel: leurs premières expériences comme chapelières, leur prénom d'origine, leur passion pour l'équitation et leur formation en musique et chant. Médusée, Edna se dit que cette jeune femme n'était pas sur sa route par hasard. Plus encore, qu'elle était un gage de succès pour le salon *Madame de Pompadour*.

— Seriez-vous déjà allée à Paris ?

— Hélas, non ! Mais j'envisage de m'y rendre dès que j'aurai assez d'argent pour m'offrir ce voyage.

— Comment pouvez-vous connaître Mlle Chanel, alors ?

— J'avais à peine dix ans que des revues de mode nous étaient déjà apportées par des amis de ma mère.

— Eh bien ! Nous aurons l'occasion d'en reparler, dit Edna. À demain, Gaby !

Pas question pour l'élue de M[le] Jamieson de recourir au taxi de Donio pour se rendre chez elle en sortant de la boutique. Les propos de sa patronne et la tiédeur de ce 13 octobre méritaient qu'elle se laisse habiter par le bonheur de cette fin de journée. Une allégresse s'était logée dans son cœur et avait emprunté ses artères jusqu'à ses moindres ramifications. Le souvenir de James surgit… Un parfum de concupiscence ajouté à cette gerbe d'allégresse. Deux mois de soirées de danse enlevantes qui avaient gardé la mesure jusqu'au moment de marquer le dernier pas à la fin du mois d'août. James et Gaby s'étaient quittés, offerts aux caprices du destin… ou aux volontés de Dieu. Six semaines plus tard, il sembla à Gaby que la table était mise et qu'un amour dans sa vie rehausserait la saveur des mets. « Qu'en serait-il aujourd'hui si j'avais répondu à ses avances ? » L'ombre d'un regret et un long soupir nostalgique ralentirent ses pas. Gaby se plut à redessiner ses arcades sourcilières d'un roux châtain, ses lèvres juste assez pulpeuses pour exciter le désir, son menton volontaire et sa robuste cage thoracique. La chaleur de ses larges mains dans son dos, plus caressante que celle du soleil qui se montrait pourtant généreux en cette mi-octobre. James lui manquait.

Le ralentissement d'une voiture qui s'approchait derrière elle la tira de ses rêveries.

— Hey, la grande indépendante, tu montes?

— Je voulais marcher un peu…

— Tu es à plus d'un mille de la boutique, ce n'est pas assez? À moins qu'un galant monsieur vienne tout juste de te déposer dans le coin.

Gaby s'esclaffa, prit place dans la voiture et posa son regard pétillant sur son frère Donio.

— Ouais! Pas trop malheureuse chez *Madame Pompadour*, la p'tite sœur!

— Très heureuse, même!

— À ce point-là? On te croirait en amour. Tu ne me cacherais pas quelque chose, toi?

— Comment veux-tu que je rencontre un homme dans une boutique de couture?

— Admettons. Mais j'y pense! Kennebunk… Tes soirées de danse… Un de ces beaux Américains a fait battre ton p'tit cœur et tu ne réussis pas à l'oublier, c'est ça, hein?

Le sourire de Gaby la trahissait.

— C'est seulement dans ma tête et c'est impossible que ça aille plus loin, déclara-t-elle.

Ouverte aux questions de son frère, elle s'y prêta jusqu'à s'attarder une quinzaine de minutes dans la voiture avant de rentrer au logis familial.

À Séneville qui se montra avide de nouvelles, Gaby clama:

— Qu'ils viennent me voir, ceux qui croient que le 13 est un nombre malchanceux!

— Tu es engagée! Ça se fête, ma Gaby! Je prends congé samedi prochain. Toi, Donio, tu nous emmènes tous déjeuner dans le *Oak Room* du *Ritz Carlton*.

— Je n'ai pas trop de ma fin de semaine et de mes soirées pour préparer nos toilettes, dit Gaby, des suggestions plein la tête pour sa mère aussi.

— Le personnel sera à vos pieds, maman, s'écria Donio, non peu fier à l'idée de la présenter au patron et au personnel du *Ritz Carlton*.

— Un bel hommage à tes employeurs de l'hôtel, répliqua Séneville.

À la mi-décembre, les clientes de la boutique *Madame de Pompadour* n'attendant pas à la dernière minute pour choisir leurs tenues du temps des Fêtes, les commandes de «faits sur mesure» avaient été livrées. Gaby suggéra a Mlle Jamieson de profiter de la baisse d'achalandage pour confectionner de nouveaux modèles de robes, de différentes pointures, pour la saison suivante.

— De nouveaux modèles?

— Eh oui! Si Paul Poiret a réussi à mettre le corset au rancart, on pourrait bien proposer la jupe portée juste en bas des genoux et le chandail échancré… J'ai plein d'idées dans la tête pour chaque saison.

Mlle Jamieson hocha la tête, pensive… peut-être même sceptique. Sa réflexion lui rappela une parole de Coco Chanel: «Une robe bien faite va à tout le monde.»

— N'oubliez pas que vous devez d'abord satisfaire nos clientes régulières, ce qui se résume en un principe: les mettre en valeur, lui rappela Edna.

— Je le sais et je compte bien vous en attirer d'autres aussi.

— C'est tout un pari, ça, ma p'tite demoiselle! Venez dans mon bureau. Nous allons en discuter…

Son bloc-notes déposé sur la table, Gaby promena son crayon sur le papier avec la légèreté et l'aisance d'un pas de valse sur un parquet ciré. Edna en fut éblouie.

— Vos croquis affichent la même tendance que les créations de Mlle Chanel, nota-t-elle.

— C'est-à-dire ?

— Une recherche de simplicité sans sacrifier l'élégance.

— L'élégance a sa place tous les jours ; il faut seulement lui donner plus de glamour pour les grandes occasions, précisa Gaby.

— Mlle Chanel vous approuverait, vous savez. J'ai eu la chance de causer avec elle pendant une bonne demi-heure lors de mon dernier voyage à Paris.

Intriguée, Gaby déposa son crayon, s'avança sur le bord de sa chaise et, les mains jointes sur le bureau, elle lui demanda :

— Comment est-elle ?

— Fort jolie et fascinante. On lui donnerait à peine vingt-cinq ans alors qu'elle en a dix de plus. Ses traits sont fins, son cou allongé, ses yeux nostalgiques et une chevelure… Elle n'aurait jamais dû la couper. J'ai vu ses photos de jeune femme ! Une vraie sirène !

Gaby buvait ses paroles.

— Pour la première fois, Coco m'a parlé de son amoureux, Boy Capel. Elle est si fière de dire qu'il est la preuve qu'on n'a pas besoin de naître riche pour goûter à la fortune. On peut le devenir. Quand je lui ai demandé comment elle expliquait son énorme succès elle m'a répondu : « La chance tient à peu de choses. Je suis arrivée au bon moment et j'ai connu les gens qu'il fallait connaître. »

Les paroles de Mlle Jamieson bouleversèrent Gaby par leur accent prophétique.

— Je fus très surprise d'entendre Mlle Chanel parler de la guerre avec si peu de tristesse. Même qu'elle m'a avoué que la guerre l'avait aidée. « Dans les catastrophes, on se révèle », dit-elle. Et avec humour, elle ajouta : « En 1919, je me suis reveillée célèbre. Je ne m'en doutais pas. Je me trouvais plutôt bête. J'ai eu la chance de rencontrer Misia Sert, une femme d'une grande culture, belle à rendre les fées jalouses, intelligente comme un dieu. Elle m'a initiée au grand monde avec une telle délicatesse… Elle m'a apporté, non seulement ce qui s'apprend, mais aussi ce qui ne s'apprend pas. »

— Que voulait-elle dire ? demanda Gaby dans un filet de voix que l'émotion étranglait.

— Que Misia Sert avait réveille en elle des talents assoupis.

— Qui sait si vous ne serez pas pour moi une Misia Sert, dit Gaby, chamboulée.

Edna sourit, trop modeste pour en faire le pari.

Dans son journal intime, Gaby écrivit :

Je n'aurais pu espérer plus grand cadeau de Noël. Autant en novembre 1909 la fatalité semblait se jeter sur nous pour le reste de notre vie, autant, dix ans plus tard, les faveurs pleuvent sur ma route. Je me sens non seulement comblée dans mon quotidien, mais je vois des horizons de bonheur et de succès se dessiner devant moi. Celle qui est venue m'apporter des heures de rêve alors que l'absence de mon père me hantait, semble se rapprocher de plus en plus de moi, grâce à Mlle Jamieson. Quand elle me parle de Mlle Chanel, je la vois dans son regard, je l'entends dans la sonorité de sa voix, je la ressens dans l'admiration qu'elle lui voue. Si je me laissais aller à qualifier Coco, je dirais qu'elle est ma grande sœur, ma muse. J'arrive même à penser que si, au-delà des continents, certains modèles de robes se ressemblent, leurs créatrices pourraient bien avoir été calquées sur le même canevas. Coco et moi, en bas âge, avons perdu un parent, avons été placées dans un orphelinat, adorons les chevaux et la musique, avons été guidées vers la mode. Tout comme moi, aurait-elle choisi, sans renier ses origines, de viser haut et grand?

Sur ce point, Edna aurait pu lui apprendre qu'elles étaient différentes. Les intimes de Coco Chanel s'entendaient pour dire que cette dernière maquillait son passé et les souvenirs qu'elle en avait gardés.

Le cheminement de la Française et ses succès inspiraient Gaby sans atténuer chez elle le souci de demeurer fidèle à elle-même et à sa recherche d'originalité. Mlle Jamieson l'avait bien compris et elle s'en portait complice.

Tous les aspects rattachés au poste de Première main au Salon *Madame de Pompadour* plaisaient à Gaby. Créer, accueillir les clientes et les conseiller, encourager le personnel et visiter les ouvrières à domicile lui apportaient la diversité que réclamait son tempérament. Quelques jours avant Noël, quelle ne fut pas sa surprise, en frappant à la porte de l'une des petites mains de s'entendre dire:

— Gabrielle Bernier! Mais tu n'as pas changé!

— On se connaît? demanda Gaby, la mémoire au galop pour retrouver le souvenir de cette jeune dame au teint de pêche et d'une tenue remarquablement soignée.

— Bien oui! Tu ne me replaces pas? Moi je n'aurais jamais pu t'oublier. Tu étais tellement différente!

— À ce point?

— Je te revois encore à cette fête de fin d'année scolaire où tu t'étais présentée en costume d'amazone.

— Tu es née à Chambly, toi aussi?

— Absolument. Mais entre donc! Je suis si excitée de te revoir que je te laisse geler sans m'en rendre compte.

Georgette Demers relata leurs premières années au couvent du village avec une exactitude qui chassa tout doute de la tête de Gaby.

— J'ai quelques années de plus que toi, mais j'étais tellement timide que je passais toujours inaperçue. J'enviais ton audace et ta gaieté. Dire qu'on se retrouve à Montréal, employées de la même boutique. Quelle chance !

— Cette chance, nous la devons à Mlle Jamieson, clama Gaby.

— Et à tes talents, enchaîna Georgette. Depuis une couple de mois, j'ai tellement entendu nos clientes vanter la nouvelle engagée de *Madame de Pompadour* que j'aurais dû leur demander son nom. Comme je ne l'ai pas fait, je n'ai pas su que tu étais une fille de la campagne, comme moi.

— Je pourrais savoir ce qu'elles disent de la p'tite nouvelle, nos clientes ?

— Elles trouvent que depuis ton arrivée la qualité des confections s'est encore améliorée. Elles aiment les nouvelles couleurs et les nouveaux modèles que tu leur proposes. Elles apprécient que les boutonnières soient toujours cousues à la main, que les coutures soient finies avec un biais, que les jupes soient doublées de soie ou de mousseline. L'idée de poser des boutons amovibles pour le lavage leur plaît beaucoup.

Avant de remettre à Georgette le travail apporté, Gaby, enchantée de tels témoignages, passa une vingtaine de minutes à partager avec elle des anecdotes de leur passé au couvent des Dames de la Congrégation Notre-Dame de Chambly.

— Et ta petite sœur, que devient-elle ?

— J'ai bien peur que notre belle Éva passe sa vie dans un couvent.

— Ah ! Je n'en suis pas très surprise. Elle était si docile et réservée… comparée à toi.

De fait, Éva Bernier avait attendu le moment des vœux du Nouvel An pour en faire l'annonce officielle à sa famille :

— Je ne serai pas avec toi pour fêter ton anniversaire, ma chère Gaby.

Son entrée au noviciat était prévue pour le premier mai.

— Tu te donnes combien de temps pour décider de rester ou de revenir avec nous ? lui demanda son frère.

— Je n'entre pas au couvent avec l'idée d'en ressortir, Donio. Je crois vraiment avoir la vocation.

— Je garde un certain doute, Éva. Tu verras ! Mais sache que ta place sera toujours avec nous, lui dit Séneville, en l'embrassant.

— Tu me manqueras, ma p'tite sœur. Je n'aurai plus personne à qui confier mes secrets de fille, déplorait Gaby, espérant qu'Éva change d'idée avant le mois de mai.

Lorsque, le 5 janvier, Gaby reprit son travail, Mlle Jamieson l'informa de l'épreuve qui venait de frapper Coco Chanel. Le 22 décembre, Boy Capel, son amant, avait perdu la vie dans un grave accident de voiture. Trop attristée pour relire la lettre reçue de son amie française, Edna la remit à Gaby :

Sa mort fut pour moi un coup terrible. J'ai tout perdu en perdant Boy. Je crois sincèrement qu'il était trop bien pour rester avec nous. Boy avait une autorité douce et joyeuse et une sévérité ironique qui charmait et domptait. Il cachait une vie intérieure profonde ; on la retrouve dans ses écrits. Il laisse en moi un vide si cruel ! Ma consolation est de croire que dans l'au-delà, il continue de me protéger. C'est dans le travail que je parviens le mieux à supporter ma peine.

— Comme vous pouvez le voir, Mlle Gaby, l'amour n'apporte pas que du bonheur..

— Ma chère maman parle comme vous ..

— Elle n'a pas été chanceuse en amour ?

En quelques phrases, Gaby lui résuma l'accident mortel de son père.

— Vous n'aviez que huit ans !

— Maman s'était juré de ne pas épouser un homme de la mer pour ne pas devenir veuve trop jeune, mais le destin lui a joué un mauvais tour.

— Le destin ?

— Qui voulez-vous que ce soit ? Si Dieu était infiniment bon, comme on le dit, pensez-vous qu'il n'épargnerait pas ses enfants de la souffrance ? On n'a qu'à regarder ce que nos parents sont prêts à s'imposer pour soulager nos plus petites douleurs.

Edna porta sur elle un regard imprégné d'une grande tendresse. Les propos de Gaby, la peine qu'elle cachait sous des dehors de parfait bonheur ne pouvaient relever que d'une force de caractère exceptionnelle et d'une grande maturité.

— Vous songez à vous marier, un jour ? lui demanda-t-elle, consciente d'aborder un sujet des plus intimes.

Gaby n'eut pas le temps de répondre.

— Pour ma part, il aurait besoin de me faire un effet bœuf, cet homme, pour que je me laisse gagner, confia-t-elle, pour chasser la tristesse qui les habitait.

Pendant plus de quatre ans, Edna et Gaby connurent une relation qui s'enrichissait de leurs embûches comme de leurs joies. Leur affinité de caractère se confirmait chaque fois qu'il était question de lancer une nouvelle collection ou de proposer de nouveaux tissus, de nouveaux modèles. Ainsi, après une certaine hésitation, Edna avait accepté l'introduction de la gabardine et de la serge dans ses nouveautés.

À chaque automne, Mlle Jamieson prenait le bateau pour l'Europe. Gaby salivait en l'entendant décrire les multiples tâches et rencontres inscrites à son agenda. Six semaines plus tard, lorsqu'elle rentrait à Montréal, l'euphorie n'avait pas de mesure. Ses couturières, Gaby en tête, voulaient tout savoir, tout voir. Ici, une grande nouveauté : le premier parfum de Coco Chanel, le N° 5. Là, des croquis d'un nouveau designer, Edward Molyneux, qui venait d'ouvrir sa maison de haute couture à Paris, dans la rue Royale et qu'Edna avait visitée.

— Celui-là ira loin. Il habille déjà les actrices, les chanteuses et les dames de la haute société. Plus vertigineux encore, il s'est hissé au sommet de la création en dépit du fait qu'il ait perdu un œil pendant la Grande Guerre. Un homme des plus charmants.

— Il se trouve dans quelle tranche d'âge ? demanda Gaby, soupçonnant sa patronne d'avoir eu un béguin pour le styliste.

— Oh ! la jeune trentaine, dit-elle, avec un faux détachement dans le ton.

L'exemple de Molyneux n'interpella pas moins celle qui, comme lui et Coco Chanel, devait faire sa place dans un monde où le succès se bâtit sur l'excellence, l'intuition et les habiletés sociales. Rien de gratuit. De ces qualités, Mlle Jamieson fit le compliment à Gaby et plus encore.

— Votre débrouillardise, votre habileté et l'originalité de vos créations ont attiré dans ma boutique tant de nouvelles clientes du *Golden Square Mile* que j'ai dû chercher un secteur et un salon plus chic pour les recevoir. Nous déménageons dans une luxueuse maison de la rue Peel, à proximité de la rue Sherbrooke, lui apprit-elle.

À cette hauteur, la rue Peel était bordée de superbes maisons de pierres grises dont les escaliers montaient du trottoir jusqu'au dernier étage. Edna avait choisi le 2039 pour la grandeur des pièces et leur facilité d'aménagement. Ainsi, le salon d'exposition, avec ses hauts murs, ses foyers et sa décoration de bon goût se trouvait juste à droite du vestibule. Les chaises longues, le bar et un bureau en vernis de Chine rivalisaient d'élégance. Edna avait acheté de riches tapis dont les teintes de violet et de vert olive s'harmonisaient admirablement bien. Elle avait reporté ces deux couleurs sur les emballages de la boutique et sur l'uniforme du portier, un ajout devenu nécessaire en raison de l'achalandage de son commerce. Du coup, l'idée lui était venue d'en modifier le nom pour mieux cadrer dans cet environnement majoritairement anglophone. À sa porte, on pouvait lire: *POMPADOUR SHOPPE*.

La clientèle de Westmount avait adopté la mode des poitrines dissimulées, des tailles basses et des coiffures à la garçonne. Par contre, tout devait symboliser le chic, du porte-cigarettes en ivoire au flacon d'alcool en argent signé *Birks*, en passant par les décorations de perles et de paillettes sur les robes de soirée. D'autres tenues, plus légères et plus décontractées, étaient portées les samedis après-midi lors des promenades dans la rue Sainte-Catherine, une des rares rues pavées et bordées d'un trottoir de ciment. On s'arrêtait au *Café Edinburgh* ou au *Blend Tea Shop* ou encore, si on avait la dent sucrée, au *Cosy Ice Cream*.

Pour Gaby, ce furent quatre années de pur bonheur. En était-il ainsi pour Éva? Sa mère en doutait, Gaby la plaignait et son frère prédisait son retour auprès des siens. Visitée au parloir du noviciat par sa mère et sa sœur, elle n'avait pas réussi à masquer son état d'âme. Pendant que sa sœur aînée semblait s'être follement amusée à s'occuper de frivolités, au dire des religieuses, Éva avait prié, s'était mortifiée et dévouée pour enfin douter sérieusement de la pertinence de prononcer ses vœux. Plus ce moment approchait, plus, le soir venu, la grisaille de ses premières années d'orphelinat se glissait dans ses draps de coton brut.

— Je connais un proverbe qui t'irait bien, dit sa sœur : Dans le doute, abstiens-toi !

Visiblement embarrassée sous sa cornette blanche, les mains croisées sous sa capeline, la novice révéla avoir demandé six autres mois de réflexion.

— Ce n'est pas une mauvaise idée, crut Séneville.

— C'est une perte de temps, rétorqua Gaby. Tu es bien trop sensuelle…

— Chut ! On ne prononce pas ce mot dans un couvent, sauf au confessionnal.

— Laisse-moi finir, Éva. Je pense que tu es bien trop sensuelle pour renoncer à tous les plaisirs de la vie.

— Mais j'aime la contemplation, les offices religieux, les lectures saintes…

— Tu n'es pas obligée de te faire bonne sœur pour t'adonner à tout ça, ma fille.

— Je ne comprends pas pourquoi tu hésiterais à sortir d'ici, Éva.

— Gaby, tu oublies que je ne sais pas faire grand-chose à part broder et additionner des chiffres.

— Et si, demain matin, je te trouvais un travail qui te convient…

— Ce serait un miracle, s'exclama Éva.

— Dans ce cas, je te dis que des miracles, il en existe en dehors des églises et des couvents.

— Gaby, ne lui fais pas de promesse que tu ne saurais tenir, conseilla Séneville.

— Vous verrez !

Séneville tenait à respecter la decision de sa fille. Son bonheur lui importait.

— Prends le temps de bien y réfléchir, Éva. On ne fait pas de choix de vie sur le coup d'une émotion.

Une voix projetée dans un interphone annonça que les soixante minutes accordées aux novices pour rencontrer leur famille étaient écoulées. Gaby se leva la première, servit à sa sœur une longue accolade et lui chuchota à l'oreille des mots qui semblèrent la réjouir. Séneville ne voulait pas clore cette visite sans interroger la directrice du noviciat.

— Tu viens avec moi, Gaby ?

— Non. Vous m'en reparlerez, répond-t-elle, pressée d'aller prendre l'air.

Les émanations entremêlées d'encaustique, d'encens et de cire à plancher composaient un cocktail à donner la nausée. La même sensation que lorsqu'elle passait ses fins de semaine à asticoter les parloirs et le hall, à faire l'entretien des toilettes.

Une fois dans la rue Sainte-Catherine, Gaby n'aurait pu dire lequel de l'air vif ou de la liberté goûtait si bon. L'espoir de retrouver chez sa jeune sœur la bonhomie et la candeur qui lui allaient si bien mit sur ses lèvres des mots dont elle souhaitait se souvenir le moment venu de lui obtenir un emploi.

Avril apportait toujours avec lui un surcroît de travail. C'était pour les dames de la haute société le début d'une longue saison de festivités : Pâques, les mariages, les voyages et de nombreux galas. L'atelier de couture *Pompadour Shoppe* fourmillait d'activités et les couturières s'essoufflaient. De même, pour les petites mains. M^le Jamieson songeait à ajouter du personnel, mais le temps lui manquait pour le recruter. Elle en fit part à sa « Première main ».

— Je connais une jeune femme qui joue aussi habilement avec les dentelles qu'avec les chiffres, lui apprit Gaby

— Ma foi! C'est la personne qu'il nous faut! Ma comptabilité est tellement en retard. Serait-elle disponible?

— Dans quelques jours, possiblement.

— Vous pourriez me la présenter?

— Je m'en occupe, promit Gaby.

Étrangement, tôt après le souper, elle reçut un appel de la directrice du noviciat.

— Ce n'est pas dans les règlements qu'on autorise une visite en dehors du premier dimanche du mois, mais votre sœur ne va vraiment pas bien depuis plusieurs semaines et elle ne veut rien nous dire. C'est à vous qu'elle veut parler, Mlle Bernier.

— Pas à notre mère?

— Non. C'est vous qu'elle réclame. Pouvez-vous venir?

— Tout de suite, ma Sœur.

Les services de Donio s'avérèrent nécessaires.

— Je dépose un client et je passe te prendre à la maison, lui dit-il.

Gaby trouva sa sœur en pleurs.

— Je n'en peux plus, Gaby. Je veux m'en aller…

— Mais, viens-t'en! C'est ton droit.

— Oui et non. Mère supérieure prétend que je ne suis plus heureuse au couvent parce que je manque de générosité et que je devrais m'y entraîner sérieusement. Elle dit être sûre que j'ai la vocation.

— Et toi?

— Je suis tellement tiraillée que je n'en dors plus. Qu'est-ce que je devrais faire, Gaby?

— Ta valise, Éva.

— Mais…

— On revient te chercher vendredi vers les six heures. Tu vas être avec nous pour le souper et pour toujours, ma p'tite Éva.

— Je ne suis pas sûre que mère supérieure acceptera ça, puis…

— Fais une femme de toi, Éva. À demain ! Donio m'attend dehors.

Informée de l'événement, Séneville déplora que Gaby soit intervenue d'une manière aussi rude.

— Vous connaissez Éva ? Elle se serait fait mourir pour ne pas déplaire à la supérieure. Advenant qu'elle regrette son geste, elle pourra toujours y retourner.

Un hochement de tête et un pincement de lèvres trahirent le déplaisir de Séneville.

Le vendredi soir venu, elle prépara des mets recherchés et sortit la vaisselle des grandes occasions. La joie qu'exprima sa fille en mettant les pieds dans la maison après quatre ans d'absence lui confirma que Gaby ne s'était pas trompée.

Éva avait disposé de deux jours pour se monter une garde-robe avec l'aide de sa sœur et préparer son entrevue avec Mlle Jamieson. La vie laïque la rattrapa si bien que deux semaines d'essais suffirent pour qu'elle soit engagée à la *Pompadour Shoppe* pour un salaire hebdomadaire de quinze dollars.

Un seul petit nuage planait sur le logis familial des Bernier. Avec le retour d'Éva, l'endroit était devenu trop exigu. Séneville y avait jadis cordé ses enfants mais, comme tout adulte, chacun réclamait maintenant son intimité.

— Avec nos quatre salaires, on pourra bientôt se loger confortablement dans une rue où il sera facile de se rendre au travail, annonça Gaby.

— J'aimerais bien la rue Sherbrooke, dit Séneville. Surtout dans l'Ouest. Il y a tellement de belles maisons !

— Je connais des logements où on pourrait avoir chacun notre chambre, leur apprit Donio. Je vais m'informer des prix.

— Enfin, je vais pouvoir apporter ma contribution ! s'écria Éva, non peu fière de la tournure des événements.

Une ère de confort et de paix s'ouvrait, non seulement pour le quatuor Bernier, mais aussi pour tous les Canadiens. La quête d'élégance sortait des sphères de la haute bourgeoisie pour atteindre les familles à revenus moyens. Ces dames pouvaient s'offrir des vêtements plus recherchés pour les grandes occasions. Les salons de haute couture se multipliaient. Installée dans le *Kings Hall Building*, Mme Rocarelli attirait les femmes de société friandes de somptueuses perles et de fines broderies. Edna devait lui faire avantageusement concurrence ainsi qu'à Mme Nahiba Malouf, une veuve libanaise qui excellait dans la lingerie fine et les plus exquis déshabillés, et qui affichait régulièrement ses créations dans la *Canadian Jewish Review*. La broderie était devenue un élément de perfection. La mode offrait une panoplie de robes pour les dames qui en avaient les moyens : robes de jour, d'après-midi, de soir, de cocktail, de bal et de mariage. Gaby déplorait qu'à la *Pompadour Shoppe*, on ne confectionne pas de vêtements à la portée de toutes les bourses et qu'on vende peu de robes de mariées ; pour cause, leur prix lui semblait excessif. L'absence de chapelière à cette boutique constituait un autre irritant pour Gaby. Toute femme bien éduquée ne se présentait plus en public sans chapeau et sans gants. La proposition d'introduire la confection de chapeaux dans sa boutique fut faite à Mlle Jamieson à plus d'une reprise mais sans succès. À l'instar de Coco Chanel, Gaby considérait le chapeau comme le dernier privilège de la femme de société. L'achat de matériaux et l'ajout de personnel à superviser semblaient-ils trop astreignants pour Edna ?

Quoi qu'il en fût, Gaby offrit aux clientes qui le souhaitaient de leur en confectionner en dehors de la *Pompadour Shoppe*, après ses heures de travail. Pour compenser leur déplacement, elle les leur vendait à un prix des plus avantageux.

Malgré les revenus générés comme modiste, Gaby se lassa vite de devoir travailler le soir et les fins de semaine. Bien que très heureuse au service de Mlle Jamieson, elle rêvait de devenir sa propre patronne et d'offrir à ses clientes toute la gamme des éléments de la mode. Pour ce faire, elle devait ouvrir sa propre boutique. Ce projet nécessitait un gros investissement et mettait en veilleuse le rêve de la famille Bernier de s'établir dans la rue Sherbrooke dans une maison qui puisse loger à la fois la famille et la boutique. Éva en étudia les coûts avec minutie. Il fallait évaluer le prix du loyer, l'achat de l'équipement et du matériel pour la couture en plus des salaires à verser aux employées. Les économies de la famille ne pourraient suffire.

— Combien penses-tu mettre pour l'achat des tissus, Gaby ?

— Il faudrait voir combien se vendent les Bianchini-Férier, les Rodier, les Ducharme, les Dognin-Racine, les...

Éva lui coupa la parole.

— Tu n'es pas réaliste, Gaby. Tu vas dans les plus chers sans compter les frais de livraison de la France à Montréal. As-tu une idée, par exemple, du prix des soieries Bianchini-Férier, des dentelles Dognin-Racine ?

— On achètera en petite quantité, mais on n'achètera que des tissus de première qualité. C'est la réputation de notre salon qu'on bâtit. Il n'y a pas d'autre façon de faire face à la concurrence.

Autour de la table de la cuisine, les avis étaient partagés. Donio venait d'entrer, du courrier plein les mains. Une grande enveloppe en provenance de Paris était destinée à Gaby Bernier.

— Je ne peux pas le croire ! On m'a répondu ! s'écria-t-elle, exhibant cette revue dont elle avait pris l'adresse à la *Pompadour Shoppe*.

L'enthousiasme croula à la vue d'une de ces pages illustrant les dernières créations de Chanel. « Que du noir ! » Le texte de la page suivante la commentait en y intégrant un extrait d'un article d'Elsa Maxwell, chroniqueuse new-yorkaise, auteure et organisatrice de soirées mondaines :

Comme si, faute de ne pouvoir porter le deuil de Boy Capel, son amant, marié et père de famille, elle eut voulu le faire porter au monde entier.

Sur une autre page, différents costumes de ballet et, nouveauté, des costumes de scène, tous de teintes différentes. Une troisième page offrait un espace de choix à une publicité du dernier parfum créé pour Coco par Ernest Beaux. Composé de bergamote, de petit-grain, de néroli et d'aldéhydes, le *Bois des Îles* se différenciait du Chanel N° 5. Son arôme plus épicé plaisait à une large clientèle.

Le vocabulaire flattait l'oreille de Gaby mais échappait à sa connaissance. Elle en suspendit la lecture pour demander à Éva si elle connaissait le sens de ces mots.

— Non, mais j'ai un gros dictionnaire dans notre chambre. Je vais te les décoder, répondit-elle, empressée d'en faire la copie sur un bout de papier.

Lorsqu'elle revint dans la cuisine, elle vulgarisa le tout :

— En gros, ce serait d'abord un mélange de plantes végétales, avec une variété de poires et de la fleur de bigaradier.

— Fleur de bigaradier ?

— Oui. C'est une sorte d'oranger double dont on distille l'écorce pour obtenir l'huile aromatique.

— On y aurait ajouté aussi des roses, du jasmin, de l'iris, du lilas, du benjoin et de l'opopanax, leur apprit Gaby.

— Je n'aurais jamais pensé que c'était aussi compliqué de composer un parfum, avoua Donio. Du chinois, pour moi.

— Quelque chose t'a choquée, Gaby ? lui demanda Séneville. Tu n'es pas obligée de te verser dans les parfums pour réussir dans ton commerce. Regarde Mlle Jamieson, Mme Desmarais, Mme Rocarelli et combien d'autres.

— C'est de voir que Coco Chanel se fait critiquer jusqu'aux États-Unis qui m'accable. Je me demande si j'aurais assez de colonne pour affronter ça.

— C'est à nous de continuer chez *Pompadour Shoppe*. On est si bien avec Mlle Jamieson, sans compter qu'on ne s'endetterait pas, de plaider Éva.

— Et puis les critiques iraient à votre patronne, fit valoir Séneville.

— Je peux te comprendre, Gaby, de souhaiter mener ta barque à ta manière, mais il y a un prix à payer pour ça et j'en sais quelque chose, riposta Donio.

— Tu le regrettes?

— Jamais de la vie!

— Même pas de n'avoir pu entrer dans l'armée? relança sa sœur cadette.

— Non. Surtout depuis que j'ai découvert pourquoi j'aurais voulu être soldat...

Aux trois femmes le suppliant de dévoiler son secret, Donio céda:

— Comme je ne mesurais pas les six pieds rêvés, je voulais montrer que je pourrais être aussi fort que les gars plus grands que moi.

— Rien que pour ça? demanda Séneville.

— Pas tout à fait...

— Dis! le pressa Gaby.

— J'aurais aimé faire parler de moi comme d'un héros.

— Et toi, Gaby, sais-tu pourquoi tu aimerais avoir ton propre salon de couture? s'inquiéta Éva.

— Je crois le savoir, oui. Mais je me donne encore un peu de temps pour y réfléchir. Ensuite, je déciderai.

UNE INDISCRÉTION D'ÉVA...

Gaby avait la vilaine habitude de garder une cigarette à la main en travaillant. À l'instar de sa patronne, quand j'insistais pour qu'elle l'abandonne elle me demandait de cesser de jouer à la mère supérieure avec elle. Il vint ce jour où elle le regretta amèrement. Elle échappa une étincelle sur une jupe de velours prête à être livrée. La déception causée à Mlle Jamieson l'éprouva beaucoup plus que de devoir payer le tissu et de refaire la jupe en un temps record. Ce soir-là, elle a pleuré dans mes bras. Pour la consoler, j'ai accepté d'aller danser avec elle au Samovar, un des clubs les plus libertins de Montréal. Je l'ai vite perdue de vue, ma Gaby, tant elle voltigeait d'un danseur à l'autre dans sa superbe robe d'organdi rouge. Aux petites heures du matin, je suis rentrée seule à la maison...

CHAPITRE IX

*J'ai la certitude de faire le premier pas sur la route du succès.
Un succès fait de liberté, de création et de richesse. Libre d'écouter mes inspirations et de les réaliser. Libre de vendre mes
créations à des prix accessibles à la classe sociale qui fut la
mienne jusqu'à ce jour. M'enrichir en ne privant personne de
l'élégance et du confort. Une fortune que je mettrai au service
des miens dès que je le pourrai. Une fortune qui me permettra
de visiter les pays étrangers. L'Europe d'abord. Dès que j'aurai
reçu l'argent que M*me* McDougall m'a promis, j'achèterai mon
billet pour Paris. Je pourrai enfin voir de mes yeux ce qui se fait
là-bas. Mais comment m'assurer que je puisse rencontrer Coco
Chanel? Elle ne me connaît pas et elle fréquente surtout des
personnages haut placés. Grand-Maman Zoé, pourriez-vous
organiser mon premier voyage outre-mer?*

Premier jour d'avril! Un grand jour pour Éva et sa sœur qui emmé-
nageaient dans un petit appartement au 5260 de la rue Garnier, tout
près du boulevard Saint-Joseph. Pour ses grandes fenêtres, Gaby avait
confectionné des tentures de mousseline blanche sur un fond de
taffetas bleu ciel qu'elle ne tirait qu'en soirée.

Un plus grand jour encore pour Gaby qui, bien qu'habitée de
sentiments contradictoires, informait M*lle* Jamieson de la décision
qu'elle avait prise

— Mais quelle élégance! s'exclama Edna Jamieson, éblouie par l'ensemble veston et robe de couleur caramel brûlé de sa Première, la contremaître de son atelier.

Sur sa tête, un chapeau cloche de couleur crème enrubanné de soie brune et, à son corsage, une fleur de soie ocre et brune. Le tout mettait en lumière ses grands yeux verts, la clarté de son teint et l'éclat de sa chevelure noire.

— Vous êtes sûre de venir travailler ce matin, Mlle Gaby?

— Plus que travailler, Mlle Jamieson. Je viens parler affaires avec vous.

— Affaires! Mais ne le sommes-nous pas déjà jusqu'aux oreilles?

— Vous, oui.

Edna se laissa tomber dans son fauteuil. Une appréhension l'assaillait. D'un signe de la main, elle invita Gaby à s'asseoir. Puis, d'une voix assourdie, elle demanda:

— Qui a tenté de vous recruter? Je peux vous offrir un meilleur salaire…

— Mlle Jamieson, ce n'est pas une question d'argent, mais d'espace.

— D'espace?

— Il n'y a pas de place ici pour deux directrices. Comme le disait ma mère avec qui j'ai longuement discuté au cours des dernières semaines, mes ailes sont devenues trop grandes.

— Vous n'aimez plus travailler sous mes ordres, c'est ça?

— Ce n'est pas ça. Au contraire! Vous dirigez votre commerce et votre personnel avec un tel doigté! Vous m'avez si bien appris, Mlle Jamieson, que je crois le moment venu pour moi de tenter ma chance. Je vous ai écoutée, observée et admirée, et vous le savez bien. Mais depuis des années, je rêve d'ouvrir mon propre salon de couture. J'attendais que les événements me fassent signe.

— Les événements?

Ragail ardie, Gaby l'informa d'un contrat en or signé la veille et auquel elle voulait donner tout son temps et faire place à ses fantaisies.

— Ma première robe de mariée griffée Gaby Bernier. Dans un style original.

— Une de mes clientes, je suppose… rétorqua Edna.

— Pas tout à fait. La fille de Mme McDougall.

— Je la comprends. Vous êtes devenue la coqueluche des futures mariées. Je vous souhaite beaucoup de succès, Gaby. Vous le méritez. Où serez-vous installée?

— Dans la rue Sherbrooke Ouest. Au 1327

— Mais c'est tout près du *Ritz Carlton*!

— Seulement à un pâté de maisons vers l'ouest et juste en face des appartements *Château*.

— À ce que je sache, aucun salon de haute couture n'est installé dans la rue Sherbrooke. La ville te le permet même si ce n'est pas une rue commerciale?

— À la condition que je ne mette pas d'enseigne.

Edna fronca les sourcils.

— Ne vous en faites pas, je ne vous enlèverai pas vos clientes, c'est promis. Ma sœur et moi avons tellement reçu de vous.

— J'imagine qu'Éva voudra partir elle aussi.

— Seulement quand vous aurez trouvé quelqu'un pour la remplacer.

Profondément touchée par tant d'honnêteté et de gratitude, Edna promit à son tour de donner l'adresse du *Salon Gaby Bernier* aux clientes qui le demanderaient. Plus encore, elle lui permit de prendre le reste de la semaine pour équiper son salon.

— Je ne quitterai votre salon qu'après m'être assurée que le travail entrepris sera bien fait. Mercredi, peut-être.

Sur ce, Mlle Jamieson tint à accompagner Gaby jusqu'à la salle de couture pour informer ses employées de son départ et des raisons qui l'y avaient amenée. La surprise fut de taille. Le regret, palpable.

— C'était si agréable de vous entendre fredonner en travaillant! dit Mme Landry.

— On va tellement s'ennuyer de vous! avoua sa voisine.

— Vous étiez un vent de fraîcheur pour nous, reconnut une autre.

De savoir que Gaby offrirait des chapeaux à ses clientes inspira le goût à quelques dames d'aller travailler pour elle. Par délicatesse pour leur patronne, elles attendirent l'heure du dîner pour demander l'adresse du futur *Salon Gaby Bernier*.

Un pincement au cœur, Gaby avait refermé derrière elle la porte de la salle de couture qui lui avait été assignée à l'automne 1919. Elle avait salué chacune des couturières avant d'aller redire à sa dernière patronne :

— Ce furent six ans et demi de grand bonheur. Six ans et demi de création sans soucis financiers. Ça, je ne l'oublierai jamais, Mlle Jamieson.

À l'aube de ses vingt-six ans, Gaby se sentait prête à se lancer en affaires avec l'aide d'Éva. Fidèle aux conseils de sa sœur, sauf pour l'achat des tissus, elle choisit un appartement qui ne comptait que deux pièces. Une salle de travail des plus modernes et élégantes avec ses murs de miroirs sombres dans le bas et clairs dans la partie du haut. Une très grande pièce avec des planches à repasser, des machines à coudre et de longues tables à tiroirs pour les outils. Près de l'entrée, un espace réservé à l'accueil et au secrétariat : deux fauteuils offerts par Mlle Jamieson, un bureau quêté par Donio au propriétaire de l'hôtel *Ritz Carlton*, une chaise pour les clientes et un classeur. Au fond de la salle, des étagères garnies de tissus de toute sorte. L'autre pièce, plus petite mais toute en miroirs aussi, était réservée à l'essayage.

Le dimanche de Pâques, Gaby faisait son entrée dans le vaste monde de la haute couture. Une coupe de champagne à la main, sept personnes la célébraient avec elle. Aux trois membres de sa famille s'ajoutaient d'ex-employées de la *Pompadour Shoppe* : Mme Tremblay, Mme Landry et deux petites mains, Georgette Demers et Marcelle Couillard. Sous le regard amusé de Donio, les cinq femmes simulaient un défilé de mode devant les magnifiques miroirs du *Salon Gaby Bernier*.

De la vitrine où Séneville pouvait voir les *Appartements Château*, elle prévint ses filles :

— Organisez-vous pour faire de l'argent parce que ça va vous coûter cher pour nous loger dans quelques années.

— Dans ces appartements-là ! s'écria Donio. Ce n'est pas l'ambition qui vous manque, maman.

— Ce doit être très chic, présuma Éva juste à voir la remarquable façade de l'immeuble recouverte de pierres de Tyndall.

— Ça fait un peu moins de deux ans qu'il a été bâti, ajouta Séneville.

— Il doit compter une bonne douzaine d'étages, jugeait Donio.

— Il ressemble beaucoup au Château Frontenac, dit Séneville.

De fait, les architectes qui l'avaient fait construire en 1925 s'étaient inspirés des anciens châteaux de France.

— J'ai déjà entendu dire que nos réalisations étaient à la mesure de nos rêves, dit Gaby.

Georgette et Marcelle, complices de ses ambitions, lui remirent une liste de noms de femmes qui s'engageaient à lui donner deux dollars par mois pendant un an pour l'aider à démarrer son entreprise. Gaby y vit un signe du destin.

— Je ne sais pas comment les récompenser, dit-elle, le regard porté vers un avenir lumineux.

— Je dois te dire que celle qui a contribué pour des dizaines de deux dollars, c'est Miss Molly Meigs, lui révéla Georgette.

Gaby en fut ravie mais non surprise. Molly ne manquait pas une occasion de la complimenter:

— Tu es aussi douée que les grands couturiers de Paris, clamait-elle, prenant d'autres clientes à témoin.

D'une élégance exceptionnelle, cette femme qui faisait tout près de six pieds, nourrissait l'imaginaire de Gaby plus que toute autre cliente de Mlle Jamieson. Sa patience semblait sans limite et son émerveillement, spontané devant chaque proposition de sa couturière.

— N'oublie pas de souligner la grande générosité de la belle Florence Lévine, que tu as habillée à quelques reprises, lui rappela Marcelle.

— Comment l'oublier? Florence est passée par San Francisco et ça se voit. Toutes les créatrices de mode souhaitent habiller des femmes comme elle. Si je devais organiser un défilé, elle serait parmi mes mannequins préférés tant elle porte la mode avec un savoir-faire exceptionnel.

Séneville invita les futures ouvrières de Gaby à partager le repas qu'elle avait préparé pour clôturer cette mémorable journée. Donio les conduisit au 1190 de La Visitation, sauf Gaby.

— Je vous rejoindrai un peu plus tard, dit-elle, désireuse de s'accorder quelques moments de solitude avant la mise en chantier de ses premiers contrats de couture.

Debout derrière les deux fauteuils de style Louis XIV, couverts de motifs bleus et or, aux pieds tournés à croisillons, cadeaux de M^le Jamieson, elle fixa l'image que lui retournait le miroir. «Gaby Bernier, tu es devenue la femme dont tu rêvais avant même de quitter Chambly. Sans fausse modestie, admets que tu as belle apparence, que tu as acquis de belles manières, que tu t'es montrée très débrouillarde et parfois très courageuse pour en arriver là. Il est grand temps que tu signes tes créations. Désormais, tu seras la fille adoptive de la haute société montréalaise et tu t'en montreras digne : parfaitement bilingue, distinguée confiante en ses talents, sûre d'elle-même et hardie.»

N'eût été la petite réception organisée par sa mère, Gaby se serait aussitôt mise au travail. Sa tête bouillonnait d'idées de confections et de mises en marché. Elle s'accorda tout de même quelques instants pour promener ses mains sur les tissus soyeux, devenus siens, grâce aux prêts consentis par ses fournisseurs dont M. Marcel Louis. Elle pouvait aisément prévoir son bonheur à les travailler et à les voir porter par ses clientes. Une odeur de soierie neuve flattait ses narines. Devant ses machines à coudre Singer toutes modernes, ses précieux fers à repasser Coleman, ses tables à repasser escamotables, Gaby éprouva une grande fierté.

Le complice et toutes les collaboratrices de cette grande aventure étaient réunis au 1190 de La Visitation. Loin de causer du déplaisir, l'entassement des convives autour de la table ajoutait un maillon à cette chaîne de solidarité que les Bernier et leurs proches avaient bâtie depuis le décès d'Elzéar. Séneville, ambassadrice du *Salon Gaby Bernier* à l'hôpital Notre-Dame; Donio, chauffeur de taxi et commissionnaire de ce même salon; Éva, administratrice de ce commerce à l'avenir prometteur; enfin, ses premières ouvrières, animées de la flamme de Gaby Bernier, leur nouvelle patronne. La fébrilité les nourrissait tout autant que les mets soigneusement préparés par Séneville.

— Question d'économie, j'ai pensé rapporter de l'hôpital les sacs de farine; je les blanchirais et vous pourriez les utiliser pour en faire des toiles à patron, suggéra-t-elle.

Cette initiative inspira les autres femmes.

— Il serait bon de surveiller les fermetures d'ateliers et de boutiques de couture. On pourrait racheter leur fonds de commerce à bas prix, proposa Mme Landry, couturière d'expérience.

— Comme vous avez tous un rôle à jouer dans notre salon de couture, mon salon sera aussi le vôtre. Sa réputation, c'est nous tous qui la bâtirons. Sa réussite, je vous la partagerai, déclara Gaby.

— Nous avons la chance d'être entourées de collaboratrices bilingues, un atout précieux pour les clientes que nous desservirons, admit Éva, promettant de parfaire son anglais.

Gaby Bernier était très consciente de son nouvel environnement. La haute bourgeoisie du *Golden Square Mile* était tricotée serré. Avant même l'arrivée du dix-neuvième siècle, des hommes d'affaires influents tiraient les ficelles du pouvoir dans la ville quand ce n'était pas dans tout le pays. Hugh Allan de la *Allan Steamship Lines*, James McGill dont une université portait le nom, sans compter les millionnaires qui comme William Van Horne, Richard Angus et James Ross avaient fait leur fortune dans la construction du *Canadian Pacific Railway*, et d'autres dans les banques. Les familles de Lord Strathcona et de George Stephen, fondateurs de l'hôpital Royal Victoria, roulaient sur l'or. Elles pouvaient dépenser jusqu'à cinq cents dollars pour un trousseau de bébé dont les articles devaient être cousus à la main et dans des tissus fort dispendieux tels que la soie et le satin.

Au nombre des riches bourgeois du *Golden Square Mile*, le nom d'Herbert Holt avait particulièrement retenu l'attention de Gaby et risquait encore d'alimenter sa révolte. Cet Irlandais était le président de la *Montreal Light, Heat and Power Company* en 1909 et le vice-président n'était nul autre que Rodolphe Forget dont la fille Thérèse comptait parmi les clientes de la *Pompadour Shoppe*. Gaby l'avait habillée à trois reprises. Cette élégante dame ne semblait pas avoir été mise au courant du procès intenté contre cette compagnie pour le décès d'Elzéar Bernier, près de vingt ans plus tôt. Gaby se souvint qu'au début des années 1920, Mme Thérèse Forget-Casgrain, à qui elle n'aurait pas donné plus de vingt-cinq ans, militait déjà en faveur du droit de vote des femmes. Lors de sa dernière visite au salon de

Mlle Jamieson, Gaby avait été impressionnée par son attitude très humaine et la force de caractère qu'elle dégageait. « Qui sait si elle ne se présentera pas un jour au *Salon Gaby Bernier* ? »

Dans un tel contexte, Gaby se réjouissait de maîtriser la langue anglaise, celle de la majorité des clientes rencontrées à la *Pompadour Shoppe*. Ne leur avait-elle pas conçu des modèles de robes qui les avaient séduites ? N'avait-elle pas entendu les commentaires faits à sa patronne ?

— Ne la laissez pas partir, celle-là.

— Elle a du génie et de la classe, votre Première, Mlle Jamieson.

— Quand on cherche l'exclusivité, c'est à Mlle Bernier qu'il faut s'adresser, avait témoigné Mme Geoffrey McDougall devant les employées et la patronne de la *Pompadour Shoppe*.

À preuve, en catimini, même avant que Gaby n'ouvre son propre salon, cette dame lui avait confié la confection de la robe de mariée de sa fille Marion en plus de la sienne et de celles des filles d'honneur. Cette faveur portait son lot de défis. Le mariage devant être célébré le 20 décembre, les accessoires devaient être harmonisés à la saison et à l'ensemble des tenues. Gaby avait gardé ce secret jusqu'au 19 avril 1927, premier jour de l'ouverture de son salon de couture.

En apprenant la nouvelle, ce matin venu, l'effervescence fut à son comble dans la grande salle de couture. Gaby avait travaillé pendant quatre jours à concevoir des modèles, et pour la mariée, et pour sa cohorte. Pour avoir déjà rencontré Marion et sa mère, elle pouvait confier à ses couturières l'assemblage des pièces taillées sur de la toile à patron. Sitôt ce travail terminé, elles devaient passer à l'essayage. Il tardait à Gaby de recevoir les filles d'honneur pour prendre leurs mensurations, choisir les couleurs de tissus qui les mettraient en valeur et passer à la confection. Elles se présentèrent le lundi suivant, précédées de Mme McDougall et de sa fille. Et quelle cohorte ! « Les beautés de Westmount », pensa Gaby, émerveillée.

Gaby les reçut à tour de rôle et réserva à chacune une fiche complète notant leur nom, leurs mensurations, la couleur de leurs yeux et de leurs cheveux. Pendant ce temps, Mme Landry et Georgette, retirées dans la salle d'essayage avec Mme McDougall et sa fille, procédaient aux premiers ajustements.

Ces informations colligées, Gaby reçut la visite inopinée de Mme Whitley et Mme Frosst, deux autres clientes de la *Pompadour Shoppe*, accompagnées de quatre jeunes demoiselles.

Son ébahissement les pressa de s'expliquer :

— On a deux faveurs à vous demander, déclara Mme Whitley.

— Je vous écoute, Mesdames, dit Gaby, craignant qu'elles la supplient de revenir chez Mlle Jamieson pour éviter de vider son salon de couture.

— D'abord, on est bien curieuses de voir comment vous allez habiller la petite Marion.

— Nous aussi, clamèrent les filles d'honneur à qui elle avait donné rendez-vous dans dix jours.

Gaby se dirigea vers la salle d'essayage où elle trouva Marion et sa mère vêtues de leur robe d'essai. Soucieuse de ne rien négliger, elle les examina attentivement. À la robe de Mme McDougall elle apporta quelques modifications susceptibles de lui donner une apparence plus svelte. Sur celle de la future mariée, elle indiqua l'emplacement du drapé sur le devant et la longueur des manches devant se terminer en pointe sur le bout des doigts.

— Des dames sont venues pour voir le modèle de votre robe, Mlle Marion. Accepteriez-vous de venir le leur montrer dans la salle de couture ?

Du regard, la jeune fille consulta sa mère.

— Je crois reconnaître certaines voix, dit Mme McDougall, d'un ton railleur.

— Vous saviez que les dames Whitley et Frosst viendraient ? s'étonna Gaby.

La mère et sa fille se présentèrent devant les filles d'honneur et les dames qu'elles avaient convoquées au Salon *Gaby Bernier*. Un tollé d'applaudissements fut suivi de quelques boutades sur le coton brut qu'elles portaient. Puis on voulut savoir en quoi ces superbes modèles seraient confectionnés. Gaby les invita à s'approcher de la table sur laquelle elle plaça trois rouleaux de riches tissus : un de soie ivoire, un deuxième de satin de même teinte et un autre de velours blanc. Elle invita la future mariée à faire son choix.

Mignonne comme une fée, Marion demanda la permission de les toucher. Du bout des doigts, elle les effleura, toute à la sensualité que dégageait chacun d'eux. Puis elle revint sur le velours une troisième fois.

Un long silence dans la salle de couture. Des soupirs d'envie de la part de certaines observatrices.

— Je suis embêtée ; j'aime autant le satin que le velours, dit Marion.

— Et que direz-vous du satin pour votre robe et du velours pour votre cape que je borderais d'un col de lapin blanc ? proposa Gaby.

L'enchantement dans le regard de Marion trouva écho dans le cœur des visiteuses et des ouvrières du *Salon Gaby Bernier*. La couturière encensée crut judicieux de dévoiler tous les attraits de cette confection avant de détailler celle de Mme McDougall :

— À cette robe avec son encolure en V, j'ajouterai aux manches une fine broderie, spécialité de ma sœur Éva, et quatre boutons recouverts de soie. La jupe droite mais froncée à la hauteur des hanches sera décorée d'un cercle de fleurs orange.

— Elle aura une traîne ? demanda Mme Frosst.

Un large sourire sur les lèvres de Gaby annonçait la réponse.

— Ce ne sera pas un semblant de traîne. Elle fera dix pieds et sera doublée de mousseline de soie. Je suggère à la future mariée de la faire porter par des enfants. Ce serait mignon de recouvrir leurs chaussures d'une petite botte taillée à même les restes de la robe et de la garnir d'une bande de fourrure blanche.

— Quelle bonne idée! s'écria Marion. J'espère qu'il neigera.

— Je vais prier pour vous, Mlle Marion. Vous verrez, il neigera. De beaux gros flocons pas pressés de disparaître… promit Éva.

L'émotion était palpable.

Gaby se tourna vers la mère de la fiancée pour s'enquérir du chapeau et des accessoires qu'elle prévoyait porter à cette occasion. Mme McDougall sembla embêtée.

— Ici, vous pourriez commander votre chapeau aussi.

— Ah, oui? Mais quelle bonne idée!

— Vous ne saviez pas que Mlle Bernier était modiste? lui demanda Georgette, fière de souligner un autre talent de sa patronne.

Mme McDougall confia le soin à Gaby d'agencer son chapeau à sa robe de soie mauve ornée de perles blanches et de rubans lilas.

Le moment était venu pour les visiteuses-surprises d'annoncer la seconde faveur qu'elles étaient venues solliciter: celle de devenir des clientes du *Salon Gaby Bernier*.

L'émoi de Gaby mit des trémolos dans sa voix et des tremblements dans ses mains.

— Pauvre Mlle Jamieson! murmura-t-elle.

— Ne vous en faites pas outre mesure, Mlle Bernier. Elle s'y attendait, lui apprit Mme Frosst. Elle sait bien que vos sept ans de fidélité à la *Pompadour Shoppe* lui ont donné une solide réputation et à vous aussi.

— Mlle Jamieson n'a que des éloges pour vous devant les clientes qui s'inquiètent de votre départ, lui affirma Mme McDougall.

— Ça, c'est vrai! reprirent-elles en chœur.

— Est-ce qu'on pourrait placer nos commandes aujourd'hui? demanda Mme Whitley.

Son carnet de réservations ouvert sur sa table de travail, Gaby réserva une page pour chacune, inscrivit leurs coordonnées et un rendez-vous à la convenance de ses nouvelles clientes. Ces deux dames servies, elle concentra son attention sur les quatre demoiselles d'honneur qui frétillaient de curiosité.

— Que diriez-vous de porter du bleu ciel et du blanc pour ce mariage?

L'enthousiasme fut unanime.

— Des robes de taffetas bleu à la cheville et des capes à mi-jambe, en velours indigo, garnies d'un col de fourrure blanche, ça vous plairait?

Les approbations se firent généreuses.

— Nous vous ferons revenir pour une période d'essayage, les prévint Gaby.

La porte refermée derrière les McDougall et leur cohorte, tout le personnel du *Salon Gaby Bernier* donna libre cours à son exubérance. Les six femmes formèrent une chaîne d'amitié et dansèrent une ronde pour exprimer leur joie et leur solidarité.

— Maintenant, au travail! s'écria Gaby, pressée de tailler les toiles de patron de ses premières clientes pendant que ses couturières vaqueraient à la finition des tenues de noces de Marion et de sa mère.

À peine installée à sa table de coupe, Gaby troqua la toile et les ciseaux pour une feuille de papier et un crayon. «Comment ai-je pu oublier ça? se demandait-elle devant les croquis d'étiquette qu'elle alignait sur son papier et dont elle envisageait confier la confection à une entreprise parisienne. Sur une étoffe noire et soyeuse, un écriteau blanc à l'horizontal affichera le G de mon prénom et le B de mon nom en lettrines et au bas : *1327 Sherbrooke Ouest, Montréal.* Sur la verticale on lira : **FAIT EN FRANCE.** Je veux deux couleurs d'étiquettes ; des blanches sur lesquelles les lettres seront griffées en noir et les autres de couleurs inversées. »

Satisfaite de sa trouvaille, Gaby demanda l'avis de sa sœur.

— Très élégant, reconnut-elle. Mais il nous manque une autre chose.

— Quoi donc ?

— N'oublie pas qu'on n'a pas encore encaissé un sou…

— Ce n'est qu'une question de semaines. Tu le vois bien à l'empressement qu'ont mis ces dames à choisir notre salon. Je rêve du jour où on aura une boutique d'accessoires de mode et de petits articles « prêts à porter », soit dans notre local, soit à proximité de notre salon.

Après réflexion, Éva l'approuva.

— Mais à la condition de payer d'abord toutes nos dettes.

— À moins que je ne trouve, parmi mes futures clientes, une dame qui aimerait gérer ce genre de commerce.

— Cette idée est meilleure que l'autre. Je vais prier pour qu'elle se réalise, lui promit Éva.

Un sourire moqueur sur les lèvres, Gaby rétorqua :

— À t'entendre, tu dois avoir toute une ribambelle de prières à faire. Comment arrives-tu à t'en souvenir ? Les prends-tu en note ?

— Pas besoin, Gaby Bernier ! C'est la mémoire du cœur qui s'en charge…

Une période des plus fourmillantes d'espoir, de projets et d'activités venait de naître au *Salon Gaby Bernier*. Les premières commandes n'étaient pas encore livrées qu'un autre groupe de femmes se présenta, toutes clientes de la *Pompadour Shoppe*. Défilèrent devant Gaby Mmes Hastings, Hodgson, Gross et sa fille Phœbe, Thomson et sa fille Margot. Toutes avaient entendu parler des créations proposées pour le mariage de Marion McDougall.

— Du jamais vu ! s'exclama Mme Gross.

— On aimerait venir s'habiller ici pour les grandes circonstances, annonça Mme Thomson.

— Que me vaut un si grand honneur ?

— L'exclusivité de vos modèles et la perfection de votre travail, répondit Mme Hodgson.

« Ma foi ! Je rêve ! Ça ne fait même pas un mois que mon salon est ouvert et il est plein à craquer ! » Jamais Gaby n'aurait imaginé que la bourgeoisie anglophone fût tricotée aussi serré.

Après avoir présenté son personnel à ces dames de la haute bourgeoisie, Gaby répondit à leur demande et leur exposa ses premières réalisations, dont les robes des demoiselles d'honneur, prêtes à être essayées. À celles de la mariée et de sa mère manquait le travail des petites mains. Les visiteuses ne furent pas déçues. À tour de rôle, elles exprimèrent leurs besoins. L'une pour une soirée de bal, l'autre pour assister à un mariage, plusieurs pour un voyage. Mme Thomson et sa fille Margot s'avancèrent timidement pour solliciter une faveur particulière :

— Auriez-vous le temps de coudre un trousseau de bébé… pour ma fille ?

— J'en aurai besoin dans cinq mois, précisa Margot.

— Toutes mes félicitations, Madame ! Sachez que pour vous, Mme Thomson, rien n'est impossible. Vous m'avez fait une si belle publicité au moment où je n'étais qu'une débutante.

En 1920, alors qu'elle travaillait pour Mlle Jamieson, Gaby lui avait confectionné deux robes de jour dans un matériel tissé avec de la laine de moutons élevés dans l'Himalaya, léger, doux et des plus luxueux. À la connaissance des adeptes de haute couture, ce fut le premier kasha de Rodier à être porté à Montréal. Mme Thomson était réputée pour son originalité et son bon goût dans le choix des accessoires de mode qu'elle portait ; ses étuis à cigarettes en ivoire, ses foulards en laine d'alpaga, ses ceintures en maroquin et ses sacs à main en cuir estampé le prouvaient.

Même si Gaby ne faisait habituellement pas de lingerie, elle s'engagea à faire le trousseau de Margot.

— Vous n'avez jamais pensé ouvrir une boutique d'accessoires de mode ? lui demanda Gaby.

La question surprit Mme Thomson.

— Je ne crois pas avoir la bosse des affaires…

— Ce n'est pas nécessaire. Vous n'avez qu'à engager une personne qui l'a. C'est ce que je fais. Ma sœur Éva est très bonne dans ce domaine.

— Je vais y penser.

— Nos deux commerces se compléteraient, Mme Thomson.

Cette perspective alluma une étincelle dans les yeux de la dame, un espoir dans le cœur de la couturière.

Avec l'ajout de nouvelles clientes, l'agenda du *Salon Gaby Bernier* se resserrait. Gaby serait-elle forcée d'engager d'autres couturières avant la fin de l'année? Consultée, son équipe lui conseilla d'attendre un peu.

— C'est si agréable pour nous cinq de travailler ensemble. Nous allons donner notre cent pour cent, dit Mme Landry.

— Sans compter qu'un salaire ou deux de moins à payer, c'est toute une économie, rappela Éva, consciente de sa responsabilité dans le contrôle des finances du salon.

— L'argent ne fait que commencer à entrer... murmura Gaby avant de passer dans la salle d'essayage où elle aimait se retirer pour réfléchir ou pour concevoir un nouveau modèle.

Quelques minutes de silence, puis voilà qu'elle s'était remise à turluter.

— Elle a beau faire semblant que rien ne l'inquiète, mais j'ai remarqué qu'elle se met à chanter chaque fois qu'elle doit relever un gros défi, chuchota Éva à l'oreille de Georgette. Ça la calme, je pense.

— Vous devriez lui suggérer de vendre ses robes un peu plus cher. Trente-cinq, quarante-cinq piastres, c'est donné comparé aux prix des autres salons de couture, jugeait Irène Tremblay qui avait travaillé chez Mme Desmarais avant d'être embauchée par Mlle Jamieson.

Éva réfuta cette idée.

— Gaby a à cœur de mettre l'élégance à la portée de la classe moyenne et je la seconde dans cet idéal.

— À la condition que ces familles entendent parler de notre salon et qu'elles viennent nous voir, nuança Georgette.

— Nos dames fortunées vont nous les amener, vous verrez. Leur satisfaction va se rendre à l'oreille des familles à moyens revenus.

Malgré l'absence de publicité, décision de Gaby par respect pour Mlle Jamieson, les clientes venaient majoritairement de la

Pompadour Shoppe. Leur intention première n'était pas d'économiser, mais de s'offrir les créations *Gaby Bernier*.

— Puis je connais quelqu'un d'autre qui pourrait nous aider à faire cette publicité, poursuivit Éva. Mon frère. Personne ne peut rencontrer autant de monde dans une semaine qu'un chauffeur de taxi. Je me charge de lui en parler.

— Si on lui offrait une récompense pour chaque cliente recrutée ? suggéra Marcelle Couillard.

— Une commission ? C'est une très bonne idée, mais je ne peux pas faire ça sans consulter Gaby.

— Elle ne peut pas rejeter une si bonne initiative, dit Irène Tremblay.

Éva promit à ses compagnes d'en discuter après le travail.

La réaction de Gaby fut spontanée :

— Vous avez raison. Même qu'à l'avenir, je vais demander un peu plus cher pour mes clientes fortunées.

Puis, se tournant vers sa sœur, elle dit :

— J'ai eu une autre idée en travaillant. Je t'en parlerai dans la voiture. En attendant, viens voir la liste des revenus qui s'annoncent.

D'abord impressionnée, Éva nuança :

— N'oublie pas qu'il faut soustraire les salaires des employées et le coût des tissus.

— Je sais. Nos dépenses devraient être vite remboursées par les commandes de mai et juin, les plus grosses de l'année, si on se réfère à la *Pompadour Shoppe*.

— Ça va mieux que je ne l'aurais cru, reconnut Éva. Imagine ce que ce sera avec l'aide de notre frère.

Ce soir-là, Donio conduisit dans la rue de La Visitation deux femmes jubilantes.

— Je voudrais bien que ça marche aussi fort dans mon commerce, dit-il.

— On a justement pensé à un petit surplus pour toi, lui annonça Gaby.

La proposition lui plut.

— Mais il faudra que je déborde du *Golden Square Mile*…

— Et que tu te stationnes un peu plus souvent au centre-ville, suggéra Éva.

— Ouais…

— J'ai une deuxième offre à te présenter, dama Gaby.

— Vas-y, ma grande !

— Quand tu sentiras que c'est propice, tu annonceras que j'offre à mes clientes de me rendre chez elles pour prendre leur commande, faire l'essayage et livrer la marchandise. Sur ça aussi tu toucheras une commission, mon Donio.

— Autrement dit, je deviens votre associé, s'exclama-t-il, enchanté.

L'entente conclue, Gaby comprit que si son frère allongeait la liste de leurs clientes, son équipe ne pourrait suffire à la tâche. Avec un horaire de dix heures par jour et de six jours par semaine, elle ne pouvait exiger davantage. « Ce doit être en pareille situation qu'on dit être dépassé par son succès. Mais je ne me laisserai pas dépasser. Je veux le voir venir, ce succès, et me préparer à l'exploiter au maximum. Puis je ne veux pas qu'il ne soit fait que de gains monétaires. Je veux que notre salon ait une touche humaine en plus de rivaliser d'originalité et d'excellence. Pour y arriver, je dois m'accorder plus de temps pour la réflexion. Mettre en place quelques scénarios. Voir au moins deux ans à l'avance. Je devrai donc déléguer davantage », convint-elle.

Mais pour ce faire, Gaby devait s'entraîner à faire confiance à chacune de ses employées.

Un autre problème incontournable la prit d'assaut. Elle crut bon en discuter d'abord avec les membres de sa famille.

— Si je veux vraiment être à la hauteur de mes concurrentes, je dois aller à Paris. C'est là qu'elles vont toutes se ressourcer ; elles s'inspirent des nouveautés qu'elles s'évertuent à copier à leur retour.

— Mais je croyais que tu tenais à créer tes propres modèles ! Pas copier les autres, s'indigna sa mère.

— Je ne veux pas les copier, je veux les voir pour faire mieux. Je dois aussi connaître les nouvelles tendances en matière de tissus et d'accessoires de mode. J'ai des projets à ce sujet-là.

Donio rappela aux siens l'importance de suivre ses inspirations.

— Si mon métier m'a apporté du bonheur et une certaine aisance, je le dois en grande partie à mon instinct. Les circonstances sont là, mais il faut écouter cette petite voix intérieure qui revient tout le temps… comme un clou sur lequel on frappe tant qu'il n'est pas enfoncé. C'est comme ça que ça se passe pour toi, Gaby ?

Avant qu'elle n'ait pu signifier son accord par plus qu'un signe de tête, Éva prit la parole :

— Cette petite voix intérieure, c'est celle du Saint-Esprit, Donio. Quand on le prie, il nous guide là où on doit aller.

— Ce serait donc lui qui t'a indiqué la porte du couvent !

— Un peu de respect, Donio. On ne blague pas avec ces choses-là.

Autour d'Éva, trois personnes retenaient un fou rire. Gaby fut la première à secourir sa sœur en lui confiant la tâche de lui dénicher le plus bas prix d'une traversée New York-Le Havre. À son frère elle demanda de venir la prendre à son salon en fin d'après-midi, le dimanche suivant.

L'enthousiasme de Donio ne laissait aucun doute sur le plaisir qu'il éprouvait en compagnie de sa sœur Gaby. Il aimait sa jovialité, sa transparence et son ingéniosité mais plus encore, la confiance qu'elle lui témoignait. « Avec le temps, c'est comme si j'étais devenu son père. Ça me donne tellement confiance en moi », reconnut-il. Aussi, il ne fut pas surpris du motif de ce rendez-vous. Bien que très fébrile à l'idée de se rendre à Paris en août, Gaby appréhendait plus d'un aspect de ce voyage.

— Tu crains la traversée en mer ?

— Oh non ! J'ai très hâte de monter sur le bateau. Je prendrai le même que Mlle Jamieson, l'*Île-de-France*. Il est tout neuf ! C'est dommage qu'on ne puisse s'entendre sur les dates. Elle tient absolument à faire le voyage inaugural mais pour moi, c'est trop tôt.

— Quand part-elle ?

— À la fin de juin. Ça ne me donne pas assez de temps pour ramasser mon argent. Aussi, je ne veux pas laisser mes employées toutes seules avec tout ce travail sur les bras.

Gaby s'inquiétait plus encore de son arrivée en France, de ses déplacements du Havre à Paris, de son choix d'hôtel et des rencontres qu'elle comptait faire, particulièrement sa visite à Coco Chanel et chez Molyneux

— Tu me parlais des marchands de tissus qui s'y rendent chaque année, tu devrais aller les voir, lui conseilla Donio.

La suggestion plut à Gaby. Son premier choix fut la maison Bianchini-Ferier où elle avait acheté passablement pour l'ouverture de son salon. Elle avait été fort touchée des largesses de M. Louis, son représentant au Québec.

— Vous me paierez ça quand vous le pourrez, lui avait-il offert sans préciser aucune date.

Le besoin de se procurer d'autre taffetas de soie justifierait sa visite rue Cathcart à l'est de la rue University. Le samedi matin, 11 juin, lui sembla tout désigné pour s'y présenter. «La veille de mon vingt-sixième anniversaire, ça pourrait peut-être me porter chance. Mais il m'intimide tellement, M. Louis. Son beau parler, ses manières gracieuses, sa façon de me regarder… de la tête aux pieds. Grand-maman Zoé, pourriez-vous venir avec moi? Vous n'étiez pas gênée, vous, avec les grands de notre société. Et je suis sûre que vous saviez comment les approcher. »

Vêtue de mousseline de soie lilas et coiffée d'un chapeau blanc enjolivé d'un large et long ruban de satin blanc, avec à la main un petit sac aux mêmes coloris, elle grimpa les escaliers avec une assurance née de la dernière minute. Elle n'avait pas eu le temps d'agiter le heurtoir que la porte s'ouvrit toute grande.

— Quelle magnifique journée pour recevoir la plus élégante couturière de Montréal !

— À ce que je vois, je ne vous dérange pas trop, M. Louis.

— Au contraire ! Je souhaitais votre visite pour vous suggérer quelque chose de très particulier.

— De nouveaux tissus tout frais arrivés de France ?

— Ça ne vaudrait pas la peine, Mlle Bernier ! dit-il, l'invitant à le suivre…

Gaby resta sans mot. M. Louis semblait s'en amuser. C'était la troisième fois que la jeune couturière venait le visiter et jamais elle n'avait été reçue ailleurs que dans la salle où étaient conservés d'impressionnants rouleaux de tous les textiles imaginables. Mais cette fois, M. Louis l'accueillit dans son bureau, une pièce qui reflétait le prestige de la maison qu'il représentait. Les murs étaient couverts d'un velours de soie vert olive, les meubles de style français aux coloris divers étaient ornés de franges du même vert, le tout réfléchi dans le miroir qui couvrait la presque totalité du quatrième mur. La table de travail de M. Louis, placée en diagonale, empruntait à la fois au miroir et au velours chatoyant. «Je serais incapable de me concentrer sur mon travail dans une pièce comme celle-là » se dit Gaby, si distraite par le décor qu'elle en avait oublié la présence de l'homme qui l'observait.

— J'aime voir vos grands yeux verts dans toute leur luminosité, Mademoiselle.

De plus en plus troublée, Gaby baissa les paupières sur son sac à main et lui rappela qu'il était question de nouveaux tissus…

— J'allais vous dire, justement, que je n'en ferai pas venir cet été. J'irai moi-même les choisir.

— Chanceux! échappa Gaby.

— La chance nous appartient tous comme elle n'appartient à personne. Vous êtes de celles qui la font leur chance, Mlle Gaby. Vous êtes toute jeune, et déjà vous avez donné les preuves de votre détermination et de vos talents. C'est à des gens comme vous que j'aime donner un petit coup de pouce.

— C'est tellement généreux de votre part de me faire crédit… répéta Gaby, espérant qu'il en redevienne à parler affaires.

— Cette fois je veux faire plus encore. Vous emmener plus loin, Mlle Gaby.

— Je ne comprends pas, M. Louis.

— Vous me permettez de vous tutoyer?

Gaby haussa les épaules, sans plus. Pour cause, Marcel Louis, beau Français dans la jeune quarantaine, galant jusqu'au bout des doigts, pouvait-il cacher des sentiments amoureux derrière son charme? Risquait-elle d'y succomber? La question était si inopinée que Gaby n'arrivait pas à démêler ses sentiments. Mais où voulait-il en venir?

— Je ne sais pas si on vous l'a déjà dit, mais vous possédez un talent fou.

« Étrange! Il demande de me tutoyer et ne le fait pas. Aurait-il deviné mes réticences? », se demanda-t-elle.

— Un talent comme je n'en ai jamais vu… pour votre âge.

— C'est très gentil de votre part, mais j'ai encore beaucoup à apprendre, M. Louis.

— Justement, je sais où vous pourriez parfaire vos connaissances, Gaby.

Le silence de la visiteuse et son regard friand de curiosité le priaient de s'expliquer.

— À ce que je sache, vous n'êtes pas encore allée à Paris. Je vous y emmène, Gaby.

— Mais…

— Ne dites rien et laissez-moi vous offrir ce voyage, jolie demoiselle. Mécène un jour, mécène toujours ! s'écria M. Louis en feuilletant son agenda.

Rarement Gaby Bernier ne s'était sentie à ce point embarrassée. Coincée entre le désir de faire ce voyage et la crainte d'être projetée dans une aventure sentimentale dont elle craignait les retombées, elle s'en tenait au silence.

— Au début ou à la fin de l'été ? Quelle est votre préférence, Gaby ?

— Me donner quelques jours pour y réfléchir.

Manifestement déçu, M. Louis la pria de ne pas trop tarder.

— Les billets se vendent vite, surtout pour une traversée à bord d'un chic paquebot.

Gaby allait lui en demander le nom, mais elle jugea que cette question risquait de dévoiler sa folle envie de lui dire oui sur-le-champ. « Je pourrais m'en mordre les doigts amèrement. Et s'il y a une chose que je ne veux pas traîner dans ma vie, ce sont les regrets. »

— Je ne veux pas abuser de votre courtoisie… ni de votre temps, M. Louis, sans compter que mes couturières risquent de manquer de matériel.

— Oh, garçon, Mlle Gaby! J'étais parti dans mes rêveries. Je nous voyais déjà frapper à la porte de Coco Chanel!

« Plutôt insistant, ce monsieur! Je n'aurai pas trop d'une nuit et de bien des conseils pour décider d'accepter son offre », se dit Gaby, impatiente d'en causer avec ses proches mais surtout avec Donio. Ses achats sous le bras, elle prit une bonne bouffée d'air avant de monter dans la voiture de son frère.

— Qu'est-ce qui te fait peur, p'tite sœur? lui demanda-t-il après avoir écouté ses tergiversations?

— Qu'il profite de ma dépendance envers lui pour me manipuler…

— Manipuler?

— Insister pour que je devienne sa petite amie.

— Tout à coup que ça te plairait…

La présomption fouetta Gaby. Donio s'en mordit la langue.

— Je m'excuse, Gaby, si je t'ai insultée. J'oublie parfois que nous autres, les gars, on est pas mal plus à l'aise que les filles dans ces histoires-la.

— Tu ne m'as pas insultée. Tu m'as seulement ramenée à James.

— Si tu penses encore à lui après tout ce temps, c'est que, ou bien tu l'aimes pour vrai, ou bien tu ne connais rien au grand amour, Gaby.

— Qu'en sais-tu, toi, Donio Bernier?

— Moi? Rien. Je me sauve aussitôt que je le sens approcher. J'aime trop ma liberté pour prendre une femme dans ma vie. Je vous ai eu assez longtemps sur les bras, vous trois!

— Tu blagues, Donio. Ça faisait ton affaire. Surtout depuis que tu habites seul avec maman. Tu t'en viens vieux garçon à force de te faire gâter par elle.

— Et toi? Ça te plairait de te faire dorloter par un homme?

— Je n'ai pas la tête à ça pour le moment.

— Tu veux mon opinion? Je ne refuserais pas une pareille chance. Aller-retour à Paris, toutes dépenses payées, avec un guide personnel en plus, c'est pas rien!

Tel ne fut pas l'avis de Séneville, consultée le lendemain lors du dîner familial pour souligner les vingt-six ans de Gaby. Son expérience avec Henri Taupier l'incitait à recommander à sa fille la plus extrême prudence. Advenant que M. Louis ne lui plaise pas ou qu'il ne soit pas libre, des précautions s'imposaient: payer sa chambre d'hôtel ainsi que son billet de retour.

— Quitte à ce que ta sœur et moi te prêtions un peu d'argent pour compléter… Mais donne-toi du temps pour donner ta réponse. S'il veut te presser, remets ton voyage à l'an prochain, lui conseilla sa mère, désireuse de clore le sujet.

Tout son être se révoltait à l'idée de reporter d'un an ce voyage rêvé depuis sa première rencontre avec Mlle Jamieson. «Si je refuse ce cadeau de M. Louis, comment pourrai-je continuer de m'approvisionner à sa boutique? Grand-maman Zoé, je reconnais vous avoir déjà priée pour que je puisse aller à Paris cette année. Mais je ne vous ai pas demandé de m'y envoyer avec un homme dont je doute des véritables motifs. Éclairez-moi, Grand-maman!»

À l'écart dans la chaise berçante collée à la fenêtre, Éva se gardait bien d'émettre son avis. Une raison inavouable la bâillonnait. Même si elle ne rêvait ni de voyager, ni de rencontrer Coco Chanel, pas même de visiter les grands couturiers de Paris, elle enviait sa sœur. Pour cause, un jour qu'elle l'accompagnait rue Cathcart, elle était tombée sous le charme de Marcel Louis. En secret, elle avait nourri cet envoûtement, assurée de le revoir pour des raisons d'affaires, une occasion de lui déclarer son amour.

— Qu'en penses-tu, Éva ?

— Rien. C'est ton affaire.

— Tu trouves que c'est trop d'argent dans les circonstances ? C'est ça ?

— Gaby, c'est ton affaire.

Jamais Éva n'avait manifesté une telle fermeture. Bien qu'elle le déplorât, Gaby n'insista pas davantage. Le lundi matin, à son réveil, elle se sentit prête à donner sa réponse à M. Louis. Moins coquette que lors des visites précédentes, elle se fit conduire à son commerce avec une assurance qui intriguait Donio.

— Je t'en parlerai à mon retour. Attends-moi, ce ne sera pas long.

Tout sourire, elle informa M. Louis des conditions qu'elle souhaitait apporter à sa proposition : payer sa chambre d'hôtel et n'acheter qu'un billet simple afin qu'elle soit libre de revenir à son gré. Devant l'étonnement de M. Louis, elle déclara :

— J'ai quelqu'un dans ma vie et...

— Loin de moi l'idée de vous soumettre à quelque contrainte que ce soit, Mlle Gaby. Je vous offre ce voyage parce que j'ai énormément d'admiration pour vous et que je suis persuadé que vous irez loin dans ce merveilleux monde de la mode. Pour vous, ce voyage est incontournable. D'ailleurs, ajouta-t-il, rieur, Balzac disait : « La personne qui ne vient pas assez souvent à Paris ne peut être vraiment élégante. »

« Il n'y a pas que ses gestes qui soient gracieux, ses propos aussi », reconnut Gaby, non moins déterminée à lui exprimer ses réserves.

— Vous savez que je rêve de ce voyage, M. Louis, mais je ne me sentirais pas prête à m'absenter avant le mois d'août.

— Aucun problème, Mlle Gaby. Je m'occupe de tout.

Rendez-vous avec Mlle Chanel, visite à la Maison du Jersey, dans les quartiers généraux de Bianchini-Férier, chez Molyneux, nota-t-il devant elle.

— Vous ne le regretterez pas, promit-il en lui serrant la main.

Lorsque Donio vit sa sœur venir vers la voiture, plus légère que la jupe de mousseline qu'elle portait, il n'eut qu'une question en tête : la date du départ.

— Je sais, Donio, que tu ne l'aimais pas aussi fort que moi, grand-maman Louise-Zoé, mais je t'assure qu'elle peut faire des miracles pour nous. Pour moi, en tout cas.

— Moi, c'est papa qui m'arrange tout.

Tous deux se quittèrent avec une boule d'émotions dans l'estomac.

Gaby eut à peine le temps de faire le tour de son équipe qu'une dame se présenta, une gerbe de fleurs à la main.

— Bonne fête en retard, Gaby !

— Molly ! Ma très chère amie ! s'écria Gaby en lui tendant les bras pour une fervente accolade. Que je suis heureuse de te revoir ! Je me suis inquiétée de toi.

— Tout va bien maintenant. Comme tu peux voir, je suis en pleine forme. J'avais tellement hâte de voir ton salon ! Toutes mes félicitations, Gaby. J'ai failli passer tout droit. Je cherchais ton enseigne…

— La rue Sherbrooke n'est encore que résidentielle, donc pas d'affiche commerciale. Mais je sais que bientôt ce sera permis.

Le temps de saluer les couturières, toutes rencontrées à la *Pompadour Shoppe*, Molly suivit sa grande amie dans la salle d'essayage. Elle y reconnut le bon goût et le sens pratique de sa couturière. Ravie d'apprendre que les clientes affluaient au 1327 de la rue Sherbrooke, elle ajouta son nom à la liste. Du coup, elle annonça à Gaby qu'un bal s'organisait pour la fin août à l'hôtel Windsor et qu'elle comptait bien y participer.

— Ce sera pour moi une pratique générale avant le grand bal de Québec… et pas n'importe où. Au Château Frontenac! Tu y es déjà entrée?

Gaby dut avouer son peu de connaissance de la ville de Québec.

— Je suis allée quelques fois à Lauzon mais une seule fois à Québec, sur les Plaines d'Abraham. Je n'avais que sept ans et maman ne nous y a jamais ramenés par après.

Les yeux de Gaby se mouillèrent, sa voix flancha.

— C'était notre dernière grande sortie du vivant de mon père.

Pour la première fois, Gaby Bernier trahissait son code d'éthique, s'autorisant à dévoiler certains aspects de sa vie personnelle: les circonstances du décès de son père et les épreuves qui suivirent pour toute sa famille.

— À notre première rencontre, j'ai eu le sentiment que tu n'avais pas eu un passé banal. On sentait chez toi la fougue d'une tigresse…

Gaby fronça les sourcils.

— Mais plus encore, l'enthousiasme d'une gagnante, ajouta Molly. Ce qui me laisse croire que si plus d'une couturière ne se sent pas l'habileté de confectionner le costume que veut une de mes amies, la plus difficile que je connaisse, toi, Gaby Bernier, tu y arriveras.

— De qui s'agit-il?

— Je ne crois pas que tu la connaisses. Une demoiselle Deakin. Patricia Deakin.

— Et qu'est-ce qu'elle veut porter pour ce bal costumé?

— Elle veut représenter une ancienne duchesse de Bretagne… Je ne me souviens pas du nom.

Le défi prenait une double dimension: la personnalité de cette cliente et la complexité du costume choisi.

Trois contrats d'une importance majeure se chevauchaient dans l'esprit de Gaby, mais la confection de la robe de bal de Molly obtenait la préséance, vu les courts délais octroyés.

— Tu as un modèle en tête?

— Non. Je préfère la surprise. Je m'en remets à ton imagination et à ton bon goût, Gaby.

— Même pour la couleur?

— Oui, d'autant plus que tu connais presque toute ma garde-robe. Je te laisse travailler.

« Qui aurait cru que j'aurais une vie aussi excitante! Des robes de bal, j'en ai vu de tous les genres au *Ritz Carlton*. Il faut que j'en crée une nouvelle pour mon amie Molly », se dit-elle. Avant de s'y consacrer, Gaby demanda à ses ouvrières de ne pas la déranger au cours de la prochaine demi-heure.

Enfermée dans la salle d'essayage, une cigarette à la main, un air de menuet sur les lèvres, elle ferma les yeux, juste le temps que naisse l'inspiration. « Une fleur d'orchidée. C'est ça! Je ferai une fleur d'orchidée de ma belle Molly. Du satin fuchsia pour cette robe qui laissera les épaules dégagées avant d'épouser la taille et de surprendre par sa jupe ajustée à la hauteur des hanches, coupée aux genoux en avant et touchant le plancher derrière. Cette jupe sera garnie en dégradé de quatre étages de volants et la ceinture, d'une fleur de perles blanches. Dans les cheveux d'ébène de Molly, des broches de perles blanches et des feuilles d'orchidée en velours. »

Consciente que cette coupe exigerait au moins un essayage, elle s'empressa de la tracer sur de la toile de coton et d'en rassembler les pièces principales. « Avoir su que ce serait aussi rapide, je n'aurais pas laissé partir Molly », se dit-elle. Un rendez-vous lui fut proposé pour le milieu de la soirée.

En attendant son arrivée, Gaby entreprit la confection du maillot de bain qu'elle voulait apporter dans ses bagages. « Qui sait si, au cours de ce voyage, l'occasion ne me sera pas offerte de le porter? »

Adieu la culotte bouffante! De simples bretelles sur les épaules, un décolleté en V sur le haut du corsage et une culotte à mi-cuisse retenue au corsage par une bande de coton blanc sur un fond indigo composait le tout.

Dès l'arrivée de Molly, des ajustements mineurs furent apportés à la taille et à la poitrine de sa future robe de bal.

— Tu travailles toujours aussi tard?

— Ce sera ainsi jusqu'à mon départ pour Paris. Je ne veux pas surcharger mes employées pendant mon absence. Elles sont déjà si généreuses de leur temps. Puis j'ai mes tenues de voyage à préparer. Pas une minute à perdre entre sept heures le matin et la fin de la soirée.

Placée devant le miroir, Molly examinait son apparence sous tous ses angles.

— Par chance que je te connais, Gaby, parce que, vue comme ça, cette ébauche n'a rien pour m'épater.

— Tu veux être surprise ou non?

La jeune femme hocha la tête.

— C'est ton choix. Si tu sens le besoin d'être rassurée, je peux t'en fournir quelques éléments.

— Sinon, pendant combien de jours devrais-je attendre?

— Trois ou quatre, tout au plus.

— Fantastique! Je vais être patiente.

À la première heure, le lendemain matin, Gaby passa chez Bianchini-Férier pour acheter le nécessaire. M. Louis la reçut avec une appréhension évidente.

— Vous venez pour acheter ou pour...

— Ne craignez rien, M. Louis. Plus on approche du départ, plus ça m'excite. J'ai peine à y croire.

— J'ai une crainte, moi.

— Oh oui ? s'inquiéta Gaby.

— Ça va passer trop vite. Ma liste de visites ne cesse de s'allonger.

— Je peux la voir ?

— Bien sûr !

Avenue de l'Opéra

Rue Florentin

Rue Saint-Honoré

Rue Royale

Rue de la Paix

Rue Cambon

Rue Matignon

— Tout ça en neuf jours seulement !

— Eh oui ! Un tour de force, n'est-ce pas ? Mais c'est possible, sans compter que si vous décidez de prolonger votre séjour, vous pourrez continuer de visiter…

Gaby aurait aimé connaître l'attrait de chacune de ces destinations, mais son mécène fit appel à sa confiance ; il avait fait un tri minutieux dans toutes les attractions de Paris, priorisant les hauts lieux de la mode et de la haute couture. « Je suis bien mal placée pour en douter », pensa-t-elle, chemin faisant vers son atelier, un balluchon à son bras.

Une fébrilité courait dans ses mains. En pâmoison devant le satin rutilant, elle résolut de prendre le reste du tissu pour se confectionner un chemisier qu'elle ajouterait à ses bagages. Encore fallait-il qu'elle n'en gaspille pas la moindre portion.

Ce soir-là, pour mieux se concentrer sur son travail, Gaby laissa partir toutes ses couturières, de même qu'Éva.

— Il est déjà sept heures, Gaby, et tu veux encore travailler ? À moins que ce ne soit un rendez-vous galant qui te mette à la porte, supposa-t-elle, tordue de jalousie.

— À qui aurais-je pu le donner, ma pauvre Éva ?

— À ceux qui met tout à ton service, voyons !

— Marcel Louis ? Jamais de la vie ! S'il t'intéresse, fais-le-lui savoir. Ça me serait très utile, même.

— Il a eu l'occasion déjà de s'en rendre compte et il est resté comme un bloc de glace, avoua-t-elle, dépitée.

Gaby s'esclaffa.

— Excuse-moi, chère petite sœur, mais je ne te vois pas du tout avec ce type d'homme.

— Mais pourquoi ?

— Trop maniéré pour toi.

Vexée, Éva tourna les talons et quitta sa sœur sans même la saluer. « Ça lui passera. Elle est incapable de rancune, ma chère Éva. »

Penchée sur sa table de couture, Gaby s'interdit d'allumer une cigarette, de peur qu'une étincelle n'abîme ce précieux satin. Par contre, elle pouvait chanter à pleine voix, son autre atténuateur de stress. La coupe terminée, elle fixa le corsage à la jupe et, sachant que Molly habillait légèrement plus grand qu'elle mais un peu plus court, elle passa à l'essayage. Le test réussi, Gaby savait qu'elle pouvait aller dormir en toute quiétude. Toutefois, elle s'interrogea sur la pertinence de faire revenir Molly pour un dernier ajustement avant de coudre les volants et de confier le travail de finition à Éva et à Georgette. « Je déciderai demain. Une bonne nuit de sommeil porte conseil », se dit-elle, étonnée de constater qu'il frôlait minuit.

La tâche des petites mains fut exigeante. Après six jours de travail minutieux, l'équipe de Gaby attendait l'arrivée de Molly avec une fierté sans pareille. Le samedi semblait tout désigné pour la recevoir.

— Si elle est aussi satisfaite que je le souhaite, nous prendrons congé pour le reste de la journée, annonça Gaby.

Regroupées autour du mannequin qui portait la fabuleuse robe de bal, les couturières trépignaient d'impatience.

L'éblouissement de la jeune femme fut éloquent.

— Du fuchsia! Je rêve de porter cette couleur depuis mon enfance! Comment as-tu pu le deviner, Gaby? Un style que je n'ai jamais vu, à part ça!

Les couturières auraient pu dès lors prendre congé, mais elles étaient trop curieuses de voir Molly dans cette somptueuse tenue. Le ceinturon perlé à la taille et la broche d'orchidée piquée dans sa généreuse chevelure ajoutèrent une touche finale qui fit l'unanimité.

— Tu pourrais me la cacher quelque part d'ici la soirée de bal, Gaby? J'ai trop peur qu'il m'arrive un accident si je pars avec. Par contre, je vais apporter ma broche.

Des ailes dans le dos, Molly allait quitter le *Salon Gaby Bernier* quand elle revint sur ses pas pour s'assurer que personne ne verrait sa robe ou n'en entendrait parler avant le soir du bal. La promesse lui fut faite.

— Il serait temps que nous magasinions une police d'assurance pour ce salon, conseilla Éva.

— Je t'en laisse la responsabilité. Tu as tellement plus le sens des affaires que moi, reconnut sa sœur, lui confiant du même coup l'argent que son amie Molly venait de lui verser.

— C'est bien trop. J'ai assez de vingt-cinq dollars pour une prime annuelle. Tu devrais prendre le reste pour ton voyage, lui conseilla-t-elle, souriant pour la première fois en évoquant cette traversée en compagnie d'un homme qui la séduisait.

Toute une surprise pour les ouvrières du *Salon Gaby Bernier*, en cette matinée du 21 juillet. Mlle Jamieson, récemment arrivée de Paris, venait les visiter et distribuer les souvenirs qu'elle en avait rapportés : de mignons petits flacons de *Bois des Îles* et de *N° 22*, tous deux redevables à Coco Chanel. Un geste qui témoigna des bons sentiments d'Edna envers ses anciennes employées malgré la perte de nombreuses clientes qui avaient opté pour le *Salon Gaby Bernier*. Les questions pleuvaient autour d'elle.

— Parlez-moi de la traversée en mer, la supplia Gaby.

— Sur un bateau tel que l'*Île-de-France*, c'est le paradis. Du confort, des divertissements et une cuisine incomparables.

Au récit de Mlle Jamieson, une fébrilité sans pareille gagna Gaby. Comme elle en rêvait de ces soirées sur le pont à humer l'air salin et à regarder la mer onduler sous les rayons bleutés de la lune ! Elle entendait les rythmes de l'orchestre et le pas endiablé des danseurs. Elle et James... sur la piste, jusqu'aux petites heures du matin.

— Pas de tempête ? s'inquiéta Éva.

— Il survient toujours quelques petites intempéries, mais le personnel est formé pour les affronter, sans compter que le navire est tout neuf. .

— Donc, plus robuste que les précédents, conclut Georgette.

— On me paierait le voyage que je le refuserais, dit Mme Landry, frissonnante de peur.

— Mourir en mer ou mourir sur terre, c'est mourir, rétorqua Gaby, avec une sérénité déconcertante.

— Vous êtes parfaitement disposée à faire cette traversée, Mlle Gaby, reconnut Edna.

— Et Coco, vous l'avez vue ?

— Non. Je suis allée à sa boutique à deux reprises mais sans succès. Toujours vêtue de noir et les cheveux coupés très courts, notre chère Coco Chanel semble encore en deuil de son M. Capel.

« J'espère avoir plus de chance que Mlle Jamieson. M. Louis m'a promis une visite dans la rue Cambon. Coco daignera-t-elle me recevoir? », se demanda Gaby.

Le chapelet de questions et les éclats de rire furent subitement interrompus par trois coups de heurtoir sur la porte. Deux jeunes femmes se présentèrent, momifiant Mlle Jamieson : Molly, accompagnée d'une demoiselle à l'allure de gazelle qui marchait en roulant les hanches. Toutes deux n'auraient pu soupçonner la présence d'Edna au *Salon Gaby Bernier*. Molly lui fit ses politesses ; la jeune dame, non. Pour cause, elle lui avait causé trop de soucis pour une confection commandée mais finalement refusée sans le moindre dédommagement. Ce face à face précipita Mlle Jamieson vers la sortie. Un incident que Gaby ne s'expliqua qu'en apprenant que la belle inconnue se nommait Patricia Deakin, la cliente que Molly devait lui présenter et que peu de salons de couture parvenaient à satisfaire. Son équipe remise au travail, Gaby conduisit les deux visiteuses à la salle d'essayage.

— Molly accepte que je voie sa robe de bal, annonça Mlle Deakin, sur un ton prétentieux.

— Dans quel but? lui demanda Gaby, peu disposée à la complaisance.

— Si elle me plaît, je vous offrirai la confection de mon costume pour le bal au Château Frontenac.

Gaby se souvint alors des propos de son amie Molly, quelques semaines auparavant : « Ce qui me laisse croire que si plus d'une couturière ne se sent pas l'habileté de confectionner le costume que veut une de mes amies, la plus difficile que je connaisse... » Servir une bonne dose de rigueur et d'indépendance à ce phénomène s'imposait au jugement de Gaby. Avec une lenteur étudiée, elle retira le drap qui couvrait la robe de Molly et attendit, sans se retourner, la réaction de

Mlle Deakin. Le silence qui perdurait n'avait pour cause que l'émerveillement.

— Vous êtes extraordinaire ! s'écria Patricia, avec ses trois « r » bien roulés.

— Voyons maintenant si je peux répondre à vos attentes, dit Gaby sans accorder plus d'importance au compliment de Patricia. Donnez-moi vos suggestions.

— Mais je n'en ai qu'une. Je veux un costume de Diane de Fran-an-ance.

— Diane de France ? En quoi vous attire-t-elle ?

— C'était une duchesse née à Paris. On m'a déjà dit que je lui ressemblais, annonça-t-elle, le cou renversé en arrière.

— Vous avez déjà vu de ses costumes ?

— Dans le dictionnaire, oui.

— Vous pouvez me les décrire un peu ?

— Pas vraiment. On ne la voit qu'à partir des épaules.

— Mais pourquoi l'avoir choisie dans ce cas ?

— Parce que je suis sûre que personne n'aura pensé à elle, affirma Patricia avec délectation.

Devant l'hésitation évidente de Gaby, elle ajouta :

— Votre prix sera le mien.

— C'est pour décembre ?

— Oui, mais je le veux pour la fin de novembre, question de m'habituer à le porter. Oh ! j'oubliais, Diane de Fran-an-ance portait une coiffe vraiment originale. Je veux la mienne en tout point pareille.

— Je vous donnerai ma réponse à mon retour de Paris, Mlle Deakin.

— Quand ça ? s'inquiéta Patricia.

— Dans un mois.

Molly s'empressa de rassurer son amie déconfite :

— Tu n'as pas idée de la vitesse avec laquelle mon amie Gaby travaille… et fort bien, à part ça. Ce n'est pas pour rien que je l'ai suivie et que bien d'autres clientes de la *Pompadour Shoppe* ont fait de même.

Patricia n'en sembla pas convaincue. Gaby lui demanda alors de patienter quelques minutes et entraîna Molly à l'écart. Manifestement vexée, Mlle Deakin se mit à trépigner. Gaby l'ignora.

— Est-ce vraiment un grand bal ? Pour souligner quel événement ? demanda-t-elle à son amie.

— Un grand bal ? Du jamais vu, à ma connaissance. Tout le monde doit porter un costume qui illustre un grand personnage, de n'importe quelle époque et de n'importe quel pays. M. Pérodeau, notre lieutenant-gouverneur, a mis sur pied un concours et offre un prix à la personne qui aura identifié le plus grand nombre de personnages.

— Narcisse Pérodeau, son nom ?

Molly le lui confirma. Une fièvre soudaine s'empara de Gaby. Elle se souvint d'avoir vu ce nom à quelques reprises à l'angle gauche des enveloppes provenant de l'avocat de la Couronne. Séneville lui confirma que ce nom figurait sur la liste des administrateurs de la *Montreal Light, Heat and Power Company* au moment du décès d'Elzéar et tout le temps que dura le procès.

Une vive colère, présumée morte et enterrée, resurgit. Un ressentiment qui risquait de l'habiter pendant toute la durée de ce contrat. « À moins que mon voyage à Paris ne m'en libère définitivement… », souhaita Gaby.

UNE INDISCRÉTION D'ÉVA...

J'ai tremblé pour Gaby le jour où elle m'a annoncé son intention d'ouvrir son propre salon de couture. Non pas que je
doutais de ses talents de couturière, mais de son caractère à
l'emporte-pièce, un peu, et de ses qualités d'administratrice,
beaucoup. Elle ne se contentait que du meilleur: des machines
à coudre de première qualité, des fers à repasser importés
d'Europe et les tissus les plus dispendieux. « Tu ne me verras pas
présenter de la guenille à mes clientes », m'a-t-elle riposté quand
je lui déconseillai d'acheter du Bianchini-Férier. Mais je dé-
couvris qu'il y avait plus que le souci de bien servir sa clientèle
dans ce choix. Gaby avait un rapport sensuel avec les tissus. Un
soir qu'elle tardait à fermer la boutique, je la surpris dans la
salle d'essayage à caresser ses rouleaux de soie, de velours et de
satin avec une sensualité qui frôlait la concupiscence. Elle alla
jusqu'à retirer sa robe pour les coller à sa peau. Je ressortis sur
la pointe des pieds... pour ne pas l'offenser.

CHAPITRE X

Sur ce magnifique paquebot, un sentiment étrange m'envahit. Le ressac d'une vague… Il me ramène à maman. À son rapport à la mer. Comme si, de son sang à mon sang, la peur avait suffisamment voyagé pour se transmuer en extase. Bouffeuse de marins, de pères de famille, de jeunes hommes décédés avant d'avoir su vivre, la mer ouvre grand les bras pour me bercer, pour m'emmener en douceur vers cet autre monde dont je rêve depuis mon enfance. Elle me berce jour et nuit, plus que mes parents n'ont pu le faire. Elle me surprend, me fascine, m'éblouit, me prête une dimension d'éternité, hors du temps, affranchie de l'espace. Si, avant la fin de ce voyage, elle se montre fougueuse, sans pitié, je patienterai jusqu'à ce qu'elle retrouve sa sérénité. Et si elle m'emportait, ce serait d'abord pour me remettre entre les bras de mon père et de grand-maman Louise-Zoé.

Le train fendait les montagnes, fuyait les prairies et traversait les forêts à toute allure. Gaby ne pouvait souhaiter mieux. Douze heures dont les trois quarts de nuit avant de descendre à New York où l'*Île-de-France* l'attendait. Une éternité pour qui n'a que son imaginaire pour voir Paris, humer ses odeurs s'émouvoir devant la tour Eiffel, s'éclater sur les Champs-Élysées, pleurer d'émotion en serrant la main de Coco Chanel. Coincée dans son wagon-lit, elle brûlait de se frayer un chemin vers cette invention difficile à se représenter: le métro de Paris.

Alors que M. Louis dormait encore dans son wagon-lit, le contrôleur du train avait amorcé sa tournée sous un éclairage tamisé. Ici, il ramassait un chiffon de papier; là, il replaçait une couverture sur le point de quitter la couchette. Il allait s'éloigner quand Gaby l'interrogea:

— Monsieur, dans combien de temps serons-nous à New York?

— Nous y sommes déjà, Mademoiselle, annonça-t-il, railleur.

— À la gare de New York, si vous aimez mieux.

— Dans une vingtaine de minutes.

— Mais on ne nous a pas encore servi le petit déjeuner!

— Restez calme, Mademoiselle, il viendra.

Un tantinet vexée, Gaby traversa l'allée, s'approcha du wagon-lit de son guide. Après avoir cogné, elle entra puis elle lui chuchota:

— Levez-vous, M. Louis. On arrive dans quinze minutes, dit-elle d'une voix forte.

Sur le coup, le porte-voix prévint les passagers qui le souhaitaient qu'un léger déjeuner leur serait servi. De fait, un chariot passa dans l'allée, offrant du thé et quatre minuscules biscuits secs à ceux qui tendaient la main. «On dirait que je suis seule à être aussi affamée. J'oubliais que quiconque dort, dîne.»

Enfin, toutes les lumières s'ouvrirent et l'ordre fut donné à tous les passagers de quitter leur couchette et de se préparer à sortir. Les vrombissements du train puis ses sifflements réveillèrent les plus comateux. M. Louis était de ce nombre. «Ça paraît qu'il est habitué de voyager, lui! Aucune nervosité. Pourvu qu'il ne soit pas ennuyeux à force d'être calme», se dit Gaby, attribuant cette saute d'humeur à sa mauvaise nuit.

Le soleil incendiait cette ville au profil cahoteux avec ses gratte-ciel, ses cheminées d'usines et ses drapeaux multicolores flottant dans le ciel d'un bleu polaire. Le *Grand Central Terminal*, situé au cœur de

Manhattan près de Park Avenue, une artère bordée de boutiques et de restaurants des plus animés, insuffla à la jeune voyageuse le goût de se mêler à la cohue, de se laisser porter par l'effervescence new-yorkaise dont Edna lui avait parlé avec une fièvre contagieuse. Mais elle devait emboîter le pas de M. Louis qui s'énervait maintenant, pressé de héler un taxi pour se rendre au quai d'embarquement.

— Mais nos bagages, M. Louis?

— Le chauffeur s'en occupe. Ils sont habitués à prendre soin des valises de leurs passagers, dit-il.

— On ne prend même pas une demi-heure pour visiter la ville?

— On n'en a pas le temps. Amenez-vous, ordonna-t-il, sec comme un arbre dans le désert.

Dépitée de ne pouvoir s'attarder un peu plus dans cette ville tant de fois imaginée, Gaby traînait la patte. Dans sa gorge monta le goût amer du regret. « Je me sens comme une enfant d'école qu'on traîne par la main. J'aurais été plus à l'aise avec Mlle Jamieson. J'ai peur de le trouver très long, ce voyage, en compagnie d'un homme bien intentionné mais trop imprévisible et trop expérimenté pour moi. Il sait tout, il a tout vu… Grand-maman Zoé, j'ai besoin de vous. »

— On n'a pas une minute à perdre, Gaby. Venez vite, on va perdre notre tour, la pria M. Louis, fier d'avoir précédé un autre voyageur qui allait prendre place.

— Ce pauvre homme… marmonna Gaby, à la vue du vieillard clopinant laborieusement derrière eux.

— Vous allez constater, ma chère demoiselle, que New York, ce n'est pas Montréal. Si on hésite à avaler sa bouchée de pain, un autre va l'attraper

— Je croyais que nous aurions le temps de visiter quelques rues, au moins, déplora Gaby, la mine renfrognée.

— En revenant, peut-être, concéda M. Louis, étirant le cou pour s'assurer que l'*Île-de-France* mouillait encore au quai.

La circulation s'intensifia, des groupes surgirent et, au-dessus de leurs têtes, à quelque distance de là, trois cheminées lançaient leurs volutes de fumée dans l'air. À chaque extrémité de ce navire, long de plus de huit cent cinquante pieds, flottaient des banderoles multicolores. Sur le quai, l'agitation était à la mesure de celle qui habitait Gaby. Dans son uniforme protocolaire, le personnel, sorti sur le quai pour accueillir les passagers, ajoutait à la solennité du moment. Gaby en fut si excitée qu'elle en oublia M. Louis et se fondit dans les rangs des touristes, soudain pressée de monter à bord. Elle sursauta à l'émission des trois longs coups de sirène, lancés avec le tonus d'un baryton, appelant les retardataires. Ses papiers à la main, son sac à main en bandoulière, elle se plaisait à voir son foulard d'organdi rouge voltiger autour de sa tête pour revenir se poser sur son corsage blanc. Sa jupe rouge couvrait tout juste ses genoux. Sa chevelure naturellement bouclée avait été coupée à la hauteur du menton quelques jours avant son départ. « Les jeunes Parisiennes ont tendance à suivre l'exemple de Coco Chanel », lui avait appris Edna. Des bribes de phrases en français, venant de derrière elle, lui firent tourner la tête.

— Vous parlez français ! dit-elle devant le galant homme dans la mi-cinquantaine qui lui souriait.

— Et j'en suis fier ! articula-t-il avec un accent qui trahissait ses origines. Pierre-François Tanguet, professeur d'histoire à l'Université de Paris.

— Vous êtes Parisien ! s'exclama Gaby. Quelle chance ! Je vais visiter votre ville pour la première fois.

— Seule ?

— Non. Avec un gentil monsieur du nom de Marcel Louis.

— Marcel Louis ? Le représentant de Bianchini-Férier ?

— Vous le connaissez ?

— Plutôt bien… répondit-il, visiblement embarrassé.

Tout de go, il tendit son bras à la belle voyageuse. Cette invitation la surprit, la fit hésiter, puis elle l'accepta, l'attribuant à la courtoisie des gentilshommes de France.

« C'est parti, ma Gaby ! Pendant tout ce mois, tu te prêteras aux mondanités dont tu rêvais quand, avec ta cousine Marie-Reine, tu te déguisais en dame riche et jouais la bourgeoise aux manières pointues. Cette fois, tu ne fais pas semblant. »

— M^{le} Gaby ! Je vous cherchais ! s'écria M. Louis, interloqué à la vue de l'homme qui l'accompagnait.

Des salutations courtoises mais brèves furent échangées entre les deux hommes.

— Comme vous voyez, M. Louis, je ne suis pas en perdition, lança-t-elle, non peu fière de faire preuve de débrouillardise.

— Quel joli nom vous avez, Mademoiselle ! s'exclama le galant Parisien demeuré à ses côtés.

— Excusez-moi, j'ai oublié de me présenter, dit Gaby.

— Un prénom qui a quelque chose d'exotique… Il est plus suave encore sur les levres d'une dame qui parle si bien son français, dit M. Tanguet.

Le rictus de déplaisir qu'afficha Marcel Louis ne passa pas inaperçu. Gaby ne s'en inquiéta pas outre mesure, happée par la frénésie qui montait chez les passagers. Ses amarres larguées, le navire s'éloigna doucement du quai où des gens agitaient encore la main, éternisant des *au revoir* dix fois répétés. « New York, je te visiterai un jour », se jura-t-elle en regardant s'éloigner la ville et ses gratte-ciel. Un jeune officier vint les inviter à se rendre au grand salon. L'orchestre les accueillit avec solennité jusqu'à ce que le capitaine prît la parole pour souhaiter la bienvenue aux passagers, leur offrir un cocktail et leur souhaiter une bonne traversée ainsi qu'à tout son équipage.

— Mlle Gaby, je nous ai réservé une place pour le dîner à la salle à manger, lui annonça M. Louis d'un air cérémonieux. Nous avons juste le temps de nous rendre à nos cabines pour ranger nos bagages, faire une toilette et rejoindre les convives.

De toute évidence, il en connaissait l'emplacement. Gaby lui emboîta le pas, taisant les questions qui s'entassaient dans sa tête.

Elle crut rêver en le voyant déverrouiller la porte 12, l'ouvrir et lui en remettre la clé. «Comme si M. Louis eut connu ma date de naissance… Mais qui aurait pu la lui apprendre?», se demandait-elle avant de se souvenir qu'elle avait dû lui donner cette information, entre autres, lors de la préparation de ce voyage.

Le mobilier de la cabine la charma. L'espace, restreint, lui permettait tout juste de circuler entre le lit, la commode, une petite table et la salle de bain.

— Je viens vous reprendre vers onze heures quarante-cinq. Si vous avez un problème, n'hésitez pas, venez frapper à la porte 15.

Il allait s'y rendre lorsqu'il crut bon d'ajouter une recommandation à sa jeune voyageuse:

— Vous vous doutez bien qu'une tenue des plus élégantes est de mise pour ce repas.

— De fait, je l'avais prévu, M. Louis, répliqua Gaby, tête haute et regard assuré. Mlle Jamieson m'a abondamment parlé des convenances protocolaires de la traversée sur ce bateau.

Gaby espérait ainsi le dégager de ce genre d'affabilité qui risquait de glisser vers un envahissement qu'elle ne pourrait supporter. Elle devrait constamment tanguer entre son devoir de gratitude et son besoin d'autonomie. «C'est le prix à payer pour faire un tel voyage sans qu'il t'en coûte un sou… ou presque. Je souhaite que M. Louis cesse de me surprotéger. Ça me met vraiment mal à l'aise.» Gaby suspendit ses vêtements, rangea divers objets dans ses tiroirs et décida de faire une sieste. «Une vingtaine de minutes», se dit-elle. Après tant c'excitation, le sommeil était bienvenu. Le confort du lit la conquit jusqu'à ce qu'une voix masculine scande avec insistance : « Mlle Gaby ! Mlle Gaby ! Répondez-moi ! » puis abandonne. Des instants indéchiffrables pour M. Louis qui revint à l'assaut. Éveillée en sursaut, Gaby se précipita vers la porte de sa cabine, confuse.

— J'ai pensé un instant que vous étiez partie sans moi, dit M. Louis, déstabilisé. Combien vous faudra-t-il de temps pour vous préparer ?

— Ne m'attendez pas. J'irai vous retrouver dès que je serai prête, le supplia-t-elle, pressée de se rafraîchir et de glisser dans ce qu'elle avait apporté de plus classique : un tailleur blanc rehaussé d'une chemise bleu ciel. Les accessoires l'attendaient sur la commode.

La proposition avait à ce point déplu à M. Louis qu'elle le trouva faisant les cent pas dans le corridor qui longeait les cabines. Dès qu'il l'entendit venir, il partit à sa rencontre et lui offrit son bras. Un sentiment de déplaisir noua la gorge de Gaby. Ressaisie, elle lui demanda :

— Est-ce de convenance ?

— Pas nécessairement. Je vous dirais plutôt que c'est par amitié et pour signifier, comme vous me l'avez appris, qu'il y a déjà un homme dans votre vie… Que ce soit moi ou un autre, l'important est que vous ne soyez pas importunée.

— C'est très aimable à vous, M. Louis, mais je suis habituée à me défendre seule. Ne vous inquiétez pas pour moi.

— Je ne voulais pas vous vexer. Je m'en excuse, Mlle Gaby.

Plus un mot jusqu'à ce qu'ils prennent place à table et qu'après s'être présenté comme gérant de Bianchini-Férier Montréal, M. Louis présenta « Mlle Bernier » aux convives les plus proches.

— Créatrice de mode, ajouta-t-elle, d'un air amusé.

Cette désignation effleura les oreilles des dames francophones. Leur intérêt lui fut acquis. Quelques coups d'encensoir furent réservés à M. Louis :

— Je dois l'élégance de mes créations aux magnifiques tissus qu'il tient dans sa boutique, dit-elle, avec un brio et une sincérité qui flattèrent M. Louis.

Gaby crut que cet éloge dissiperait le malaise qui s'était glissé entre eux. « Complimenter M. Louis ne me gêne pas pourvu qu'il ne se prenne pas pour mon père, encore moins pour mon amoureux », convint-elle.

L'ivresse des soirées sur le pont se comparait à celle qu'éprouvait Mlle Bernier sur le plancher de danse du grand salon de l'*Île-de-France*. Très sollicitée, elle s'y prêtait avec un bonheur évident. Un des danseurs lui plaisait-il davantage qu'elle fermait les yeux et s'imaginait dans les bras de James. « James sur le pont. James sur la piste de danse. James dans mon lit. Comment expliquer qu'il m'habite à ce point depuis quelques mois alors que j'ai passé huit ans sans trop penser à lui ? » Gaby constatait que le souvenir de cet homme sensuel, tendre, enthousiaste, respectueux et courageux prenait le chemin de ses plus grandes joies. L'ouverture de son salon, la préparation et la réalisation de ce voyage en témoignaient. « Serait-ce un présage du bonheur qu'il m'apporterait si… ? Devrais-je faire un pas vers lui ? Retourner à Kennebunk en allant à New York, par exemple. Il ne serait pas étonnant qu'il soit déjà marié. » Son cœur se serra à la seule pensée qu'il pût en aimer une autre. Trêve de grisaille, la fantaisie de croire que par hasard il se trouve sur ce navire la poussa à porter une plus grande attention aux touristes anglophones. Dès lors, elle résolut de participer assidûment aux soirées de danse et aux jeux compétitifs organisés sur le paquebot. Ces loisirs auraient le mérite de la distraire de la nervosité qui la gagnait quand elle pensait à sa tournée à Paris et à l'itinéraire très arrêté que M. Louis en avait tracé.

À mi-chemin de cette traversée, rêvassant devant la nappe ridée de l'océan, Gaby fut rejointe par l'élégant professeur à l'Université de Paris.

— Vous me semblez préoccupée ce soir, belle demoiselle.

— Oui et non, M. Tanguet. Je suis incapable de ne voir que le côté majestueux de la mer.

— Elle vous fait peur ?

— Elle est si forte…

— Vous craignez un naufrage ?

— C'est plutôt la douleur de mes ancêtres que je ressens. Ils ont été si nombreux à y laisser leur vie.

— C'est bien connu que la vue de la mer inspire autant de nostalgie que d'extase. Et si on se laissait simplement séduire par sa magnificence, ce soir…

Gaby acquiesça, mais son regard demeura troublé. M. Tanguet le nota.

— Qu'est-ce qui vous inquiète, Mlle Gaby ?

— Diane de France ! Ce nom vous dit-il quelque chose ?

Dans un éclat de rire, le professeur lui apprit qu'il avait déjà habité à Angoulême, à quelques minutes de l'hôtel Lamoignon, un hôtel particulier que cette descendante d'Henri II s'était fait construire.

— À compter du moment où Alphonse Daudet l'a habité, vers les années 1857-1870, cet hôtel est devenu le haut lieu des mondanités littéraires. D'ailleurs, Flaubert et Goncourt s'y rendaient régulièrement.

Éberluée, Gaby le mitrailla de questions sur la personnalité de la duchesse Diane. Son intérêt fut si manifeste que le professeur osa une proposition :

— Je pourrais vous emmener à mon bureau et vous montrer tout ce que j'ai collectionné à son sujet.

— Vous ne sauriez me faire un plus grand plaisir !

Du coup, Gaby pourrait libérer M. Louis de cette quête d'information qui ne cadrait pas dans ses objectifs de voyage.

— Si on allait danser maintenant, charmante demoiselle ?

La réponse fut des plus spontanées. « Grand-maman Zoé, ma coquine ! C'est vous qui êtes derrière ce sauveur ! C'est pour vous et avec vous que je vais danser ce soir. Venez ! »

Le ciel était lourd, la chaleur accablante. Une veille d'orage. Ivres de plaisir et, pour certains, d'alcool, les danseurs n'en avaient été nullement inquiétés. L'orchestre s'était surpassé et le personnel avait eu du mal à fermer la salle de bal.

Aux petites heures du matin, Gaby rentra dans sa cabine, épuisée mais combien enchantée de sa dernière soirée sur l'*Île-de-France*. Mais après quelques heures de sommeil, elle bondit sur son lit. Était-ce une explosion, un coup de tonnerre ou un bris majeur sur le navire ? Les appels au calme qui résonnaient dans le porte-voix intensifièrent son anxiété. Les coups retentirent une dizaine de fois sans que l'alarme tire les passagers de leurs cabines. Faute de connaître une voyageuse qu'elle aurait été à l'aise de rejoindre, faute de n'avoir point vu James sur ce paquebot, faute de n'avoir pas assez d'humilité pour aller frapper à la porte de ses deux compagnons de voyage, Gaby se recroquevilla dans ses couvertures, appelant Louise-Zoé avec une ferveur inégalée. « Calme-toi, Gaby ! Si c'était vraiment dangereux, on te l'aurait dit... »

Tôt le lendemain, chaudement vêtue, elle monta dans le petit salon attenant à la salle à manger espérant y trouver d'autres passagers.

— Aux premiers coups de tonnerre, j'ai pensé à vous, Mlle Bernier. Je suis venu voir si vous n'aviez pas choisi de vous réfugier ici.

— Quelle délicatesse, M. Tanguet !

— Ne m'aviez-vous pas confié vos sentiments face à la mer ? Venez vous asseoir ici. J'ai apporté une bonne couverture de laine pour vous réchauffer.

— Mais il ne fait pas si froid...

— Pour avoir souvent vécu la peur, je sais qu'elle donne froid.

Gaby laissa à M. Tanguet le plaisir de couvrir ses épaules, de prendre ses mains et de les garder dans les siennes jusqu'à ce qu'elles cessent de trembler.

Un souvenir mouilla ses yeux. M. Tanguet le remarqua.

— La nuit a été éprouvante pour vous, n'est-ce pas ?

— Ce n'est pas ça. C'est que... C'est que la dernière fois que mon père m'a réchauffé les mains comme ça, c'était la veille de son décès, à mon retour de l'école. J'avais huit ans. Une pluie d'automne poussée par le vent avait traversé mon manteau et détrempé mes gants. Le temps de me recouvrir de vêtements secs, il avait remis du bois sur le feu, approché sa chaise berçante du poêle et m'avait invitée à m'asseoir sur ses genoux. Il m'avait bercée avec tant de tendresse... On eût dit qu'il pressentait que c'était sa dernière chance de me montrer son amour.

— Comme pour moi ce matin, peut-être. Je vous accompagnerai quelques fois cette semaine, ensuite vous repartirez et vous m'aurez vite oublié. Et ce sera bien ainsi pour vous, Mlle Gaby.

Les mots se bousculaient dans l'esprit de Gaby. Des doutes l'assaillaient. Le silence s'étirait. Après un long soupir, M. Tanguet confia :

— Vous aurez été la fille que je n'ai pas eue et qui me manquera toujours.

Gaby s'abandonna à l'étreinte qu'il réclamait avec l'affection d'un père. Dix-huit ans s'étaient passés depuis ces instants magiques où Elzéar l'avait tenue bien au chaud sur son ventre dodu. La déchirure avait été si douloureuse que Gaby avait cru l'anesthésier en la niant. Blottie dans les bras de M. Tanguet, elle se sentit assez forte pour la reconnaître.

— J'aimerais bien être votre fille adoptive, si vous…

— Ne dites plus rien, Gaby. Goûtons ce moment pour le temps qu'il nous est accordé.

Le lendemain, 11 août 1927, juste avant le coucher du soleil, l'*Île-de-France* mouilla dans le port du Havre comme un général d'armée au lendemain de la victoire de ses troupes. À l'ivresse de l'arrivée se joignait la caresse d'une brise tiède. Les passagers, entassés sur le pont, portaient leur euphorie jusqu'au rassemblement de la foule sur les quais. Gaby Bernier, déambulant entre MM. Louis et Tanguet, étouffa un fou rire. « Je les croirais jaloux à voir l'empressement qu'ils mettent à m'accompagner. À moins qu'ils cherchent à faire diversion… Les regards qu'ils s'échangent me semblent si ambigus parfois. » Le bonheur de mettre pied sur la terre ferme après dix jours de houle et une menace de tempête en mer balayait tout souci.

Un train en direction de Paris les attendait. Deux heures de dépaysement, d'enchantement et d'impatience avant de sauter dans un taxi. M. Louis chuchota une destination à l'oreille du conducteur, puis il invita Gaby à prendre place sur le siège avant de la Peugeot noire. Sur la banquette arrière, ses compagnons de voyage discutaient d'hôtel et de lieux à visiter. Les vitres de la voiture étant baissées, Gaby ne pouvait saisir que quelques bribes de leur conversation.

Ignorer le nom de l'hôtel où elle allait être déposée l'irritait. « M. Louis se conduit avec moi comme s'il avait oublié que j'ai vingt-six ans et que je suis en affaires. Se pourrait-il qu'on se retrouve tous les trois au même hôtel ? J'en serais ravie. Mais, à bien y penser, je ne suis pas sûre de le souhaiter. Je n'aime pas me sentir coincée entre ces deux hommes, comme si j'étais leur possession. »

La voiture s'engagea dans la rue… Cambon. Gaby n'avait pas assez de ses grands yeux pour tout voir, pas assez de tous ses neurones pour se fixer des repères.

— Pourriez-vous aller un peu moins vite dans cette rue, Monsieur ? demanda-t-elle au conducteur.

Un sourire moqueur aux lèvres, le chauffeur roula à pas de tortue avant de s'immobiliser complètement.

— Je ne vous en demandais pas tant, Monsieur !

— Il faut bien que je vous laisse descendre…

Gaby aperçut l'enseigne *Hôtel Cambon*.

— La boutique de Coco Chanel est à quelques pas d'ici, si je me souviens bien du numéro. C'est ici que nous allons loger ?

— Ici même, confirma M. Louis.

Gaby refréna une folle envie de lui sauter au cou.

Les deux hommes sortirent de la voiture. «M. Tanguet daigne venir me saluer avant de filer vers son hôtel », présuma-t-elle. Mais voilà qu'il fit descendre sa malle et entra avec eux à l'*Hôtel Cambon*. «Comme c'est étrange, se dit Gaby. Bien qu'ils soient plutôt courtois l'un envers l'autre, je n'aurais jamais imaginé qu'ils logent au même hôtel. Ils se connaissent depuis je ne sais combien d'années, mais par quel hasard se sont-ils retrouvés sur le même bateau, à la même date ? Que de mystères dans la vie ! »

Les formalités d'usage terminées, tous trois convinrent de faire un brin de toilette et de se reposer avant l'heure du souper.

Le hall de cet hôtel était à couper le souffle. Jamais Gaby n'avait vu de si magnifiques sculptures, entre autres celle d'un fier cheval placé tout juste au bas de l'escalier qui conduisait à l'étage. Le mobilier, un mariage de bois et de cuir, d'un style qu'elle n'aurait su reconnaître, reflétait le bon goût et l'élégance.

Un préposé à l'accueil vint vérifier la réservation de Gaby, s'empressa de prendre ses bagages et l'accompagna jusqu'à la chambre 26. « Mais quel hasard ! Mon âge. » La porte s'ouvrit sur un décor qui allait au-delà de son imaginaire. La luminosité des toiles suspendues aux

murs, la moquette rayée marine, jaune et fuchsia s'agençaient merveil-
leusement aux draperies et à la douillette. De la fenêtre qui donnait
dans la rue Cambon, Gaby découvrit une maison au toit en acier
galvanisé, étalant deux étages de lucarnes. « Je ne peux rien demander
de plus », se dit-elle, en s'élançant sur le lit pour mieux admirer le
décor de sa chambre avec ses bibelots distribués çà et là, les potiches
de céramique et les luxueux articles de toilette mis à sa disposition.

La douche ne la disposa pas au repos. Trop de choses à découvrir pour demeurer enfermée encore deux heures. La tiédeur de cet
après-midi du 11 août l'appelait dans la rue. Une robe de soie crème
à manches courtes, sur laquelle elle glissa une écharpe assortie lui
sembla convenir pour cette balade en toute liberté dans la rue
Cambon. Elle la marcha du 3 au 31 avec la légèreté d'une gazelle.
Quatre vitrines et une double porte étaient coiffées chacune d'un
auvent aux effigies CHANEL. Le plus petit arborait seulement les
deux C croisés. Au-dessus de la porte centrale, en relief, la sculpture
d'une tête ; celle d'un ange ou celle d'un personnage illustre, Gaby
n'aurait su le dire. La partie inférieure des fenêtres du rez-de-chaussée
était protégée par un grillage de fer forgé. Deux couleurs seulement
se retrouvaient sur l'extérieur de ce bâtiment de quatre étages : le noir
et le blanc, dans leur plus éclatante pureté.

Pour ne pas éveiller de soupçons, Gaby multiplia les allers-retours
entre son hôtel et le salon de Coco Chanel. Elle figea sur place lorsque
vers les dix-huit heures, elle vit sortir de l'édifice une jeune femme
vêtue d'une robe noire du style fourreau, qui traversa la rue Cambon
et se dirigea vers la place Vendôme. Elle la suivit de loin. La démarche
soignée de cette jeune femme, son allure quelque peu princière, sa
courte chevelure noire, tout lui donnait à croire qu'il pouvait s'agir de
Coco. Fallait-il regretter de ne pas s'être trouvée à deux pas de la porte
de sortie du 31 de la rue Cambon ? L'instant de déception passé, Gaby
crut qu'il valait mieux ainsi. « Sous l'effet de la surprise, je l'aurais
peut-être abordée maladroitement. »

Il tardait qu'elle retourne à son hôtel. De fait, elle y trouva deux
hommes qui ne lui cachèrent pas leur inquiétude.

— Vous n'êtes vraiment pas dans la peau d'une personne comme moi qui met les pieds pour la première fois à Paris, leur servit-elle, l'œil coquin.

M. Tanguet lui donna raison.

Le confort de la salle à manger et le menu suggéré par M. Louis la charmèrent: une bisque de poisson, différents pâtés et fromages dégustés sur des baguettes de pain à saveurs variées et, pour terminer, une crème brûlée que Gaby goûta pour la première fois. Les échanges entre les deux hommes étaient centrés sur les expériences de travail. Gaby les écouta avec un intérêt né du récent besoin de mieux connaître la gent masculine.

— Qu'allons-nous visiter demain? demanda-t-elle à M. Louis, en quittant la salle à manger.

— Je vous laisse regarder ça ensemble, annonça M. Tanguet, discret comme Gaby le souhaitait.

M. Louis étendit un plan de la ville de Paris sur une table du boudoir.

— Nous sommes ici, dit-il, pointant le nord-est de la rue de Rivoli, puis, à gauche, l'avenue des Champs-Élysées; au sud, la rue Saint-Honoré et, dans le même arrondissement, les rues Saint-Florentin et Royale où j'ai prévu vous emmener. Oh! j'oubliais l'avenue de l'Opéra!

Gaby se montra très intéressée, d'autant plus qu'elle pourrait y voir toute la collection de velours de soie et des brocarts recherchés dans tout Paris depuis l'exposition universelle de 1889.

— Ce sera l'occasion pour vous d'examiner les deux sortes de tissus sur lesquels Bianchini détient des droits exclusifs.

— Je les connais?

— Je ne crois pas. Vous avez déjà entendu parler de la Romaine Crêpe sem'sheer? De la georgette charmeuse?

Gaby dut avouer son ignorance.

— La Romaine Crêpe *semisheer* est un lainage granuleux au toucher et boudiné de fils de crêpe.

— Et la georgette charmeuse ?

— Presque l'inverse : un tissu très léger et très doux dans lequel la soie et le crêpe peuvent entrer.

— Il ne faudrait pas manquer cette visite. Et dans la rue Royale, qu'est-ce qu'on doit aller voir ?

— Les boutiques Molyneux.

— Oh, oui ! Puis dans la rue Saint-Florentin ?

— La boutique haute couture de Jean Patou. Il n'avait que vingt-sept ans quand il l'a ouverte dans un ancien hôtel. Sa clientèle est particulière ; il coud surtout pour les femmes sportives et émancipées. Il y a quatre ans, il s'est lancé dans la création de parfums.

— Peut-être… si on en a le temps. Vous avez parlé aussi de la rue Saint-Honoré, tout près de notre rue…

— Je crois que cette maison de couture va vraiment vous intéresser, Gaby.

— Plus que les autres ?

— Pour une autre raison bien particulière : elle a été fondée par une femme, Jeanne Lanvin. Ce qui est plutôt rare en France. Je la connais bien. On ne peut trouver plus affable. Elle doit bien avoir une soixantaine d'années.

— Comme ma mère…

— Jeanne Lanvin a commencé à travailler très jeune comme modiste. Elle était à peine dans la vingtaine quand elle ouvrit sa propre maison pour mieux répondre à l'air du temps. Son stage auprès d'une grande couturière de Barcelone aurait été le coup d'envoi de sa carrière. Depuis, sa boutique a été reconnue comme une véritable maison de haute couture et elle demeure la plus ancienne encore en activité.

C'est une femme très particulière qui a élevé seule sa fille Marguerite, son inspiration pour ses créations de vêtements pour enfants.

— J'aimerais qu'on place cette visite en priorité.

— Je vais essayer de nous obtenir un rendez-vous. Il nous resterait aussi la Maison du Jersey à voir…

— Celle-là m'intéresse moins. Je profiterais de cette journée pour faire des recherches avec M. Tanguet.

Une moue sceptique et contrariée incita Gaby à s'expliquer :

— Il me l'a offert. J'ai un costume de duchesse à confectionner et il sait où m'emmener pour trouver des images de cette femme. Il m'a parlé aussi de différents lieux à visiter, comme le Louvre, les Tuileries… mais vous savez que je tiens par-dessus tout à rencontrer Coco Chanel ! Ce pourrait être un de ces jours où vous ne seriez pas forcé de m'accompagner.

— Forcé ! Mais comment pouvez-vous imaginer une telle chose, M^{le} Gaby !

— Pardon, M. Louis ! Je me suis mal exprimée. J'imagine que vous avez de la parenté ici ou des amis que vous aimeriez rencontrer.

— Je suis venu expressément pour vous, réaffirma Marcel Louis avec une sympathie particulière dans la voix et le regard.

Ce dévouement inconditionnel la replongea dans l'embarras. « Est-ce possible de ne pas me montrer ingrate tout en gardant mes distances ? Je ne sais donc pas comment me comporter avec les hommes. Je ne m'explique pas qu'à vingt-six ans, je les connaisse si peu ou si mal… » Une hypothèse se présenta à son jugement avec une clarté indéniable : sa jeunesse vécue dans des milieux de femmes. Un ressac de révolte lui serra la gorge. « Grand-maman Zoé, venez à mon secours ! »

Lorsque M. Louis reprit la parole pour souligner l'importance de l'introduire auprès des grands couturiers qu'il connaissait bien, Gaby dut le faire répéter. Quant à Coco Chanel, il se limita à dire qu'on en parlait comme d'une femme assez capricieuse, très intéressée à la classe bourgeoise et habituée de fréquenter des hommes fortunés. Il était fort à parier qu'à moins de se trouver déjà au rez-de-chaussée, elle ne s'y rendît pas pour rencontrer une jeune couturière de Montréal, même si elle était accompagnée du représentant de Bianchini-Férier.

Après quatre jours de visites dans Paris, Gaby était en mesure d'apprécier ses découvertes chez Molyneux, chez Bianchini-Férier et chez Patou mais elle se languissait de rencontrer Jeanne Lanvin qui avait daigné leur donner rendez-vous au 15 de la rue Saint-Honoré. Une dame qui, bien que décorée de l'Ordre de Chevalier de la Légion d'honneur, savait conjuguer dignité et simplicité. Par instinct ou par courtoisie, M. Louis n'assista à la rencontre que le temps de saluer Mme Lanvin qui, de ce fait, invita sa visiteuse québécoise à la suivre dans son petit salon de thé. Dès lors, une atmosphère d'intimité les enveloppa.

— À ce que M. Louis m'a dit, vos ambitions sont à la mesure de vos talents… Vous avez déjà ouvert votre maison de haute couture… Je vous souhaite beaucoup de succès.

— C'est pour y arriver que je veux rencontrer des femmes d'expérience comme vous, Mme Lanvin.

— Savoir s'entourer d'une bonne équipe, c'est primordial.

Gaby fut époustouflée d'apprendre que la Maison Lanvin comptait huit cents ouvrières et exposait quelques centaines de modèles dans chaque collection.

— Après plus de trente ans de travail, il est courant de connaître un tel succès, ma petite demoiselle ; surtout si on y met de l'audace et qu'on ne compte pas ses heures. Sachez qu'à mes débuts je n'ai pas eu la chance d'être soutenue par de riches messieurs, comme ce fut le cas de certaines autres grandes dames de la mode.

Gaby crut qu'elle faisait allusion à Coco Chanel, mais elle s'abstint de le lui demander.

— Ma famille vivait très modestement, pauvrement même. C'est grâce à M. Victor Hugo, un ami de la famille, si nous n'avons jamais manqué de l'essentiel. Vous comprendrez pourquoi je n'avais que treize ans quand j'ai commencé à travailler. C'était chez une modiste. Je m'y plaisais tant que trois ans plus tard, je savais confectionner des chapeaux. Je m'exerçais sur des poupées. Pour les vendre, je faisais du porte-à-porte et je me rendais dans des endroits publics. On me surnommait la « petite omnibus » parce qu'on me voyait souvent courir après un omnibus pour économiser des sous, dit-elle, dans un éclat de rire.

« Que de points communs entre nous deux, c'est incroyable ! Nos débuts, la vente de nos créations, elle des chapeaux, moi des compositions musicales, nos modestes origines… » Gaby buvait ses paroles.

— Comme dans toute vie, la chance ne fut pas toujours au rendez-vous, dit Mme Lanvin, sur un ton de confidence. Épouser un comte faisait l'envie de bien des jeunes femmes mais ce ne fut pas un gage de bonheur pour moi. Alors que j'étais si heureuse de porter mon premier enfant, le comte Emilio Di Pietro me quitta. Ma plus grande consolation fut ma petite Marguerite, ma muse. Que de jolies robes, ornées de broderies anglaises, je lui ai cousues. Toutes ses petites compagnes en voulaient. Puis je me suis mise à coudre pour leur maman et pour toute la société, finalement.

Émue, Gaby la questionna sur ses parfums. Avec une fierté imprégnée d'émotion, elle lui prédit :

— Cette année ce sera le meilleur cru de tous… pour célébrer les trente ans de ma fille.

— Son nom est choisi ?

— *Arpège.* C'est Marguerite qui en a décidé quand, en le humant, elle s'est écriée : On dirait un arpège ! Pour une passionnée de musique et de chant, ce mot exprimait le summum de la perfection. Attendez-moi un instant, dit-elle, quittant la pièce d'un pas alerte.

Ces moments d'absence donnèrent à Gaby le temps de goûter davantage aux délices de cette rencontre, d'en fixer chaque seconde dans sa mémoire.

Jeanne revint, les mains fermées sur un trésor qu'elle lui exposa avec lenteur. Apparut d'abord un bouchon d'or fin, puis un flacon en forme de boule noire, orné d'un dessin illustrant l'amour d'une mère pour sa fille. *Arpège*, l'élégance à son état pur.

— Je vous l'offre, Mlle Bernier... À moins que vous préfériez *Mon péché*, dit-elle, moqueuse, faisant allusion à un autre de ses parfums.

Leurs éclats de rire lui inspirèrent un autre aveu :

— Plus jeune, j'étais passionnée par les chevaux. J'ai vite compris que ce n'était pas en travaillant dans ce domaine que je deviendrais riche. J'ai décidé d'en faire mon loisir préféré et c'est ainsi que j'ai rencontré mon mari. Puis, après avoir goûté à la liberté qu'apporte l'argent, j'ai commencé à investir dans les parfums et plus tard dans l'immobilier. C'est encore plus payant que l'industrie de la mode, chuchota-t-elle, penchée vers sa jeune invitée.

Devant le scepticisme de Gaby, elle ajouta :

— Oui, si on considère la longévité des lignes de parfum et la valeur croissante des immeubles. Sans compter que la concurrence est un peu moins grande que dans la mode.

Jeanne Lanvin lui confia nourrir d'autres projets, entre autres son intention d'exploiter d'étroites collaborations avec des artistes en décoration. «Comment ai-je pu imaginer que la vie s'arrêtait à soixante ans ?», se demanda Gaby.

— Vous n'avez pas idée du bonheur que vous m'avez apporté aujourd'hui, Mme Lanvin. Je n'ai qu'un regret, celui de n'être pas accompagnée de ma mère ; elle aurait été très touchée par vos propos. J'aimerais lui rapporter un chemisier tout blanc et soyeux. J'espère en trouver un de sa taille.

Dans la salle d'exposition, Gaby eut l'embarras du choix. Elle fut séduite par un des plus dispendieux, confectionné dans un tissu de soie marbrée et dont les minuscules boutons étaient recouverts pareillement.

— Quelle habileté! Quelle délicatesse! s'exclama Gaby.

De son sac à main, elle tira une enveloppe de billets de banque dont elle fit le décompte le plus discrètement possible. Son front se rida.

— Je vous le laisse à moitié prix. C'est tellement admirable de voir une jeune femme comme vous choisir ce qu'il y a de mieux pour sa mère… dit Mme Lanvin.

Une longue étreinte clôtura leur rencontre.

À la réception, un mot de M. Louis avait été laissé à l'intention de sa protégée :

Mlle Gaby,

Je n'ai pas cru nécessaire de vous attendre. Je sais que vous saurez facilement retrouver l'Hôtel Cambon. Je prendrais bien une croûte avec vous sur l'heure du midi.

Marcel

D'abord contrariée par ce changement de plan et le caractère intimiste de ces quelques lignes, Gaby se plut à déambuler seule dans la rue Saint-Honoré pour se laisser encore imprégner des précieux moments vécus en compagnie de Mme Lanvin. «La parenté que j'ai ressentie entre nous deux est à peine nommable. Je vois déjà la réaction des miens quand je vais leur en parler. Personne encore ne m'a inspiré autant de confiance en l'avenir.»

Le besoin de tout noter dans son journal intime primait cent fois celui de manger. Gaby en informa son mécène.

— Votre heure sera la mienne, dit-il, au grand dam de Gaby.

Puis, le regard fuyant, il ajouta :

— Je vais prévenir M. Tanguet.

— M. Tanguet ? À quelle heure doit-il venir ? demanda Gaby.

— Dans une demi-heure.

— Je serai là, promit-elle, la présence de cet homme tombant à point nommé.

Gaby ne disposait plus que de trois jours pour concrétiser ce qui lui tenait le plus à cœur : la rencontre de Coco Chanel et les recherches sur les costumes de Diane de France. Or les tentatives de M. Louis pour obtenir un rendez-vous avec la star parisienne de la mode étaient demeurées stériles de même que les promenades dans les environs du 31 de la rue Cambon, chaque fois que Gaby en avait le temps.

Désolé pour Gaby, M. Tanguet, venu s'asseoir à leur table, y alla d'une proposition séduisante :

— Si on travaillait sur les recherches cet après-midi, vous pourriez consacrer tout le reste de votre séjour à Paris à décrocher une rencontre avec Mlle Chanel…

— Je suis prête, s'écria Gaby, repoussant au milieu de la table la pâtisserie qu'on venait de lui servir.

— Vous n'allez pas gaspiller un si délicieux dessert, lui reprocha M. Louis.

— Vous qui avez la dent sucrée, vous l'aurez avalé en quelques bouchées, riposta-t-elle, pressée de suivre M. Tanguet.

À la réception de l'hôtel, on appela pour eux un taxi qui les conduisit à l'Université de Paris, là où un grand bureau aux murs couverts de bibliothèques les attendait. Jamais Gaby n'avait vu autant de livres. Elle allait demander à l'éminent professeur comment il faisait pour s'y retrouver, mais il la devança :

— Venez. C'est ici que je place les ouvrages traitant des nobles du seizième siècle.

De son index, il tira trois volumes dont plusieurs pages étaient consacrées à Diane de France. Il les lui désigna, l'invitant à les feuilleter à son aise pendant qu'il dépouillerait son courrier. La première image qui s'offrit au regard de Gaby la déçut. Pour cause, elle avait présumé que les reines, princesses et duchesses naissaient naturellement belles. Avec son menton fuyant, son nez protubérant et ses yeux globuleux, Diane de France n'avait pour l'avantager que ses lèvres joliment découpées et une chevelure blond châtain généreuse et gracieusement ondulée. Gaby s'empressa de répertorier d'autres illustrations et les trouva assez comparables sauf pour la tenue. N'était-ce pas le but de sa recherche ? Papier et crayons en main, elle dessina trois croquis avec l'intention de les soumettre à sa cliente à son retour à Montréal.

— J'ai terminé, annonça-t-elle à M. Tanguet pour ne pas abuser de sa générosité.

— Prenez le temps de lire ce qu'on écrit sur cette duchesse, lui recommanda-t-il. J'ai de quoi m'occuper amplement…

De fait, certaines choses captèrent son intérêt et elle les nota.

Diane de France avait en commun avec Mme Lanvin, Coco et moi, une passion pour la musique, la danse et le chant. Elle devint veuve peu de temps après son mariage et elle perdit ses deux enfants en bas âge; j'espère que mon sort sera meilleur. Par contre, il est tout à son honneur d'avoir rapatrié la dépouille de Catherine de Médicis à la basilique Saint-Denis.

« Je me souviens de ce nom appris dans mes cours d'histoire. Diane… Je rêvais de donner ce nom à ma fille si j'en avais une. Ou à ma filleule », se souvint-elle, étonnée de l'avoir si vite oublié. « Comme bien d'autres événements de mon passage à l'orphelinat », se dit-elle.

Surprise par la présence de M. Tanguet qui lisait par-dessus son épaule, elle se sentit intimidée.

— C'est donc ce que vous avez retenu de vos recherches ?

— En plus de mes croquis…

— Souhaitez-vous que nous allions voir à la bibliothèque ?

— Non. Je rentrerais sans tarder pour aller tenter ma chance au 31 de la rue Cambon.

Mais avant tout, elle devait calculer le reste de ses avoirs. Les créations de Chanel étaient dispendieuses, et elle se voyait mal entrer dans sa boutique et en ressortir les mains vides.

Lorsque le taxi s'arrêta au 3 de la rue Cambon, M. Tanguet fut seul à en descendre.

Priée de s'expliquer, Gaby lui dit :

— Je file jusqu'au 31, question d'aller voir les prix des articles vendus à la boutique Chanel.

Elle n'avait pas fait deux pas sur le trottoir qu'une limousine s'arrêta pour y laisser descendre une dame aux allures princières. Gaby pressa le pas pour lui ouvrir la porte de la boutique mais elle se vit privée de cette prévenance par un homme en uniforme qui l'écarta de son chemin sans ménagement. Le geste n'échappa pas à la vigilance de la passagère.

— Vous alliez entrer, Mademoiselle ?

— Oui. J'ai beaucoup entendu parler des chefs-d'œuvre qu'on peut trouver dans cette boutique.

— Vous êtes trop gentille, Mademoiselle. Je reconnais la courtoisie proverbiale des Canadiennes françaises.

— J'habite Montréal. J'ai travaillé plusieurs années à la *Pompadour Shoppe* avec Mlle...

— Mlle Jamieson? Quelle grande couturière! Mais vous n'êtes plus là, Mlle...

— Bernier. Gaby Bernier.

— Mais entrez.

Une ouvrière vint prendre l'écharpe et le chapeau de la noble dame. D'un geste de la main, Gaby fut invitée à la suivre dans une pièce plutôt exiguë mais d'une élégance sans pareille. Jamais elle n'avait vu autant de miroirs sur les murs et tout au long d'un magnifique escalier qui conduisait à l'étage.

— C'est donc de vous que M^le Jamieson me parlait avec tant d'affection et d'admiration.

Gaby pencha la tête, ne trouvant pas les mots qui dussent être prononcés.

— Vous l'avez donc quittée, supposa la dame, un reproche sur le bout des lèvres.

— Oui, mais ce fut un déchirement. Je lui dois tant. Je me sentais prête à ouvrir ma propre maison de haute couture, Mlle Chanel, lança Gaby, au risque de faire erreur et de se voir corriger.

Aucune surprise dans le regard de son interlocutrice. Que des interrogations.

— Vous jouissez donc d'une bonne fortune et de beaucoup d'imagination...

— Aucune fortune. Avec l'aide de mes proches et le crédit que me font mes fournisseurs de tissus, je me débrouille bien.

— Toutes mes félicitations, Mlle Bernier. Vous m'excuserez, mais j'ai beaucoup à faire ce soir. Vous serez toujours la bienvenue...

— Je reprends le bateau dans deux jours.

— Ce sera pour une prochaine année dans ce cas. Présentez mes salutations à Mlle Jamieson. Oh ! ma sœur pourra vous servir si vous le désirez, ajouta-t-elle en l'accompagnant vers la sortie. Dites-lui que je l'autorise à vous faire un rabais de vingt pour cent sur vos achats.

Les politesses d'usage prononcées, Gaby n'avait qu'une idée en tête : rentrer à l'hôtel. Convaincue d'avoir dit une bêtise, elle voulait revivre cette rencontre fortuite de la première à la dernière seconde.

— Mlle Bernier ! entendit-elle derrière elle. Vous avez oublié quelque chose.

Gaby s'arrêta, cherchant ce qui pouvait bien lui manquer. Elle ne portait ni veston ni écharpe et son sac à main était toujours là, accroché à son épaule et garni des papiers nécessaires à la confection prévue pour le bal de Patricia Deakin. Une dame plus âgée que Mlle Chanel lui présenta une jolie petite boîte dont elle souleva le couvercle pour laisser voir une magnifique broche argentée représentant le logo de la boutique Coco Chanel.

— Ma p'tite sœur s'excuse… Elle voulait vous en faire cadeau. Elle est toujours distraite comme ça lorsqu'elle se prépare à partir en voyage. Bon retour en Canada, Mlle Bernier !

Faute d'avoir les moyens de se payer une création Coco Chanel, Gaby revenait de Paris avec ses premières étiquettes *Gaby Bernier*, un chemisier pour sa mère, de petits cadeaux pour ses ouvrières et un Molyneux pour elle-même. Une robe longue cousue dans un velours de soie presque aussi élégant que le velours vendu chez Bianchini-Férier mais d'un prix plus abordable. Idéal pour un grand bal. Allait-elle avoir l'occasion de la porter avant la fin de cette année ? Cette question la ramena à sa boutique et en sema des dizaines d'autres dans sa tête. « Est-il entré d'autres contrats en mon absence ? La marchandise a-t-elle été livrée aux clientes qui avaient passé leur commande avant le mois d'août? Comment Éva s'en est-elle tirée?»

Le train en provenance de New York allait entrer en gare dans moins d'une heure. Gaby avait dû reporter la visite de cette ville fascinante en raison de l'horaire des trains et de la ferme intention de M. Louis de gagner Montréal sans délai. Plus forts que sa déception, sa reconnaissance envers ce mécène et le besoin de s'excuser s'imposaient.

— J'espère que mes maladresses occasionnelles ne vous ont pas fait regretter de m'avoir offert un si beau cadeau, dit-elle, cherchant son regard.

— Vous n'avez commis aucune maladresse, Gaby. Je porte seul toute la responsabilité de nos quelques malentendus. C'est inévitable quand on n'est pas comme la majorité des autres hommes...

«Qu'est-ce que vous voulez dire?», retint Gaby, consciente de connaître la réponse. À n'en plus douter, son mécène et M. Tanguet entretenaient une relation intime qu'ils souhaitaient garder secrète.

M. Louis poussa un long soupir. Son regard se voila d'une tristesse inhabituelle. Ses lèvres tremblaient, sur le point de livrer des mots qui l'accablaient. Troublée, Gaby ne savait plus si elle devait se taire, lui donner l'occasion de s'expliquer ou faire diversion.

— Je ne vous ai pas assez dit ma reconnaissance de m'avoir fait découvrir les meilleurs restaurants du monde, reprit-elle.

— Vos préférés? demanda-t-il, son regard tourné vers le paysage qui défilait plus lentement à l'approche de Montréal.

— Entre autres: la Tour d'Argent, le Grand Véfour. J'ai aussi adoré le Lasserre, le Pré Catalan et le Prunier.

— Quel bon goût, Gaby! clama-t-il, en la gratifiant d'un regard de satisfaction.

— J'ai pris en note aussi la marque des bons vins que vous m'avez fait déguster. Toute une nouveauté pour moi!

— Vous n'en connaissiez aucun ?

— Non, aucun. Ils n'étaient pas au menu du pensionnat Sainte-Catherine pendant les sept ans où j'y suis restée. Mes lèvres n'ont trempé que dans le vin de messe… en cachette, bien entendu !

L'espièglerie de Gaby provoqua les rires de son compagnon de voyage.

— On se reverra, Gaby ?

— De toute évidence, M. Louis. Vous êtes si généreux ! Sans compter que je vous dois tellement d'argent.

Toute la famille Bernier les attendait à la gare Windsor.

— Venez, M. Louis, cria Donio, lui indiquant le siège tout près de lui. Je vais vous laisser chez vous en passant.

— Quelqu'un devrait venir me prendre d'une minute à l'autre, mentit-il.

L'explosion de joie créée par le retour de Gaby se mua en un flux de questions.

— Tu l'as vue, Coco ? Comment est-elle ?

— Elle m'a quand même accordé quelques minutes en plus de m'offrir ce cadeau, dit-elle, l'index posé sur la broche fixée à son corsage.

Donio était curieux de savoir si les doutes de sa sœur concernant M. Louis étaient justifiés. Gaby lui brossa un tableau de leurs échanges.

— Je m'en doutais, rétorqua-t-il.

— Qu'est-ce que tu sous-entends exactement ?

— On aura bien l'occasion de s'en reparler. On s'en va rue de La Visitation ?

— Je préfère que tu viennes avec maman dans notre appartement. Ce sera plus pratique pour mes bagages.

La réponse à d'autres questions, la distribution des souvenirs, le plaisir de retrouver les siens cédèrent vite la place aux préoccupations que suscitait son salon de couture. Après un léger goûter, Séneville et son fils ne tardèrent pas à quitter les deux sœurs.

— Si je n'avais pas tant besoin de dormir, j'irais tout de suite rencontrer nos ouvrières, Éva.

— Ne les déçois pas, Gaby. Elles te préparent un si bel accueil pour demain matin. Je sais bien que tu t'es inquiétée de nous, mais tu peux aller te reposer en paix. Tu verras que je ne t'ai pas menti quand tu liras le rapport de notre mois.

Après deux heures d'un sommeil agité, Gaby sortit de sa chambre, tenant collé à sa poitrine ce qu'elle rapportait de plus précieux de Paris.

— J'ai rêvé que je les avais échappées dans la mer…

— Mon Dieu! On croirait que tu caches un trésor! Qu'est-ce que c'est?

— Tu mérites d'être la première à les voir, ma chère Éva, dit Gaby, étalant avec force minutie sur la table du salon les étiquettes qui allaient désormais être cousues sur les créations Bernier.

Éva effleura de son index la bande de soie rutilante, fit le contour des lettres avec la lenteur qu'inspire le ravissement et essuya une larme.

— Pour moi, ce moment est la consécration solennelle de notre réussite, ma très chère Gaby.

— C'est à toi que je réserve la noble tâche de les coudre aux vêtements de classe qui sortiront de notre salon de couture.

En ce dernier jour du mois d'août, il tardait aux sœurs Bernier de rentrer au travail. Le dimanche précédent avait eu lieu le bal de Molly à l'hôtel Windsor. Le lendemain après-midi, la jeune femme était venue supplier Éva de trouver une place à sa robe dans leur salle d'exposition.

— Elle a tellement rendu les femmes jalouses qu'il faut l'exposer plus longtemps, avait-elle justifié.

Gaby la trouva plus ravissante qu'avant son départ pour la France. «Pourtant, j'en ai vu des créations enviables pendant mon séjour à Paris. Ce doit être le recul qui m'en fait apprécier la réussite», se dit-elle, après avoir fait le tour du 1327 de la rue Sherbrooke Ouest.

Les premières ouvrières se présentèrent une demi-heure plus tôt qu'à l'habitude. Georgette, Irène et Marcelle devancèrent de quelques minutes l'arrivée de Miss Molly Meigs. Un tollé de «Gaby», des pétales de roses lancés en confettis, des accolades enflammées étaient réservés à leur patronne, enfin de retour. Dans la salle d'essayage où elle fut conduite, les réalisations de six contrats signés avant son départ attendaient, bien rangées dans un placard, le moment d'être livrées aux clientes concernées. Gaby les examina méticuleusement pour convenir que ses ouvrières ne méritaient que des félicitations. Une liste de rendez-vous, différés en septembre, avaient été dressée. Trois d'entre eux venaient de Patricia Deakin. Gaby n'en fut pas surprise. Son front se rida, son regard s'assombrit. «Il faut toujours traiter les dossiers épineux en priorité», lui avait appris sa mère. Celui de Mlle Deakin l'inquiétait au plus haut point.

La remise de souvenirs de voyage terminée, les ouvrières reprirent leur travail avec un enthousiasme indéfectible. La porte de la salle d'essayage refermée, une cigarette à la bouche, Gaby étala sur sa table les croquis des costumes de Diane de France. «Devrais-je les lui soumettre tous ou tenter de trouver celui qui la charmerait sans la moindre hésitation?» Pour une jeune femme au caractère capricieux comme Patricia, Gaby n'allait pas faciliter la critique. Elle se pencha sur son modèle préféré, nota les étapes de la confection, imagina les accessoires et convint de le réaliser dans du satin blanc et de l'orner principalement de perles. Mais avant de donner rendez-vous à

Mlle Deakin, elle tint à consulter Molly qui, comme à chacune de ses visites, avait pris plaisir à encourager les couturières en son absence.

— Si tu ne veux pas avoir de problème avec Patricia, c'est simple, donne-lui toujours l'impression d'avoir le choix.

— Oups! Ce n'est pas ce que j'avais prévu…

— Rien ne t'empêche d'essayer ta méthode…

Gaby se lança dans le mois de septembre avec une intrépidité nourrie des espoirs que son voyage à Paris lui avait apportés.

Le jour J venu, Patricia fut accueillie comme la plus gentille des clientes du salon. Gaby avait prévu une mise en scène susceptible de gagner son consentement.

— Que de démarches dans tout Paris pour vous trouver le plus beau des modèles de robes portés par votre héroïne, Mlle Deakin. Une grande dame, que cette Diane! Que de combats elle a dû mener alors qu'elle n'avait pas quarante ans!

L'étonnement de Patricia révéla qu'elle ne savait pas grand-chose de la fille d'Henri II.

— J'ai été ravie d'apprendre que cette duchesse, son père et moi partagions la même passion pour les chevaux. Dans les livres que j'ai consultés, j'ai relevé une phrase qui disait: *Je pense qu'il est impossible qu'une dame ait été à cheval avec autant de grâce.* Vous faites de l'équitation, Mlle Deakin?

Patricia, visiblement humiliée, dut avouer n'avoir jamais approché un cheval.

— Qu'est-ce donc qui vous a tant fascinée chez Diane de France?

— C'est un peu loin dans ma tête, allégua-t-elle.

— Je souhaite que votre enfance ait été aussi rieuse et enjouée que la sienne. Vous saviez qu'elle jouait du luth comme si elle était née avec cet instrument dans les mains?

— Je me suis intéressée surtout à ses costumes…

— J'ai dessiné le croquis de celui qui lui allait le mieux. Venez. Regardez ça, Mlle Deakin.

Patricia grimaça.

— Je sais que ce n'est pas évident d'imaginer le produit fini à partir d'un simple croquis. Mais laissez-moi vous en coudre un prototype en toile de coton et vous en serez convaincue. Le satin, le blanc et les perles vous vont à ravir, Mlle Deakin, dit-elle, plaçant l'un et l'autre sur sa poitrine.

Les grands yeux noirs de Patricia, médusée, fixaient ceux de sa couturière. Elle ne put ouvrir la bouche que pour demander la date de son prochain rendez-vous.

Intuitivement, Gaby l'avait poussée dans ses derniers retranchements. Du moins le croyait-elle. Cinq jours plus tard, Patricia revint au Salon pour signifier son désaccord.

— On m'a toujours dit que le rouge m'allait mieux que n'importe quelle couleur. Puis j'aime mieux les paillettes que les perles.

— Mlle Deakin, vous voulez incarner Diane de France, n'est-ce pas ?

Patricia l'approuva d'un signe de la tête.

— Sur aucune des illustrations répertoriées je n'ai vu la duchesse vêtue de rouge et affublée de paillettes. Ou vous respectez le style de Diane de France, ou vous choisissez un autre personnage.

Patricia quitta la salle d'essayage en claquant la porte. Un mois passa sans qu'elle donne de nouvelles. Rejointe au téléphone, elle endossa les propositions de Gaby mais, à l'arraché. «Dois-je prendre le risque de lui confectionner un tel costume sans savoir si elle le voudra ? Le coût des tissus et des accessoires, qui me le remboursera ?» Une fois de plus, Gaby sollicita l'avis de Molly.

— N'hésite pas, lui conseilla son amie. Même si elle décidait d'en porter un autre, elle te paiera, elle me l'a juré.

— Tu sous-entends qu'elle pourrait en commander un deuxième d'une autre couturière?

— Oui. Et attendre à la dernière minute pour faire son choix.

— Comment le savoir?

— On m'a offert deux laissez-passer pour le bal du Château Frontenac. Tu viens avec moi. Ce n'est pas tous les jours qu'on a la chance de danser aux frais du lieutenant-gouverneur.

Molly venait de plonger sa meilleure amie dans un cuisant dilemme. D'une part, voir le Château Frontenac, aller y danser, découvrir la tenue de Mlle Deakin, assister à la remise du premier prix attribué au costume le plus original et le plus représentatif l'y conviaient. Plus encore, l'occasion de rencontrer de futures clientes lui était offerte sur un plateau d'argent. D'autre part, l'idée de participer à une fête organisée par un des administrateurs de la compagnie responsable de la mort de son père l'en dissuadait.

UNE INDISCRÉTION D'ÉVA...

Au nombre des tâches que me confiait Gaby, il y avait la gestion des finances, la gérance des petites mains, la préparation des repas du soir, les seuls que nous prenions le temps de cuisiner, et… le maintien de son tour de taille. Or nous avions toutes les deux un bon coup de fourchette. Si elle faisait sauter des boutons de sa jupe ou brisait la fermeture-éclair de sa robe, elle s'en prenait à moi au lieu de diminuer ses portions et de renoncer à cette manie d'ajouter du sel et du poivre sur tout ce qui tombait dans son assiette. « Comprends donc, Éva, que je ne peux pas me permettre de devenir enveloppée comme notre mère ! », criait-elle. « Peu importe ton poids, Gaby, tu as toujours été belle et tu le seras toujours, toi, alors que moi, peu choyée par la nature, je m'en contente et je m'en amuse, même. » Je me réjouissais que ma grande sœur ait au moins une raison de m'envier.

REMERCIEMENTS

Pour la conception et la réalisation de cette trilogie j'ai bénéficié d'une complicité exceptionnelle de la part de mon éditrice, Isabelle Longpré, et de toute l'équipe de Québec Amérique. Je les en remercie de même que le personnel des archives de la Société d'Histoire de Chambly et mon amie Louise Chevrier qui en fut longtemps la présidente.

À Mme Betty Guernsey, je dois toute ma reconnaissance, non seulement pour l'inspiration que m'a apporté sa publication Gaby mais aussi pour avoir maintes fois répondu à mes questions. Le Musée McCord mérite tout autant ma reconnaissance pour son dévouement et son professionnalisme. Grâce à l'intervention personnelle de Mme Estelle Brisson, directrice générale de la Bibliothèque des archives nationales du Québec, j'ai pu consulter des documents vieux de cent ans et rapidement restaurés pour répondre à mes recherches.

À tous ceux qui ont partagé mon enthousiasme, je dis merci pour ce tome et pour la suite des choses.

CAHIER PHOTOS

Gabrielle Bernier, vers l'âge de trois ans, à Chambly.

Archives du Musée McCord

Éva Bernier, jeune sœur de Gabrielle, à Chambly.

Famille Bernier à Chambly, 1905. De gauche à droite : Éva, Elzéar, Antonio, Gabrielle et derrière eux, Séneville.

Archives de la Société d'histoire de Chambly

Rue Bourgogne, à Chambly, au début du XXe siècle. À droite, l'hôtel, une banque et un magasin général.

Maison familiale des Bernier au 1626 Bourgogne à Chambly.

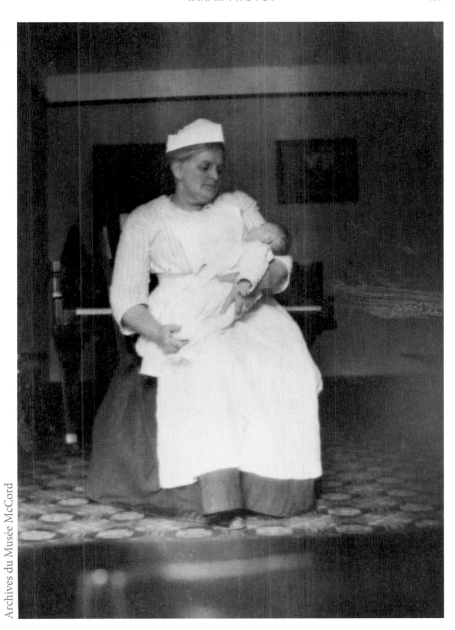

Séneville, de retour à son métier de garde-malade après 1912 à Montréal.

Archives du Musée McCord

Séneville et ses deux filles, Gabrielle et Éva, en compagnie d'amies de Chambly.

Archives du Musée McCord

Le Pensionnat Sainte-Catherine que Gaby et Éva ont fréquenté à compter de 1913.

Archives du Musée McCord

Le luxueux hôtel Ritz Carlton situé au 1228 de la rue Sherbrooke ouest
à Montréal vers les années 1920.

Archives du Musée McCord

Gaby Bernier, en 1927, au moment où elle ouvre son propre Salon de Couture au 1327 de la rue Sherbrooke ouest.

Gaby Bernier au début de la trentaine.

Archives du Musée McCord

Création de Gaby Bernier pour le mariage de Marion McDougall.

Croquis de robe de mariée dessinée par Gaby Bernier au début de
sa carrière.